A Global Dialogue on Federalism
Volume IV

THE PRACTICE
OF FISCAL FEDERALISM:
COMPARATIVE PERSPECTIVES

EDITED BY ANWAR SHAH

SENIOR EDITOR JOHN KINCAID

北大—林肯中心丛书

A Global Dialogue on Federalism Volume IV

The Practice of Fiscal Federalism:
Comparative Perspectives

联邦制全球对话第Ⅳ卷

践行财政"联邦制"

〔美〕Anwar Shah 编著

贾 康 等 译

联邦论坛

Forum of Federations

国际联邦研究中心协会（IACFS）

International Association of Centers for Federal Studies

科学出版社

北京

图字：01-2014-5705

图书在版编目(CIP)数据

联邦制全球对话．第 4 卷．践行财政"联邦制"／（美）沙
(Shah. A) 编著；贾康等译 .--北京：科学出版社，2014
（北大-林肯中心丛书）
书名原文：A global dialogue on federalism volume Ⅳ the
practice of fiscal federalism：comparative perspective
ISBN 978-7-03-042754-0

Ⅰ.①联… Ⅱ.①沙… ②贾… Ⅲ.①国际政治－研究 ②世界
经济－研究 ③财政集中制－研究－世界 Ⅳ.①D5 ②F11

中国版本图书馆 CIP 数据核字(2014)第 291710 号

责任编辑：李　莉／责任校对：吴美艳
责任印制：肖　兴／封面设计：迷底书装

科 学 出 版 社 出版

北京东黄城根北街 16 号
邮政编码：100717
http://www.sciencep.com

北京通州皇家印刷厂　印刷

科学出版社发行　各地新华书店经销

*

2015 年 1 月第　一　版　开本：720×1000 1/16
2015 年 1 月第一次印刷　印张：20 1/4
字数：400 000

定价：98.00 元

本书翻译组

翻译工作主持人

贾　康　博士　财政部财政科学研究所所长、研究员、博士研究生导师

翻译工作协调人

韩晓明　博士　财政部财政科学研究所财务会计研究室副主任、研究员、硕士研究生导师

梁　季　博士　财政部财政科学研究所税收政策研究室研究员、硕士研究生导师

翻译人员

陈穗红　博士　财政部财政科学研究所财政教研室原主任、研究员、博士研究生导师

祝小芳　博士　财政部财政科学研究所会计教研室副主任、副研究员

刘京海　硕士　财政部财政科学研究所会计教研室副主任、副研究员

石英华　博士　财政部财政科学研究所区域财政研究室副主任、研究员、硕士研究生导师

李　欣　博士　财政部财政科学研究所外国财政研究室研究员、硕士研究生导师

施文泼　博士　财政部财政科学研究所税收政策研究室副研究员

于雯杰　博士　财政部财政科学研究所外国财政研究室助理研究员

苏京春　博士　财政部财政科学研究所研究生部财政教研室助理研究员

"北大-林肯中心丛书" 序

　　北京大学-林肯研究院城市发展与土地政策研究中心（简称北大-林肯中心）成立于 2007 年，是由北京大学与美国林肯土地政策研究院共同创建的一个非营利性的教育与学术研究机构，致力于推动中国城市和土地领域的政策研究与人才培养. 随着新一轮经济体制改革的开展与深入，北大-林肯中心将支持如下五个主要方向的研究、培训和交流：房地产税与地方公共财政；土地政策与土地利用；城市发展与规划；城市住房政策；可持续发展与环境政策. 此外，中心将支持改革政策实施过程效果评估研究。

　　作为一个国际学术研究、培训和交流平台，北大-林肯中心自成立以来一直与国内外相关领域的专家学者、政府官员开展卓有成效的合作，系列研究成果以"北大-林肯丛书"的形式出版，包括专著、译著、编著、论文集等多种类型，跨越经济学、地理学、政治学、法学、社会学、人口学及其他交叉学科. 丛书以严谨的实证研究成果为核心，推介相关领域的最新理论、实践和国际经验. 我们衷心希望借助丛书的出版，加强与各领域专家学者的交流和相互学习，加强国际学术经验交流，为中国城镇化进程的体制改革和实践提供学术支撑与相关国际经验. 我们将努力发挥中心跨国家、跨机构、跨学科的桥梁纽带作用，为广大读者提供有独立见解的、高品质的政策研究成果。

北京大学林肯研究院城市发展
与土地政策研究中心主任

2014 年 5 月

译者的话

　　政府间财政关系改革是未来财税改革的关键内容和攻坚克难的重要方面，而梳理、总结和借鉴其他国家的相关经验与教训，是改革方案研究设计的必要环节。基于此，2013年时任北京大学-林肯研究院城市发展与土地政策研究中心主任的满燕云教授推荐和提供了由国际著名财政学家、原世界银行首席经济学家安瓦·沙（Anwar Shah）博士编著的 *The Practice of Fiscal Federalism：Comparative Perspectives* 一书，希望该书中文译本的出版，能够使中国读者系统全面了解世界主要国家的财政"联邦制"，为我国深化改革提供借鉴。在国家开发银行顾问刘克崮先生的大力支持和鼓励下，由财政部财政科学研究所贾康所长主持、财政部财政科学研究所会计研究室韩晓明副主任和财政部财政科学研究所税收政策研究室梁季研究员具体组织协调，邀请本所英语和研究能力俱佳的8位科研人员具体执笔翻译形成译本，他们为陈穗红、祝小芳、刘京海、石英华、李欣、施文泼、于雯杰和苏京春，校稿工作主要由苏京春、施文泼完成。

　　由于时间仓促等原因，本书译稿难免会存在不足之处，敬请读者批评指正。

本书翻译组

2014年4月9日

前　言

　　本书论述了 12 个联邦制国家现行的财政"联邦制"实践，作为"联邦制全球对话"项目的组成部分，是已印刷出版的联邦制实践丛书的第Ⅳ卷。全球对话项目的目标在于吸引全球专家围绕联邦制的核心主题和议题展开比较分析的对话和辩论，建立国际网络，使从业者、学生、学者及其他人群能够彼此学习、共享最佳实践，并激励他们去了解作为当今政府模式的联邦制有怎样的前景和问题，尤其是与民主、自由、繁荣及和平相关的问题。

　　全球对话是一个合作项目，由联邦论坛和国际联邦研究中心协会创办和举办。联邦论坛的性质是研究联邦制的国际组织，致力于通过举办对话来加强民主政府建设，理解联邦制的价值、实践、原则和可能的实践模式。国际联邦研究中心协会的性质是国际中心和研究机构，对具有联邦特性的政治体系进行研究和教学。

　　联邦论坛和国际联邦研究中心协会的工作为联邦制在合适的时间和地点建立和加强民主进程做出了更为广泛的努力。作为将地区自治和少数人权益与共享规则和共同目标结合的政府模式，联邦制必然是民主倡导者的兴趣所在。世界范围内，绝大多数多民族国家都具有多民族、多语言、多宗教和多文化的特性。确实，20 世纪 80 年代后期，新一波民主化的出现导致世界范围内对联邦制的兴趣出现一个巨大高潮。运动促使更为广泛的民主出现，权力也更大幅度下放，与此同时，全球化和区域化趋势明显加强，世界范围内对联邦制的兴趣与此直接相关。

　　鉴于中央经济统治论（statist）在过去的两个世纪对意识形态的统治，联邦制一度被视为"继子"而不受重视和培养，不似现代民族主义那样处于"嫡子"的地位。因此，一些国家虽然有很长的联邦-民主实践史，如澳大利亚、加拿大、瑞士和美国，但大多数国家都极少有民主联邦制的实践经验，倒是不乏毫无经验的民主联邦制所产生的问题。相应地，缺乏对联邦制进行比较分析所需的文献和信息，也缺乏投入相关研究和传授世界范围内不同类型联邦制的智力资本。

　　联邦制实践丛书是全球对话项目的重要成果，致力于创建信息资本并填补比较研究方面的空缺，以平衡的视角提供全球范围内不同国家联邦制的理论和实践。本丛书通过深入的比较分析，在理论与实践对比的视角展开研究，每一卷都关注联邦制的一个特定方面，选取了能够反映联邦制多样性的国家样本，并对这些国家的优势与劣势进行了案例分析。

本书的目标人群是感兴趣的市民、政治领袖、政府从业人员及高等院校的师生。因此，本书的每一章都以一种对该国财政安排、机构以及实践等所有相关且重要方面进行论述的方式，而不是给读者铺天盖地的细节，当然也包括对该国财政"联邦制"合理性和运行状况的分析，并判断该国宪法和社会的财政安排及机构功能到底是好还是坏。财政收入是所有政府的生存之源，然而，在联邦国家中，财政收入和支出责任必须分离和分享，且财政收入必须基于财政能力的不同，本着公平的目标在政府间进行转移。

本丛书第Ⅰ卷《联邦国家的宪政起源、结构和演变》（2005年），开启了对12个联邦国家宪政体系的系列研究；第Ⅱ卷《联邦国家的权力分配与责任》（2006年），研究了11个联邦国家权力分配的实践与维度；第Ⅲ卷《联邦国家的立法、行政和司法治理》（2006年），研究了联邦中多个立法机构、行政机构和法院的动态和相互影响。未来将致力于研究联邦国家的外交事务、地方政府和城市圈、联邦国家的多样性和统一性，以及其他重点课题，每一卷中都囊括了略有不同的代表性国家组合。全球对话项目同步出版了系列手册，每一本手册都通过对国家和国际圆桌会议中产生的结论、关键性问题和国际利益条款的高度关注，来对其所对应的书籍进行回应。为保持丛书的教育性质和阅览格式，手册也使用了许多国家特定的术语，对应于每一卷书籍的手册是十分有用的。确实，在联邦国家授权下，手册允许印刷的限制更少，能够尽快被印刷成多国语言，并且也更加容易跟随变化再版。

这一项目的概念框架已在第Ⅰ卷《联邦国家的宪政起源、结构和演变》（由约翰·金凯德和阿兰·塔尔编著）中进行了论述。该全球对话的核心理念是总结多国经验，以便于各国之间相互学习。该项目对联邦治理的一系列核心议题进行了深入的比较分析。一组样本国家，以国别为单位，选取一名"样本国家协调人"，该协调人往往是书中负责该样本国家章节撰写的作者。通过一系列圆桌议题，这些持有不同观点的参与者致力于在具有代表性和多样性的联邦国家样本中寻求新观点和新解决方案。圆桌会议产生的新信息对世界范围内的比较研究做出了贡献。

每一项议题的深入研究都要经过很多程序。首先，要选取一名"议题协调人"，工作是利用现阶段关于此议题的研究成果创建一套涵盖机构规定在内的议题问题，以及该议题在实践中是怎样运行的。这一系列问题或者说议题模板，是该项目的基础，因为它指引着围绕议题的圆桌会议上对话的开展以及会议以外的研究方式。议题协调人的另一任务是选择或推荐具有代表性的联邦国家样本，每一个具有代表性的国家都将选取一名"样本国家协调人"——同样也是本书中该国家章节的作者。

接下来，在议题模板的引导下，每一名样本国家协调人邀请一组精选且研究领域各不相同的专家和学者来参与本国的圆桌会议。通过邀请持有不同观点、具有不同经验的专家，在一个随时能够与他人分享、向他人学习的无政治化环境中进行讨论，达到为每个国家勾画最为精确的议题蓝图这一目标。

每一天会议结束后，议题协调人都应当撰写一篇能够反映每个国家对话核心内容的短文。小册子中的文章就来自于圆桌会议中的这种信息交换。

代表国各自举办了圆桌会议后，其代表就可以聚会并举办国际圆桌会议。各国的代表是各国的专家，他们能够在国际圆桌会议中分享自己多样化的经验和观点，以及在自己国家圆桌会议上得到的信息，用来鉴别共性和差异并收集新观点。

为了确保这些会议中得到的知识不仅仅局限于参会者，最后一步就是将各国圆桌会议中的思考和国际圆桌会议中的新观点收入专著的章节中。这一步骤建立在前几步的基础之上，为成果的进一步运用创造了机会。专著的每一章都是作者基于全球优势的出发点深入研究该专题的成果，从而为议题的比较分析提供了更多信息。

鉴于全球对话项目开展的范围，我们感谢如下参与者和参与机构。特别感谢世界银行和加拿大国际发展机构对本书的援助。感谢本书的总编，来自世界银行的专家安·瓦沙，为本书的组织和开展付出的努力。感谢世界银行的顾问桑德拉·盖因（Sandra Gain）对本书的初审。感谢本书所有撰稿人所做的努力，他们负责各自章节撰写并帮助项目更好地开展。感谢12个国家圆桌会议的参与者，以及国际圆桌会议的参与者，他们的努力构建了本书的内容框架。

与此同时，我们要感谢本书内容的审阅者和批评者：若泽·罗伯特·阿方索，来自巴西的国家经济和社会发展银行（Banco Nacional de Desenvolvimento Economico e Social）；罗伯特·阿格拉诺夫，来自美国印第安纳大学伯明顿分校；路易斯·奥尔特加·阿尔瓦雷斯，来自西班牙的卡斯蒂利亚-拉曼恰大学；琦琦·艾瑟薇（Chiichii Ashwe），来自尼日利亚阿布贾联邦首都区；陈焕蒋（Chan Huan Chiang），来自马来西亚理科大学；大卫·柯林斯，来自澳大利亚麦考瑞大学；布赖恩·多莱里，来自澳大利亚新英格兰大学；亨利·邓肯，来自美国税务管理人员联合会（Feration of Tax Administrators）；伊泽·艾雷格伍（Isawa Elaigwu），来自尼日利亚政府和社会研究协会；吉塞拉·菲尔伯尔（Gisela Färber），来自施派尔德国行政学院（Deutsche Hochschule Fur Verwaltungswissenschaften Speyer）；帕特里克·法费尔德（Patrick Fafard），来自加拿大渥太华大学；托马斯·弗莱纳（Thomas Fleiner），来自瑞士弗里堡大学（Universite de

Fribourg);伯尔简·克鲁尔（Bhajan Grewal），来自澳大利亚维多利亚大学；梅尔·赫尔巴特（Merl Hackbart），来自美国肯塔基大学；玛丽·哈里斯（Mary Harris），来自美国卡布里尼学院（Cabrini College）；拉凯什·胡亚（Rakesh Hoooja），来自印度行政部门；达芙妮·凯尼恩（Daphne A. Kenyon），来自美国的凯尼恩及其团队；亨利·基钦，来自加拿大特伦特大学；汉斯彼得·克里斯蒂（Hanspeter Kriesi），来自瑞士苏黎世大学（Universität Zürich）；阿赫塔尔·玛姬（Akhtar Majeed），来自印度德里大学；克里斯蒂娜·穆雷，来自南非开普敦大学；苏尔士·纳拉亚男（Suresh Narayanan），来自马来西亚理科大学；庞秀亚（Phang Siew Nooi），来自马来西亚大学；艾格荷沙·欧萨奇（Eghosa Osagie），来自尼日利亚本·伊达荷沙（Ben Idahosa）大学；迈克尔·A. 帕加诺（Michael A. Pagano），来自美国伊利诺斯大学芝加哥分校；乔纳森·平卡斯（Jonathan Pincus），来自澳大利亚的共同利益政府；保罗·波斯纳，来自美国乔治·梅森大学；沃尔夫冈·瑞兹斯克（Wolfgang Renzsch），来自德国奥托·冯·格里克大学马格德堡学院（Otto-von-Guericke-Universität Magdeburg）；豪斯特·里塞（Horst Risse），来自德国参议院；桑德罗·罗伯特，来自美国雪城大学；大卫·萨缪尔森，来自美国明尼苏达大学；桑迪普·沙斯塔里（Sandeep Shastri），来自印度 MATS 大学；杰利娜·苏扎（Gelina Souza），来自巴西联邦巴伊亚大学；D. K. 斯里瓦斯塔瓦（D. K. Srivastava），来自印度马德拉斯经济学院；尼科·斯蒂特拉（Nico Steytler），来自南非西开普大学；弗朗索瓦·瓦兰蔻（Francois Vaillancourt），来自加拿大蒙特利尔大学；约阿希姆·淮勒（Joachim Wehner），来自英国伦敦政治经济学院；萨姆·威尔森，来自加拿大阿尔伯塔大学；肯尼斯·威尔特施尔（Kenneth Wiltshire），来自澳大利亚昆士兰大学；耶尔达·祖卡内（Ildar Zulkarnay），来自俄罗斯国立巴什基尔大学。感谢以上列位给予本书的支持，尽管他们的名字并不在本书各章节的执笔或负责人之列。

我们还要感谢参与者和组织者——联邦论坛和国际联邦研究中心协会。没有他们的大力协助和专业知识，本项目和本专著就无法完成。我们要感谢联邦论坛的全体工作人员，尤其是参与全球对话项目的工作人员：项目经理阿比盖尔·奥斯提恩·凯洛斯（Abigail Ostien Karos）；项目助理妮可·彼得森（Nicole Pedersen）；项目助理罗纳德·杜马斯（Rhonda Dumas）；临时项目助理钱拉德·派斯玛（Chandra Pasma）；高级联络主管罗德·麦克唐尼尔（Rod Macdonell）；技术支持克里斯·兰德尔（Chris Randall）。同样感谢大卫·斯坦（David Stamm），一名优秀的大学生学者，以及行政助理特里·A. 库珀（Terry A. Cooper），他们在宾夕法尼亚伊斯顿拉法耶特学院的罗伯特和海伦·梅那中心进行了州和地方政府的研究。最后，我们感谢麦吉尔-皇后大学出版社的全体职员，感谢他们在出版方面的支持，尤其感谢他们为全球对话系列丛书第Ⅳ卷成功出版所做的努力。

代表全球对话丛书编辑委员会

约翰·金凯德　高级编辑

目　录

导论：财政"联邦制"的原则

安瓦·沙（Anwar Shah）

　　很多国家都已开始重新审视不同层级政府的作用、政府与私人部门和民主社会的关系，以此来提升政府为公民服务的效力和效率。这一反思重燃了世界范围内财政"联邦制"原则和实践的研究兴趣。联邦制能够防止集权剥削和分权机会行为的威胁，同时还将决定权带给公民。财政"联邦制"的原则取决于财政体制的设计，即税收、支出和监管功能在政府间是怎样分配的，以及政府间转移支付体制。这些安排对提供公共服务的效率和公平至关重要。

　　本章从回顾联邦制的基本概念开始，讨论了联邦财政机构的基本概念。本章提出的财政"联邦制"原则均基于经济学前提，因此这些原则仅在经济研究中成立。一些国家可能按照各自的情况更广泛地将政治学、社会学和历史学等纳入考虑范畴。

　　对于财政补贴分配相关基础概念的讨论是在税收配置理论回顾的前提下展开的，接着论述了税基和税收分享的概念以及转移支付机制。总结部分集中论述了财政"联邦制"文献涉及的主要议题。

联邦制的基本概念

　　权力在不同层级政府之间的宪法划分包括三类，即单一制、联邦制和邦联制（cofederal）。

单一制

单一制国家拥有单一或多层级政府，其所有政府作用的控制权都集中于中央政府。单一制政府有利于集中决策和促进民族团结。由于均匀和平等地集中提供公共服务,单一制国家的运行成本比分开提供公共服务要高。全球绝大多数国家(据 2006 年统计, 193 个国家中的 148 个国家)都是单一制政府。城邦国家新加坡和摩纳哥属于单层单一制政府;中国、埃及、法国、印度尼西亚、意大利、日本、韩国、新西兰、挪威、菲律宾、葡萄牙、瑞典、土耳其和英国都是多层单一制政府。因此,某些单一制国家(如中国、丹麦、挪威和瑞典)的财政分权比一些联邦制国家(如澳大利亚和印度)做得还要好。

联邦政府

联邦政府都是多层级的,每一层级政府都有独立承担和共同承担的决策责任。联邦制意味着地理单元组成部分"聚集在一起"或者"团结在一起",发挥全球范围内大大小小民族的优势。这些民族自治州或者是地缘广袤而无法兼顾细节,或者是地缘狭小而无法掌控大局[1]。以"聚集在一起"的视角认识联邦制,丹尼尔·艾拉扎尔指出并详细阐述了"联邦制"一词的拉丁文词源"合约"(foedus),意思是"联盟"(league)、"协商"(treaty)、"契约"(compact)[2]。最近,罗伯特·因曼认为,"联邦"一词能够代表任何形式的政府,只要该政府是形成一个联盟的、组合的政府,而地方政府的唯一责任就是承认中央政府对重大事件所做决策的合法性[3]。"聚集在一起"更加适用于成熟的联邦制国家,如美国、加拿大以及最新成立的欧盟。以"团结在一起"这一不同的视角来认识联邦制,也可以被称为"新联邦制",代表着州—地方政府分权责任的一种尝试,目的是克服地区和地方对中央政权的不满。这一视角也是推动单一制国家对联邦制原则感兴趣的重要动力,它更加适合相对年轻的联邦制国家,如巴西和印度,以及正在向联邦制迈进的国家,如伊拉克、西班牙和南非。政府的联邦模式会促使决策权的分权,因此,有助于更加自由地选择、提供更加多样化的公共服务,提高政治参与度,促进创新和明确责任[4]。联邦制也有利于处理地区冲突。然而,这一体制在共享地区可能对复杂和混乱的重大事件不可控,并且要求制度安排能够保障国家安全、确保地区公平和维持国内共同市场。

联邦制国家通常都属于以下两种模型中的一种:二元联邦制(dual federalism)或者合作联邦制(cooperative federalism)。在二元联邦制下,联邦和州政府的责任是分离并独立的。根据威廉姆·瑞克尔的论述,在这种体制下,"(1)两级政府共同管理土地和人民;(2)每一级政府至少在一个领域具有自主权;(3)在各自的管辖范围内,每一级政府的自主权都有一定的监管"[5]。在合作联邦制下,不同层级政府的责任大都是重叠的。在这两个模型下,财政层级的组织形式都保证了国家和州政府在各自的责任范围内拥有独立的管辖权,并且在此范围内具有平等地位。与此同时，国家和州政府在这种安排下通常会出现竞争和不合作的情况。在二元联邦制下，政府要么选择自己出面来解决（做"夹心蛋糕"），要么通过协调机构来解决。在"夹心蛋糕"模式下，如墨西哥、马来西亚和俄罗斯的实践，在不同层级政府之间，除联邦关系外，还存在着一种单一制的官僚作风。国家政府始终高高在上，并且拥有不通过州政府而直接处理地方政府的选择权。地方政府不拥有任何宪法规定的政治地位，只是州政府的简单延伸，且权力也由州政府赋予。通过协调机构来解决问题的二元联邦制下，州政府享有独立于联邦政府的重要的自治权，且地方政府只是州政府的附属，与联邦政府几乎没有或完全没有直接关系。澳大利亚、加拿大、印度、巴基斯坦和美国，都属于通过协调机构来解决问题的二元联邦制国家。

　　在实践中，合作联邦制模式有三种类型，即相互依存型、相互影响型（marble cake）和相互独立型。对于相互依存型，德国和南非（具有联邦特征的单一制国家）是实践的代表。联邦政府决定政策，州和地方政府实施联邦政府已经出台的政策。在这一类型下，鉴于联邦对政策制定的主导地位，州/省政府可以通过下议院（众议院）对联邦政策决定提出建议。在德国和南非，州政府由国会的众议院（分别是德国联邦参议院和南非的省级议会）代表。在相互影响型的合作联邦制模式下，不同层级政府的责任往往是重叠的或是共担的，并且所有州政府在联邦政府眼中都是一视同仁的。有三块领土和四种语言地区的比利时就属于这种类型。最后，合作联邦制模式中的相互独立型，所有层级的政府都享有自治和平等的地位，并且不以通过横向和纵向来调节政策。巴西是这一联邦制模式的唯一实践国。

　　竞争联邦制模型是由财政"联邦制"文献构造出的理论模型，至今没有任何国家对这种模型进行纯粹的实践。按照这种模型，所有层级的政府之间都存在重叠的责任，并且它们都有权对政策从横向和纵向进行调节来满足人民对公共服务的要求[6]。一些分析者认为这种竞争模型有助于创建学习型政府和更有效率的政府，这样的政府显然更利于体察民情、落实民意。

　　联邦国家的政府虽然都采用联邦的模式，但是联邦政府对地方政府的影响是不同的。在澳大利亚、德国、印度、马来西亚、墨西哥和巴基斯坦，联邦政府对地方政府的影响非常强；在尼日利亚和美国，联邦政府对地方政府的影响属于次强；在巴西、加拿大和瑞士，联邦政府对地方政府的影响很弱。在最后一组国家中，联邦对州政府的控制是十分有限的，并且州政府对本州的税基和税率有很大的决定权。在中央集权的联邦制国家中，联邦政府规定使用条件的财政补贴在很大程度上影响着州和地方政府的优先权。澳大利亚作为一个中央集权的联邦制国家，宪法要求联邦政府符合地区差别政策。

　　联邦国家的不同也表现在州和地方政府对国家政策的影响上。在许多国家，联邦机构与州和地方机构之间有着清晰的区分（相互依存型联邦制或相互影响型联邦制），在澳大利亚和加拿大，这两级政府通过官员和部长会议相互影响。在德国和南非，州/省政府对国家机构有直接话语权（相互影响型联邦制）。在美国，地区和地方联盟在国会中起着至关重要的作用。在一些联邦国家，宪法要求所有立法机构都必须承认最高权力属于人民。例如，加拿大所有立法机构都必须服从于《加拿大人权宪章》。在瑞士，联邦制的实践是通过法律体系而不是通过联邦国家组织形式来实现的，主要的立法变化需要通过全民公决批准，这种直接民主规定间接地加强了公共服务的分权程度。在所有联邦国家中，地方政府对联邦政府和州政府的影响仍然属于体制外影响因素，且这种影响非常弱。

不对称的联邦制。联邦国家的政府虽然都采用联邦制模式，但却不必以整齐划一的方式对待州政府，通常提供弹性空间来满足州政府的不同需求或要求，或者对于特定地区施加联邦意愿。这一类型决定了某些州相较于其他州要受到不平等待遇。例如，俄罗斯的车臣和印度的克什米尔较其他州享有更少的自治权。或者联邦政府可以对待一些州比其他州更加宽松一些，给予它们更多权力，如马来西亚的沙巴、沙捞越以及加拿大的魁北克。一些联邦国家则为州政府提供自由选择权，可以通过选择顺从联邦政府的制度而获得更公平的待遇，也可以选择不顺从联邦政府的制度而获得不公平的待遇。这些选项在加拿大、西班牙和欧盟（除英国和丹麦）是作为一种制度被提供的[7]。

市场维护联邦制。巴里·温加斯特对联邦体制进行了理论意义上的比较分析。市场维护联邦制是一个理想中的联邦体制[8]，表现在：①多个政府都要有明确的职责；②州政府对地方政府提供公共产品和服务的自治权拥有基本权力；③联邦政府应维持内部统一市场；④所有政府都要面对它们各自的决策带来的财政结果（硬预算约束）；⑤政治权力应制度化。

邦联制政府

在邦联制体系中，一般政府都是作为成员，通常没有独立的税收权力和支付权能。美国在1781~1787年都采用邦联制。联合国、欧盟和独立国家联合体（简称独联体，Commonwealth of Independent States，CIS），以及联合了11个共和国家的前苏维埃社会主义共和国联盟（简称前苏联）基本都采用邦联制。邦联制体系适用于内部具有同质性的共同体，与完全不同质的同盟不同。然而，欧盟随着时间的变化也已经开始承担一些联邦的责任。

财政"联邦制"的起源

基于效率、责任、管理和自治权，几种广为接受的理论为财政分权的宪法提供了强有力的依据[9]。

基本规定

乔治·斯蒂格勒提出了司法管辖权设计的两项原则[10]：①一个具有代表性的政府与公民走得越近，工作就进展得越好；②公民应当有权对自己所需公共服务的类型和数量进行投票。

这两个原则表明决策应当在最接近公民的政府层级发生，才能与分配的效率目标相一致。因此，司法管辖权的最大规模是随着规模经济的特定情况和成本效益溢出效应的变化而变化的。

财政均等

司法管辖区设计的相关理念由公共选择理论发展而来。曼瑟尔·奥尔森认为，如果政治管辖区和利益地区重叠，那么免费搭车问题就能够被克服，并且边际效益等于产品的边际成本，从而确保最优化地提供公共服务[11]。使政治管辖区与利益地区相等，被称为"财政均等的原则"，它要求每一个公共服务都有一个独立的管辖区。华莱士·奥茨提出了一个相关的理论，叫做"对应原理"[12]。对应原理认为，管辖区决定着每一项公共服务的提供顺序，因此应当精确设定私人对这些公共产品的消费。这一理论适用于存在大量重叠管辖区的情况。

分权理论

根据奥茨提出的"分权理论"，"每一项公共服务都必须由管辖区提供，管辖区在提供公共服务时，应是可控的最小地理地区，并内化了公共服务供给的成本和效益"[13]。这一理论也默认了存在大量重叠管辖区这一前提。布鲁诺·弗雷和莱纳·埃辛伯杰(Reiner Eichenberger)发展了这一理论，定义了功能、重叠与竞争性管辖区(functional, overlapping, and competing jurisdictions, FOCJ)。他们认为，管辖区可以通过功能这条线索组织在一起，地理重叠的个人和社区在竞争性管辖区中可以进行自由选择。瑞士苏黎世州的学校社区和北美的特定行政区就是在实践 FOCJ 的概念[14]。

补充原则

欧盟提出的补充原则认为，税收、财政支出和管制功能都应当由低层级的政府来完成（即最接近公民的政府层级），除非是特别有必要的情况，才移交给高层级的政府来分配。

责任分配

分配问题，或者说不同层级政府间的补贴分配、征管分配和税收功能分配，是联邦国家最为基本的问题。财政"联邦制"的相关问题认为，财政应当根据功能进行划分。换言之，支出责任的划分，包括征管功能的活动，必须遵循税收的职责划分，因为税收配置是由不同层级政府的支出要求所决定的，此前无法做出任何决定。在对支出进行分权的同时，应当注重对税收的分权，以便州和地方政府不是完全依赖联邦政府的有条件补贴。如果州和地方政府对提高本州的收入水平不负任何责任，那么这些政府也不会真正从成本—效益的角度出发来提供当地的公共服务。如果州和地方政府可支配的财政收入比它们所要求的花费多，那么它们也有动力去削减税收或者提高公共部门的工资。

支出分配原则

财政"联邦制"的文献对联邦国家州支出和监管责任划分提出了总体思路。按照相关文献的思路，本书详细论述了划分的基本原则，该套原则具有广泛适用性，甚至适用于单一制国家，虽然单一制国家的低层级政府只是高层级政府的简单延伸。按照该套原则，中央政府机构能够得到正确的激励，来更加有效和公平地提供公共服务。下文将对该套原则进行讨论，并在合适的时机对单一制政府的授权进行论述。

公共服务的有效提供。当管辖区是可控制的最小地理地区并内化了公共服务供给的成本和效益时，该政府对公共服务的提供就能够做到最有效率，这是因为[15]：

• 地方政府最了解当地居民的想法。

• 地方制定决策是对那些期待服务的居民负责，并能够鼓励财政责任和效率，尤其是如果提供公共服务的财政也进行了分权的话。

• 不必要的层层管辖权被淘汰。

• 政区竞争和创新被加强。

分权体制在理论上确保了追随选举人偏好的公共服务的顺序和组合，激励这些服务能够更加有效地被提供。然而，中央控制的程度或有条件财政补贴的程度可能会阻碍公共服务的提供，需要注意以下事项：

• 空间外部性。当公共服务的效益和成本被非居民意识到时，空间外部性就会开始攀升。鉴于效益有溢出效应，管辖区提供公共服务的时候，并没有考虑公共服务的一部分利益是对应于非居民的，因而并没有提供这部分服务。反之，还存在成本的溢出效应，公共服务的资金并不是由本管辖区向其他管辖区征收的出口税提供的。在一定范围内，存在对整个国家都有益的公共服务，如国防和外事。结论就是，这些公共服务最好由联邦政府负责提供。

• 规模经济。基于成本效益原则，特定范畴的公共服务由于存在规模经济因而要求的地区比当地的管辖区更大，如公共交通和大城市的污物处理系统。

• 行政和遵从成本。通常中央集权政府行政成本更低，这与公共服务的融资相关。

财政效率。联邦国家的分权决策往往导致不同的财政净收益（来自公共服务的财政收益减去税收负担），居民已经意识到这取决于他们居住地方的财政能力。一个富裕的管辖区在低税率水平下就能够提供比贫穷管辖区更高水平的公共服务。有观点认为这种不同的净收益将鼓励居民向富裕地区搬迁，即使这些管辖区没有合适的经济机会。因此，资源配置将变得无效率，因为居民在做出搬迁决定时，将会比较迁入地的毛收入（个人收入加上净财政收益减去搬迁的成本），而不是从经济效率出发直接将个人收入减去搬迁成本而进行比较。有观点认为，联邦政府应当纠正这种"财政失效"[16]。

地区（水平）均等。不同管辖区不同的净财政收益同样导致了居民的不平等待遇，表现在居民个人收入取决于他们的居住地，原因是这种包括净财政收益在内的居民税收总收入取决于他们的居住地。这些财政不平等的现象需要中央政府出面解决。

公共部门的再分配作用。通常认为，再分配只有通过联邦项目才能实现其分配效率（如累进所得税和对个人的转移支付），如果由地方管辖区来落实再分配政策的话，无异于对当地富人的变相驱逐。

尽管再分配十分必要，但是再分配也存在一系列尚待解决的问题。联邦政府通常倾向于加强自己的权力基础，而不是为其他居民谋福利。在这种情况下，联邦政府不可能将全国作为一个整体通过对称的再分配将富人的财富向穷人转移。此外，在全国范围内，对公平标准的认识和达到这一标准所采用的方法不尽相同，州和地方政府至关重要，它们要根据地域的不同来制定相应的决策。联邦政府对纵向的公平起着主导作用，州和地方政府在落实特定项目的时候有自我调整的空间，使之更加符合管辖区内居民所处的环境[17]。

准私人产品的提供。现代政府凭借技术提供的许多服务在本质上都属于私人产品，如保健、教育和社会保险。对这些私人服务的公共提供是基于公平这一理由。鉴于这些利益会分配到不同管辖区的居民身上，所以这些服务最好由州和地方政府来提供。联邦政府的参与就是规定所有管辖区公共服务的公平性和最低标准，除了环境保护的最低标准以外——这一标准的缺失不会对地区贸易产生负面影响——大多数公共服务的标准都刺激了全国范围内产品和服务的自由流动。

维持内部统一市场。对许多采用分权制的国家而言，维持内部统一市场至关重要。州和地方政府追逐劳动力和资本的过程中，往往陷入以邻为壑政策效应，其表现是铸造壁垒来防止产品和要素流动。因此，政府分权制下的规制功能增加了州与州之间出现不和谐经济关系的可能性。据此，对贸易和投资等经济活动的管制最好由联邦政府来完成。然而，有观点认为，这样的话，联邦政府将倾向于制定不利于内部市场统一的政策。因此，正如罗宾·鲍德威所述，对国内产品和服务自由流动的宪法保障可能是落实仅由联邦政府负责安排监管责任的最好途径[18]。

经济稳定。联邦政府通常被认为应当负责制定稳定政策，因为这些政策若由地方管辖区制定将无效率。地方管辖区制定财政政策将导致收益流向外部管辖区。货币政策基本不需要地方政府负责实施。然而，在分权宪政的国家中，中央财政政策的方针有很大局限性。

分权财政政策在高度分权的联邦国家中得到了很好的应用，包括加拿大、瑞士和美国，但是分权货币政策的概念目前还没有建立。有观点认为，货币机构应当与议会制政府相对，独立于所有层级的政府。在加拿大和瑞士，货币政策功能由联邦政府委派给独立的中央银行来完成，而财政政策是由所有政府共同承担的。这些国家的联邦政府利用的是它们转移支付和道德劝说的权力，并通过联席会议作为调节的手段。瑞士央行将部分利润（铸币税）分配给州政府的做法，促进了货币当局的主人翁意识，对其他国家而言值得借鉴。独立的央行应当在货币政策方面拥有独立的司法管辖权。联邦政府应当通过两种手段来确保财政政策的灵活性：一是合理的税收体制结构；二是由联邦政府与州和地方政府例会对财政政策进行调整。

货币政策在确保稳定增长的宏观经济环境方面起重要作用。实践经验证明，一个非常关注价格稳定的独立央行对于预防通货膨胀至关重要，这种独立性尤其适用于存在利益多样性和利益冲突的多层级联邦政府，联邦制的政策主宰着这种独立。单一制国家则没有这种政治必要性，除非国内存在另一股不稳定的力量。因此，尽管货币政策问题主要属于央行的管辖范围，但是央行对货币政策的管理也受到国内财政体制（fiscal constitution）的影响。

联邦财政体制似乎在这方面发挥着积极的影响。财政政策调节给联邦体制带来了重要挑战。在这种情况下，财政纪律和机构为这种挑战提供了一个有效的框架，但并不是必要的解决途径。所有层级政府的财政纪律联合在一起能够帮助国家保持政治承诺，无论该国的政权是联合的，还是分散的。调节机构能够利用道德劝说鼓励响应的协调一致。

处于工业化进程中的国家单方面对联邦政府施压或者是对州和地方政府进行限制，都不起作用，这种表现十分典型；相反，基于财政体制的社会规范起着很重要的作用，如瑞士公投和选民的政治维权活动(political activism of the electorate)。最后，资本市场和债券评级机构对财政政策的规范更加有效。在这种情况下，重要的是联邦政府不能赈济州和地方政府债务，也不允许银行的所有者由任何层级的政府担任。预算过程和机构的公开、对选民负责以及比较数据的一般可用性等要求，都鼓励着财政方针的落实。

财政"联邦制"为宏观经济管理带来了重要挑战。这些挑战要求必须以货币和财政机构的精心安排来克服与"公共财产"资源管理或寻租相关的问题带来的负面影响。联邦国家的实践表明，学习型和适配型财政体制对其克服不完全竞争而适用于公平竞争非常重要。这解释了为什么分权财政体制比集权财政体制在货币和财政政策管理以及政府透明度与责任方面表现得更好[19]。

支付权能。在联邦国家，各层级政府设立的优先权往往会出现不同程度的冲突。使州和地方政府遵从联邦政府所设立优先权的方法就是联邦政府动用资金的权力，这种权力叫做支付权能。联邦政府对州和地方政府常用的方式就是配套性转移支付，联邦政府和州政府可依法运用这一政策；换言之，州政府也能够对其下属的地方政府运用这一政策。

除了具有动用货币政策的特殊权力和提供全国范围内的公共服务以外，联邦政府还在纠正财政失效和由于不同管辖区具有不同财政能力而导致的地区不平等方面具有重要作用。联邦政府通过税收和转移支付制度提供教育和医疗等公共服务的作用也无可取代，这种转移支付叫做专项转移支付[20]。联邦政府同时可以对省级公共服务产生的溢出效应进行财政补贴。

联邦政府和州政府可以通过配套性转移支付分别对州政府和地方政府的优先权产生影响，从而在低层级政府中贯彻自己的意图。所有其他的公共服务都最好由地方政府来提供，而联邦和州政府只负责设定最低标准。表1总结了上文基于理论考虑所讨论的主要公共服务，表现出大多数主要公共服务都适用于两层级或者多层级政府来共同安排。对于这些服务，为了确保对选民负责，应当注意避免多头管理或者权责不清，非常有必要对于每一个不同层级的政府责任都进行清晰和精确的定位。这种精确的分配对于发展中国家的基础设施和社会服务而言更加重要。

表1　支付责任的代表性分配

功能	制定政策、制定标准和监督	提供服务和管理	生产和分配	注释
解决地域间冲突和国际冲突	U	U	N, P	国际范围内的成本和效益
保护基本权利	U, N	N	N, P	包括国内和全球两个维度
外部贸易	U	U, N, S	P	国际范围内的成本和效益
通信	U, N	P	P	包括国内和全球两个维度

续表

功能	制定政策、制定标准和监督	提供服务和管理	生产和分配	注释
金融交易	U, N	P	P	包括国内和全球两个维度
环境	U, N, S, L	U, N, S, L	N, S, L, P	全球、国内、州和地方范围内的外部环境
外国直接投资	N, L	L	P	当地基础设施建设的关键
国防	N	N	N, P	国家范围内的利益和成本
外事	N	N	N	国家范围内的成本和效益
货币政策、货币流通和银行	U, ICB	ICB	ICB, P	关键是独立于所有层级的政府；受到国际规则的约束
州际贸易	宪法, N	N	P	宪法保护要素和产品流动
移民	U, N	N	N	U 负责强迫驱逐出境
转移支付	N	N	N	再分配
刑事和民事法律	N, S	N, S	N, S	法律法规需要联邦政府而不是州政府的特别关注，如魁北克的《法国民法》
工业政策	N	N	P	要防止以邻为壑政策效应的出现
管制	N, S, L	N, S, L	N, S, L, P	N 负责内部统一市场；S 和 L 负责地区和地方
财政政策	N	N, S, L	N, S, L, P	调整的可能空间
国家资源	N	N, S, L	N, S, L, P	保持地区平等和内部统一市场
教育、医疗和社会福利	N, S, L	S, L	S, L, P	专项转移支付
高速公路	N, S, L	N, S, L	S, L, P	不同地区的成本和效益
公园和娱乐设施	N, S, L	N, S, L	N, S, L, P	不同地区的成本和效益
治安	S, L	S, L	S, L	仅有利于地方
给水、排水、垃圾处理和消防	L	L	L, P	仅有利于地方

注：U 表示超国家责任；ICB 表示独立央行；N 表示联邦政府；S 表示州或省政府；L 表示地方政府；P 表示非政府部门或者公民社会

资料来源：Anwar Shah, *The Reform of Intergovernmental Fiscal Relations in Developing and Emerging Market Economies* (Washington, DC: World Bank, 1994); Anwar Shah, "Fiscal Decentralization in Transition Economies and Developing Countries," in *Federalism in a Changing World: Learning from Each Other*, ed. R. Blindenbacher and A. Koller, 432—60 (Montreal and Kingston: McGill-Queen's University Press, 2003)

地方政府的作用与责任

财政"联邦制"模式中，地方政府属于多层级政府中的低层级，在各级政府作用和职责定义的规则之外。因此，在许多联邦国家，如加拿大和美国（二元联邦制），地方政府只是州政府的简单延伸。在一些特殊情况下，如巴西（合作联邦制），地方政府与联邦和州政府具有同等地位。并且，还有一个例外，那就是瑞士，行政区是其最为主要的权力来源且具有最高的宪政地位，而不是联邦政府。因此，基于宪法和法律角度来看，联邦国家州政府对地方政府监督程度的变化与地方提供的公共服务有关。这就是澳大利亚的地方政府并没有关键作用，而巴西和瑞士的地方政府具有广泛作用的原因。

然而，财政"联邦制"的文献为地方政府的职责分配提供了普遍框架。地方政府或市政府、地区政府提供公共服务的分配可以基于规模经济（通过信息经济和协调经济来集中提供当地公共服务，通过选民参与和成本核算来加强支出责任）、地区经济、成本—效益溢出效应的考虑，利益最大化、消费者偏好和预算选择等角度来考虑财政支出分配。特定层级的政府提供公共或私人产品服务的顺序要基于效率和公平原则。

人口过百万的大都市应当考虑分成两级政府：一级是承担较小职责规模，负责邻居型公共服务；另一级是市级范围的较大职责规模，负责地区范围内的公共服务。第一级政府应当直接选举产生，这些政府的市长可以成为第二级政府议会的成员。超大城市两级政府的行政管理结构已经在澳大利亚的墨尔本、加拿大的温哥华、美国宾夕法尼亚州的阿勒格尼县和瑞士的斯德哥尔摩得到落实。

在成熟的联邦国家中，特定目标机构或组织为大城市和地区提供广泛的公共服务，包括教育、医疗、规划、娱乐和环保。这些组织包括教育和图书馆委员会、运输和治安委员会，以及供应水、天然气、电力等公用设施的组织机构。这些机构提供公共服务的地区可能跨越行政管辖区，并且通过贷款、用户收费、专项福利税（如通过财产税基下的附加物业税来资助地方学校委员会）得到更好的融资。即使将服务保持在最低水平，这些机构也能够通过提供公共服务帮助地区经济充分地开发，毕竟服务的地区不是以行政划分为基础的。这些机构的增殖可能会破坏当地的责任划分和预算弹性。如果特定目标组织的成员通过委派产生而不是通过选举产生，对选民的责任和回应可能就会被削弱。如果大多数地方支出不受地方议会的控制，那么预算弹性也可能会被破坏。

表2展现了对多种分配形式怎样来满足地方或者大城市不同分配需求，以及公共或私人产品是否符合效率和公平的主观评价。表2中标准和评价是主观的；实践考虑和制度考虑应当纳入分析中，并且读者可以更好地了解到利用同样标准

而产生的不同结论。近年来，全球化和信息革命甚至开始产生额外费用，地方政府也开始成为一个通过当地供应商来广泛开展网络服务的推动者，以此来激励当地经济发展目标的达成，并且为当地居民提高经济和社会产出[21]。

表2　自治区和地区/大城市政府的地方公共服务分配

公共服务	供给的分配标准							公共产品和私人产品的分配标准		
	规模经济	范围经济	成本效益溢出	政治接近度	消费者主权	部门选择的经济评估	综合	效率	公平	综合
消防	L	L	L	L	L	M	L	P	G	P
治安	L	L	L	L	L	M	L	P	G	G
垃圾回收	L	L	L	L	L	M	L	P	P	P
社区公园	L	L	L	L	L	M	L	P	P	P
街道维护	L	L	L	L	L	M	L	P	P	P
交通管理	L	M	L	L	L	M	L	P	P	P
地方交通服务	L	L	L	L	L	M	L	P	P	P
地方图书馆	L	L	L	L	L	M	L	G	G	G
基础教育	L	L	M	M	M	M	M	G	G	P, G
中等教育	L	L	M	M	L	M	M	P	G	P, G
公共交通	M	M	M	L, M	M	M	M	P, G	P, G	P, G
给水	M	M	M	L, M	M	M	M	P, G	P, G	P, G
污水处理	M	M	M	M	M	M	M	P, G	P, G	P, G
垃圾处理	M	M	M	M	M	M	M	P	P	P
公共医疗	M	M	M	M	M	M	M	G	G	G
医院	M	M	M	M	M	M	M	P, G	P, G	P, G
电力供应	M	M	M	M	M	M	M	P	P	P
空气和水污染	M	M	M	M	M	M	M	G	G	G
特定治安	M	M	M	M	M	M	M	G	G	G
地区公园	M	M	M	L, M	M	M	M	G	G	G
地区规划	M	M	M	L, M	M	M	M	G	G	G

注：L表示当地政府；M表示区域/市政府；G表示机构

　　私人部门参与同样有很多方式，包括通过竞标、特许经营（由地方政府来监管）、凭证（可由地方政府向私人供应者赎回）、社会自助活动（防止犯罪）和私人非营利组织（目的在于公共服务）与政府来签约。因此，综合的供应体系对地方公共服务而言十分适用，地方政府可以作为购买者、监管者或者融资者，但没必要成为地方公共服务的供应商。在大多数发展中国家，地方政府的融资能力十分有限，因此在地方公共服务供给中引入私人部门更加重要。这种参与会加强地方公共部门的责任并增加选择。然而，对于特定层级的政府而言，服务供给责任的分配并不意味着政府必须要参与到生产中来。政府可能只是提供融资、购买或者监管这项服务。有限的经验证据表明，公私竞争或者提供私人产品服务促进了公平和效率。

税收配置原则

联邦政府与州和地方政府之间的收入划分引发了税收配置问题。一旦支出和监管分配达成，税收配置和转移支付的设计就成为至关重要的因素，不同层级的政府都要通过收入手段来满足支出的需求。尽管税收配置可以通过支出分配独立完成——一个发展中国家普遍使用的手段，当税收配置反映了预计支出时，集权税收管理和公共服务分权供给的优势就变得十分明显。这种安排通过政府间转移支付防止了州和地方政府的过度独立，否则就会扭曲地方政府的优先权。税收配置的理论方针并不明确，支出分配为责任分配提供力证，责任应分配给最需要该项责任相应资金的那级政府。效率和公平的争论必须由行政管理的考虑来缓解，精确的分配应当基于明智的判断。然而，我们在决定哪种税可以分配给哪一级政府的时候，应当列出相关的经济原则。

在分配税收权力给不同层级政府的时候，有四个一般原则必须考虑。第一，经济效率标准规定移动要素和交易产品的税收能够影响内部统一市场的效率，应当归联邦政府征管。州和地方政府对流动要素征税可能会引发州和地方政府实施社会摒弃的以邻为壑政策，以此来为所属地区吸引资源。在全球范围内，流动资本税收的联邦分配在国外避税天堂可能都不是特别有效率，对收入进行追踪和归因的难度在于各个实体空间都接收纵向转移支付。

第二，出于保证国家权益的考虑，渐进再分配税收应当由联邦政府负责征收。这种分配限制了地区和地方政府利用税收和转移支付等不正当的再分配来吸引高收入人群并驱逐低收入人群，然而，这种做法留下了对面向居民的国家所得税进行补贴、扁平化和地方收费的空间。

第三，行政管理可行性标准（降低合规性和管理成本）表明，税收应当分配给进行相关评估的最佳能力管辖区。这一标准使行政成本和潜在的逃税最小化。例如，物业、土地和增值税都是地方税的最佳选择，因为地方政府在评估这些资产的市场价值时处于最为有利的位置。

第四，财政需求或收入充足与否的标准表明，责任、收入手段（从所拥有的资源中获得收入的能力）应当尽可能地与支出需求相配套。与此同时，长期资产应当通过贷款来融资，以便确保各代之间的公平分担[22]。此外，大型和大规模投资是不能仅仅通过现在的收入和储备来实现融资的，这一点非常典型。

这四项原则表明，用户收费是所有层级政府都适用的，但是税收权力分权的案例并不强制公共服务供给的分权。这是因为地区（省/州）和地方税可能会在资源跨省分配的时候造成失效，并且可能会造成不同管辖区人民之间的不平等。此外，征管和承诺的成本可能会上涨。这些问题对于某些税种而言比其他税种更为严重，所以选择哪些税至关重要。必须通过细化、平衡需求来实施分权，以达到保持财政和政治自治、保留地区和地方政府抵御碎片化税收体系带来的危害的能力。税收责任的分权必须在增长的责任和增长的经济成本之间进行权衡，这一权衡能够通过允许联合占领和税收均等化的财政安排来克服碎片化问题。此外，保持财政公平的转移支付能够减少不同地区和地方政府之间不同的财政能力所造成的财政失效和不公平。

表 3 展示了主要税收工具在不同层级政府间基于上文中所讨论的标准而进行的分配。框图 1 给出了地方财政的方针。

表 3   代表性税收权力的分配

税种	取决于		征管	注释
	税基	税率		
关税	N	N	N, P	国际贸易税收
企业所得税	N, U	N, U	N, U	要素流动，稳定工具
资源税				
资源租赁税(利润、收入)	N	N	N	高度分配不均的税基
特许权使用费、专业服务费、一般服务费、遣散税	S, L	S, L	S, L, P	州—地方服务的利税/费
养护费	S, L	S, L	S, L, P	为了保护地方环境
个人所得税	N	N, S, L	N	再分配，流动要素；稳定工具
财产税(对资本、财产、财产转移、继承和遗赠收取的税)	N	N, S	N	再分配
工资税	N, S	N, S	N, S	利润费，如社会保险覆盖
多级销售税(增值税)	N	N, S	N, S	根据联邦分配来调整的边缘税种；潜在的稳定工具
单级销售税(制造、批发、零售)				
选项 A	S	S, L	S, L	高度依赖成本
选项 B	N	S	N	均等化，低程度依赖成本
"罪恶"税				
烟酒税	N, S	N, S	N, S, P	分担医疗支出责任
博彩税、赌博税	S, L	S, L	S, L, P	州和地方职责
彩票税	S, L	S, L	S, L, P	州和地方职责

续表

税种	取决于		征管	注释
	税基	税率		
赛道税	S, L	S, L	S, L, P	州和地方职责
税收种类				
碳税	N, U	N, U	N, U	防治全球/国内污染
热量税	N, S, L	N, S, L	N, S, L, P	可能对国家、地区或地方造成污染
燃油税	N, S, L	N, S, L	N, S, L, P	是联邦/省/地方公路的工具
排污费	N, S, L	N, S, L	N, S, L, P	为了处理州际、政府间或地方相关事务的税收
拥堵费	N, S, L	N, S, L	N, S, L, P	联邦/省/地方公路的工具
停车费	L	L	L, P	控制地方拥堵
机动车				
机动车注册费、流转税、年费	S	S	S	州政府责任
司机的厨师和费用	S	S	S	州政府责任
营业税	S	S	S	利税
消费税	S, L	S, L	S, L	居民导向性税收
物业税	S	L	L	完全无流动要素，利税
土地税	S	L	L	完全无流动要素，利税
临街认购税、增值认购税	S, L	L	L	收回成本
人头税	N, S, L	N, S, L	N, S, L	为服务付款
使用费	N, S, L	N, S, L	N, S, L, P	为得到的服务付款

注：U 表示超国家机构；N 表示国家/联邦；S 表示州/省；L 表示市或地方；P 表示私人

◇ **框图 1**

地方政府财政的关键考虑因素和工具

关键考虑因素

地方政府的总体目标是使居民的社会产出最大化，以及通过有效提供公共服务来为私人部门的发展提供可能的环境。这些目标要求地方财政应当考虑以下因素：

- 地方政府应当限制自我财政的再分配。
- 营业税只能用于商业服务而不能用于再分配。
- 当年的服务应当由当年收入来提供，未来的服务应当由未来年份的税收、使用费和借款来提供。
- 居民服务应当由居民缴纳的税费出资。
- 商业服务应当由土地税收和使用费来出资。利税、销项税、销售税和动产税可能会迫使企业搬离该管辖区。

┌───┐

地方财政工具

- 地方税收提供的服务要带有公共产品性质——街道、公路、路灯。
- 使用费提供的服务要带有公共产品性质——税务、污水处理、固体垃圾。
- 来自联邦或州政府有条件的、不配套的、产出导向的补贴要提供绩优品——教育和医疗。
- 有条件配套的补贴提供某些具有溢出效应的服务。
- 无条件补贴用来弥补财政缺口和实现均等化目标。
- 如果财政能力很低，资本补贴可用来提供基础设施。
- 如果财政能力很高，资本市场融资可用来提供基础设施。
- 财政随着高收费而增长的发展费用来开发地方政府边界内的土地。
- 基础设施融资可以采用公私合作伙伴模式，但是不允许保留公共所有权和控制战略性资产。
- 为了抵御城市衰败，可建立税收增量融资区。为了这一目标，这一地区应当被认定待开发且每年的物业税收入已经降到了待振兴的水平。在特定时期内，也就是 15～35 年，所有税基之上收取的税收收入都要用做重新开发。财政能力的提高可以通过市级借贷/发债弥补税收缺口来实现。

└───┘

政府间融资的工具

政府间融资的工具与联邦体系的效率、公平和职责有着重要关系。

税基和收入分享机制

税基和收入分享机制通常用来解决财政失衡，或由于宪法规定的税收和支出在不同层级政府间分配而产生的收入手段和支出需求的错配。税基分享意味着两级或多级政府征收的税率是基于相同的税基。税基通常由联邦政府或州政府来决定，与州和地方政府在同一税基下的征税补贴也有关。税收由一级政府进行征管，在市场经济中，通常由联邦政府进行征管；而在中央计划经济下，通常是由地方政府进行征管；其他情况下，到底是由低层级政府征管还是由高层级政府征管，取决于收入的归属。税基分享在成熟的联邦国家中非常普遍，但是在新兴联邦制的发展中国家几乎不存在。

解决纵向财政失衡的第二个方法是收入分享，一级政府无条件获得的特定收入分享，是由另一级政府征收的。收入分享协议通常规定了收入是怎样在联邦政府与州和地方政府之间进行分享，利用综合指标进行分配，以及认定合格和使用基金。这种限制与无条件的基本原理背道而驰。收入分享机制在发展中国家十分普遍，通常州和地方政府会使用该机制来达到综合目标，如弥补财政缺口、激励财政和地方发展的均等化、刺激税收努力。

政府间转移支付

政府间转移支付或者补贴主要有两种类型，即一般（无条件）转移支付和专项（有条件或预留）转移支付。

一般转移支付。一般转移支付由一般预算支持，没有任何限制。此类转移支付是典型的法律命令，但有时也可能是特设的或可自行分配的。此类转移支付意在保持地方自治权，以及加强管辖区之间的公平性。这也是为什么《欧洲地方自治宪章》第 9 条主张此类转移支付："对地方政府的补贴不应当是为了某种特定的财政目标而预留的。提供的补贴不应当改变地方政府在自己管辖范围内实施政策自由裁量权的基本自由。"[23]

一般转移支付也被称为整笔转移支付，当它们用来对地方政府支出的广泛领域（如教育）提供支持的时候，允许受助人在特定用途中使用自由裁量权来分配基金。整笔补贴是一个十分模糊的定义。它属于一般性转移支付和专项转移支付中间的灰色地带，虽然整笔补贴通过极少的外部限制提供预算援助，但针对的是州和地方政府支出的特定领域。美国为贫穷城市的社区发展发放的整笔补贴就是一个例子。

一般转移支付扩充了接收者的资源。因为这一补贴可以用在任何公共产品或服务的组合当中，或者用于为居民提供税收减免，一般性不配套资助不影响相关价格。基于公式化的一般转移支付非常普遍。巴西联邦和州对市政府的转移支付都属于这种类型。有证据表明，此类转移支付会导致市级政府不能充分利用本级政府所拥有的税基[24]。

专项转移支付。专项转移支付也称做有条件转移支付，意在为政府落实特定项目或行为提供激励。此类转移支付可以也可能具有经常性和强制性，也可以是特设的或者可自行分配的。

有条件转移支付通常制定了可用于融资的支出类型（投入导向型条件）。这些支出可能是资本性或者经营性的，或者两者兼具。有条件转移支付也可以对服务供给的获得提出要求（产出导向型条件）。投入导向型条件通常具有侵入性和非生产性，而产出导向型条件则能够在保持地方政府自治权的前提下激励接受者的目标达成。

有条件无配套的转移支付提供了给定水平的基金，且基金在专项使用的时候不必由地方进行配套。有条件无配套补贴最适用于补贴那些国家或州政府享有高度优先权而地方政府享有低优先权的行为。

有条件转移支付可以包括配套提供，要求接受资助的一方在支出时要利用一部分自己的资源进行配套。配套的要求可能是开放式的（意思就是接受资助的一方无论资助者资助的资源水平如何都要进行配套），也可能是闭合式的（意思就是只有在达到预先制定的限值时，接受资助的一方才需要对资助资金进行配套）。

配套要求激励了更严格的审查和财政补贴支出的地方所有权；在确保受资助方能控制转移支付项目成本的前提下，闭合式配套是非常有帮助的。然而，配套的要求为财政能力有限的管辖区受资助方带来了负担。考虑到此，当务之急是为管辖区的每一单位资本财政能力设定不同百分比的配套率，以允许贫穷的管辖区参与到财政补贴项目中来。

有条件开放式配套补贴是最合适的媒介，州和地方政府可能因此提高受到援助的那项功能的支出。如果目标是简单提高当地居民的福利，一般性无配套的转移支付是最佳选择，因为它保持了地方政府的自治权。为了确保结果的问责制，有条件无配套产出导向型的转移支付相比其他类型的转移支付而言是最佳选择。产出导向型转移支付要求尊重地方政府的自治权和预算约束，同时提供激励和问责机制来提高服务供给绩效。

设计财政转移支付：建立问责制和公平治理的框架

财政转移支付的设计对确保地方政府公共服务供给的效率和公平，以及州和地方政府的财政状况至关重要[25]。一些简单的考虑对于设计财政转移支付而言非常有帮助。

补贴设计原则

(1)明确补贴目标。应当清楚并准确地指出补贴目标。

(2)自治权。对于优先权的设定，州和地方政府应当享有完全独立的和有弹性的权力。它们应当不受到项目分配框架和国家机关决策制定中不确定因素的限制。税基分享——允许州和地方政府在联邦税基、基于公式化的收入分享或整笔补贴之上建立它们自己的税基——由这些目标组成。

(3)收入充足。州和地方政府应当拥有足够的收入来落实分配的职责。

(4)责任。补贴项目应当有足够的弹性空间来适应资助接收方财政条件的无法预见的变化。

(5)公平。分配基金应当直接随着财政需求因素的变化而变化，并且随着各管辖区税收能力的变化而转变。

(6)可预见性。补贴机制应当确保州和地方政府能够通过建立基金获得五年保护计划份额。补贴公式应当指出每年波动的上限和下限，公式中任何主要的变化都应当附有免责条款。

(7)公开透明。补贴公式和分配都应当毫无保留地公开，从而对项目目标和项目管理达成最为广泛的共识。

(8)效率。补贴的设计应当中立，考虑州和地方政府在不同部门和不同行为类型中对资源分配的选择。

(9)简明。补贴分配应当基于目标，而私人不能对目标进行控制。补贴公式应当非常易于理解，从而防止其变成奖励申请资助人的资金。

(10)激励。这种设计应当为加强财政管理提供激励，从而摒弃无效的实践。特定转移支付不应当用来弥补州和地方政府的财政缺口。

(11)范围。所有财政补贴项目都产生胜利者和失败者。为了确保项目的整体实用性和可持续性，必须考虑选定受益人和那些可能受到负面影响的人。

(12)保障接受资助方达成目标。通过规定享有的支出须达到的目标，以及资金使用的弹性空间，接受资助方的目标能够得到最好的保障。

(13)承受能力。补贴项目必须考虑出资人的预算限制。这表明配套性项目应当选用闭合式(有限的资金规模)。

(14)单独目标。每个补贴项目都应当关注一个单独的目标。

(15)对结果问责。出资方必须对项目的设计和管理负责。受资助方必须以财务诚信和业绩(如切实提升服务供给的绩效)对出资方和本地居民负责。补贴设计中的居民意见和退出选择能够帮助达成自下而上的问责目标。

这些标准之间是存在冲突的。出资方因此可能必须根据不同的因素来规定优先权，体现设计的权变性[26]。

如上文所述，为了激励政府对选民负责，当务之急是寻求与收入相配套的方法(从自己拥有的资源中获得收入的能力)，这与所有层级政府的支出需求密切相关。然而，国家必须允许联邦和州政府通过更广泛的途径来获得收入，从而满足它们直接提供服务的职责所需。通过财政转移支付，它们才能使用自己的支出权，达成联邦和地区效率和公平的目标。

联邦财政转移支付的六大开放目标已经确定。每一项目标在不同的县都能够申请一定程度的权变，并且每一个目标都要求财政转移支付有特定的设计。这些设计中缺乏对特定目标导向的关注，从而可能导致选民对这些补贴产生负面看法。

弥补纵向财政缺口。"纵向财政缺口"和"纵向财政平衡"这两个概念在最近的研究财政分权的文献中经常被用错。纵向财政缺口是指由于收入手段和支出需求之间的错配而引起的财政收入不足，州和地方政府最为典型。当地区和地方政府拥有少于它们支出需求的收入时，联邦政府可能正拥有比其所承担的直接和间接支出责任所需资金更多的收入。

纵向财政平衡在纵向财政缺口不能够通过责任分配的调整或财政转移支付等其他手段来弥补时出现。鲍德威认为，纵向财政平衡是一个不同层级政府最理想的或最佳的支出状态，因此很难被衡量[27]。

纵向财政缺口产生的原因有：①不恰当的责任分配；②税收权力的过分集中；③州和地方政府对以邻为壑税收政策的青睐（浪费性税收竞争）；④州和地方政府缺少税收空间，因为联邦政府已经施加了沉重的税收负担。为了弥补这些纵向财政缺口，进行资源政策整合至关重要，如联邦政府的责任分配、税收分权或者减税，以及税基分享（允许州和地方政府在联邦税基的基础上征收额外税率）。收入分享和无条件基于公式的财政转移支付只能作为弥补纵向财政缺口最后的手段，因为所有这些手段都会削弱地方纳税人的问责权。

通过财政均等化转移支付弥补财政差距。财政均等化转移支付被用来处理地区财政公平的相关问题，此类转移支付大都出于政治和经济的考虑。大范围的财政差距对政治有害，并且甚至可能对政局造成威胁[28]。这种威胁是确实存在的。自1975年以来，大约40个新成立的国家已经经历了现存政治联盟的瓦解。财政均等化转移支付能够抵御这种威胁，并且提高政治参与度。正如加拿大一章中论述的，这种转移支付对魁北克的独立产生了深远影响。

分权决策制定的结果导致依靠居住地财政能力的居民拥有不同的净财政收入（公共支出减去税收负担的净收入），从而导致在资源分配方面财政的不平等和无效率。财政的不平等导致居住在不同居住地的居民拥有不同的收入待遇。财政在资源分配方面的无效率导致居民在选择居住地时，通常要进行毛收入（个人收入加上净公共部门利益减去搬迁的成本）的比较；经济效率的考虑是只比较个人收入减去搬迁成本，而不考虑公共部门利益。一个需要公平（全国范围内的公民享受平等的待遇）和效率的国家必须纠正通常由政府分权引起的财政不公平和无效率。如果这些转移支付考虑到各州与其他因素相关的财政能力，公共服务供给的相对需求和成本，从联邦政府到州或地方政府的补贴就能够缓和这种财政净收益的差距。税收系统分权越彻底，均等化转移支付的需求就越大。

净财政收益的减少要求一个广泛的财政均等化项目，能够调节财政能力（利用国家平均税率从自己拥有的资源中获得财政收入的能力）来达到全国平均水平，并且它为不能改变的内生成本不同导致的支出需求和成本提供了补贴，但是不考虑由于不同政策导致的差距。

财政均等化项目可能会对州际要素流动和不发达地区的经济稳定造成负面影响，尤其是当它们使用过度的时候。当此类项目达到不利于要素流动和抑制市场调节机制的程度时，它们就会引发"转移支付依赖"；换言之，转移支付的刺激和放大可能导致与国家强制调整相悖，或导致财政弱势地区不能以经济利益为出发点来进行决策。转移支付依赖的表现包括持续的地区间贸易缺口、地区失业率持续升高且高于国家平均水平、落后地区的工资高于产出、落后地区的个人收入高于 GDP。这些表现为不发达地区带来"寡妇的诅咒"，即赢家诅咒，财政转移支付的广泛性和地区差距支出政策超越了正常的调整程度，从而阻碍了地区经济的集中发展。一些经济学家认为，如果公共部门税负和服务的好处完全按照财富价值资本化，那么财政均等化转移支付将会很弱，因为富裕州的居民为私人服务付出的更多而对公共服务付出的很少（在贫穷州反之）[29]。这种观点与奥茨所述一致，即财政均等化是带有政治意味的。这一观点在美国联邦政府已广为流传，并帮助解释了为什么没有联邦政府财政均等化项目。但是，在美国，尤其是学校进行融资时，州政府则给予地方政府很多均等化转移支付。

设立国家最低标准。为地区和地方服务设立国家最低标准是非常重要的，其原因有两个：第一，以国家为一个整体来设定这种标准，有利于产品、服务、劳动力和资本的自由流动；能够减少辖区不必要的支出竞争；并且能够提高内部统一市场的贸易成果。第二，这些标准都是为了国家公平这一目标服务。许多由州和地方政府提供的公共服务，如教育、医疗和社会保险，都是按照政府意愿具有再分配的性质，是为居民提供的特定再分配。在联邦体制下，州和地方提供的这类服务——这些服务需要效率、绩效达标和问责——很难达到联邦的公平目标。要素流动和税收竞争对州和地方政府落实这些服务供给产生了强烈激励，并进行严格限制以确保这些服务提供给需要的人，如贫穷的人或者老人。为了缩减成本，随着居民罹患疾病的程度和潜在风险的变化，服务人群范围也相应调整。

这种持续的激励能够通过条件性无配套补贴来得到抑制，这种补贴的条件反映了国家出于效率和公平的考虑，并且如果没能达到这些条件，就要受到相应的财政处罚。这些条件并不是设定在补贴基金的特定使用上，而是设定在所获得服务的质量、准入和服务水平上。这种产出导向的补贴不会影响地方政府成本效率的激励，但是它们确实鼓励了达到国家特定标准。适当设计条件性无配套产出导向型转移支付能够对创新和竞争的经济利益产生刺激，来提高服务供给。投入导向型补贴不能够建立这种问责环境。

总之，尽管产出导向型（绩效导向型）补贴相比传统的投入导向型条件性财政转移支付而言，更加适合达到出资方的目标，并且对管理者而言非常简约，但很少付诸应用，原因是必须考虑政客和官员所得的激励。这种补贴加强了居民的权利，但是削弱了机会主义和笼络政策。它们给予的激励使政治和官僚精英的问责权转移到居民手中，并且削弱了政治和官僚精英施加影响和建造官僚帝国的能力。这种补贴更加关注钱的价值，摒弃腐败、低效率和浪费。毫不奇怪，这种类型的补贴会受到潜在失败者的反对。

利益溢出效应的补贴。利益溢出效应的补贴是提供配套有条件补贴的传统争论。地区和地方政府不会有合适的激励来提供恰当水平的服务，如果该服务对其他管辖区的居民具有溢出效应。开放式配套补贴体系基于引起溢出效应的支出，可以刺激支出的增加。因为这种溢出效应的程度通常很难衡量，所以在某种程度上，这种配套率是武断的。

对地方优先权的影响。在联邦国家中，不同层级政府设定的优先权之间总会有不同程度的冲突。帮助州和地方政府服从联邦或者州政府设立的优先权的手段是联邦或州政府利用支付权能来提供配套转移支付。联邦或州政府可以提供带有配套率的开放式配套转移支付，且配套率根据资助接收方不同的财政能力来变化。特设转移支付或者开放式配套转移支付的使用其实是不明智的。特设补贴不能导致行为反应顺从资助方的目标，开放式补贴可能为资助方带来财政困难。

弥补落后地区基础设施的不足和保持宏观经济稳定。财政转移支付可以用来为联邦政府地区稳定的目标服务。资本补贴适用于这种目的，为了日后的设施保养可供选择，可以设立基金。资本补贴也可以用于弥补落后地区基础设施的不足，以此来巩固统一经济联盟。

资本补贴通常由逐个项目的基础来决定。印度尼西亚在全国范围内的小学（包括社区到学校的步行距离）实施了这种补贴，设定了国家最低准入标准。联邦政府提供了学校的建筑设施，地方政府为学校提供了土地。资本补贴的实践表明，资本补贴通常被用于州和地方政府所不会提供并维护的基础设施，即既没有维护这些基础设施，也没有提供常规的保养。

州/省政府向地方政府进行转移支付中的特殊问题

向地方政府进行的一般性转移支付要求按照地方政府不同的人口规模、服务面积和服务类型进行权变考虑。基于此，按照人口规模、城市类型和乡村特征对地方政府进行分类是十分明智的，可按照此分类对每一层级的城市设定不同的公式。基于财政能力公平体系，联邦或州政府可以获得一个有代表性的税收体系，并且为每个层级和每种类型的城市设定最低标准补贴。在税收分析执行不力或税收管理能力不足的贫困地区，申请有代表性的税收体系是不可行的，此时就要用到一个更加务实但是缺乏科学性的方法来进行一般性补贴。这些补贴公式中的有效部分应当等于每个城市组成，等于每单位资本组成、服务地区组成和财政能力组成。补贴基金应当随着直接服务面积而变化，并且随着财政能力而转变[30]。南非已经在中央对地方的转移支付中变相采用了这种方法。

对城市的合作和合并应当通过正式的、公开的、具有竞争力的、谨慎思考的过程，且城市的合作和合并的补助融资中，引入每个城市组成这一因素是先决条件。缺乏此过程会出现持续的刺激而导致现行管辖区的分裂，因为这样才有资格获得额外援助，如本书在巴西一章的案例所述[31]。

政府间财政转移支付在国际实践中得到的经验教训

回顾国际实践，有许多经验，也有许多教训。重要的经验教训如下所述(表4)。

表4　补助设计中的经验和原则

补助目标	补助设计	实践经验	实践教训
弥补财政缺口	责任再分配、减税、税基共享	减税和税基共享(加拿大)	缺口补助、工资补助(中国)、税收分享(中国)
减少地区财政差距	一般性无配套财政能力均等化转移支付	带有明确标准的财政均等化，决定总资金池和分配(加拿大、丹麦和德国)	多目标的一般性收入分享(巴西和印度)；固定资金的财政均等化转移支付(澳大利亚、中国)
利益溢出效应的补贴	带有配套率(由溢出的利益组成)的开放式配套转移支付	教育和医疗的补助(南非)	闭合式配套补助
设定国家最低标准	带有服务和准入标准条件的条件性无配套产出导向型整笔转移支付	公路维护和基础教育补助(2000年前印度尼西亚)；教育转移支付(巴西、智利、哥伦比亚)；医疗转移支付(巴西、加拿大)	以支出为条件的条件性转移支付(大多数国家)；笼络转移支付(美国，如2006年为了阿拉斯加的"不同的桥梁"计划预留20亿美元资金)
	带有根据地方财政能力而变化的配套率的条件性资本补助	学校建设的资本补助(2000年前印度尼西亚)；给予州政府高速公路建设配套补助(美国)	不带有配套且没有维护要求的资本补助
在高度国家优先权和低度地方优先权的情况下对地方优先权的影响	开放式配套转移支付(最好带有随着财政能力变化而变化的配套率)	社会救助的配套转移支付(2004年前加拿大)	预设补助
维持稳定以及弥补基础设施不足	资本补助，负责提供维护	带有随着地方财政能力不同而变化的配套率的资本补助	不带有维护要求的稳定补助

资料来源：Anwar Shah, "A Practioner's Guide to Intergovernmental Fiscal Transfers," in *Intergovernmental Fiscal Transfer*, ed. Robin Boadway and Anwar Shah, 1—53(Washington, DC: World Bank, 2007)

教训：应避免的转移支付类型

政策制定者应当避免设计如下政府间转移支付类型：

(1)模糊特定目标的补助；

(2)为多个目标服务的、内含综合因素的一般性收入共享项目，会破坏问责制，并且不会提高财政效率或者促进财政公平目标的实现。相比一般性收入共享项目而言，税收分权或税基分享提供了更好的选择，因为它们在维持州和地方政府自治权的同时加强了问责制。

(3)资助州和地方政府缺口的补贴，将会在未来引至更大的缺口。

(4)包括对财政努力激励的无条件补贴。这种补贴会激励提高服务供给，但是降低税收成本才应该是公共部门的目标。

(5)投入(或过程)导向型或者预设条件性补助项目，会削弱地方的自治权，减少弹性空间，影响财政效率，以及偏离财政公平的目标。

(6)不确保资金未来维护的资本补贴，这是潜在的沉没成本。

(7)联邦体制下的协商或自行分配补贴，可能导致意见不一和不团结。

(8)对地方政府进行"一刀切"补贴，将造成巨大的不平等。

(9)会造成地方总资金池和分配巨大变化的补贴。

经验：值得采纳的原则

(1)保持简约。在财政转移支付的设计中，粗线条的公平可能比面面俱到的公平更好，如果它具有广泛的适用性和持久力。

(2)在一个补助项目中只关注单一目标，并且尽量让设计指向这一目标。在一个补助项目中设定多目标将导致哪个目标都无法实现。

(3)为补贴基金设定与宏观指标相关的上限以及确保稳定和具有预见性的下限。

(4)引入日落条款(定期废止条款)。对补助项目进行定期回顾非常重要——一般来说，定期为5年并且进行更新(如果有必要的话)。在调整的当年，为了给所有政府的预算编制以确定性，补贴项目不发生任何变化。

(5)为了达成财政的均等化，应考虑达成人均财政能力均等化，使之达到特定标准。这种标准将决定总资金池和在接收资助方之间的分配。统计方面要求财政能力均等化使用有代表性的税收系统，因为主要税基对大多数国家都是可行的。相反，支出均等化则需要很难且很复杂的分析，会带来更多的争论和争议；因此，从必要性考虑出发，没必要这么做。考虑到实践的困难，最好是通过产出导向型部门性补助来进行财政需要均等化，这将加强结果导向型问责制。国家范围内对均等化标准的共识至关重要，因为它关系到所有均等化项目的存在与否。均等化项目不能独立于广义财政体系之外，尤其是条件性转移支付。均等化项目必须拥有终止条款以及官方复审和重审条款，因为同一标准的政策不可能适用于所有地方的财政均等化。

(6)对于专项补贴，设定产出条件或服务准入及质量条件比设定投入和过程条件要更好。这种做法允许出资方达到他们的目标，而不影响地方对如何更好地提供服务进行选择。大多数国家都需要为基本服务设立国家最低标准，以此来加强内部统一市场和经济联盟。

(7)在对地方政府进行补助的时候，应当认识到人口规模、登记、服务面积和乡村等服务特性，分别为不同类型的政府建立分配公式。

(8)在改革的初期阶段，可通过建立危害控制或免责条款来确保所有受资助的政府能接受到一般性转移支付。这种转移支付不会影响经济增长中的一揽子改革。

(9)确保所有的利益相关者都能够听证，并确保达成均等化原则和均等化标准下合理的政治共识。政客必须认识到这些体制安排。公平交易机构，如独立的补助委员会，没有任何帮助，因为它们不能够批准政治投入，并且因此倾向于选择复杂且不透明的解决方案。

公共部门治理的文化从分配利益向确保响应民声、顺应民意、公平和问责制的管理环境转变，是十分关键的。这么做要求启动所有可行的税收分权选项，建立产出导向型管理和资本财政转移支付，建立一个正式的包括明确均等化标准的财政均等化过程，并确保为借贷负责。

政府间财政关系的体制安排

谁来负责设计联邦—州—地方政府之间关系的体系？答案有很多种[32]。第一种也是最普遍的实践就是由联邦政府单独来决定。最为明显的实践就是让联邦政府独自承担责任，由于它应当对国家的目标负责，这一目标相应地通过财政体制安排来实现。在许多国家，这是一种规范，一个或多个联邦政府机构为财政转移支付的设计和分配来承担全部责任。这一解决方案的潜在问题是联邦政府的本质趋向更多地参与到政府的决策制定，并且不允许全利益分权出现。这使联邦体系偏向集权化，除了补贴倾向于加强分权决策制定的外。在某种程度上，这一问题可以通过对联邦政府干涉州和地方政府的决策施加宪法规定来得到克服。在印度，联邦政府对规划委员会转移支付和中央资助计划单独负责。这些转移支付具有很强的输入效应，有潜在的削减州和地方的自治权的威胁。1988年的巴西宪法对联邦政府通过缩减财政转移支付等因素造成的影响进行了很强的限制。这种限制代表了一个极端的做法，即减少了为适应经济环境的变化而调整财政安排的弹性空间。

相反，一个独立的组织可以存在于财政安排的改革和落实中。这个组织中的代表可以全部来自联邦政府，也可以部分来自联邦政府，部分来自州和地方政府。它可以拥有实际的决策制定权，也可以仅拥有单纯的咨询权。无论组织是对什么负责，都是为了它能够更好地为调整政府间决策制定服务。实践中的常见选择有三：①独立的补助委员会；②政府间论坛；③政府间及民间社会论坛。

一些国家建立了准独立机构，如补助委员会，来设计和改革财政体制。在澳大利亚和南非,该委员会是长期存在的;或者它们也可以周期性地存在,为下一个五年的调整而存在,在印度便是如此。印度各州也设立独立补助委员会,是为州和地方财政转移支付提供咨询的组织。这些委员会已经在某些国家被证明无效,大都是因为它们的建议被政府忽略,或者不作为,如南非。在其他情况下,政府可以接受和落实委员会的建议,但是对于改革体系失效的国家,如印度,就要靠自我约束了。在某些情况下,这些委员会在它们的研究分支上太专业或太学术,很难为政府间转移支付的全局性综合体系做出贡献,澳大利亚的共同利益补贴委员会就是如此。

一些国家利用政府间论坛或者联邦制管理或者联邦—省政府委员会来进行体制规定的协商,如加拿大和德国所为。在德国,这一体系通过州政府(兰德)作为下议院(众议院)的代表来得到加强。这一系统允许来自相关管辖区明确的政治输入或者尝试建立共识。特别地,这种论坛选择简单设计,从而使系统更加透明并且在政治上更加容易接受。

最后,以上论述的方法都变相应用于政府间立法和民主社会委员会,通过来自所有州的财政安排的平等表现形式,由联邦政府管理,在联邦—省财政安排方面进行变化协商。巴基斯坦的财政委员会就是这种模型的例子,这一组织周期性组建,来决定下一个五年的财政分配。这种做法的优势在于所有利益相关方——出资方、接收方、民主社会和专家在委员会中都要派出代表。这种方法保持了体系的简约和透明。但这种方法的一个重要缺陷在于,根据一致同意规则,该组织可能会被永久禁止,正如近期在巴基斯坦的联邦政府中证明的那样。

财政"联邦制"的特定问题

本部分论述了财政"联邦制"的三个主要问题,即地区公平、均等化竞争和腐败。

联邦制和地区公平

地区不平等对于多数国家而言是始终存在的发展挑战,尤其是那些管辖面积广袤的国家。全球化加剧了这一挑战,因为它将重点放在了技能(skills)上。随着全球化的发展,技能(而不是资源)成为决定区域竞争力的基础。技术工人比非技术工人的价值更高,非常典型的富裕地区比贫穷地区富裕的原因就在于拥有更多受过教育且拥有良好技术的劳动力。大范围差距给联邦国家带来了严重的威胁,政府无力缩小这些差距,其将可能导致不团结甚至分裂。尽管缩小地区差距的政策挑战很大,联邦政府对工具选择弹性攻坚随着联邦国家权力的划分而缩小。相反，单一制国家的中央政府能够毫无限制地选择它们的政策和工具。

基于这些条件，在经济发展中有这样一个假定：分权财政体制将导致地区不平等的不断扩大。

然而，实践证据驳斥了这一假设。拉贾·沙卡和安瓦·沙认为，地区发展政策在大多数国家都是失败的——无论是联邦制国家还是单一制国家——随着地区融合不断扩大，产品和要素流动越来越没有限制，并且能够保护统一的经济联盟，如美国在减少区域收入差距的成功经验所述[33]。联邦政府在限制区域差距方面做得更好，因为扩大区域差距会使政治风险大大提高。在这些国家，超过一定阈值的差距可能会产生分离的呼声，无论是在最富裕的地区还是在最贫困的地区。最贫穷的地区可能认为这种差距是区域不公正、不平等的一种表现，最富裕的地区则会认为最贫穷地区在长期可能会拖它们的后腿。

联邦制和均等化竞争

对联邦政府进行响应民声、顺应民意的政府治理而言，保持州际竞争和决策制定的分权体制非常重要。以邻为壑政策将会减少分权决策制定带来的成果。联邦干预等一系列解决方案是可行的。相互竞争的管辖区能够在博弈的规则和合作的战略上达成一致。达成协议和开发强制机制可能会产生高额的合作成本。最后，这些协议仍将有可能在某个问题上无效，因为一些竞争管辖区会下更高的赌注来参与竞争。相反，禁止限制地方落实要素流动的规定可能更有帮助。但是法院的司法解释可能不会很好地为联邦制服务，因为它们可能过度地限制州和地方政府的权力。

在保持均等化竞争同时克服此竞争所带来负面影响的方面，目前对于联邦政府所起到的作用还没有达成共识。联邦政府统揽均等化竞争可能被认为毫不尊重地方政府的自治权。然而，联邦政府利用它的支付权能来维持统一的经济联盟则是被允许的。

这引领我们来总结一条路径，它能够通过国内服务设定统一的最低标准、破除贸易壁垒来保障要素自由流动、扩宽信息来源和技术通道、为联邦国家的区域完整和内部和谐提供最好的权变政策。问题是怎样去竞争，怎样去合作，以及怎样确保所有的利益相关方都诚实可信[34]。

联邦制和腐败

权力导致腐败，绝对的权力导致绝对的腐败。联邦制帮助国家打破了这种权力垄断，通过本土化来使决策制定与人民更加贴近。本土化加强了政府对公民的责任，通过让公民参与政府绩效管理和制定严格纠正措施来实现。本土化作为促使政府响应民声、顺应民意的手段，能够帮助减少腐败，并且提高公共服务供给。提高公共服务供给的努力通常强制权力机构杜绝腐败及其源头，然而，值得注意的是体制环境和遭受当地精英控制的风险。在一些发展中国家的体制环境下——在一个地理区域，当封建主义和工业利润共同成为主宰，参与机制和问责机制就非常脆弱并且失效，对地方事务的政治干涉也将十分猖獗——本土化可能就会增加腐败的机会。这表明反腐败政策和项目的优先顺序。因此，在任何改革中，法律制度和公民权利都应放在最高位。缺乏法律制度的本土化并不是一个对于反腐而言强有力的补救措施[35]。

为什么选择财政"联邦制"？ 相关结论

财政"联邦制"被大范围地推广至各个国家，是因为其能够为多层级政府创建激励机制，以更有竞争力、效率、公平和负责的方式为公民提供公共服务。当本地居民及其偏好的多样性得到充分尊重时，这一点即已达成。联邦财政体制特别关注地区经济和数位落差，以确保公平的竞争环境和经济联盟的巩固。比较分析的结论表明，联邦政府比单一制政府在公共行政管理的各个方面——公民参与、政治自由、政治稳定、法律制度、层级效率、消除腐败、个人发展、均等化收入分配以及财政和经济管理做得更好[36]。正如本章所述，这是因为联邦财政体制更加关注明确各级政府的作用、责任和问责，并且在设计财政体制时符合响应民声、注重责任和以问责结果为导向的政府管理。我衷心地希望，本章所论述的财政"联邦制"综合方针能够对正在从事财政体制改革的政策制定者和实践者有所帮助。

注释

1   Anwar Shah，"Fiscal Decentralization and Macroeconomic Management，"*International Tax and Public Finance* 13，4(2006)：437—62

2   Daniel J. Elazar，"The Political Theory of Covenant：Biblical Origins and Modern Developments，"*Publius：The Journal of Federalism* 10(1980)：3—30

3   Robert Inman，"Why Federalism?" unpublished paper，Wharton School，University of Pennsyivania，Philadelphia，September 2006

4   并不是所有联邦制国家都是分权结构，也不是所有单一制国家都是集权结构。例如，加拿大高度分权，但是澳大利亚和德国是分权与联邦相结合，即州政府补贴中有公共补贴成分。北欧单一制国家比澳大利亚和德国的分权程度更高

5   William H. Riker. *Federalism：Origin，Operation，Significance*(Boston，MA：Little

Brown，1964），11

6　参见 Pierre Salmon，"Horizontal Competition among Governments,"in *Handbook of Fiscal Federalism*，ed. Ehtisham Ahmad and Giorgio Brosio，61－85（Cheltenham，UK：Edward Elgar，2006）；and Albert Breton，"Modeling Vertical Competition,"in *Handbook of Fiscal Federalism*，ed. Ehtisham Ahmad and Giorgio Brosio，86 － 105 （Cheltenham，UK：Edward Elgar，2006）. 还可参见 Daphne A. Kenyon and John Kincaid，eds. ，*Competition among States and Local Governments：Efficiency and Equity in American Federalism* （Washington，DC：Urbon Insstitute Press，1991）

7　参见 Ronald L Watts，*Comparing Federal Systems* （Montreal and Kingstion：McGill-Queen's University Press，1999）

8　Barry Weingast，"Second Generation Fiscal Federalism：Implications for Decentralized Democratic Governance and Economic Development，" discussion draft，Hoover Institution，Stanford University，2006，6

9　关于公民共和国，详见 John Kincaid，"Municipal Perspectives in Federalism,"unpublished paper，cited in Ann O. Bowman and Robert C. Kearney，*State and Local Government* （Boston，MA：Houghton Mifflin Company，1990）

10　George Stigleerm，"The Tenable Range of Functions of Local Government,"in *The Economics of Fiscal Federalism and Local Finance*，ed. Wallance E. Oates，3－9（Cheltham，UK：Edward Elgar，1998）

11　Mancur Olson，"The Principle of Fiscal Equicalence：The Division of Responsibilities among Different Levels of Government，" *American Economic Review* 59，2(1969)：479－87

12　Wallace Oates，*Fiscal Federalism* （New York：Harcourt Brace Jovanovich，1972）

13　出处同上，55

14　Bruno Frey and Reiner Eichenberger，*The New Democratic Federalism for Europe：Functional Overlapping and Competing Jurisdictions* （Cheltenham，UK：Edward Elgar，1999）

15　出处同上，55

16　Robin Boadway and Anwar Shah，"Fiscal Fderalism in Developing/Transition Economies：Some Lessons from Industrialized Countries,"paper presented at the National Tax Association Meetings，St. Paul，Minnesota，November 1994；*National Tax Journal*，proceedings issue，April 1994，64 － 71；Robin Boadway，Sandra Roberts，and Anwar Shahn，"Fiscal Federalism Dimension of Tax Reform in Developing Countries，" in *Fiscal Reform and Structural Change in Developing Countries*，vol. 1，ed. G. Perry，J. Whalley，and G. McMahon，171－200（London：Macmillan，2000）

17　Robin Boadway，*The Constitutional Division of Powers：An Economic Perspective* （Ottawa：Economic Council of Canada，1992）

18　出处同上

19　Anwar Shah，"Fiscal Decentralization and Macroeconomic Management，" *International Tax and Public Finance* 13，4(2006)：437－62；and Anwar Shah，"Corruption and Decentralized

Public Governance," in *Handbook of Fiscal Federalism*, ed. Ehtisham Ahmad and Giorgio Brosio, 478—98(Cheltenham, UK: Edward Elgar, 2006)

20   Robin Boadway, *The Constitutional Division of Powers: An Economic Perspective* (Ottawa: Economic Council of Canada, 1992)

21   参见 Anwar Shah with Sana Shah, "The New Vision of Local Governance and the Evolving Roles of Local Governments," In *Local Governance in Developing Countries*, ed. Anwar Shah, 1—46(Washington, DC: World Bank, 2006), 1—46

22   Robrt P. Inman, "Financing Cities,"NBER Working Paper 11203, National Bureau of Economic Research, Cambridge, MA, 2005

23   Izabella Barati and Akos Szalai, "Fiscal Decentralization in Hungary"(Center for Public Affairs Studies, Budapest University of Economic Sciences, 2000), p. 21

24   Anwar Shah, "The New Fiscal Federalism in Brazil,"Discussion Paper 124, World Bank, Washington, DC, 1991

25   为政府间财政转移支付提供了更为广泛的经济合理性的论证, 参见 Robin Boadway and Anwar Shah eds. , *Intergovernmental Fiscal Transfers* (Washington, DC: World Bank, 2007); and Anwar Shah, "A Practioner's Guide to Intergovernmental Fiscal Transfers," in *Intergovernmental Fiscal Transfers* ed. Robin Boadway and Anwar Shah, 1—53(Washington, DC: World Bank, 2007)

26   Anwar Shah, *The Reform of Intergovernmental Fiscal Relations in Developing and Emerging Market Economies* (Washington DC: World Bank, 1994); Government of Canada, *Achieving a National Purpose: Putting Equalization Back on Track* (Ottawa: Department of Finance, 2006); and Anwar Shah, "A Practioner's Guide to Intergovernmental Fiscal Transfers, " in *Intergovernmental Fiscal Transfers*, ed. Robin Boadway and Anwar Shah, 1—53(Washington, DC: World Bank, 2007)

27   Robin Boadway, "the Vertical Fiscal Gap: Conceptions and Misconceptions,"paper presented at Canadian Fiscal Arrangements: What Works, What Might Work Better, Winnipeg, Manitoba, 16—17 May 2002

28   Raja Shankar and Anwar Shah, " Bridging the Economic Divide within Nations: A Scorecard on the Performance of Regional Development Policies in Reducing Regional Income Disparities," *World Development* 31, 8(2003): 1421—41

29   Wallace Oates, *Fiscal Federalism* (New York: Harcourt Brace Jovanovich, 1872). 美国财政均等化的深入讨论详见 Daphne A. Kenyon and John Kincaid, "Fiscal Federalism in the United States: The Relctance to Equalize Jurisdictions," in *Finanzverfassung im Spannungsfeld zwischen zentralstaat und Gliedstaaten*, ed. Werner W. Pommerehne and George Ress, 34—56(Baden-Baden: Nomos Verlagsgesellschaft, 1996)

30   澳大利亚、巴西和加拿大的州对地方转移支付案例详见 Anwar Shah, *The Reform of Intergovernmental Fiscal Relations in Developing and Emerging Market Economies* (Washington, DC: World Bank, 1994)

31   Anwar Shah, *The New Fiscal Federalism in Brazil* (Washington, DC: WORLD BANK,

1991)

32　不同体制安排下的均等化体系及比较分析详见 Anwar Shah, "Institutional Arrangements for Intergovernmental Fiscal Transfers and a Framework for Evaluation," in *Intergovernmental Fiscal Transfers*, ed. Robin Boadway and Anwar Shah, 293—317(Washington, DC: World Bank, 2007)

33　Raja Shankar and Anwar Shah, "Bridging the Economic Divide within Nations: A Scorecard on the Performance of Regional Development Policies in Reducing Regional Income Disparities," *World Develoment* 31, 8(2003): 1421—41

34　详见 Anwar Shah, "Interregional Competition and Federal Cooperation: To Compete or to Cooperate—That Is Not the Question,"paper presented at the International Forum on Federalism in Mexico: Local and Global Challenges, held in Veracruz, Mexico, 14—17 November 2001

35　Anwar Shah, "Corruption and Decentralized Public Governance," in *Handbook of Fiscal Federalism*, ed. Ehtisham Ahmad and Giorgio Brosio, 478—98, (Cheltham, UK: Edward Elgar, 2006)

36　Anwar Shah, "Balance, Accountability, and Responsiveness: Lessons about Decentralizations," Policy Research Working Paper Number 2021, World Bank Washington, DC, 1998; Anwar Shah, "Fiscal Decentralization and Macroeconomic Management," *International Tax and Public Finance* 13, 4(2006): 437—62; and Robert Inman, "Why Federalism?" unpublished paper, Wharton School, University of Pennsylvania, Philadephia, 2006

Australia

Capital: Canberra
Population: 20 Million (2004 est.)

Boundaries and place names are representative only and do not imply any official endorsement.

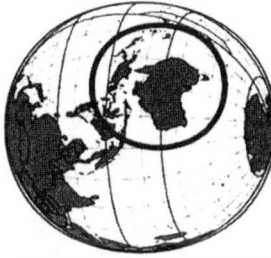

SOLOMON ISLANDS

NEW CALEDONIA (FR.)

Tasman

Sea

Australian Capital Territory

PAPUA

NEW GUINEA

Great Barrier Reef

Queensland

New South Wales

Canberra

Victoria

Tasmania

INDONESIA

Northern Territory

South Australia

GREAT AUSTRALIAN BIGHT

Indian

Ocean

Western Australia

Indian

Ocean

N

500

0

500

Kilometres

Sources: CIA World Factbook; ESRI Ltd; Times Atlas of the World

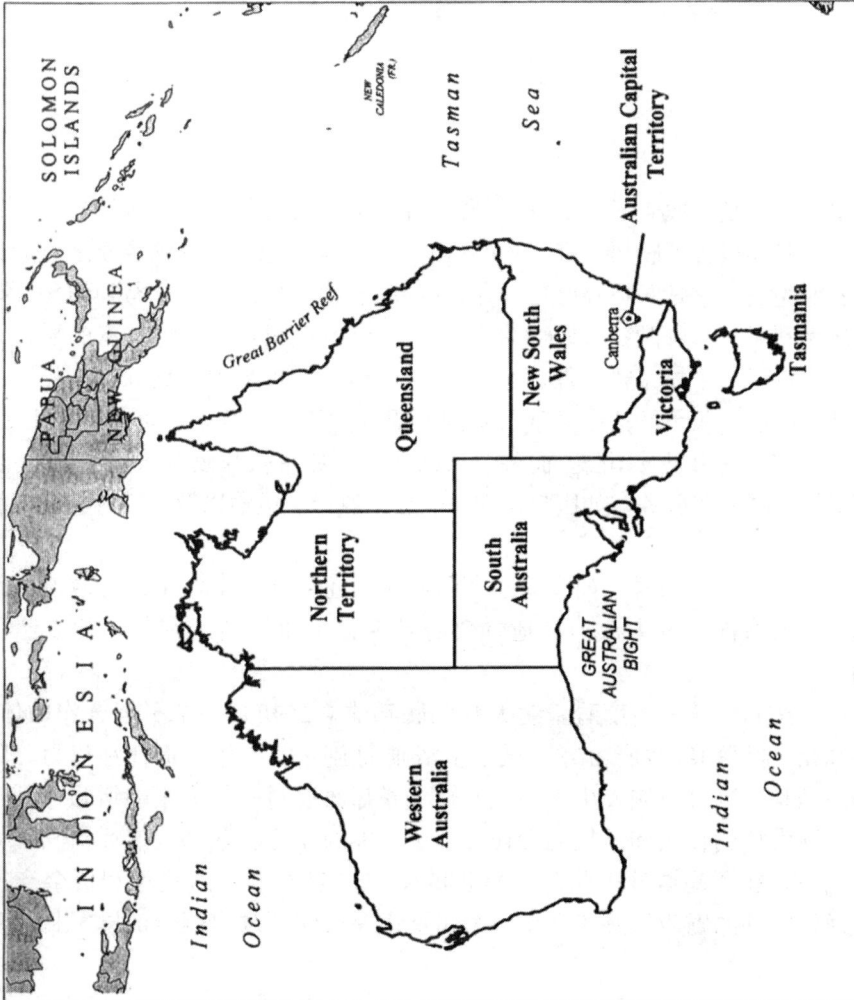

澳大利亚联邦

艾伦·莫里斯(Alan Morris)

澳大利亚联邦成立于 1901 年,当时由 6 个自治的英国殖民区域构成。如今澳大利亚联邦包含了联邦政府、6 个州以及 2 个自治地区。联邦成立之时颁布了澳大利亚宪法,它是联邦政府得以存在的基础。宪法规定了各个州联合的原则,包括澳大利亚联邦(即联邦政府)和各个州的权力和职责、各级政府的财权和事权,是维持国家主权完整的保证[1]。从广义上讲,与世界上其他联邦一样,澳大利亚联邦政府被赋予维持国家基本功能的职责,如移民政策、贸易、外交关系、邮政、电信、货币以及国防。而各个州则保留了那些联邦政府未被赋予的责任,包括提供一些大型服务,如医疗、教育、法律执行、运输以及大部分的基础设施建设。

从政治体制上来看,如今的澳大利亚联邦还包含了 720 个地方政府,但宪法本身并没有涉及地方政府。地方政府是由各个州和地区在各自的立法下设立的。

从宪法和法律的角度看,澳大利亚联邦成立之初是一个平等合作的体制,联邦和州/地区两级政府由宪法赋予了清晰而独立的作用、责任和权力。随着时间的推移,这种体制发生了很大变化。联邦政府财政能力不断增强,其与州政府实际发挥的作用和承担的责任发生了巨大的变化。联邦政府凭借其强大的财政能力,在那些本该由州政府负责的领域里起着重要的政策和资金支持作用,通过额外的财政激励来促使各个州承诺完成联邦政府制定的国家目标和优先发展项目。

澳大利亚的联邦制

国家特征

澳大利亚国土面积 770 万平方千米，是世界上第六大国家。澳大利亚人口只有 2000 多万，主要集中在东南沿海的狭长地带。从平均人口密度来看，澳大利亚是世界上人口最稀疏的国家之一，某种程度上令人不解的是(somewhat para-doxically)，它同时也是城镇化程度最高的国家之一。澳大利亚土著居民大概占总人口的 2.4%。

从第二次世界大战以来，澳大利亚就一直支持积极的移民政策，至今接近四分之一的人口来自海外。澳大利亚最显著的人口特征之一是人口老龄化，在过去的 20 年里，其人口的年龄中值增加了 6 岁。

州和地区特征

从表 1 可以看出，澳大利亚各个州和地区之间在领土面积、人口数量和经济重要性方面有着明显的差别。领土面积从澳大利亚首都特区(Australian Capital Territory)的 2 358 平方千米到西澳大利亚州(Western Australia)的 2 530 000 平方千米；州的人口数量从北方地区(Northern Territory)的 20 万到新南威尔士州(New South Wales)的670 万；人均国民生产总值从澳大利亚首都特区的 35 800 美元到塔斯马尼亚州(Tasmania)的 22 350 美元。

表 1　州和地区特征

州/地区	面积/平方千米	人口/万人	国民生产总值/亿美元	人均国民生产总值/美元
新南威尔士州	800 000	670	2 120	31 500
维多利亚州(Victoria)	227 000	490	1 545	31 350
昆士兰州(Queensland)	1 730 000	380	1 050	27 450
西澳大利亚州	2 530 000	190	667.5	33 850
南澳大利亚州(South Australia)	983 000	150	405	26 400
塔斯马尼亚州	68 400	48	106.5	22 350
澳大利亚首都特区	2 358	33	122	37 800
北方地区	1 349 000	20	71.3	35 837

从经济和商业活动的层次和范围来看，新南威尔士州和维多利亚州在全国起着主导作用，然而矿产资源则主要集中在西澳大利亚和昆士兰州，其次是北方地

区。这些差异是造成澳大利亚财政“联邦制”特定产出水平的重要因素。

政府结构

澳大利亚是君主立宪制国家，国家的名义元首是英国女王，由总督代理其职责，总督是在总理的建议下由女王任命的。

澳大利亚政府体系和结构基本上沿袭了英国的西敏制。澳大利亚有三个政府层级，即联邦、州/地区和地方政府，都实行议会民主制，所有的成年公民都有选举权和强制投票权。

联邦议会由两院构成，即下议院和上议院。下议院也叫众议院，由 150 个成员组成。众议院主要有两大党派，联邦政府由众议院中人数较多的党派执政。现在的联邦政府是从 1996 年开始执政的。

上议院也叫参议院，由 76 个成员组成。参议院既是审核国家政策的机构，又是“诸州之院”（每个州都有相同数量的参议员）。然而，实际上，众议院的投票通常是以党派为单位而不是以州为单位。众议院也有两大党派，同时有第三党派或者独立派对其进行权力的制衡。

联邦的行政机构是内阁，内阁成员由众议院或者参议院的执政党派成员组成，但总理必须是众议院的成员。

州议会有独立的宪法赋予的主权，为了和君主立宪制体制保持一致，每个州都有总督，总督是在州行政长官的建议下由女王任命的。除昆士兰外，每个州的议会都由两院构成，昆士兰议会只有一院（两大地区也一样）。

与其他州相比，两大地区的宪法地位有着明显的差别，它们是在联邦议会的立法下成立的，不能与其他州一样享受同样的宪法保护。然而，为了建立更广泛的政府间财政体制，两大地区的财政待遇与州一样，对它们的财政转移支付来源和其他州也一样（都基于同样的原则）。

澳大利亚的地方政府不是根据宪法建立的，而是在相应的州或地区议会的立法下成立的。地方政府官员是通过直接选举产生的，政党体系在地方并不像联邦体系那样盛行。地方政府能从州政府和联邦政府获得一些有限的财政支持，但是在政府间财政收入原则下，这一级政府不享受财政收入分享。

从宪法地位、立法基础和惯例上来看，联邦的司法部门与政府部门是相互独立的。司法部门包含了联邦和州（地区）法院两个层级，澳大利亚高等法院是澳大利亚最高司法机构。

政府责任

澳大利亚宪法并不包含且也没有提供有关人权的法案。在涉及有关人权的案例中，议会通常起仲裁的作用，当然，高等法院也起一定的作用。宪法中有条款规定，通过全民公决，可以修改宪法。通过全民公决需要得到全国大多数公民，即大多数州的大部分公民的支持。从 1901 年以来，一共有 44 个需要全民公决的宪法修改建议，只有 8 个通过了全民公决。

联邦政府和州（地区）政府都成立了一系列的委员会和仲裁机构，以此来提高执政的透明度以及更好地履行政府职责。所有行政管辖区都有审计长，并直接向议会报告。除此之外，政府还设立了一些其他的问责机构，包括监察员、行政申诉法庭、各种审核监督机构以及致力于保护特殊群体利益的委员会，包括人权委员会以及针对妇女和少数民族利益的委员会。

经济

在过去的十年里，澳大利亚经济发展十分迅速，目前其 GDP 的增长速度接近 3%，GDP 为 6 000 亿美元。各个州和地区的增长速度很不一样，在资源丰富的西澳大利亚、昆士兰以及北方地区，目前的经济增长速度是全国最快的。全国的通货膨胀率目前是历史的低点，5% 的失业率也居于历史水平的低位。

回顾历史，澳大利亚经济的发展主要依靠第一产业，特别是农业和自然资源，但在最近的几十年里，服务业对 GDP 的增长及就业起着越来越重要的作用。澳大利亚的经济高度开放，国际贸易占全国经济活动中很大部分，第三产业变得日益重要。

在过去的十年里，澳大利亚的外债有明显的增长，目前澳大利亚的净外债余额约占全国 GDP 的 50%。这反映了澳大利亚对外账户的传统模式，即大量资本流入使国际收支的经常性账户产生大量赤字。

公共部门的负债则是另一番景象。澳大利亚的政府净负债从 1995～1996 年度的 720 亿美元（占 GDP 的 19%）下降到如今的 123 亿美元左右（占 GDP 的 1.9%）。各个州的负债在过去十年里也相应下降了不少，尽管有迹象显示在未来的几年里州政府可能会通过负债融资。

政府结构与财权分配

共同经济体

在澳大利亚联邦成立时，宪法规定了统一的对外关税，同时废除了当时存在于殖民地之间的国内关税。资金和劳动力在联邦内可以不受限制的流动，联邦内部贸易也没有任何壁垒。澳大利亚国务院(联邦、州和地区政府的最高机构)颁布了一项激进的微观经济改革议程,旨在提高全国的生产力和效率以及消除妨碍竞争的壁垒,包括涉及国有企业经营的相关方面[2]。

各级政府都非常支持让市场机制发挥作用,在过去的几十年里,政府在经济活动中的作用不断压缩,大多数国有企业已经全部或者部分私有化了。而且,联邦和州/地区政府在基础设施建设方面也越来越多地引入公私合作伙伴(public/private partnership,PPP)模式,包括收费公路、医院、学校的建设等。

联邦—州之间财政体制的演变

1901年联邦成立之前,六大殖民地收入的主要来源是关税和消费税。联邦成立之时,这些收入被转移给了联邦政府,条件是联邦成立之后的10年里,至少四分之三的关税和消费税收入要返还给各个州,使其能满足财政支出需要。在联邦成立后的30年里,联邦政府以人均额均等为基础给予各州财政补助,同时对西澳大利亚、塔斯马尼亚和南澳大利亚给予额外补助,因为这些州在当时看来是需要额外政府补助的。

澳大利亚联邦补助委员会成立于1933年,主要负责处理来自各个州的额外财政补助申请。其依据是澳大利亚宪法第96章的条款,其中提到联邦议会一旦确认其合理性,就可以以合适的条件向州政府提供财政补助。从1942年开始,联邦政府成为征收所得税的唯一合法机构[3]。为了补偿各州的收入损失,每个州每年都会得到相当于其过去几年年平均所得税征收额的财政补助。如果某一州政府觉得这种财政补助无法满足其财政支出需要的话,可以向联邦补助委员会申请额外的财政补助。

1959年,财政补助取代了税收补助。这种补助政策成为联邦政府对各州进行一般性财政补助的基础,一直沿用到20世纪70年代中期。分配资金的方法是各个州的人口基数,但大量的特殊调整是根据各个州的要求做出的。联邦政府对州政府财政支付的第三种形式是专项补助(specific purpose payments,SSPS,即特殊目的补助),其重要性也日益增加。专项补助仅能够按照划拨意图进行支付。

20世纪70年代中期,政府的财政补助政策发生了重大变化,主要是基于以下两点考虑:一是联邦内两个最大的州,即新南威尔士州和维多利亚州认为其需求经常被忽视;二是需要优化联邦向州政府财政补助的渠道。最终达成的协议是,财政补助要基于对每个州的评估之上。从那时候开始,这种政府间的财政安排被广泛地执行。自治的北方地区(1978年)和首都特区(1989年)也被包括进来。

随着高等法院一系列就限制州和地区征收某些特定税收的权力做出判决,如印花税及烟草、石油、酒类产品的销售税,对州和地区来说,联邦政府的财政转移支付就显得日益重要了。2000 年，商品与服务税（the goods and services tax，GST）的引入，使联邦和州之间的财政关系进一步发生了重大变化。按照联邦与州财政关系改革所达成的协议（IGA）[4]，联邦政府所征收的所有商品与服务税都需根据财政均等化原则分配给各州和地区（取代以前来自联邦财政预算的财政补助）。与此同时，州政府同意废除一系列税收，包括金融机构的税收以及一系列印花税。从短期来看，这种改革会使一些州的财政状况恶化，因此，为了确保各个州的财政状况不至于比执行协议前差，IGA 提供了过渡性的安排。

　　根据宪法，联邦政府和州政府需各自对自己的财政开支负责，它们之间有相对清晰的界限。但实际上，随着联邦政府对那些原本由州政府负责的服务领域的涉入程度的加深，这种界限变得越来越模糊了。从表 2 可以看出，联邦政府负责的领域主要包括国防（这个领域的公共部门开支全部由联邦政府负责）以及大多数社会保障和福利（联邦政府占 92％），其在由州政府负责的领域里也发挥着重要作用，如教育（联邦政府占 30％）和医疗（联邦政府占 60％）。

表 2　不同层级政府的法定服务领域和实际服务领域

法定责任主体	公共服务领域	实际负责主体
联邦政府	国防	联邦政府
联邦政府	社会治安和福利	联邦政府
联邦政府	外交	联邦政府
联邦政府	海关	联邦政府
联邦政府	移民	联邦政府
联邦政府	邮政和通信	联邦政府
州/地区政府	教育	州政府（联邦政府对全国性目标进行财政支持）
州/地区政府	医疗	州政府（联邦政府对全国性目标进行财政支持）
州/地区政府	公共秩序和安全	州政府
州和地方政府	住房和公共设施	州和地方政府
州和地方政府	娱乐和文化	州和地方政府
联邦/州政府	农业、林业、渔业、矿产业、制造业和建筑业	联邦/州政府
联邦（如国家高速公路）/州（如主干路）/地方政府（如地方道路）	交通及基础设施	联邦/州/地方政府

　　各州和地区政府的支出主要集中在几大服务领域，特别是医疗、教育、法律执行和治安领域（占州和地区政府总支出的三分之二以上），这也是和宪法规定的责任相一致的。从宪法的角度来看，联邦政府和州（地区）政府的权力是可以共存的，但是如果联邦法律和州（地区）的法律相冲突的话，应以联邦法律为准。除此

之外，如果没有涉及宪法的第 92 章的条款，任何一级政府都不能直接干涉其他层级政府的决策，如对其他层级政府强加某项政策或者直接干预其支出决定。

然而，联邦政府凭借其强大的财政能力，直接引导一些州和地区政府的活动，并主要通过对它们提供额外的专项补助来实现。这种现象越来越常见，在过去的二三十年里尤为明显。由表 3 可以看出，联邦政府支持涉及优先发展和国家目标的领域包括医疗、教育、住房等，其中很大一部分被用于改善澳大利亚土著居民的状况。总的来说，这些额外的政府补助(被称为特定目的补助)数额巨大，2005～2006 年度约为 146 亿美元。

表 3   按作用和政府分——直接支出百分比   单位：%

作用	联邦政府支出	州/地区政府支出	地方政府支出	总计
国防	100			100
债务偿付	64	31	5	100
一般行政管理	58	27	15	100
法律和秩序	17	80	3	100
经济服务	59	34	7	100
社会服务	92	7	3	100
医疗	61	38	1	100
教育	30	70		100
政府补贴				100
总计				100
地方公共服务	40	56	4	100

注：地方公共服务包括小学和学前教育、中等教育、公共医疗、医院、城镇高速公路、城市交通、饮用水、污水和垃圾处理、电力、消防、公共秩序与安全、警察

财政"联邦制"与宏观经济管理

澳大利亚宏观经济政策的制定和经济管理是联邦政府的责任，州和地区政府并不直接负责。通过联邦和各州及地区的部长会议讨论宏观经济问题的机会十分有限，而且这些会议都没有决策权，财政部长会议也不例外。

州和地区政府在管辖区内可以自由地决定其经济发展途径和财政政策，尽管它们对联邦政府财政补助的依赖在一定程度上制约了它们的实际自主决策权。联邦及州、地区政府各自对自己的财政收入和支出负责，它们的预算也是独立制定的(同样，州和地区政府决策权受制于它们对联邦政府的转移支付的强烈依赖)。

在以前的澳大利亚贷款委员会安排下，联邦和州政府共同决定公共部门借

款的上限和份额，这一安排现在已经不适用了。目前的贷款委员会安排建立在自愿基础上，并强调公共部门借款的透明度而不是严格限制借款额度。这种安排主要是为了促进金融市场对公共部门借款的监督功能以及考核政府部门的财政绩效。

货币政策由联邦中央银行，即澳大利亚储备银行执行。储备银行的设立是基于联邦的独立立法，其运作独立于政府的控制和影响。州对储备银行的作用和组织结构没有任何影响（包括行长或董事会的任命）。储备银行的章程范围广泛，要求银行政策的制定必须以实现澳大利亚人民的利益最大化为目标，具体目标包括保持币值稳定、维持充分就业、实现经济繁荣以及提升澳大利亚人民的总体福利。2003年，为了实现价格稳定的中期目标，联邦储备银行把控制通货膨胀作为其重点目标[5]。

财政收入责任

税收结构

澳大利亚财政收入的特点之一是不同层级的政府基本上不会分享同一税基，大多数税基都只由某一层级的政府征收，并且没有附加税。

由表4可以看出，联邦政府对以下税种拥有100%的征收权：个人和公司所得税、消费税以及国际贸易税（占公共部门总收入的64%）。同时，所有的商品和服务税也由联邦政府征收（占公共部门总收入的13%），但商品和服务税并不列入联邦税种的行列。

表4　税收收入在不同层级政府的分配

税基及税率的决定权	税收的征收和管理权	税收的分配百分比/%			
		联邦	州/地区	地方	总计
联邦					
所得税	联邦	100			100
公司税	联邦	100			100
营业税	联邦	100			100
商品和服务税	联邦	100			100
联邦消费税	联邦	100			100
农业税	联邦/州	99	1		100
国际贸易税	联邦	100			100

续表

税基及税率的决定权	税收的征收和管理权	税收的分配百分比/%			
		联邦	州/地区	地方	总计
州或地区					
薪金税	联邦/州	25	75		100
土地税	州		100		100
金融资本收益税	州		100		100
其他财产税	州	0.6	99.4		100
博彩税	州		100		100
公共企业税	州		100		100
保险税	州		100		100
机动车辆税	州		100		100
使用权税	州		100		100
矿业税收收入	州		100		100
地方					
市级税收	地方			100	100

州和地区政府可以征收75%的薪金税和100%的土地税、金融资本收益税、博彩税、保险税以及机动车辆税(占公共部门总收入的16%)。关于矿产资源方面的收入,除了一些海上石油和天然气外,都归州和地区政府所有,主要通过使用权的形式征收。总体来看,这些收入还不到公共部门总收入的1%,但其在各州的分布很不均匀,西澳大利亚和昆士兰在征收矿区土地使用费方面获得的收入最高。

地方政府征收100%的市级财产税(占公共部门总收入的3%)。在最近的几年里,使用税成为地方政府收入的主要来源,但不同的地方政府对使用税的征收能力有着巨大的差别。

州政府可以自由选择税率进行征税,前提条件是这些税种按照宪法或者其他立法的规定属于州政府征收范围之内。州政府和地区政府可以征收的主要税种包括:土地和财产税,如土地税和印花税;金融资本交易税;行为税和商品使用税,如机动车辆税;矿产资源税;博彩税和保险税。州政府和地区政府已经建立了属于本级政府的财政收入办公室,主要负责本级税基下税收的管理和征收工作,同时也制定税收政策。

在实践中,各个州及地区之间的税收竞争非常弱。这主要有两个原因:一是各政府都意识到"以邻为壑"的政策是徒劳无益的;二是来自财政均等化措施的影响,联邦政府采用统一的标准来对各个州的财政收入能力进行评估。有一种观点认为,这些年来州和地区的税基已经恶化了,来自州和地区自有税种的税收并没有使它们的财政收入得以优化。

财政均等化与效率及政府间的财政转移支付

纵向财政失衡

表5反映的是澳大利亚三级政府之间的纵向财政失衡程度。澳大利亚公共部门收入约80%归联邦政府所有,这一现象一方面部分反映了在宪法中根深蒂固的税收权力;另一方面部分反映了与之相随的历史、法律及司法判决。但联邦政府只需要负责公共部门总支出的61%。

表5　纵向财政差距　　　　　　　　　　单位:美元

	财政总收入 (以当前的美元计价, 2006~2007年度)	可支出的总收入, 包括净转移支付 (以所列年度美元计价)	财政支出 (以所列年度美元计价)
联邦	1 740亿		1 646亿
联邦以下			
州/地区	400亿	850亿	900亿(2004~2005年度)
地方	134亿(2003~2004年度)	154亿(2003~2004年度)	136亿(2003~2004年度)

与联邦政府相反,州和地区的收入只占公共部门总收入的17%,却要承担公共部门总支出的33%;地方政府只占公共部门总收入的3%,却要承担公共部门总支出的6%。

这种财政收入和支出的不匹配使联邦政府和州、地方政府之间产生了巨大的纵向财政不均衡。许多人认为澳大利亚的纵向财政失衡太严重了,在一些重要方面制约了合理措施的实施,有时也被指责阻碍了改革,削弱了州和地区政府财政改革的积极性。联邦政府对州和地区政府补助的很大一部分都有附加条件,有人认为这会损害联邦的利益(即损害了权力下放原则、竞争性联邦主义,以及削弱了州和地区政府开拓更有效的筹资和提供服务的能力)。还有一种观点认为,巨大的纵向财政失衡会对州和地区政府履行职责带来负面影响。

大多数观察者都认为需要减少纵向财政失衡的程度,同时也提出了一些改革的建议,其中包括:联邦政府要做出让步,允许州和地区政府征收一定的所得税附加(这就要求联邦政府适当降低本级所得税率);对州政府的税基进行改革,特别是土地税。

虽然澳大利亚的纵向财政失衡十分严重,但普遍认为一定的财政失衡是可取的。为了实现一些国家目标和优先发展项目,一定程度的税收权力集中是十分必要的。

财政转移支付和横向财政均等化

巨大的纵向财政失衡需要联邦政府向州和地方政府提供财政转移支付,以满足它们的财政支出需要。就目前而言,转移支付每年约为 468 亿美元,其中包括未附加条件的一般性转移支付(约 300 亿美元)和专项转移支付,专项转移支付只能用于规定的用途(约 200 亿美元,包括近 60 亿美元的医疗补助)。

联邦政府的转移支付对州和地方政府来说十分重要,目前这些转移支付平均占州和地区政府预算收入的 50%以上[6]。同时财政转移支付也是联邦政府预算的重要组成部分,大概占联邦政府税收总额的 25%,其中一般性补助占 16%,专项补助(特定目的补助)占 9%。

到 2001 年为止,一般性转移支付的实际金额(转移支付"池")由联邦政府决定(需要有一定保证),并按照财政均等化原则以财政补助的形式支付给各个州和地区。从 2001 年开始,根据 IGA 关于重大税收改革方面的规定,联邦政府的税收中属于协议中规定的商品和服务税(主要是增值税)部分,要以一般性补助的形式分配给各个州,以此取代了以前的财政补助。这类补助继续为一般性转移补助,并且按照横向财政均等化原则对各个州和地方进行分配。在 IGA 的规定下,联邦政府同意停止征收批发税,而州政府则同意废除一系列税收,如金融机构税、证券交易印花税和贷款税,并且在未来的几年里逐步废除一系列其他的税收。基于此,联邦政府对州和地区政府的一般性补助构成发生了变化,但补助的原则没有变化。

州和地区政府之所以愿意采用新的税收配置安排(特指商品和服务税),是因为它们能分享这一持续增长的税收收入。从这个角度来看,州和地区政府的愿望得到了满足,尽管这种安排不能使各个州和地区获得同等的利益。商品和服务税和医疗补助的总额由 2000~2001 年度的 182 亿美元增长到了 2006~2007 年度的 375 亿美元。与此相比,在新的税收安排之前,联邦财政补助总额在 1981~1982 年度仅有 60 多亿美元,1993~1994 年度也只有 129 亿美元。

横向财政均等化

澳大利亚政府间的一般转移支付基于横向财政均等化原则,即如果每一个州(地区)政府在征收收入方面达到了同等努力程度,在政府管理效率方面达到了同等效率水平,那么每一个州(地区)政府都有能力提供同样标准的公共服务[7]。

这一原则是由联邦补助委员会对各州和地区的财政收入能力以及财政支出需求进行综合评估的基础上制定的。对于澳大利亚来说,虽然财政均等化重要且复杂，但令人相当惊讶的是，横向财政均等化原则既未被宪法收录也没有对其进行相应的立法。目前关于横向财政均等化的定义也是由联邦补助委员会提出来的，事实上，其执行的基础从 20 世纪 70 年代中期以来没有发生过实质性的变化。

澳大利亚的各个州和地区在面积、人口数量、地理、历史、人口特征、发展程度及资源禀赋上都有着明显的差别。同样的 1 美元在不同的州和地区不一定被转化为程度相同的公共服务。即使每个州和地区的人均补助相同，并执行同样的政策，它们提供公共服务的能力也是大相径庭的。因此，政府的财政转移支付体制要以均衡各个州和地区的服务能力为标准。

三大支柱

目前澳大利亚实现财政均等化的途径有三大"支柱"，即能力均衡、政策中立和内部标准[8]。作为财政均等化的基本目标，能力均衡显得尤为重要。均衡州和地区政府的预算能力主要是为了保证它们有能力为它们的公民提供同等范围和标准的服务。

澳大利亚推行财政均等化并不指向各个州和地区的结果均衡。资金分配的目的并不是为了使所有公民都享受均等的公共服务，而不考虑他们的居住地点。州和地区政府也不会这样做，因为居住在乡村或者偏远地区的居民能享受到的服务不可能和大城镇的居民一样。在政策中立方面，澳大利亚的均衡是追求以各州推行的实际政策的平均水平为标准，这种方法承认政策的选择影响税收和支出的各个方面，而建立无政策影响的标准是不可能的。

对于内部标准的采用，所使用的基准是各州和地区政府基于各种税收所获得收入及履行目前职责所需开支的平均数。外部标准或基准，如体现某种概念的最佳实践标准，并没有得到使用。对人均收入能力或开支需求差异的评估只考虑州和地区政府不可控因素的影响，那些由州和地区政府政策的选择导致的差异是不会获得联邦政府补助的[9]。如果一个州（或地区）选择在某一服务领域的支出超过平均水平，该州（或地区）并不会为此得到更多联邦补助，但它仍能得到与这个领域评估的需求相适应的补助，这种评估以标准和非政策性因素为基础。同理，一个州政府选择采用高税收来增加财政收入，它获得的补助份额也不会因此减少。因此，这种评估标准不对"好政策"进行奖励，也不对"坏政策"进行惩罚。同样，对各州做出的选择也不进行补偿，如州政府选择高于平均水平的财政支出或者做出低于平均水平的税收努力。

对支出和收入能力不足的最终评估结果是用各州和地区的相关系数来表示的，即某州整体财政需求相对于其他州的需求而确定的系数。

为了避免年度之间相关系数和补助分配比例发生较大的变动，相关系数是滚动 5 年的平均值,以最新数据为准(即每一年都要计算最近 5 年的平均相关系数)。相关系数和补助分配比例的计算不考虑未来预期,这就意味着使用相关系数和补助比例来反映州(地区)财政状况的相对变化有一定的滞后性。

澳大利亚各个州和地区的相关系数之和为 1(即每个州和地区的人均相关系数,以该州的人口数加权,和等于 1)。在 2005～2006 年度,维多利亚和南威尔士州的相关系数接近 0.9,而北方地区的相关系数却高于 4.3[10]。如果一个州(或地区)的相关系数小于 1,那么意味着这个州(或地区)获得的人均政府补助将会小于平均水平;如果相关系数大于 1,则意味着获得的人均政府补助大于平均水平。

在 2004～2005 年度,基于财政均等化原则的补助额和基于相同人均额原则的补助额差异为 24 亿美元,占总补助数的 7.7%[11]。新南威尔士和维多利亚获得的人均补助额比联邦政府总补助的人均额低 195 美元,其他州和地区获得的人均补助额高于总补助人均额,差异从西澳大利亚的人均 45 美元到塔斯马尼亚的人均 825 美元以及北方地区的人均 4 775 美元(这反映了北方地区有更大的支出能力不足,所以需要更多的财政补助)。财政均等化补助额的三分之二用于各州和地区的支出需求差异,三分之一用于收入能力的差异。

西澳大利亚(因为其可获得自然资源使用权税)和新南威尔士(因为其有高价值的资产,特别是悉尼的土地和财产)的财政收入能力被评估为高于联邦平均水平,而塔斯马尼亚和南澳大利亚的财政收入能力是全国最弱的。北方地区的财政支出需求被评估为全国平均水平的两倍(这反映了其在大面积的范围内提供服务需要高额的成本,主要因素有:不适宜的气候和地理位置、人口稀疏,要为相对较多的土著居民提供服务,而且有大量的土著居民居住在偏远地区的小社区里)。与此相反,维多利亚州的财政支出需求被评估为低于全国水平,这反映出其人口相对集中,地理和气候条件较为适宜,因此可以以较低的成本提供大部分公共服务。

为澳大利亚土著居民提供服务的成本高于平均水平(大概占再分配额的三分之一),这也是均衡再分配最主要的驱动因素之一。大概有三分之二的再分配额被用来支持北方地区和塔斯马尼亚的支出需求。

财政均等化原则的综合性体现在联邦政府需要对所有影响州和地区政府提供标准服务的情形和因素进行评估。这些情况包括政府需要额外的资金来满足大城市的服务需求以及为乡下和偏远地区提供服务等。

澳大利亚的财政均等化是一个动态的过程。对于各州和地区的相关系数会进行周期性的审核并且每年都会进行更新,以确保它们能够反映各州和地区相对收入能力和服务成本的变化。最近对 2006～2007 年度相关系数的评估显示出了明显的趋势,反映出各州和地区的相对状况发生了变化。由于昆士兰州和西澳大利亚州的财政能力增强(主要是来自资源使用权税和房地产市场的收入急剧增加),它们的相关系数变小了,特别是最近两年尤为明显。新南威尔士州和维多利亚州的相关系数变大了,主要是由于这些州繁荣的房地产市场"降温"以及自然资源的减少。由于相关系数是最近 5 年的平均值,这些变化对相关系数和补助比例带来的即时影响被削弱了。再分配资金池中用于均衡性支出的金额占总补助额的比例呈现出长期下降的趋势,1981~1982 年度这一比例约为 12%,而 2006~2007 年度这一比例还不到 7%(接近 7%)。

专项转移支付

除了按照财政均等化原则支付的一般性补助外,联邦政府还会对一些州和地区的特殊需求进行补助,即所谓的特定目的转移支付,这些转移支付是为了实现国家优先发展目标而实行的,它们是有条件的补助,要求州(地区)政府执行特别的政策或者项目,有时候也会要求州(地区)提供匹配资金。

专项转移支付目前大概占联邦政府补助额的 45%,但这一比例不是固定的,在 20 世纪 70 年代初,这一比例为 25%,而在 20 世纪 90 年代中期,这一比例超过了 50%。专项转移支付在 2005~2006 年度为 146 亿美元(比 1998~1999 年度的 123.7 亿美元有所增长)。这些补助涉及的主要领域一般为州和地区政府负责的领域,同时也是联邦政府希望州和地区政府支持发展的特定的与国家目标相关的领域。最大的专项转移支付主要投向教育、医疗、社保和福利、交通以及住房。2005~2006 年度,对资本性项目的专项转移支付额达到了 22.5 亿美元。

大部分的专项转移支付是有条件的,这意味着获得专项补助的州或地区政府要服从联邦政府提出的条件,这些条件一般与实现国家目标有关。其中包括:一般性政策条件;补助只能用于指定的用途;州和地区政府要尽职尽责,匹配资金的需求、财务报告和绩效信息。

对州和地区的第一轮专项转移支付是根据专项用途的特点依次由政府之间的谈判决定的。有些是根据联邦政府与州和地区政府的双边谈判决定的,其他的支付是联邦政府和所有州和地区通过多边协商共同决定的,最典型的多边谈判是联邦和州及地区的部长论坛。

在目前的财政均等化安排下,对专项转移支付的处理方法并没有得到很好的理解。当某专项转移支付与州和地区支出作用相关时,该项转移支付由联邦补助委员会评估确定,而由专项转移支付资助的服务及与专项转移支付相关的收入能力也包含在补助委员会对州政府评估的总体范围之内。由于专项转移支付能够增加州(地区)政府的财政收入,那么在其他条件相同的情况下,获得高于人均水平的专项补助的州(地区)将会获得较少的一般性补助。这种做法考虑了所有与财政均等化评估相关的专项转移支付，另有规定的除外。事实上，很少有专项转移支付不被纳入评估范围。

联邦补助委员会

联邦补助委员会在澳大利亚财政均等化体制中扮演着重要的角色。它是在联邦立法下成立的独立机构，其主要职责是评估反映州和地区政府财政状况的相关系数，并依此向联邦政府提供建议。联邦政府根据其建议对各个州和地区进行财政转移支付，这是实现横向财政均等化的基础。补助委员会根据联邦政府规定的条款行事。按照惯例，补助委员会在条款框架内与州或地区政府进行协商。补助委员会不会自行设计另外一套调查提纲。

补助委员会虽然属于联邦政府管辖，但它的主要利益相关者被认为是州（地区）政府，补助委员会和州（地区）政府之间存在着密切的协商和互动过程。补助委员会就州和地区的相关系数向联邦政府提供建议，由财政部对其建议进行评估，最后由联邦财政部部长做出正式决定。

补助委员会并不能决定财政补助的数量（即补助的规模），它只建议这些补助如何在各个州和地区之间进行分配。在商品和服务税收协议规定下，补助总额就是协议下的所有税收。

超出财政均等化的财政"联邦制"

横向财政均等化，包括 IGA 下的 GST 池（显性均衡）的财政转移支付和专项转移支付，这是澳大利亚财政"联邦制"的一部分。联邦内还存在许多隐性的均衡转移支付方式，如社保和医疗安排以及满足联邦政府自身目的的其他支出。就再分配金额来看，隐性均衡转移支付大于显性均衡转移支付。

澳大利亚实行全国竞争政策，旨在促进国内竞争市场的发展，这一政策也使联邦政府向州（地区）政府提供了另一种形式的转移支付。在全国竞争政策下，各州和地区政府需要审核那些限制竞争的立法，在政府的商业活动中保持竞争中立，以及在电力、燃气、水和道路运输方面引进特定的竞争性改革措施。全国竞争委员会对各州和地区进行评估，如果州（地区）政府达到了这些要求，那么联邦政府会对其提供补助以弥补其在这些方面改革的成本。在 2005～2006 年度，这类转移支付达到了 6 亿美元。

关于财政"联邦制"问题的讨论

尽管澳大利亚国内普遍认同财政能力弱的州和地区应得到额外的财政补助，

但是关于现行横向财政均等化原则以及其执行情况的政治争论也越来越多。随着商品和服务税收入总额的不断增大，毫无疑问，这种争论变得越来越激烈。有的人(特别是那些来自人口大州的人)认为目前的财政均等化制度已经不再适用了，因为这种均衡扭曲了效率，使州(地区)政府追求平庸而不是更高的效率，这与澳大利亚现代更宽泛的公共政策框架是不相符的。

目前对这个问题的研究有限，对正反两方面的意见都难以得出一个比较明确的结论[12]。财政均等化可能会付出一定的效率代价，但它同时也带来社会和经济利益。一些评论指出，财政均等化的主要目标并不是提高国民生产效率。

财政均等化制度还由于它的实际执行情况并不如人们想象的那样尽如人意而遭到批评。人们很自然地认为财政均等化就是要保证个体或者区域的均等，即每个人，无论他们居住在哪里，都能享受同等质量的公共服务。但是，澳大利亚财政均等化制度的设计不是为了实现个体或者区域之间均等的结果，而是要实现各州和地区财政能力的均衡，以确保其政府能够提供相当标准的公共服务。

财政均等化制度的支持者指出，达到个体平等和区域之间均等应该是财政均等化的必要条件。他们指出，如果没有目前的财政均等化安排，财政制度将更加远离人人平等的目标。特殊利益群体对目前的制度不满，因为他们认为州(地区)政府显然并没有把得到的补助用在该花的地方。进一步讲，人们对财政均等化制度在执行过程中的细节和复杂程度感到担忧，包括执行过程中使用的数据和判断依据。澳大利亚的财政均等化制度对州和地区可比数据的需求是大量的而且需要高度细化，数据是否充足，如何使用以及是否可以综合地、高度细化地使用这些数据以导向更加均衡的结果等都是人们担忧的问题。

考虑到澳大利亚财政均等化制度综合性强的特点，一些人认为横向财政均等化应该是实现基本保障的体系而不应要求达到时时刻刻各方面都均等。一些人指出，财政均等化的范围应该有所限制，如仅为居民提供"有益品"。与之相反，其他人则认为财政均等化还应该覆盖那些目前没有纳入差异化评估的领域。

目前的财政均等化制度受到批评的另一个原因是，政府采用的是内部标准(即只考虑各州实际在"做"的情况)，而不是以最佳实践为标准来衡量各州(地区)提供服务的需求与财政收入的能力。这种批评体现了优化州(地区)政府财政收入、支出政策以及执行尤其是管理效率的重要性。这种观点的支持者通常会将最优标准与相关义务原则联系起来，即如果一个州(地区)政府得到了高于人均水平的政府补助，那么它要对使用这些增量的补助资金负责。

目前"政策中立"的做法，特别是对各州能力评估方面所做出的一系列调整是备受争议的。批评主要来自于目前这种做法过多地强调州与地区之间在服务与收入能力方面的差异，因此低估了导致服务成本和收入能力不同的政策性差异。

其他一些人则强烈支持这种"政策中立"的做法，认为这种做法反映了在财政均等化目标方面广泛而长期的政治共识，这种共识是联邦政府作为一个整体不可缺少的部分。确实，澳大利亚政府长期以来的立场，包括联邦体系内的主要政党，一直以来都支持横向财政均等化制度，因为它与澳大利亚联邦内涵相吻合。

最新发展

在正常的财政均等化制度审核周期下，每5年会对相关系数的计算方法(决定着补助分配比例)进行全面审核。但这种审核仅限于财政均等化的方法而不是均衡的原则和目标。因此，对于那些希望利用这些审核来达到修改财政均等化原则目的的人来说，这种审核并没有给他们带来多少帮助。

在2004年对各州相关系数的审核报告中，联邦补助委员会对财政均等化及其执行情况做了一系列的解释[13]。补助委员会承认，对财政均等化原则进行审核是有益的，但也指出，是否要开展这样的审核是由联邦政府决定的。补助委员会建议，希望在下一次审核时，各州和地区政府能同意对均衡制度执行情况的一些事项进行讨论，包括：财政均等化的范围(即目前基于对各州报告的收入和支出进行评估的方法是否合适和必要)；财政再分配的规模和趋势；财政均等化过程是否可以简化(更总量化和更少调整)；对一些关键数据的稳定性和可比性以及未来数据的可获得性进行检查。

地方政府

在澳大利亚大概有720多个地方政府机构，它们的大小和复杂程度都不同。人口数量从150人到100万人不等，面积大小从2平方千米到37.8万平方千米不等。地方政府的作用也不尽相同，如供水和废水处理在某些州是地方政府的职责而在其他州却不是。

首都、大都市、区域中心、乡村社区以及偏远地区的政府所提供的服务的范围有很大的差别，它们如何获得收入以及获得收入的能力也有很大的区别。地方政府提供的服务主要包括工程服务(道路、桥梁、排水系统等)、社区服务(老年护理、幼儿护理、火灾预防等)、环境服务(垃圾处理和环境保护)、监管服务(建筑、餐饮和动物)、文化服务(图书馆、美术馆和博物馆)。

地方政府属于州和地区政府的管辖范围。州和地区政府制定地方政府的法律框架，并监督其工作。作为州和地区政府的附属机构，地方政府必须遵守州和地区政府的法律以及州和地区议会可能修正的法律。地方政府也享有一定程度的自治权，但是州和地区政府有权干涉地方政府的财政事务(如有关政府收入的决定)，有些州政府也确实这样做过(如设置税率的上限)。一些州政府还会对地方政府制定的发展和规划决策施加影响。在过去的 30 年里,地方政府的功能扩展了许多,财政开支的构成也发生了巨大的变化。在这一段时间里,一些比较大的变化有:由基于财产的服务转向以人为本的服务;相对减少了在道路方面的开支;相对增加了娱乐、文化、住房以及社区设施上的开支;扩展了教育、医疗、福利以及公共安全领域的服务。

作为澳大利亚政府的一个层级,地方政府的财政能力是比较弱的,而且其相对重要性也一直在下降。在 1961~1962 年度,地方政府负责 8％的政府总支出,1997~1998 年度,这一比例下降到了 5％。地方政府的收入来源有限,各州的地方政府的主要税收来源是财产税(比例税),大概占地方政府平均总收入的 50％。使用税作为地方政府的收入来源之一,其重要性日益增加,但是各地方政府征收使用税的能力差异巨大。

一直以来,地方政府的财政支出都超过了它们可获取的财政收入。在 1974 年之前,州政府的财政补助一直是地方政府的主要收入来源。在 1974 年,联邦政府对各州政府(随后是地区政府)及地方政府提供了一项拨付给地方政府的一般性财政补助项目。这样做的目的是将第三层级的政府真正纳入联邦体系中来,以及给予地方政府分享国家财力的机会。从此以后,联邦政府维持并且扩大了对地方政府的财政补助。目前,地方政府从联邦政府获得的财政补助超过了 11 亿美元(以财政补助的形式发放),平均来看,这相当于人均补助 53 美元,但考虑到地方政府的差异,各地政府收到的人均补助额从 15 美元到 5 250 美元不等。

联邦政府对地方政府的转移支付是以相等的人均额按照人口数量通过州和地区分配给地方政府的[14]。每个州和地区都要成立一个地方政府补助委员会,该委员会负责将各州收到的对地方政府的补助按均等原则拨付给辖区内地方政府,该均等原则要使州内每一个地方政府都有权以人均为基础均等分享本州用于补助的资金池的 30％(体现所有政府都分享补助的原则)。

联邦政府还提供给地方政府一项独立的道路资金,其分配原则是根据地方政府维护本地交通网络的相对需求,这种财政安排体现了道路交通对地方政府的重要性。目前,一项关于对州内分配地方道路资金的提议的检查正在进行中。

地方政府获得财政补助资金是无条件的,但它们的使用方式也期望与法律规定的国家原则相一致。地方政府也可以获得一些联邦政府的专项补助(专项转移支付),在 2005~2006 年度,这一金额大概为 3 亿美元。

自从引入联邦政府补助后,地方政府的收入(包括所有收入来源)以每年略高于 10％的平均速度增长。收入增长最快的是使用税(年增长率 13％)。联邦财政补助以每年大约 10.8％的速度增长,地方财产税增长速度达到了每年 9.4％。州政府的财政补助增长速度相对较慢,为每年 6.6％。从总体上看,联邦政府对地方政府的财政补助大约占地方政府收入的 10％(这一比例在北方地区更高,因为北方地区可以征税的土地更少)。

州政府对地方政府的补助在绝对数额上来说上增加的,但是相对重要性却下降了,其占地方政府总收入的百分比由 1974 年的 15% 下降到最近几年的 7%。

资本投融资

联邦政府对州和地区政府的均衡性转移支付(大多数都是专项转移支付)需求的评估是基于它们的经常性预算(由于均衡转移支付是无条件补助,各州和地区政府可能将这些补助用于资本性支出)。州、地区以及地方政府都可以自由地在资本市场借入资金进行资本性支出,只要它们在可接受的条件下有能力进入资本市场融资。

大多数州的负债规模适中,包括对外借款,这些借款一般都是通过财政资金管理公司(treasury corporations)筹措。各州都有由主要信用评级机构给予的信用评级,目前大多数都是 3A 级别。

以前由澳大利亚贷款委员会负责限制和管理州政府借款,现在已改为各州以自愿为原则举债,并且强调公共部门债务融资的透明度而非严格限制债务规模。这种安排的目的是希望通过金融市场对公共部门借债进行审核,并为各政府的财政绩效提供非正式渠道的评估。

财政"联邦制"维度下的公共管理框架

各级政府对公共部门进行自主管理。公共部门人员的配置和管理职责都是独立和互不相同的(在极少的情况下,当地方政府出现了严重的管理问题时,州政府会指定一个行政机构取代地方政府)。每一级政府的公务员都对该级的部长负责,通常情况下不同级政府之间互不干涉公共部门的人员聘用和管理。各州和地区政府拥有完全的行政权力。从宪法的角度上看,地区和州的地位是不一样的,联邦政府可以控制地区的政府设立及其管理。但实际上,地区被当成州一样对待,联邦政府控制州政府的情况大多数只发生在极端情况下。

州和地区政府对地方政府的干预程度大于联邦政府对州和地区政府的干预程度。然而,当出现政府干预的情况时,一般是一些特殊情况而不是日常事务,而且只跟政府的严重管理失职有关。在一些州,州政府通过立法将地方政府合并或者对地方政府税率的增长(地方政府每年都可以调整税率)设置上限。然而,在实践层面上,联邦政府也会通过财政补助资金对地方政府施加一定影响使其实现某种特定目标。在澳大利亚各级政府中,腐败并不是一个严重的问题。政府部门的各个机构都受到严格和全面的审计,议会也会对各个政府部门进行监督。所有的州和地区都成立了监察委员会以及一系列的审核和申诉机制。

前景展望

澳大利亚政府之间的财政体制结构已经完好和全面地建立起来，它体现了澳大利亚联邦的宪法结构以及联邦政府成立以来的政治和司法实践。更重要的是，它体现了澳大利亚强烈的平等观念，这种观念体现为每个公民都应该得到平等对待。这种体制主要集中于联邦、州和地区政府之间的关系，而对地方政府的作用很小。

澳大利亚的财政"联邦制"以联邦与下级政府间高度的纵向不均衡为特征，这种纵向不均衡的程度比世界上大多数联邦制国家都严重。澳大利亚还有一个重要特点，即税收基本上只属于某一级政府，而联邦政府拥有主要税种的征收权。

大多数评论认为澳大利亚的纵向财政不均衡太严重了，从而制约了各州和地区政府有效的改革。尽管如此，一定程度的纵向财政失衡仍被认为是可取的，因为一定程度的收入集中为国家提供了实现国家目标和优先发展项目的财政能力。当联邦政府公布一项关于澳大利亚税收结构基准的研究时，纵向财政失衡的程度并没有被包括在其中（甚至都没有受到关注）。

高度的纵向财政不均衡使对州和地区政府的转移支付受到重视。在澳大利亚，这种转移支付是通过横向财政均等化原则实现的，其目的是保证州和地区政府有相同的财政能力为本地区居民提供服务。这一做法涉及对州和地区政府相对收入能力和支出需求进行综合评估。一直以来，这种做法得到了广泛的认同。当然，在预算规模制约、各州情况变化以及转移支付规模增长的情况下，一些利益相关者开始质疑这种做法。

对横向财政均等化越来越多的批评，主要来自那些"付出"州，并且这些批评既指向均衡的原则也指向均衡政策的执行。从原则来说，批评者认为这种均衡损害了效率。很显然，均衡和严格意义上的效率之间存在一定的此消彼长关系，但根据澳大利亚至今对这个问题的有限研究，还无法明确支持批评的某一方。还有一种呼吁是将资金只分配给财政能力最弱的州或地区而不是追求所有州的均衡。

许多来自大州的人开始认为，商品和服务税应该按照税源来分配，也就是说，从哪个州征收的就要返还给哪个州。如果这样做的话，将导致分配的巨大变化，显然会使州和地区的财政能力处于完全不均衡的状态。"付出"大州还指出，在现有的分配方式下，它们"给予"的份额是不可持续的。

财政均等化原则的问题实际上在于对现有的财政均等化没有完全理解，存在一些常见的错误观念，特别是认为均衡应该达到人人均等或者地区之间均等。很显然，这种对"联邦"制重要元素的曲解并不是一件好事。

对财政均等化制度执行方面的批评主要集中在它的复杂性上。均衡制度的方法，由于其致力于评估州和地区之间在收入能力和支出需求方面的非政策性差异，是极其综合而复杂的。批评者们质疑数据的使用和判断的可靠性。大多数评论一致认为，对于某些评估而言，数据的使用超出了适当的置信水平。对均衡制度执行的另一种批评是其内部标准（即各州的实际做法）不是基于最佳实践的标准来评估收入能力和支出需求。毫无疑问，那些作为"接受方"的小州通常都支持目前的均衡制度。

澳大利亚一直不太愿意对横向财政均等化制度的原则进行再评估，许多人认为它是"联邦"的重要组成部分并且效果一直不错。由于商品和服务税被视为州/地区税，联邦政府一直坚持，这种评估只有得到所有州和地区的同意后才会被考虑。

与其他联邦相比，比如说加拿大，对联邦本身就有各种争议，澳大利亚却对此兴趣不大，包括财政"联邦制"学术兴趣及研究的匮乏，意味着对"联邦"本身是否具有"均等"的含义都缺乏证据支持。

尽管各级政府一直未能就重新考量横向财政均等化原则达成一致，但它们最近同意对其执行情况进行审核，该审核工作由联邦补助委员会负责，成为其下一阶段对补助方法审核的主要内容。为补助委员会确定的工作规范和条款用于简化其评估工作，尤其是早期评估时应注重评估重要性因素（即某一项评估是否对相关系数和补助分配比例有重大影响）、评估方法的可靠性、更综合的评估范围以及数据的使用。现在还不清楚这些争论未来会有怎样的结果。基于现在的趋势，今后几年，将会出现4个"付出"州，从政治层面上看，预示着在均衡的原则和目标方面一向基本持平的观点可能会发生倾斜。最大的两个州虽然表示继续支持均衡制度的总体原则，但它们也一直强烈要求采取新的方法，以减少它们对那些小州的"补贴"幅度。而联邦政府也开始强烈表示，各州和地区政府并没有将从商品和服务税转移支付中获得的额外补助用于有效地改善公共服务。由此看来，在不久的将来，澳大利亚国务院可能会将财政"联邦制"问题纳入议程之中，未来的情况会怎样，现在做判断还为时尚早。

注释

1　澳大利亚宪法的第51章至第52章规定了联邦政府的职责，第5章概述了州政府的总体职责

2　1995年，为了所有澳大利亚人民的利益和保持澳大利亚工业长期可持续发展，澳大利亚各级政府采取了一系列措施来鼓励和促进市场的竞争，这些措施统称为全国竞争政策。全国竞争政策的主要内容有：引入了竞争中立性原则，使私人企业可以和国有企业进行公平的竞争；在全国范围内使竞争的企业可以使用全国重要的基础设施；对燃气、电力、水利和交通运输行业进行特定的改革

3　在第二次世界大战期间，澳大利亚的达尔文市被轰炸后，为了满足联邦在战争中的开支需

求，联邦政府于 1942 年 7 月 1 日颁布了统一的所得税法案。当初的规定是在战争结束后一年之内，所得税都由联邦政府征收。这项法案现在还在执行

4　联邦和州财政关系改革协议(IGA)从 1999 年 7 月 1 日开始执行。除了一些其他的规定外，IGA 还引入了商品和服务税。联邦和各州政府都同意废除一系列税收。商品和服务税统一由联邦政府按照固定的税率收取。IGA 规定联邦政府收取的商品和服务税要按照横向财政均衡原则分配给各个州

5　2003 年 7 月，澳大利亚财政部长和联邦储备银行行长联合发布了货币政策执行准则第二号声明。其中规定了财政部长和储备银行行长在执行货币政策时各自的职能和责任。声明确定了储备银行的独立性和货币政策的目标，其中包括维持中期价格稳定的目标

6　联邦转移支付对各州和地区的重要性是不一样的。在北方地区，联邦转移支付占财政总收入的 85%，然而，在新南威尔士州，这一比例只有 45%

7　Commonwealth Grants Commission, *Report on tate Revenue Sharing Relativities*, 2004 *Review* (Canberra, February 2004), 4

8　出处同上，5

9　联邦补助委员会将这些影响称为"能力不足"。委员会每次的综述和修正报告中都会提供能力不足的种类以及评估方法。详见 Commonwealth Grants Commission, *Report on tate Revenue Sharing Relativities*, 2004 *Review* (Canberra, February 2004), 7

10　Commonwealth Grants Commission, *Report on tate Revenue Sharing Relativities*, 2006 *Update* (Canberra, February 2006), 19

11　Commonwealth Grants Commission, *Report on tate Revenue Sharing Relativities*, 2004 *Review* (Canberra, February 2004), 21. 在后来的修正报告中，商品和服务税收的再分配池所占的比例有所下降，预计 2006~2007 年度这一比例会低于 7%

12　《联邦财政资金综述》中使用的模型(由新南威尔士、维多利亚、西澳大利亚提供)发现按人均补助将比补助委员会的方法使全国的福利提高 1.26 亿美元。参见 R. Garnaut and V. Fitzgerald, *Review of Commonwealth — State Funding Final Report August 2002*(Melbourne), 143. 在不同的假设下，同样的模型得出的结论是横向财政均衡可以使全国的福利提高 1.06 亿美元。参见 Mark Picton and Peter B. Dixon, *Issues Involving Modelling by COPS of the Efficiency Effects of Commonwealth State Funding*: *Report to Queensland Treasury*(Melbourne, Centre of Policy Studies, Monash University, March 2003)

13　Commonwealth Grants Commission, *Report on State Revenue Sharing Relativities 2004 Review* (Canberra, February 2004), chap. 7

14　这些转移支付的基础和目的参见《联邦政府对地方政府的财政援助》，1995 年

Brazil

Capital: Brasília
Population: 178 Million
(2004 est.)

Brasília, the Capital, is situated
within the Distrito Federal.

Boundaries and place names are
representative only and do not
imply official endorsement.

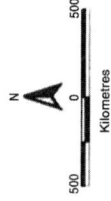

N

500   0   500
Kilometres

Sources: ESRI Ltd; CIA World Factbook;
Times Atlas of the World

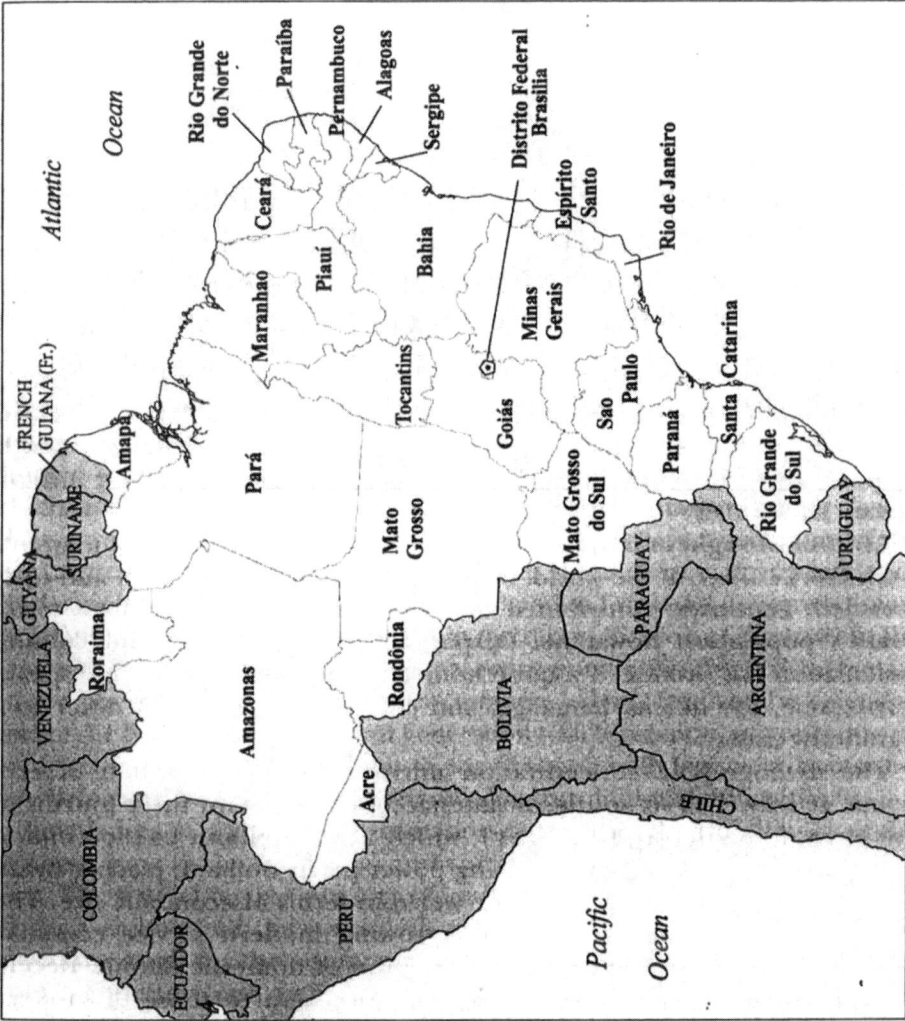

VENEZUELA

FRENCH
GUIANA (Fr.)

GUYANA

SURINAME

Amapá

COLOMBIA

Roraima

Pará

Maranhao

Ceará

Rio Grande
do Norte

Paraíba

Pernambuco

Atlantic

Ocean

Amazonas

ECUADOR

PERU

Acre

Rondônia

Mato
Grosso

Tocantins

Piauí

Bahia

Alagoas

Sergipe

Distrito Federal
Brasília

Goiás

Minas
Gerais

Espírito
Santo

Rio de Janeiro

BOLIVIA

Mato Grosso
do Sul

Sao
Paulo

Paraná

Santa Catarina

Rio Grande
do Sul

CHILE

PARAGUAY

ARGENTINA

URUGUAY

Pacific

Ocean

巴西联邦共和国

费尔南多·雷森德(Fernando Rezende)

巴西联邦共和国占地 850 万平方千米,约占南美总面积的一半。巴西 1 840万居民不均匀地分布在 26 个州和 1 个联邦特区共 5 558 个市中(详见表 1 的基本信息),其中,大部分人口集中在六个南部州,人口密度为每平方千米 60 人。中西部和亚马孙地区占全国面积的 60%,但人口只占全国的 15%。东北部 9 个贫瘠的沿海州人口密集度也比较高,在其方圆 150 万平方千米的区域内,居住着约占全国 18% 的人口。

表 1　基本信息

官方名称:巴西联邦共和国
人口:1.84 亿
面积(平方千米):850 万平方千米
人均 GDP:4 323 美元(2005 年)
宪法:1988 年,共和制
政府层次:三级政府
地方政府的宪法地位:联邦内一级独立政府
官方语言:葡萄牙语
行政区划:26 个州,一个联邦特区,5 558 个市
最大辖区的人口、面积与人均收入:圣保罗(Sao Paulo):3 870 万人;248 200 平方千米;人均 GDP 为 4 163 美元
最小辖区的人口、面积与人均收入:罗赖马(Roraima):357 300 人;224 300 平方千米,人均 GDP 为 1 529美元

在奴隶时代,非洲人被带到了巴西,此后,特别是 19 世纪末至 20 世纪初期,大量移民从世界各地涌入巴西。多样化的移民形成了巴西今天多样化的人种,而种族之间通婚和文化的融合形成了巴西今天大同的社会。在巴西,葡萄牙

语是官方语言，人们的文化价值取向差异也不大。

　　人口的集中反映了经济活动的集中，6 个南部州贡献了巴西 GDP 的 3/4，2005 年达到了 8 000 亿美元（根据购买力平价计算为 15 800 亿美元），巴西由此成为世界上经济规模最大的国家之一。巴西的现代农业企业和不断增长的现代服务业使 GDP 的构成更加均衡。最近的数据（2004 年）显示，巴西的经济结构与发达国家相似，包括占主导地位的服务业（占 GDP 的 50%）和规模化的制造业（占 GDP 的 25%）。农业作为一个重要的产业部门（占 GDP 的 10%），近年来通过在农村地区采用现代科技，高生产率农场得到了发展。

　　从地区的角度来看，由于国民议会在设立地区代表方面更偏向欠发达的北部、东北部和中西部地区，在国家政策上，经济规模并没有直接转化为政治影响力。这些地区人口稀少，每个州却可在众议院至少占 8 个席位，而人口高度集中的南部各州最多只有 70 个席位[①]。因此，人口少的州在财政与政府间关系问题上施加了更强的决策影响力[1]。由于参议院各州代表人数相同（每州 3 个），与众议院相比，这种政治不平衡更加明显。虽然这是联邦制的共同特点，但巴西联邦中参议院作用的延伸十分广泛，即不是局限于与联邦直接相关的事务，而是在法律的各个层面，这些事务都要先经过两院的批准才能送交总统裁决，从而进一步加大了决议的难度[2]。

　　政治的不平衡源自于巴西联邦政府成立之初及整合过程中所面临的主要问题——地区性问题。巴西联邦最初以 1891 年共和国第一个宪法为基础建立，当时的宪法赋予各州大量自治权，并为地方政府自治提供了条件。自此以后，联邦以下各级政府[②]自治与区域平衡问题相互交织，而保持地区间的适当平衡被视为保持一个经济和社会原本就不平衡的国家内部凝聚力的必要措施[3]。

　　因此，不平衡就成了巴西的主要特点之一。部分南部和东南部地区，特别是圣保罗地区，其经济发展与一些现代工业化国家相似，包括高人均收入、高度城市化、工业生产多样化以及令人满意的社会条件。与此同时，大部分地区，尤其是北部和东北部地区，仍然具有典型的欠发达特点，包括低人均收入、恶劣的卫生条件和普遍的贫穷。而值得一提的是，这种贫穷与经济发展带来的地域性不平衡之间并没有紧密的联系，而是因为经济发达地区吸引并保留了大量贫困线以下的人群。

　　除个别独裁时期以外，巴西的民主政治不断发展，20 世纪 80 年代中期后达到了较高标准。多党制使联邦的政治权力分布相当多元化，而政府的施政是通过联合的方式实现的，在政治上则表现为规模较小的党派拥有超过它们实际规模的话语权。联合为巴西带来民主和稳定，巴西最近通过了两项重大考验：①弹劾

---

　　① 巴西众议院共有 513 个席位。——译者注

　　② 以下简称下级政府。——译者注

1989 年当选的总统；②2003 年选举后，左派总统执掌联邦政府，这是巴西共和国有史以来的第一次。

稳定的民主政体与完善的制度安排帮助巴西经济渡过了 20 世纪 90 年代中期以来严重冲击世界新兴经济体的外部金融危机的动荡时期。当然，国家为减少危机冲击而采取的宏观经济政策也严重阻碍了经济增长（1995～2004 年的年均增长率仅为 2.4%）。这些政策也影响了 1988 年所修订宪法关于地方自治的原则。

作为一个从独裁转为民主的国家，1988 年修改宪法是对两种强势力量做出的回应：①地方政府要求拥有更大的自治权；②有组织的施压团体呼吁更多和更好的由国家支持的社会保障。为此，宪法建立了一个双重财政体系。一方面，州与市政府获得了更大的税收权和从联邦政府的传统收入中分享更大份额的权利；另一方面，一项特殊的强制性征收，即所谓的社保缴款，交由联邦政府负责收取，用于养老、免费医疗和社会服务，巴西每一个公民都有权享受，无论其以前是否向社会保障系统缴款。由于这种社会权利的延伸需要联邦政府拥有筹措足够资金以满足骤然增高的社会保障支出的能力，加上政府的公共账户需要保持大量盈余来控制通货膨胀，这种集中开征社保缴款的方式适应了这些需要，但却与 1988 年宪法所设定的财政分权原则背道而驰。

一直以来，平等、自治、效率与增长目标总是相互冲突。一方面，不断增加的对联邦政府征收社保缴款的依赖侵蚀了下级政府的自治；另一方面，社保缴款收入以联邦政府专项补助形式成为州和地方政府提供社会服务的必要资金来源，其分配形式的分散性与改善公共政策效率和责任的原则相冲突。与此同时，随着时间的推移，纵向和横向不平衡不断扩大，使以均衡为目标的资金分配失去了原有的重要性。此外，效率低下的社保缴款进一步阻碍了经济增长。因此，巴西财政"联邦制"体系极其需要进行一次彻底的审视。

政府结构与财政权力的分割

巴西是一个三层级联邦制国家。根据 1988 年宪法，州与市都是巴西联邦体系中的独立政府，二者均有独立的征税权并与联邦政府共同分担社会服务和发展政策的责任。但是，联邦政府与地方政府越来越直接的关系成为了各级政府内部矛盾的根源，也使财政关系变得越来越复杂。

支出责任的分配遵循分权原则。宪法将基本的城市和社会服务分配给了地方政府（包括城市道路、供水与污水处理、公共交通、路灯、小学教育、基本医疗及社会援助服务），地方政府在技术和资金上都需要依赖联邦与州政府的支持才能履行这些职责（表 2）。按通常做法，联邦政府只负责军队、外交、国际贸易和货币控制[4]。

表2　不同层级政府的法律责任与实际提供的服务

法律责任	公共服务	实际功能分配
联邦	国防	联邦
联邦/州	法律与秩序	联邦/州
联邦/州	基础教育	州/地方
联邦/州	高等教育	联邦/州
联邦	医疗	州/地方
联邦	社会援助	地方
地方	供水及排污	州/地方
州	警察	州
联邦	环境保护	联邦/州
地方	街道卫生与照明	地方
地方	公共交通	地方
地方	城市基础设施	地方
地方	垃圾收集	地方
州	防火	州

但实际上，由于经济与社会的高度不均衡，大部分责任都需要联邦政府承担。州政府虽然主要负责法律与秩序，但有组织的犯罪、毒品交易、武器走私、洗钱和其他非法行为都由联邦政府负责。在社会领域，除了私人部门员工的社会保障（包括养老和相关福利）是联邦政府的责任外，基本教育、医疗和其他社会服务应该由州和地方政府以基本相同的比例分摊责任（表3），而实际上，联邦政府直接介入了高等教育和更综合的医疗保障。

表3　按功能分——各级政府直接支出　　　　　　　单位:%

功能	联邦	州	市	合计	占GDP比重
防御	99.8	—	0.2	100.0	0.9
债务偿还	85.4	12.0	2.6	100.0	10.4
一般行政	46.1	28.9	25.0	100.0	5.3
法律与秩序	26.2	71.5	2.4	100.0	3.2
经济服务[1]	53.7	33.9	12.4	100.0	3.3
社会服务	51.9	25.3	22.8	100.0	23.6
医疗	26.5	33.6	39.8	100.0	3.8
教育	15.6	49.8	34.6	100.0	5.3
养老	85.5	11.3	3.3	100.0	10.7

续表

功能	联邦	州	市	合计	占 GDP 比重
其他社会服务	32.6	22.6	44.8	100.0	3.7
津贴[2]	—	—	—	—	—
合计	58.0	26.1	15.9	100.0	46.7
地方公共服务	13.6	43.3	43.0	100.0	10.1
中小学教育[3]	1.7	43.5	54.9	100.0	3.2
医疗	26.5	33.6	39.8	100.0	3.8
住房与社区设施[4]	3.9	14.3	81.9	100.0	1.2
环境保护[5]	14.6	42.8	42.5	100.0	0.3
警务	10.1	87.1	2.8	100.0	1.6

1)包括一般经济与商务、农业、林业、渔猎、燃料与能源、交通、通信、研发与经济事务；
2)与补助相关的项目总额未细分；
3)总额中剔除了除学前、小学与中学教育费用外的其他支出；
4)包括房屋建设、城市化相关支出，如道路铺设与照明、垃圾收集、交通与其他城市服务；
5)包括污水管理、供水系统与污水排放
注：对支出功能的分类基本遵循 IMF/GFS 方法(2001 年)

　　对各级政府职责缺乏明确界定是政府间关系持续出现矛盾的一个主要原因。在税收方面，一旦联邦政府采取的措施减少了所得税与生产税收入（是目前收入分享体系的基础），政府间的矛盾就产生了。同样，矛盾还会出现在联邦政府制定的法律干预了下级政府税收自治权的时候，如对州政府征收的出口产品增值税免税。在这种情况下，在每年常规预算制定过程中，由协商确定的财政补偿要求就成了永恒的矛盾焦点。而在政府支出方面，当联邦政府改变对下级政府社会项目的补助规则时，矛盾也会由此产生。

　　州与市之间的矛盾也同样显著。1988 年宪法赋予州政府为属于市级政府的增值税收入部分(1/4 的州增值税)制定分配标准的权力。而很多时候，这些分配标准的变化会被视为服务于政治需要或者使一些地方政府遭受损失而引起争议。

　　20 世纪 70 年代，巴西成立了州财政部长委员会，该委员会的唯一目的是为协调政府间矛盾提供一种机制，委员会主席由联邦政府财政部长担任。这种结构在曾经的独裁体制下运转正常。在民主化之后，联邦政府再也不能强行制定让所有人都执行的规则，这个委员会虽然仍正式存在，但被剥夺了协调各州税收政策的所有权力。实际上，委员会丧失了公信力，如果得不到 26 个州与联邦特区政府的一致同意，委员会无法禁止任何由州和特区政府批准实施的特殊税收优惠。

　　过去长期形成的通过均衡安排解决非均衡性问题的传统，在避免矛盾或寻求适当解决方法方面已力不从心。在相当多元化的巴西联邦中，均衡性安排无法使各级政府达到适当均衡。均衡仅体现在由宪法赋予的州或市级政府间同等的权力上，州或市的规模、区域、经济以及社会特点等都被忽略。发达的工业化州与不发达的边远州在管理机构、税收权力与支出责任方面必须遵守同样的规则，差异更大的大都市与农村小城市也一样，它们都有相似的组织结构、直接民选的立法机构和直接获得联邦政府资金的渠道。

尽管下级政府有很大程度的宪法自治权，但联邦政府在财政及相关制度方面大量的立法权制约了这些政府的实际决策权力。宪法的补充条款规定，由联邦政府来确定州与地方政府自行设立税种和征收标准的框架。联邦法律还为下级政府预算安排和执行制定了详细的条款。在规章制度方面，联邦政府在公共设施、环境保护与自然资源勘探开发方面都有详细法规，几乎没为州政府留下任何空间。

地方政府比州政府实际上享有更多自治权，它们有权管理辖区内土地的使用、城市服务的提供、征收使用税以及制定财产税标准。在预算方面，由于约40%的地方政府收入来自于无指定用途的一般性补助，地方政府一般都有相当程度的预算自主权。

另外，专项补助和对下级政府债务的控制使联邦政府对下级政府政策制定的影响力不断增强，加上为维持宏观经济稳定而制定的硬预算约束，州政府在预算资源分配方面的自由度被大大缩减。而这种情况在地方政府层面多少会好些（不包括大城市），因为联邦政府在分配与地方政府分享的税收收入时，相比于大城市，其分配更利于较小城市。结果是州一级贡献了GDP的1/3，并为1/4的人口提供住房，但是只分到了（税收）蛋糕的1/10。

与此相反，下级政府对国家层面的政策干预只能通过它们在国民议会中的代表来实现，而这一般只限于联邦政府所提议的法规影响到州和地方政府的利益方面，包括自然资源使用、公共服务的提供或州与地方政府实施征税权等方面。然而，由于政党分散及选举过程的特点，在众议院和参议院的州代表们并不总是按照州总督的想法办事，这进一步削弱了州政府在国家政策上的影响力。

财政"联邦制"与宏观调控

1994年施行的货币稳定政策，虽然成功地终结了高通货膨胀时代，但对联邦财政产生了重要的影响。数十年来，膨胀使预算赤字的控制变得更容易，因为税收收入全部指数化了而大多数财政支出并没有，通过推迟支付及一年仅一次调整名义工资和养老金，财政不平衡可以很容易地被纠正过来。

币值稳定使结构不平衡显现出来。与雇员和养老相关的薪金和社保福利支出由于过去政策所形成的保姆式制度安排而显示出实质性影响。同时，为保护巴西经济免受外部冲击而实行的紧缩货币政策也提高了偿还公共债务的资金成本。

21世纪伊始，价格的稳定钉住了高估的新货币，即实际价格。但随后的外部金融危机在20世纪90年代中后期冲击了墨西哥(1995年)、东南亚(1997年)和俄罗斯(1998年)等新兴经济体，迫使巴西政府于1999年放弃了汇率控制政策，实行浮动汇率。由此，币值的稳定变得需要依赖政府负责任地管理财政账户，而财政纪律取代汇率控制成为扭转通货膨胀的支柱。

在2000年采用的新的目标通胀管理体制需要货币政策与财政政策的合理协同作用。由财政部长、计划部长及中央银行行长组成的国家货币政策委员会不仅设定两年期的目标通胀率，而且设定允许实际结果与理想值产生差异的区间。中央银行负责将通胀率尽可能控制到与目标值接近，并通过利率调整人们的预期以使通胀率向目标值收敛。为了达到这个目标，中央银行虽然没有正式从国家政府中独立出来，但享有相当大的自治权。

在相当分权的巴西联邦中，财政纪律的推行需要重大制度变革。2000年，受到好评如潮的新西兰经验的启发，巴西颁布了《财政责任法》(Fiscal Responsibility Law，FRL)。此法案通过为收入与支出政策、公共债务、政府资产等方面制定目标和清晰的规则，在联邦、州、地方政府推行财政纪律。该法尤其强调对税收公共资源使用的透明度。在《财政责任法》制定的规章中，以下几条值得关注。

(1)限制政府雇员方面的支出。公务员的酬劳在联邦级不应超过其当前净收入的50%，在下级政府不应超过其当前净收入的60%。

(2)债务限制。债务余额不得超过州政府当前收入的2倍以及地方政府当前收入的1.2倍。在债务偿还方面，州和地方政府每年的债务偿还额不得超过当前收入的11.5%。除此之外，其当年新增债务不得超过当前收入的16%。

(3)经常性支出规定。公共部门不能有任何项目需要未来超过两年的持续支出支持，除非有明确的资金来源或消减其他支出用以补偿。

(4)选举年的特别规定。法律禁止即将卸任的总督或者市长(在位的最后一年)使用税收收入来支持短期借款、提高工资或者招募新的公务员。

没有履行《财政责任法》会受到几种行政处罚，直至追究个人责任(由补充法增加条款)。更严重的失职行为可能被撤职、失去公务员资格、罚款以及坐牢。值得强调的是，包括联邦政府在内的所有各级政府都需要遵守《财政责任法》制定的条款。

为了使州和大城市政府遵守公共债务的新规定，它们以前通过联邦政府借的债务都以更优惠的条件换成了期限为35年的债务。但是，与先前的救助不同，这种再融资安排的受益政府被要求在债务合同存续期内每月向联邦国库存入11%～13%的当月收入。加上中央银行对公有和私有银行对公共部门贷款所设定的限制，下级政府的债务受到了双重管制。为了确保实施，债务再融资合同赋予联邦政府扣押州与地方政府存入收入的权力，以防止其不遵守所签订的合约条款。

《财政责任法》制定的硬预算约束使政府融资得到了控制。自从此约束开始生效，整体公共部门节约了大量资金，逆转了公共部门债务占 GDP 之比上升的趋势。主要的盈余，即总收入与非融资性支出之差，在 1999～2005 年稳步提升，其中 1/10 是由州与地方政府贡献的。1998～2004 年，虽然采取的紧缩货币政策导致利率上升，公共部门的债务占 GDP 之比却从 7.5% 下降到了 2.7%。

由此，与下级政府签订的债务合同条款成为了良好的宏观财政调控机制，而收入质押制度与州立银行的强制私有化共同成为迫使下级政府遵守财政纪律的工具。加上《财政责任法》规定的公务员支出与债务融资的限制，以前存在的下级政府不负责任的账户管理漏洞也被适时关闭了。

随着时间的推移，执政党与反对党领导人都认为这种推行财政纪律的文化是重要的政治财富。当然，目前的关注焦点又转到了长期公共支出约束所带来的对经济增长与收入不均等的影响上。随着公共投资停滞（尤其是在联邦一级），道路建设与维护出现了严重不足，阻碍了商品出口的增长。在社会保障领域，改善教育质量与医疗服务方面的困难也增加了低收入群体获得更高收入的工作和跳出贫困陷阱的难度。

关于财政收入责任的议题

1988 年宪法是巴西联邦目前税收权力分配的基石（表 4）。联邦政府全权征收所得税（个人与企业）、关税、农村财产税与薪金税，并可以使用出于经济干预目的而获得的缴款，还可以利用宪法未明确规定归属于州和地方政府的其他潜在税收资源（即剩余权力）。

表 4　各级政府税收配置

	测定		税收征管	所占收入比例/%				
	税基	税率		F	S	L	R[1]	合计
联邦政府								
税收，基于：								
进口税—II	F	F	F	100.0				100.0
出口税—IE	F	F	F	100.0				100.0
农村属地税—ITR	F	F	F	50.0		50.0		100.0
所得税—IR	F	F	F	53.0	21.5	22.5	3.0	100.0
工业产品税—IPI	F	F	F	43.0	29.0	25.0	3.0	100.0

续表

	测定		税收征管	所占收入比例/%				
	税基	税率		F	S	L	R[1]	合计
金融业务税－IOF				100.0				100.0
金融类黄金业务税（黄金交易）－IOF－Ouro	F	F	F		30.0	70.0		100.0
其他税收及费用	F	F	F	100.0				100.0
缴款								
社会缴款，基于：								
商品与服务销售	F	F	F	100.0				100.0
金融交易－CPMF	F	F	F	100.0				100.0
净利润－CSLL	F	F	F	100.0				100.0
工资－员工/雇主	F	F	F	100.0				100.0
工资－用于基础教育支出	F	F	F 通过特殊法律分配[2]					
其他缴款，基于：	F	F	F	100.0				100.0
特许经营－石油与水电站	F	F	F 通过特殊法律分配[3]					
石油的开采与进口－CIDE	F	F	F	71.0	21.8	7.2		100.0
州政府								
税收，基于：								
州公务员个人所得税代扣[4]	F	F	S		100.0			100.0
车辆税－IPVA	S	S	S		50.0	50.0		100.0
遗产、馈赠税－ITCD	S	S	S		100.0			100.0
商品与服务流转税－ICMS	F，S	F，S	S		75.0	25.0		100.0
缴款								
员工养老保险缴款	S	S	S		100.0			100.0
地方政府								
税收，基于：								
市公务员个人所得税代扣[4]	F	F	L			100.0		100.0
城市地产与属地税－IPTU	L	L	L			100.0		100.0
不动产转让税－ITBI	L	L	L			100.0		100.0
服务税－ISS	F	F，L	L			100.0		100.0
房地产改良增值税	L	L	L			100.0		100.0
缴款	L	L	L			100.0		100.0
员工养老保险缴款	L	L	L			100.0		100.0

1）收入分配给地区性发展基金；

2）2/3 以税源为基础分配给州政府，1/3 以项目为基础分配给州与地方政府；

3）特许经营：州与市政府收到对当地或海域中石油、天然气、水电站与其他矿物资源开采的补偿性收入；

4）对州与地方政府公务员收入的所得税代扣

注：F＝联邦；S＝州；L＝地方；R＝地区

资料来源：联邦宪法与联邦收入服务机构

联邦与州政府在征收商品与服务税上存在交叉。联邦政府有权征收商品生产环节的税收及与之相应的有特定用途的社保缴款，包括养老金、医疗与社会援助缴款；而州政府有权对商品，以及运输与电信服务征收增值税。地方政府除了征收一般服务税，还有权对城市财产的拥有和出售征税并收取使用费。遗产税与机动车使用税也属于州政府的征税范围。

除了宪法分配的税收权力，下级政府没有对那些最重要税种征税的全部自治权。如前所述，宪法的补充条款为州与市在州增值税与地区服务税征收方面设立了基本原则。这些条款缩小了州与地方政府征税的范围，但不能干涉税率。州增值税税率受到的宪法条款约束只限于规定州内交易税率不得低于州际交易的最低税率。

对下级政府在最重要税种权力方面的限制并不意味着税收体系本身是和谐的。州政府的剩余立法权允许其在税收的不同方面保持较大差异，包括对商品所适应的税率、减轻有效税负的方法（如减少税基）、对小型企业的特殊优惠、对出口产品进项扣除采用税收信用的标准、对食品和其他必须消费品的优惠税率等。

联邦内同一商品承担不同税负的另一个原因，是欠发达的北部、东北部及中西部各州要求工业化程度更高的南部和东南部各州对运到这些欠发达州（消费州）的商品征收较低税率，以使消费州从州际销售中获得部分收入。因此，从南部和东南部州运到北部/东北部/中西部的商品税率为7%，而反向运输的商品税率为12%。12%的税率也适应于同样情况下的地区间商品交易。这种混合的"产地—目的地"原则导致了资源配置扭曲并为逃税提供了动力，它也是各州为争夺投资和发展新工业而在所谓的"财政战争"中所使用的主要武器[5]。

关于市政府的服务税，一项近期颁布的宪法补充条款免除了对进口商品征收该税种。此外，补充条款还允许对该税种设置税率的上限和下限以避免税赋差距过大，并抑制大城市间的有害竞争[6]。然而，其他一些不易察觉的方法，如降低税基和提供更优惠的付款条件等，可能使（纳税人）获得补偿性财政利益。

20世纪90年代中期，巴西各州间的财政竞争由于新一轮争夺外资直接投资于圣保罗城区之外的汽车行业而获得了新的动力。根据州增值税混合的"产地—目的地"原则，圣保罗州的邻近各州可以将为外商投资者提供的财政激励成本转嫁给最重要的消费市场——圣保罗。在后来众所周知的财政战争中，南部各州［主要是巴拉那（Paraná）、里约热内卢（Rio de Janeiro）和南里奥格兰德（Rio Grand do Sul）］成功地吸引了投资者在其辖区内建厂，为此，它们为外商投资提供了各种额外的好处，如基础设施建设、为劳动力提供培训项目，更常用的是税收优惠。其中有一个例子是联邦政府不得不通过干预将一个汽车厂移到北部的巴伊亚州（Bahia）。一些研究也指出这种为吸引投资而进行的财政战争是不理性的。

然而，政治家与公共管理者们则认为，这是对联邦缺乏抑制制造业过度集中（在几个已经高度集中地区）政策的良性反应[7]。

当然，州与州之间财政战争而产生的冲突，使任何致力于税收协调与推动税收管理合作的提议都难以实施。州与州之间的合作还由于征收自然资源税方面的矛盾（尤其是石油）而受到阻碍。对于石油与电力生产，1988年宪法对州增值税采取了目的地原则，使生产州不至于独享这些重要税基的全部利益。然而，随着石油与电力税成为各州国库可观的收入来源，生产州声称这种违背基本规则的做法使它们的财政遭受了巨大损失。近几年，各州已意识到财政战争所带来的代价，现在正在进行认真协商以寻求最终结束这种浪费性税收竞争的局面。

财政公平与效率问题及政府间财政转移支付

尽管宪法赋予州与地方政府税收权力，税收数据显示，联邦各级政府之间存在着明显的纵向不均衡（详见表5），联邦政府的各种税收收入（包括企业与家庭）约占总税收收入的70%，州政府约占25%，余下的由地方政府拥有。

表5   纵向财政缺口（2003年）[1]

占 GDP 百分比		
层级	总收入[2]	可使用总收入（包括净财政转移支付）	支出[3]
国家	28.8	23.3	31.7
下级政府	13.3	18.7	21.1
州/省	10.6	11.3	13.5
地方	2.7	7.4	7.6
所有层级	42.1	42.1	52.8

占总收入百分比		
层级	总收入[2]	可使用总收入（包括净财政转移支付）	支出[3]
国家	68.4	55.4	60.1
下级政府	31.6	44.6	39.9
州/省	25.3	26.9	25.6
地方	6.4	17.7	14.4
所有层级	100.0	100.0	100.0

按美元计（百万/美元）		
层级	总收入[2]	总可使用收入（包括净财政转移支付）	支出[3]
国家	145 777.8	118 239.0	160 667.9
下级政府	67 462.1	95 000.9	106 823.7

	按美元计(百万/美元)	
层级	总收入[2]　　　总可使用收入(包括净财政转移支付)	支出[3]
州/省	53 878.2　　　　　　　　57 312.3	68 376.9
地方	13 583.9　　　　　　　　37 688.5	38 446.8
所有层级	213 239.8　　　　　　　213 239.8	267 491.6

1)2003 年平均汇率：1 美元＝3.07 巴西雷亚尔

2)经常性与资本性收入，不包括债

3)经常性与资本性支出；资本性支出不包括再融资

资料来源：国库秘书处和联邦财政部长

　　在巴西，有三种明确的方法致力于解决纵向不均衡问题：①传统的收入分享体系；②独立的州与地方政府分享特殊税收安排；③有条件的转移支付。

　　收入分享体系的基石是州与地方政府参与分享联邦收入及来自制造业的税收。根据 1988 年宪法，联邦政府税收收入的 21.5％应分给州政府，22.5％应分给市政府。与此同时，宪法规定，如果联邦税收收入中分给州和地方政府的份额部分超过了宪法制定当年数额的两倍，就需要重新修改分配公式。但在试图修改的过程中产生了各种矛盾，使得这种修改完全不可能进行。结果，宪法制定时所采用的相关系数就成了各州与市政府参与分配的分配系数并且从此固定不变，原来实际采用的根据收入与人口估计值调整的做法也被放弃了[8]。

　　收入分享体系的另一个重要组成部分是地方政府分享 25％的州增值税收入，其中的 3/4 根据地方政府辖区内所获得的增值税来分配，剩下的部分由相关各州立法规定分配。经济基础强的市从第一种分配标准中获益，而由州制定的分配公式则受政治力量影响并且会经常变化。地方政府还从联邦政府征收的农村财产税与州政府征收的机动车税中获取 50％的份额。

　　州与地方政府有权获得从其雇员收取的所得税代扣，获得联邦对金融类黄金业务税 100％的份额（州获得 30％，市获得 70％），并参与分享对工资征收的强制附加（基础教育专项），分享联邦政府对石油进口的强制附加，获得对出口产品免除州增值税的补偿性收入。除此之外，与世界各国相比，巴西下级政府收入的其他来源都显得微不足道[9]。

　　自然资源开发的特许经营税费也应在此提及。联邦法律规定，对州与市政府在石油开采、矿物采掘、修建水电站而占用土地等进行补偿。市政府是这种特许经营税费的主要受益者。在特许经营收入分配中最主要的扭曲体现在里约热内卢北部海岸的海洋性高地石油开采的特许经营税费的分配上。

　　除了宪法规定的 25％用于基础教育专项外，收入分享体系下分配给州与地方政府的资金没有任何关于使用方面的要求。上面所列举的各项税收分享收入也一样，唯一的例外是基础教育专项支出。

在有条件的转移支付方面，最重要的是医疗转移支付体系。近期的一项宪法补充条款规定，联邦预算中医疗支出的资金应与 GDP 增长同步，并以上一年的实际支出为基础[10]。其中对下级政府的转移支付没有固定数额，一部分资金按人均分配给州与地方政府以覆盖其基础医疗服务；另一部分以服务提供为基础进行分配，以医疗服务网络的空间分布为准。医疗服务资金以 12% 的州级收入与 15% 的市级收入专项支出作保证。总体来看，联邦政府占医疗服务总支出的 60%，余下的部分由州与地方政府约各分担一半。由于高端医疗设施均集中在较大城市，相比于其从联邦收入中获得的其他分享收入，大城市从医疗转移支付中获得的资金更重要。

在放弃了收入分享体系设计的原有公式及其他转移支付不断扩大的情况下，巴西联邦实际上失去了指导政府间资金分配的所有标准。这种情况带来的是财政蛋糕再分配过程的危险后果。从纵向角度来看，市级政府是大赢家，它们在财政蛋糕中所占的份额超过其收入的三倍(包括所有政府间转移支付)，而州政府占蛋糕的份额仅增长了 40%。因此，所有可支配收入可粗略地分为：50% 分配给联邦政府，30% 分配给州政府，20% 分配给市政府。联邦政府除了将 30% 的收入转移给下级政府外，由于社会福利性专项支出对联邦税收的依赖性越来越强[11]，实际上它已丧失了超过半数的对可获得收入的支配权。

更糟糕的是财政资金横向分配所带来的后果。南部与东南部的 7 个州获得了约 3/4 的州级政府总收入。而在所有市级政府中，26 个更重要的大都市获得的本级收入占所有地方政府本级总收入的 60% 多。此外，由于每一笔具体的转移支付都根据其自身逻辑分配给 26 个州和联邦特区的将近 5 558 个市，联邦政府间的财政资金分配存在着巨大的横向分配不均衡[12]。

州与市的人均收入数据显示了这种不均衡的程度。目前的人均预算收入在人口稀少的小城市可能高于人口密集的大城市的 20～30 倍。这种不均衡在州与州之间没有那么严重，但仍然十分显著。亚马孙地区新建州及低密度人口的中西部州人均收入高于国家平均水平的 3 倍多，而东南部人口更密集的州(除塞尔希培以外)是人均收入最低的州。

由于经济活动和人口地理分布不同，这种不均衡在大城市中更为严重。一般而言，由于市政府参与分享州政府的税收收入，那些有重要的制造部门以及较少人口的市可以获得数倍于其他地区的人均收入。而另一个极端是，人口众多但经济脆弱的城市，通常是人口聚居区，资金严重不足，其人均收入远低于地区平均值。

如果不同时修改分配公式，对市级政府不断扩大的转移支付所带来的不良后果是新建市将不断增加。巴西有 1 000 多个市都是在 1988 之后建立的，因为分配公式实际上对那些"解放"自己的区给予奖励，包括要么由于其辖区内有主要工业区而获取更高的州增值税分享份额，要么由于人口少而从"市级分享基金"中获得好处。这两个因素为它们要求成为自治市提供了理想的机会，而且当时对一个区变成一个自治市的规定并不需要其获得市内其他区的市民同意。

　　缺乏一套设计良好的制度安排来支撑体系的合理性和调节利益纷争，成为政府间建立良好财政关系的阻碍。总的来说，巴西虽然没有一套正式的财政均衡转移支付体系，但它有一套由宪法确定的收入分享机制，可以自动地实现对收入和联邦制造业税收的固定比率分配，加上其他一些小税种，使州和地方政府能够按事先确定的固定比例获得收入[13]。当然，特殊目的补助以及没有体现均衡目的的一般性转移支付在巴西联邦财政资金的分配上带来了相当大的横向不均衡，并且增加了公共政策领域合作的困难。

资本投融资

　　程度极低的预算弹性（由于存在大量指定用途的收入与大量利息支出和养老支出）导致整个联邦公共储蓄不足。数据显示，整体公共部门经常性账户盈余仅为 GDP 的 2.6%，其中，联邦政府零盈余，州政府盈余总额只有 GDP 的 0.9%。与此相反，市级政府的数据更健康，约 2/3 的地方政府投资由政府储蓄支撑。地方政府平均储蓄占 GDP 的 1.12%。

　　在负债率居高不下的情况下，公共储蓄的降低导致了公共投资的降低。公共投资占 GDP 的比重，已从 20 世纪 90 年代后半期低水平的 4.2% 进一步下降到了 21 世纪初的 3%，并且短期内看不到显著提升的迹象。与此形成鲜明对比的是，20 世纪 70 年代公共部门投资在巴西经济总资本支出中占相当大的比重。目前，政府投资占国家每年资本积累的比重不到 20%。

　　从理论上来讲，储蓄减少可以由借款增加来弥补。巴西宪法赋予联邦、州与地方政府进入金融市场的自主权，唯一的限制是州与地方政府对外融资需要参议院的批准。

　　然而，实际上情况大不相同。前面提到，《财政责任法》对州与地方政府负债余额与年度经常性收入中用于偿还债务的支出都有着严格的限制。此外，中央银行对公共部门融资及非公共部门金融机构涉及公共部门融资的业务都有严格的限制，结果是，即使是财政状况良好的下级政府公共部门也不能从资本市场获得额外的资金以进行资本性投资。而对联邦政府来说，尽管《财政责任法》并没有对其债务融资进行限制，但高额的联邦债务占 DGP 比重成为了其进一步负债融资的自然屏障。

　　另外，通过减少各级政府收入中的指定用途部分或通过制度改革减轻养老支出对公共预算带来的压力，可以缓解资本性融资的不足(限制)，这样做还可以恢复公共储蓄。最近，针对这种情况的建议被提了出来，但政治家们似乎并不喜欢触及这些非常敏感的问题，如削减养老支出或取消他们获得资金的保证。这些建议还受到了工会与游说组织的抵抗。

低水平的公共投资导致经济增长乏力与收入分配不均等问题，引起了对其他投资性融资方式的探索。一项新的联邦法律(连同一些州所采用的相似的法律)允许公共部门与私人机构之间形成合伙制，为基础设施建设项目筹集资金。当然，这种新的制度安排还没有经过足够的时间检验来显示其能否达到预期。对管理机构能力的低信任度及官僚机构对新的制度安排的不熟悉也可能意味着这种变通的方法还需要一些时间来展示它的全部潜力。

无论有无其他方式，恢复公共投资的需要都是迫切的。在欠发达地区，私有化或者合伙制都不能满足基础设施现代化的要求。在大城市，缺少公共投资意味着低收入家庭不能获得良好的基础性城市服务，许多新移民更是完全无法获得这些服务。与此同时，医疗和教育方面的基础设施建设需要获得更多的关注，特别是来自州政府的关注。

财政"联邦制"的公共管理架构

巴西联邦的下级政府在内部事务管理方面几乎拥有全部的自主裁定权。州与地方政府可以自主制定规则，包括公务员的职业发展、员工的招聘、工资与薪水的设置、员工养老系统的建立等。关于员工事务方面，州与地方政府需要按宪法规定的要求，通过考试来对申请公共部门工作机会的候选者进行筛选(联邦政府员工也一样)，一旦聘用，禁止无故解雇员工。为了规避对公务雇佣的严格限制，一些粗活，如保安、清洁、运输与低层行政管理等，则通过特殊招标流程外包给私人企业。这种安排为部门最需要人员的聘用增加了灵活性。《财政责任法》对员工成本设置了限制，包括用外包性私人服务替代公职聘用的成本。

根据特殊协议由私人机构提供服务的主要例子是医疗服务。国家医疗体系通过整合联邦、州与地方政府的财政、管理和人力资源，为每个巴西公民提供基本医疗服务以及一些程序更复杂(由其他公立或私立医院提供)的医疗服务。医疗服务的模式被应用到社会援助领域，公共安全领域也提出了采用相似模式的建议。医疗服务体系是整个联邦通过政策协调来提高公共管理效率的最重要尝试。

由于州政府不能组织有效的跨地区城市社会服务，地方政府在公共投资与服务提供方面的协调受到了影响。这种情况在大城市与城市群中尤为严重。州政府目前不能干预市政府的自治，缺少立法权与行政能力来制定大城市发展政策。此外，联邦政府与地方政府不断增加的直接关系，大量资金从联邦政府直接拨入地方政府金库，进一步削弱了州政府对其辖区内事务的控制力。结果是项目重复建设及缺乏整合与协调导致了资源浪费、高成本与公共服务的不均等，即居住在较少自然禀赋城市的穷人获得的福利比富裕城市的穷人少。为此，巴西尝试以市财政联盟的方式来协调解决一些共同利益问题，但结果并不令人满意，主要原因是市长间不稳定的政治联盟常导致这种安排不稳定[14]。

此外，过度依赖财政转移支付是因为财政分权的预期利益格局没能得到落实，半数的州政府和大部分市政府都依靠财政转移支付来获得主要收入，下级政府的资金使用效率降低了，问责制也不能合理实施。同时，下级政府对自身税收依赖的减少，使人们对本级政府官员和市长的支出决策及结果更不关心。问责制的缺失还导致效率低下，造成公共资金的不当使用。

前景展望

近年来，巴西财政"联邦制"体制暴露出一些缺陷，这是 1988 年宪法所采用的双重财政体制①及此后缺乏彻底改革意愿的直接后果。加上过去几十年的财政政策被宏观经济问题牵制，这种双重体制更使财政分权与当时的愿望背道而驰，在一些领域如税收体制等方面还出现了倒退，宪法正式赋予州与地方政府的财政自治权的实施也受到了越来越多的制约，公共政策的效率与功能遭到了进一步损害。

尽管如此，政治家们与政策制定者们都没有把改革置于重要位置，发达州与欠发达州以及大城市与小城市之间的利益冲突可能是原因之一。另一个原因是联邦当局害怕改革会减少联邦政府收入从而危害宏观财政目标的可持续性。除了其他一些更客观的影响改革的因素外，整体来说，政治家们，尤其是来自欠发达地区的政治家们，似乎陷入了一个误区，认为现行体制对他们是有利的。实际上，每个人都在担心改革可能导致意想不到的结果从而损害他们的特殊利益。

1993 年错过了一次对体制进行整体改革的机会。当时，联邦宪法为以优惠条件推行全面改革开了一个窗口[15]。在那之后，联邦当局选择只关注一些狭窄的领域，如只关注与税收相关的一些细节问题的改革，其理由是，更广泛的改革（包括收入分享体制的改革）会威胁宏观经济的稳定。与此同时，后续采取的一些临时措施导致了扭曲的加剧并增加了联邦内政府之间的矛盾。

学术界达成的共识是，巴西财政"联邦制"体制需要一次彻底的改革，但政府机构和政治家们远未认识到这一点。在这种强烈的对抗中，每一个联邦机构都担心结构性改革会侵害其特殊利益。让事态变得更糟糕的是，私人企业在财政政策

---

① 以财政转移支付为特征的集中与以下级政府自治为特征的分权。——译者注

领域非常活跃，它们积极游说，反对那些可能损害它们利益的变革。站在乐观的角度看，由于整个社会都不愿意进一步增加税收，这也许会促使政治领导者们认识到早就该进行全面改革了。

尽管存在一些积极因素，但巨大的挑战是，建立新的财政"联邦制"还需要达成更广泛的共识。一种新的模式必须能够同时协调以下目标：税收适度、宏观财政目标、下级政府自治、政府有效使用财政资源并对人民负责。此外，希望高经济增长可能带来的地区性差异扩大不会使改革的呼声减弱，并阻碍对结构性改革的探求。

不过，当前改革的主要障碍是巴西经济抵御外部危机的脆弱性及这种脆弱性所带来的不确定性。当发生国际经济危机时，宏观经济压力可能会为联邦政府改革现行体制带来新的阻力，并在面对经济全球化和币值稳定压力时推迟财政"联邦制"改革的进程[16]。

同时，必须努力以清晰易懂的方式阐述现行体制在经济和政治方面的不合理性。近年来所获得的这些方面的实证研究结论也应该被尽快转化为容易为联邦中州和地方政府官员们所理解的文字，从而使全面改革的需求得到清楚的陈述和理解。

建立一个讨论现行体制并评价如何增强联邦凝聚力、提高公共服务效率途径的论坛是非常必要的。在这方面，已有 13 个州迈出了重要的第一步，它们建立了巴西州政府财政论坛，为提出一揽子财政改革建议作准备，并已开始探讨相关一些主要问题。这为巴西财政体制的根本性改革创造了机会。

注释

1　政治代表性的不平衡，参见 José Serra and José Roberto Afonso, "Federalismo Fiscal à Brasileira: Algumas Reflexões, *Revista do BNDES*(Rio de Janeiro)6, 12(1999): 3—30

2　这种特殊性使阿尔福雷德·斯蒂芬(Alfred Stepan)认为巴西联邦是一个受民主制约的极端例子。参见 Alfred Stepan, Toward a New Comparative Analysis of Democracy and Federalism: Demos Constraining and Demos Enabling Federations,"mimeo, Coréia do Sul, 1997.

3　地方性问题的重要性，参见 Celina Souza, "Constitutional Aspects of Federalism in Brazil," in *A Glabal Dialogue on federalism*, vol 1: *Constitutional Origins*, *Structure and Change in Federal Democracies*, ed. John Kincaid and G. AlanTarr, 77—102 (Montreal and Kingston: McGill-Queen's University Press for the Forum of Federations, 2005)

4　巴西联邦职责划分详细表，参见 Marcelo Piancastelli, "The Federal Republic of Brazil, "in *A Global Dialogue on Federalism*, vol 2: *Distribution of Powers and Responsibility in Federal Countries*, ed. Akhtar Majeed, Ronald L. Watts and Douglas M. Brown, 67—90 (Montreal and Kingston: McGill-Queen's University Press for the Forum of Federations,

2006)

5　参见 Ricardo Varsano, "Subnational Taxation and Treatment of Interstate Trade in Brazil: Problems and a Proposed Solution,"ABCD-LAC Conference, Valdivia, Chile, 1999

6　《宪法补充法案 37(2002 年)》。设置了最高为 5%的税率

7　巴西财政竞争详细内容，参见 Ricardo Varsano, "A Guerra Fiscal do ICMS: Quem Ganha e quem perde," IPEA Discussion Paper, Brasília, 1997

8　各州份额根据 CONFAZ 设定。各州中的各个市都确定了一定比率，以防止受外部因素影响而设立新市

9　从市级政府整体来看，其他收入来源约占总收入的 6%

10　《宪法补充法案 39(2000 年)》

11　通过过渡性宪法补充条款，联邦政府重新获得掌控 20%的社会性专项支出缴款的权力

12　财政差距的程度可参见 Sergio Prado, Waldemar Quadros, and Carlos Cavalcanti, "Partilha de Recursos na Federacão Brasileira,"FUNDAP, São Paulo, 2003

13　1967 年的原始公式指出，州转移支付配额应与人口挂钩，但目前恰恰相反，与人均收入挂钩，而地方政府转移支付配额应与人口规模同向增长但目前却反向增长

14　参见 Fernando Rezende and Sol Garson, "Financing Metropolitan Areas in Brazil Political, Institutional, Legal Obstacles and Emergence of New Proposals for Improving Coordination,"*Revista de Economia Contemporânea*(Rio de Janeiro)10, 1(2006): 5—34

15　1988 年宪法要求进行全面修正，这种修正是在联合议会特殊程序按简单多数原则批准颁布实施五年后要求进行的

16　这些挑战是 Fernando Rezende 和 Jose Roberto Afonso 所讨论的问题，参见"The Brazilian Federation, Facts, Challenges and Perspectives,"in *Federalism and Economic Reform: International Perspectives*, ed. Jessica Wallack and T. N. Srinivasan, 143—88(New York NY: Cambridge University Press, 2006)

Canada

Capital: Ottawa
Population: 31.5 Million

Boundaries and place names are representative only and do not imply official endorsement.

The three northern territories, while adminstrative divisions, are not provinces.

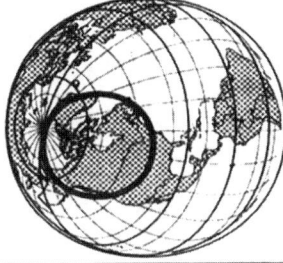

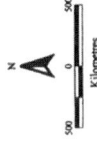

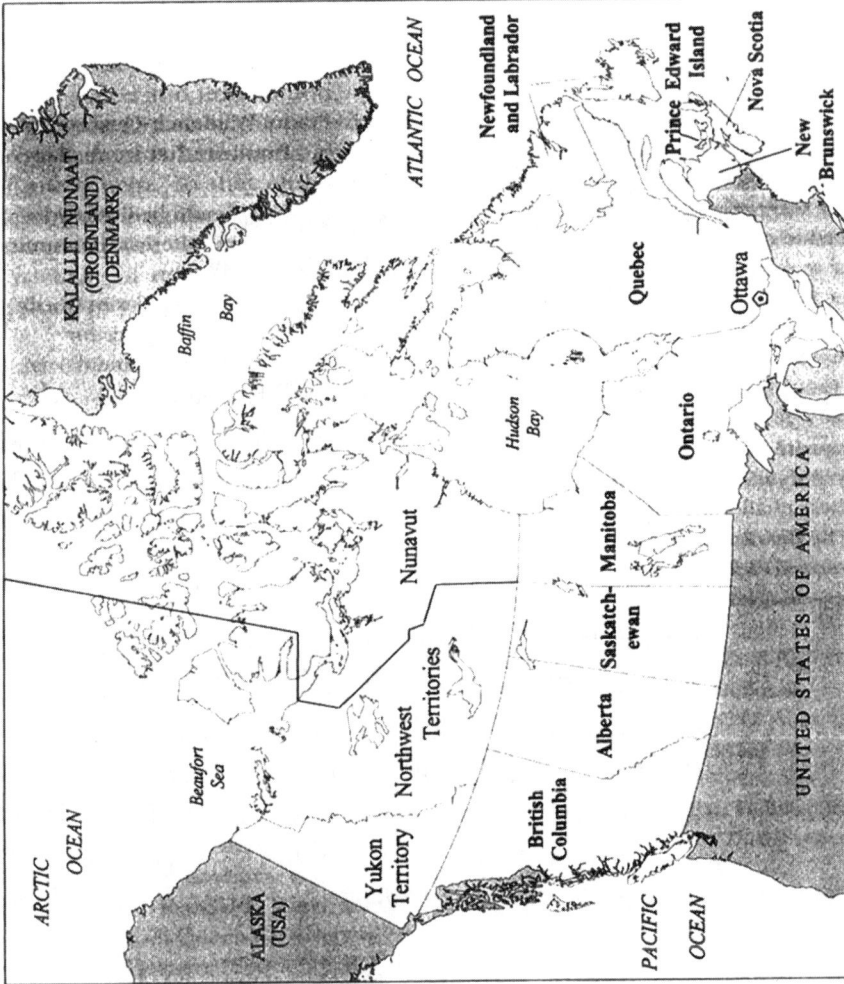

Sources: ESRI Ltd; National Atlas of Canada; Times Atlas of the World

N

500   0   500
Kilometres

ARCTIC OCEAN

Beaufort Sea

ALASKA (USA)

Yukon Territory

Northwest Territories

British Columbia

Alberta

Saskatch- ewan

Manitoba

Nunavut

Hudson Bay

Ontario

Quebec

Ottawa

UNITED STATES OF AMERICA

PACIFIC OCEAN

KALALLIT NUNAAT (GROENLAND) (DENMARK)

Baffin Bay

ATLANTIC OCEAN

Newfoundland and Labrador

Prince Edward Island

Nova Scotia

New Brunswick

加拿大

罗宾·鲍德威（Robin Boadway）

      加拿大财政体制是财政"联邦制"的经典范例。加拿大省、市政府负责提供许多重要的公共服务。省、市政府与联邦政府分享几乎所有主要税源，并负责提高自己的财政收入比例。联邦政府向省提供转移支付仅为了保障国家目标的实现。转移支付有两种主要形式——无条件均等化转移支付和为资助省级社会项目的人均等量转移支付，其通过确保省级政府有相对充足的财力来提供重要公共服务，并通过鼓励省级政府提供满足国家最低标准的医疗卫生、社会福利、高等教育服务，来保障分权决策制定的效率。联邦—省协定可保障所得税、销售税税收达到相协调的绝佳模式（enviable forms），以便于省政府自由采用，这为构建有效的国内经济市场及公正平等的社会联盟订立了规则。本章回顾了加拿大联邦体制的主要特征，并阐述了近年来加拿大联邦制度曾面临的压力。

      表1总结了加拿大的基本特征。加拿大领土面积达 9 984 670 平方千米，为全世界面积第二大国家，但其人口仅为 3 230 万，大部分人口居住在美加边境 100 千米以内的地区。加拿大自东向西共有十个省，这些省的北部是三个人口稀少的地区。安大略省（Ontario）是加拿大面积最大的省份，人口达 1 250 万，面积为 1 076 395 平方千米，人均 GDP 达 35 400 美元。爱德华王子省（Prince Edward Island）是加拿大面积最小的省，面积仅有 5 660 平方千米，人口为 138 100，人均 GDP 为 24 994 美元。加拿大人均 GDP 达 34 710 美元。大致说来，加拿大西部地区的人均收入最高，东部地区最低。

表1　政治、地理基本指标

国名：加拿大

人口：32 270 000 人

面积（平方千米）：9 984 670

人均 GDP（美元）：34 710

宪法：1867 年，君主立宪制

政府层级：联邦、省和地区、地方

地方政府法律地位：由省管辖

官方语言：英语、法语

行政区划：10 个省，3 个地区

最大省（安大略省）人口、面积、人均 GDP：

12 541 400 人

1 076 395 平方千米

人均 GDP 35 400 美元

最小省（爱德华王子省）人口、面积、人均 GDP：

138 100 人

5 660 平方千米

人均 GDP 24 994 美元

汇率＝0.9

历史上，四个省份以联邦形式结合在一起，其中一省以法语作为通用语言，其余三省则通用英语。尽管加拿大法语人口大部分集中在魁北克省（Quebec），另一部分集中在新不伦瑞克省（New Brunswick），但法语和英语仍是加拿大官方语言，因为多数省份都拥有一小部分讲法语的人口。加拿大移民程度相对较高，每年外来移民多达其人口数目的 1％，这促进了加拿大的民族多样性。来自中国、南亚、欧洲的移民聚居在一些区域，讲法语的移民则大多居住在魁北克。

加拿大也拥有大量原住民人口。原住民由使用各种语言的不同民族构成，既包括"第一民族"（基本居住在各省），也包括因纽特人（居住在地区）。联邦政府对原住民负有受托责任，负责向他们提供公共服务，并保护他们因与英国直辖殖民地（British Crown）签订条约所获的各种权利。

加拿大实行君主立宪制，英国国王或女王为其君主。总督（a federal governor general）、省督（provincial lieutenant-governors）分别由联邦政府、省政府委任，作为加拿大君主的代表。各省、各地区通过"简单多数票当选"选举方法产生议会和立法机构，在几个主要党派中通过选举实现议会民主。通常，总理或一省省长通常是在国会下议院得到最多议席的多数党党魁，执政党的政策在相关立法程序中以多数票通过。偶然情况下，执政党没有大多数的下议院议席，其政府则会被称为少数政府，其政策必须依赖第二、第三党派的支持以通过立法程序。事实上，当一个党派（加拿大自由党）在联邦议会中掌权，另一党派则常在许多省占据优势，通过每四、五年举行一次选举，形成一个相对稳定的政府。地方政府同样由多数票原则选举产生，但党派系统与选举地方政府无关。

所有联邦法律都必须由上下两院批准通过。上议院的议员由总督委任，议员年满 75 岁时须退出上议院。上议院通常不会驳回下议院通过的法案。省、市不设上议院，省级法律由该省立法机构批准通过，市级法律由该市选举产生的委员会通过。行政机关由各部门组成，总理任命执政党内其他代表成员为部长。由总理委任的最高法院是最高上诉法院，裁决法律合宪性以及有关宪法组成部分《加拿大自由与权利宪章》相关问题。

除了沿袭法国大陆法法系的魁北克省，加拿大的法律体系沿袭自英国，以普通法法系为基础。联邦政府和各省政府也委任一些准司法机构行使监管职能。

各级政府责任制主要通过定期的选举实现。1982 年加入宪法的《加拿大自由与权利宪章》将出版、言论、结社自由写入法律，这也有助于实现政府责任制。联邦、各省政府委任总审查师对政府项目进行审查，向国会和立法机构报告资金是否合法使用、货币价值是否实现。所有层级政府都有财政管理和问责系统。公民受到《加拿大自由与权利宪章》的保护，也受到监督人权立法、信息立法、隐私专员、调查官的人权特别法庭保护。联邦政府语言专员负责报告官方语言要求的实施情况。

政府结构与财权划分

宪法规定了政府必须承担的基本责任，同时对立法做出限制。政府责任包括：联邦、省级政府提供最低水平以上的基本公共服务，保障机会均等，促进经济发展。另外，联邦政府向省提供均等化转移支付，以保证各省能够"在合理地征收相对可比水平的税收时，合理地提供相对可比水平的公共服务"[1]。立法限制包括法律法规必须符合《加拿大自由与权利宪章》，以及符合一些不妨碍省际贸易的最低要求。

宪法所确立的权力划分对联邦、省级立法设定限制。宪法规定了一些仅属于联邦的权力，涉及国防、国际贸易、刑事司法、货币与银行、国际航道、失业保险、破产、离婚等。联邦政府可以选择任意形式的税收，自由决定政府支出与政府借贷。其他领域的权力，诸如有关移民、农业、养老金等，则由联邦政府与省政府共享，其中联邦政府拥有移民、农业方面最主要的权力。更概括地讲，联邦政府有权为实现"和平、秩序和良好政府"[2] 的要求而立法，并有权驳回省级法律，但这一情形很少出现。未被授予其他政府的剩余权力归省所有（如那些没有授予任何政府层级的权力）。宪法规定省在有关医疗卫生、教育、社会服务、民事权利、财产权、行政司法、高速公路、地方自然问题等领域拥有独立管辖权。依照宪法，移民、农业两方面的管辖权由联邦和省共享，诸如环境保护、高等教育等其他方面的管辖权在实践中也由联邦和省共享。表 2 总结了各级政府的支出责任，表 3 显示了政府财政支出按功能与政府层级分类的情况。

表 2　各级政府法律责任和服务实际供给

法律规定责任	公共服务	实际功能分配
联邦	贸易与商业	联邦
联邦	失业保险	联邦
联邦	银行业与货币	联邦
联邦	邮政服务	联邦
联邦	普查与统计	联邦
联邦	国防、外交事务	联邦
联邦	航运	联邦
联邦	破产	联邦
联邦	专利、版权	联邦
联邦	印第安人	联邦
联邦	公民权利	联邦
联邦	结婚、离婚	联邦
联邦	刑法与监狱	联邦
联邦与省	养老金	联邦与省
联邦与省	移民	联邦
联邦与省	农业	联邦与省
省	行政司法	省
省	民事、财产权	省
省	公共土地和自然资源	省
省	健康	省
省	许可证	省
省	市政机构	省
省	公司设立	省
省	地方服务	地方
省	教育	省与地方
省	社会福利	省与地方

表3   各级政府的功能支出比重   单位：%

功能	联邦	州或省	地方	总和
国防	100	0	0	100
偿债	53.2	42.1	4.7	100
一般行政	44	27.3	28.7	100
法治	55.4	23.1	21.5	100
经济服务	26.9	47.7	25.4	100
社会服务	57.6	37.1	5.3	100
健康	21.0	77.7	1.3	100
教育	5.3	52.6	42.1	100
补贴				100
总计	37.4	45.1	17.5	100
地方公共服务	0.0	0.0	100.0	100

注：地方公共服务包括学前教育、中小学教育、公共医院、城市高速公路、城市交通、饮用水和排污、垃圾回收、电力供应、消防、公共治安、警察

　　各省可以通过征收"间接税"来筹集财政收入，尽管在实践中，间接税范围几乎被延伸到了各类税种，但不包括以非居民为纳税人的税种。各省边界内的自然资源归省所有，各省可以管理其自然资源，并可以选择对其征税。这形成了加拿大联邦制的一个十分重要的特征，引发了政府间冲突问题。各省对其预算（包括借贷能力）拥有独立的控制权。

　　市政府作为省政府的组成部分，其权力源于省级法律。市政府负责诸如地方治安、用水、排污与垃圾处理、地方公路、娱乐等地方事务。市政府也经常参与提供社会福利和教育等省级服务。地方政府主要通过物业税和使用费筹集收入，并有权制定地方税率。尽管地方政府面临对基础设施投资和融资能力的一些限制，但它们仍有借贷权力。表4显示了按政府层级划分的财政收入来源。

表4   不同层级政府税收配置

	决定权		税收筹集与管理	收入比重/%			
	税基	税率		联邦	州/省	地方	所有层级
联邦							
所得税	联邦	联邦	联邦	64.7	35.3	0	100
消费税	联邦	联邦	联邦	45.3	54.7	0	
工薪税	联邦	联邦	联邦	68.6	31.4	0	
使用费	联邦	联邦	联邦	24.4	23.3	52.3	

续表

	决定权		税收筹集与管理	收入比重/%			
	税基	税率		联邦	州/省	地方	所有层级
州/省							
所得税	联邦	省	联邦	64.7	35.5	0	100
消费税	省	省	联邦、省	45.3	54.7	0	
工薪税	联邦	省	联邦	68.6	31.4	0	
资源税	省	省	省	0	100	0	
医疗保险	省	省	省	0	100	0	
物业税	省	省	省	0	2.2	97.8	
使用费	省	省	省	24.4	23.3	52.3	
地方							
物业税	省	地方	省	0	2.2	97.8	100
使用费	地方	地方	地方	24.4	23.2	52.3	

  政府权力划分符合最优方法原则[3]。联邦政府负责全国性的公共产品供给；地方性公共产品供给则被分权至次级政府。各省负责向居民提供公共服务和特定目标转移支付，而联邦政府负责向居民提供社会保险性转移支付。联邦政府与省政府都有权征收所得税、销售税等主要税种，因而实现一定程度的财政收入筹集自治。影响一省居民同时对其他省有溢出效应的支出项目由联邦和省共同承担。联邦政府向省提供转移支付以缩小支出责任和收入筹集之间的纵向财政缺口，省政府同样向所辖市提供转移支付弥补其纵向财政缺口。

  表5显示了联邦政府—省政府、省政府—市政府之间的财政纵向缺口规模。表5中存在一些异常值。省政府对自然资源的所有权引发了严重的横向不均等问题。尽管商业所得和资本是流动税基，各省仍有权对其征税。各省也有权对遗产征税，但出于各省间税收竞争的原因，遗产税逐渐消失。另外，各省有权管制其证券市场和劳动力市场，这有可能造成国内市场的无效率问题。

表5 纵向财政缺口　　　　单位：百万美元

	财政收入总量（即期汇率，2005年）	包括本级政府受到净转移支付在内的财政收入总量（即期汇率，2005年）	财政支出（即期汇率，2005年）
国家	181 466	182 044	142 764
下级政府			
州/省	172 087	211 367	2 031 988
地方	38 464	45 737	47 595
所有层级	392 018	439 148	394 347

联邦制下的责任分配既能提高公共服务供给的有效性，也有可能造成无效率和不平等问题。如果财政分权引起各省公共服务供给能力的巨大差距，或者各省之间公共服务供给水平、社会保障程度显著不同，那么就可能产生无效率和不平等问题[4]。事实上，联邦与省政府共同承担维护社会公平的责任，而一些实现公平目标的主要政策工具由省政府掌握。此外，加拿大具有一种强烈的国家共识（national consensus）：应在全国范围内提供共同水平的社会项目（common levels of social programs）。向居民提供最低标准的社会服务（医疗卫生、教育和社会福利等方面）被视作政府的重要职能之一，其重要程度甚至超过税收系统累进性。因此，比起如国防、基础设施建设等其他政府职责，政府应更重视其作为社会保障驱动器的职责，大部分政府支出应当用于实现再分配目标。

联邦与省政府共同承担维护公平与效率的责任，尽管省政府控制许多重要政策工具，但联邦政府仍可以对省级项目制定施加影响。这主要通过联邦政府的支付权能实现——联邦政府向省或地方提供转移支付[5]。由于各省在医疗健康、教育、社会服务方面独享立法管辖权，这成为联邦政府对各省政策施加影响的有效方法之一。联邦政府通过转移支付平衡各省、各地区公共服务供给能力，对一些服务决策施加影响以实现基本国家标准[6]。较之省政府，联邦政府拥有更大的税收空间，提高了联邦政府对所得税、销售税的征税协调能力。

由于联邦和省政府官员经常处于协商过程中，联邦政府也能通过道德劝告影响省政府决策。为实现政策协调，联邦政府与省政府在众多领域订立协议，其中既包括一些多边协议，如《国内贸易协定》和《社会联盟框架协定》等，也包括联邦与各省在移民与儿童税收抵免等方面签订的双边协议。对于涉及公司所得税、个人所得税、销售税的税收协调协议，尽管各省都可以使用同一模板，但这类协议通常是双边协议。

联邦与地方政府之间在财政方面存在着冲突与不协调，这在以下背景下是不可避免的：①联邦、地方政府具有共同目标；②双方有相似的广泛税基；③双方各自独立运行。财政冲突主要来自于三种原因：第一种原因是联邦政府运用其支付权能（spending power）对联邦对省政府的转移支付设置附加条件，从而对省级政府项目制定施加影响。联邦政府对此的争辩是，其需要通过这种途径确保各省在制定社会项目时考虑国家公平与效率的目标。而由于宪法赋予各省政府在如医疗健康、教育、社会福利等领域的立法权，各省对此的争辩是，联邦政府对转移支付设定条件的行为违背了宪法精神。虽然近年来联邦政府通过对转移支付设定广泛、普遍的条件来减少冲突，但这一冲突仍无确切的解决办法。联邦政府和省政府协商签订的《社会联盟框架协议》，对联邦政府支付权能的使用进行管理，要求联邦政府在运用开支能力前做出预先通知。

引起冲突的第二个原因涉及联邦政府和省政府之间财政收入、支出责任的适当分配平衡。省认为考虑到联邦政府所占税收收入与其支出责任，联邦向省提供的转移支付规模过低，这引起了财政纵向失衡问题[7]。针对这类失衡问题存在的程度——联邦政府对此有所争议——有两类纠正措施。一是通过降低联邦税率并允许各省提高税率，将更多税收空间转移给各省。二是增加转移支付的规模。各省对两种纠正措施偏好不同。一些省，如魁北克和艾伯塔（Alberta），偏好于第一种方式；其余省偏好于扩大转移支付规模。2003年，省、地区政府联合在一起形成联邦委员会以增强政府层级间合作。2005年，委员会就财政不平衡问题成立专家组，为实现财政均衡出谋划策。专家组建议增强均等化系统，联邦政府增加对社会项目的转移支付[8]，但各省对专家组的建议没有形成共识。

冲突的第三个原因涉及财政横向不平衡问题。随着分权程度加深，各省之间财政差距扩大。在过去，一般通过均等化转移支付方式解决横向失衡问题，但近年来这个问题愈发严峻。石油、天然气价格的快速上涨扩大了拥有大量石油、天然气资源的省份与其他省份之间的财政差距问题。这增加了均等化项目的实施成本和波动性，因此联邦政府固定转移支付规模及其增长率。为了解决这一问题，联邦政府成立了均等化问题和地区性筹资问题专家组，为均等化项目未来设计出谋划策，对是否应当成立咨询委员会提出建议。2006年6月专家组提出一项10省均等化标准的建议，该标准涉及一半的资源收入[9]。联邦政府预计会在2007年政府预算中公布解决财政不平衡问题的举措。

另一个问题是对下级政府的不对称待遇。不对称的形式有很多，联邦政府对地区的财政转移支付安排与对省转移支付安排大相径庭。由于地区处于自然条件较为严酷的北方，人口稀少，相比省而言，地区公共服务供给的成本大大增加。因此，联邦对地区的人均转移支付规模明显高于对省的人均转移支付。联邦向省提供的转移支付以各省收入筹集能力为基础，与此不同的是，对地区提供的转移支付以地区支出需求为基础。不对称问题还出现在魁北克与其余诸省之间。魁北克选择从联邦—省转移支付模式中退出，以换取不同税收空间。另外，魁北克并不参加联邦公共养老金项目，而是运营本省养老金项目；魁北克也不加入有关个人所得税、公司所得税的税收协调安排。对于增值税，魁北克与联邦政府签订特别协议，协议规定魁北克同时代表联邦与本省征管增值税。魁北克在移民方面也实行特别安排。这些不对称方面并不意味着联邦对魁北克的特殊对待，因为魁北克实行的所有特别安排同样可以适用于其余各省，但其余九省没有选择这些特别安排。这些不对称反映了魁北克相对于加拿大其他地区的特殊性——该省继承了法国的语言、文化与制度。

地方政府在公共服务供给上拥有相当大的独立性，并有权决定其财政收入水平。尽管如此，地方政府在某些方面会受到省政府不同程度的监督。地方政府必须遵守省政府的规划原则，有时它们也会参与实施省级支出项目。地方政府面临一定借贷约束。地方财政支出在很大程度上依赖于来自省政府的转移支付，这些转移支付通常是以均等化为基础。正如省政府一样，地方政府也会面临事权、财权不平衡问题。联邦政府有时也会越过省政府，直接向处于财政困境的地方政府提供转移支付。

当大城市在人口、经济规模方面相互竞争时，会产生一些特殊责任问题。当一些省单向地将一些相邻城市合并为更大的区域，由此形成了负责区域间政策（如交通政策、治安政策）的大都市政府（如多伦多市和蒙特利尔市），而这种现象又放大了特殊责任问题。这些融合而成的大城市本应提高地方公共服务供给的公平与效率，但这一点却颇受争议。以蒙特利尔为例，2003年省政府颁布法令允许地区从合并后的大城市分离出去。

最后，国家公平与经济效率问题对加拿大政府间财政安排的设计导向产生了重要影响。国内市场经济效率主要通过四种方式实现。首先，宪法条款规定省政府不应干扰省际商品贸易，限制省向其居民征收直接税。但这些条款效力相对较弱，省际贸易条款不适用于服务或生产要素。由于法庭对限制直接税的解释较为宽泛，结果各省几乎能征收任何形式的税收。其次，联邦政府通过其支付权能抑制省政府对社会项目强加限制的行为，对社会福利与健康而言十分有效。再次，联邦—省之间税收协调协议在协调双方所得税税基方面相对有效，在协调销售税系统方面收效甚微。经验证据表明，为了实现效率目标，联邦政府应当保留大部分的所得税和销售税收入比重。最后也是最重要的一点，联邦、省政府就《国内贸易协定》进行深入细致协商，《国内贸易协定》涉及采购、劳动力市场管制、投资、影响商品服务跨省流动的政策等诸多领域。落实在纸面上，《国内贸易协定》的内容似乎非常综合并且能够促进国内经济的效率。然而应用于实践中，由于无力的争端解决机制，《国内贸易协定》未能发挥提高效率作用。然而，《国内贸易协定》的存在给予了未来进一步完善的空间。在一些领域，如职业监管、工作场所准则、资本市场监管以及采购等，仍存在妨碍省际贸易的重大障碍。

财政"联邦制"与宏观经济管理

加拿大财政决策制定高度分权，联邦政府、省政府可在考虑自身财政政策的情况下行使独立的法律自由裁量权。省级预算总规模能与联邦政府预算规模相提并论，因此财政政策责任也不可避免要与联邦政府共同承担。考虑到预算决策制定的性质（尤其是其保密性），联邦、省财政政策制定并不协调。尽管如此，由于共同税基，联邦、省财政政策相互影响，而联邦对省的转移支付也会影响省级财政预算。实际上，联邦对省的转移支付有时会出现未能预料的变化，这增加了省制定其财政预算的难度。由此产生了一个问题：由于预算目标的相对短期性，联邦对省的转移支付属于预算项目，联邦政府与省政府之间财政关系变化并不总是符合联邦长期目标。

尽管如此，联邦政府通过实施税收、财政支出、转移支付等积极的财政政策，实现如就业、增长、债务控制等宏观目标。一些能在一定程度上影响其省内经济活动的省份，同样使用财政政策手段实现其宏观目标。但由于省政府通常不愿通过增加财政赤字来刺激经济，因而其财政政策可能是顺周期而非逆周期的。

各级政府制定决策的独立性程度决定了其需对辖区选民高度负责。此外，财政独立性也抑制了预算软约束问题[10]。当政府因下级政府的财政需求而向其提供转移支付时，就会产生预算软约束问题。如果转移支付规模可主要由公式决定，且影响其规模大小的因素独立于政府控制之外，那么就有助于解决软约束问题。政治责任制度和资本市场准则共同保障联邦、省、地方遵循财政准则。相应法律法规由省政府自行颁布实施，并非由联邦政府颁布或出于宪法要求。

依据宪法，联邦政府负责实施货币政策，这一责任被授予中央银行——加拿大银行。尽管财政部长与央行之间存在定期联系，央行仍拥有事实上的政策独立性。央行的首要目标是维持价格稳定，制定政策维持目标通胀率。货币政策的制定基于已给定的联邦政府和省政府的借贷选择，这些选择由各级政府独立决定。《欧盟增长与稳定公约》对欧盟成员国的财政赤字施加限制，加拿大财政赤字不受类似条约约束。由于各地区通胀率和失业率不同，全国性货币政策在一些地区的实施结果值得担忧，这无疑增加了货币政策实施的复杂程度。然而，与美国将货币政策下放到 12 家联邦储备银行的情况不同，加拿大从未出现过下放货币政策的倾向。

财政收入筹集责任的相关问题

各级政府负责筹集大部分自有收入，并对其预算规模负责。近几十年来，各省税收空间逐渐增加，省所承担的支出责任增长远超过中央对省提供的转移支付增长，因此各省财政支出中自有收入比重逐渐增长。

宪法规定联邦政府有权采取任何形式征税。联邦政府主要通过个人所得税、销售税、工薪税筹集其大部分财政收入。联邦征收累进制个人所得税，各类资产（如养老金、住房）所获资本利得是免税的。销售税采用十分复杂的增值税形式，被称做联邦商品与服务税。工薪税用于社会保险项目（养老金和失业保险）。联邦政府财政收入中的一小部分来源于特许权税、贸易税、彩票、使用费。值得注意的是，尽管遗产会导致资本利得的产生，但联邦政府不征收遗产税。几十年前，遗产税就移交至省政府，但由于存在典型的税收竞争，遗产税逐渐消失。此外，虽然资源收入会产生合计收入和销售额，但是联邦政府不对资源收入征收直接税。

同联邦政府一样，各省也征收个人所得税、销售税、工薪税。各省的所得税结构与联邦所得税结构类似，但销售税结构在各省间存在巨大差异。加拿大一些省份征收增值税，其他省份对商品征收零售税，而有一个省份则不征收销售税。工薪税有时被用于为特定的社会保险项目提供资金，有时用于增加一般税收收入。各省政府也征收公司所得税与资本税。与联邦政府一样，各省政府通过特许权税、赌博、使用费和其他来源筹集其财政收入。省政府财政收入中的重要部分来源于向自然资源征税和收费。省征收石油、天然气特许权使用费，出售许可证，对各类矿藏征收采矿税。省政府也对可再生资源如木材收费。一些情况下，尤其是当涉及水力发电时，省通过省皇家公司所获利润来筹集财政收入。

联邦和省通过税收协调安排来协调一些共享税。联邦政府分别与各省协商，通过征税安排协定来协调所得税问题。此类协定遵循共同模板，以供所有省份选择。对于个人所得税，省必须遵守联邦政府所定税基，但在选择本省税率结构方面享有较大自由，这既包括税率级别，也包括税收抵免。各省对省级税率水平享有完全的自由决定权，因此也能完全决定其财政收入规模。这导致了各省间税率、税率结构各不相同，艾伯塔省就选择实行固定税率制度。各省必须遵行共同分配原则，以个人所得税为例，收入由每个纳税年度的 12 月 31 日、纳税人所居的省份征收。加入征税协定后，加拿大税务总局征管联邦所得税、各省所得税。只有魁北克省没有加入个人所得税征税协议，而是选择实施本省个税制度。

公司所得税也存在类似的征税协定系统。加入这一系统的省份接受联邦所定税基，但有权自主制定本省税率。各省基于公司利润及薪资的省内均值，遵行共同分配原则制定其税率。参与征税协定系统的省份，由联邦政府负责征管其公司所得税，征税成本同样由联邦政府承担。艾伯塔、安大略、魁北克三省不参与征税协定系统，这三个省份所征公司所得税约占全国的 75%，这似乎限制了协定对公司所得税征管的协调能力。尽管如此，艾伯塔、安大略、魁北克三省同样遵行共同分配原则，其公司所得税税基与联邦政府所定税基类似。

所得税征税协调系统有两点值得注意：第一点，联邦政府必须保留最低比重的所得税税收空间，以维持由联邦政府首倡的征收协定。第二次世界大战后至今，联邦政府所征公司所得税比重日益下降，各省对联邦政府放松限制的要求日益强烈，一些省甚至以退出征税协定相威胁。在这些压力下，20 世纪 90 年代征税协调系统发生了重大变革：改革前，各省必须遵循联邦税率结构，仅能决定对联邦税征收的附加税税率；改革后，各省在一定限制条件下可以自行决定其税率结构。

第二点涉及税收竞争的可能性。依据经济学原理，所得税税收竞争很少发生，除了上文提及的减少所得税累进性的趋势以外。例如，税收竞争导致各省所得税税率下降的情况几乎不会发生。各省政府间的隐形合作等许多原因可以解释这一现象。也有观点认为强有力的均等化体系增进了各省财政基础的平等性。各省为吸引税基而降低税率，均等转移支付的下降基本抵消了各省由税收竞争而增加的收入，因此降低了各省采取税收竞争行为的激励[11]。尽管各省能自由制定本省税率，但除艾伯塔以外的其他各省之间相对税率不会严重偏离均值。由于石油与天然气资源，艾伯塔的征税能力高于其余诸省的均值。

在分权环境下，实施或协调增值税都存在一定难度，这解释了销售税征管协调极不完善的原因。存在两种协调安排：第一种是新不伦瑞克省、新斯科舍省（Nova Scotia）、纽芬兰与拉布拉多省（Newfoundland and Labrador）签订的联邦销售税征收协调协定。征收协调协定规定了联邦、省增值税税率——"经过协调的销售税（harmonized sales tax，HST）"，取代联邦商品与服务税和省销售税，依据三省消费总量分配税收收入。三省能够共同影响税收分享比例（经过协调的销售税率反映了省共同税率），实质上这种征税协调安排可被视为税收共享协议。

第二种销售税协调安排涉及联邦政府和魁北克省政府，对魁北克所征销售税（Quebec sales tax，QST）、联邦商品与服务税进行协调。魁北克政府代表联邦政府与自身征收销售税。这种税收协调安排的主要问题涉及跨省贸易采用增值税发票抵扣方法的处理。外省的中间产品在进入魁北克省时不必缴纳魁北克销售税，但当其在省内第一次销售发生后就开始承担纳税义务，这种方法被称为延期付款法，被用于解决跨省贸易增值税抵扣问题。当仅涉及单个省份时，这种方法能够解决问题，但当出现几个省份征收不同税率的增值税情况时，这一方法是否有效尚待分晓。但有一点能够确认，协调问题将相当复杂[12]。

其他省份不愿以增值税取代零售税。一部分原因是增值税税基中包括了服务，因此增值税并不受欢迎。这些省份也担心会因征收"经过协调的销售税"而失去对销售税政策的自由决定权，不能选择本省税率。

特别值得注意的是，对于那些由省负责征收的税种，尤其是资源税，不存在税收协调问题。实际上，基于不同的资源种类和不同的省份，资源税类型繁多。这也说明一旦缺乏联邦政府的倡导与促进，横向政策协调变得十分困难。

地方政府的两大主要收入来源是物业税和使用费，后者的重要程度日渐增加。地方政府有权设定本地税率。有时省政府为了对教育等公共服务供给筹资，也对本省征收物业税，由省或特殊教育机构制定税率，划拨一部分物业税收入用于教育事业。大都市或区域政府也可以与地区政府一起制定其物业税税率。

物业税在所有省份实现了征税协调。物业税以财产（包括土地与建筑物）的市场价值作为税基，所有省份均采用标准评估原则进行资产评估，地方政府由此得以在相同基础上，依照本地税率征收物业税。住宅物业、商业资产适用的税率一般不同。大部分省份通过均等化体系平衡地方政府财政能力，征收物业税收入是均等化的一个重要决定因素。此外,在联邦—省均等化项目中,物业税是实现均等化目标的基础之一,这同时包括省政府和地方政府所征物业税。

类似联邦与省之间,省与地方之间也存在冲突。冲突可能源于对横向均等化程度的不同意见。例如,财政能力较强城市地区与财政能力较弱地区相比,前者更厌恶为实现均等目标(如为教育筹资)而征收的相对更高的物业税税率。省与地方之间的纵向不平衡问题同样存在。正如省政府认为联邦未能提供充足的转移支付一样,在省与地方间税权、相对支出责任划分既定的情况下,地方政府同样认为省政府未能向其提供充足的转移支付。事实上,相比其他 OECD 国家,加拿大的物业税水平较高,城市认为过高税负增加了招商引资的难度。

为"第一民族"公共服务供给筹资超越了一般联邦结构。"第一民族"有 600 多个社区,大部分社区小而偏远,几乎不具备筹集财政收入的能力。联邦政府必须向他们提供省政府管辖权范围之外的公共服务。许多原住民搬离保护区,选择在城市生活。这些原住民通常生活贫困,依赖省政府所提供的收入与服务。居住在保护区内的"第一民族"成员依据过去所订立的协议(协议已成为联邦法的一部分)免于支付联邦和省所征税收。比起联邦向各省提供的转移支付,对"第一民族"的财政资助更为宽松,仅附加一些基本条件。联邦政府对"第一民族"的转移支付具有高度的自由裁量权,转移支付被用于如教育、健康、住房、社会福利等特定用途。即使"第一民族"对如何实施转移支付项目负有一定管理责任,联邦政府仍需对资金管理利用情况负责。对"第一民族"的转移支付受到当地条件影响,包括当地征税成本与征税能力。过去曾有观点认为,如果对"第一民族"实施与对省、市转移支付相类似的转移支付体系,地方原住民社区在公共服务供给方面被赋予更大的自由裁量权,那么地方问责、政府治理、公共服务质量都会得到提升。问题在于"第一民族"如何建立起自我管理、自我治理的能力,正如发展中国家实施分权政策时所面对的问题那样,这是个典型的"先有鸡还是先有蛋"问题。

财政公平、效率问题与政府间财政转移支付

加拿大幅员辽阔,文化多样,各省间地理环境、自然禀赋和经济发展程度各不相同。公共服务供给和征税责任被下放给下级政府,分权不可避免地会引起财政能力差距。分权既影响又反映了各省政府在实现国家公平目标方面的努力差异。随着加拿大各省财政自足程度的提高,管理分权成为联邦政府一项日益重要的挑战[13]。

加拿大财政差距问题有两个主要原因,其中之一与分权无关,另一个原因则与分权密不可分。第一个原因是省拥有其辖区内的自然资源,并有权对其征税。

与自然资源相关的财政差距问题主要由石油、天然气储量引起。绝大部分石油、天然气储量分布在艾伯塔省，一小部分则分布在不列颠哥伦比亚省(British Columbia)及萨斯喀彻温省(Saskatchewan)。其在地区中的联邦所属土地和东海岸也有分布，这两处的资源都应属联邦政府所有，但联邦政府将东海岸资源移交给新斯科舍省、纽芬兰与拉布拉多省。对分布在地区中联邦所属土地的石油、天然气资源，联邦政府在未来也可能将其移交给地区。

石油和天然气造成的财政差距极为巨大。比较各省人均征税能力，艾伯塔省比排名第二的省高出一半多，这是联邦政府所面临的棘手问题。依据宪法，联邦政府必须通过均等化转移支付来克服各省财政差距问题，但当问题涉及资源税收入时，由于联邦政府不对资源直接征税，因而无力解决这一问题。联邦政府对造成财政差距问题的其他类型资源税收入(包括省采矿税、木材税收入)进行均等化调整，但对来自石油、天然气的税收收入则从未采取均等化措施。水力发电费用同样加重了财政差距问题，降低了财政均等化程度。魁北克、马尼托巴(Manitoba)等拥有丰富自然资源的省份通过省皇家公司向其居民收取低价，攫取自然资源收益。

各省间人均收入差异是引起财政差距问题的第二点原因，这一现象由来已久。安大略省处于加拿大制造业核心地带，人均收入水平在全国领先，东部五个省份人均收入水平低于其他诸省。由人均收入差异引起的财政差距大小取决于财政分权程度：各省越依赖自有收入，财政差距越大。与自然资源引起的财政差距问题不同，联邦政府有权对收入或其等价物征税，因而能调节由各省人均收入差异引起的财政差异。然而，分权压缩了联邦政府征税空间，加剧了财政差异问题，因而增加了联邦政府实施均等化目标的难度。

由于各省居民对公共服务需求不同，以及公共服务供给成本不同，也会造成各省财政支出方面的差距。由于公共产品供给的需求、成本差异对财政支出的影响会相互抵消，一般认为支出差距规模要小于收入差距。由于人口地理结构、长期失业人数等原因，对公共服务需求较高的省份其公共服务供给成本通常会低于其他省。城市和乡村对公共服务需求存在巨大差异，但各省间城市化程度并不存在系统性差别。

尽管各省有权筹集财政收入，但仍存在较为显著的纵向财政缺口。纵向财政缺口在三方面发挥作用。首先，联邦政府因此能保留较大比重的所得税、销售税征税空间，增强了联邦政府征税协调能力。其次，纵向财政缺口为联邦与省之间财政安排的基石——均等性转移支付提供了资金。更为重要的是，如前所述，纵向财政缺口越大，对均等化的需求越低。最后，纵向财政缺口使联邦政府能通过条件转移支付向各省社会项目规划施加影响。不论纵向财政缺口在这些方面是否发挥作用，对是否存在财政纵向失衡的争论始终存在，即当联邦政府收入、支出相对规模确定的情况下，转移支付规模是否合适。

　　加拿大财政转移支付体系形式相对简单,主要包括两种联邦—省转移支付,约占联邦预算的1/4。其中之一是均等性转移支付系统,另一种则是社会性转移支付系统。均等性转移支付是联邦政府向财政收入能力低于国家标准的省份所提供的无条件转移支付。均等性转移支付采用代表性税收系统(representative tax system,RTS)方法,对于省各项财政收入来源(共33种),通过公式 $E=t(B-b)$ 计算该省人均均等化受益额,其中 t 表示各省对这项收入来源所征税率的全国平均值,b 表示省人均税基,B 表示五个代表性省份的人均税基,由此得到各省各项收入来源受益额。加总一省所有收入来源的受益额,得到一省总受益额量。若总受益为正,则该省将得到等量的转移支付;若总量为负,该省不会得到转移支付。因此,均等性转移支付将各省收入筹集能力提高到五个代表性省份标准,即当各省以全国平均税率征税时,其税收收入相对于五个代表性省份是可比的。

　　近年来,这种基于公式计算的代表性税收系统受到猛烈抨击。省政府认为应该使用包括全部省份的十省标准,这会使得艾伯塔省被纳入标准,因而大幅提升均等性受益额。联邦政府则担忧会失去对均等性转移支付总量及其变化的自由裁量权。由于这些争议,联邦政府在2005年固定了均等性转移支付的总受益额度及其增长速度。接着,联邦政府成立了均等化和地区筹资专家组,以研究代表性税收系统未来适用的公式,并对加拿大是否要效仿澳大利亚联邦拨款委员会成立一个实际咨询机构提出建议。专家组报告建议构建一个依据公式、以准则为基础的均等性转移支付体系,采用十省标准的代表性税收系统,并将部分自然资源纳入体系之中。在固定均等性转移支付总量的基础上,联邦政府仍将推行目前的代表性税收系统。

　　第二种转移支付方式是对省提供相同的人均转移支付,以资助省在医疗健康、社会福利、高等教育方面的支出。这类转移支付一般被分为两部分:加拿大医疗健康转移支付(Canada Health Transfer,CHT)和加拿大社会性转移支付(Canada Social Transfer,CST),后者包括社会福利和高等教育。这类等量人均转移支付系统最初是从五五分摊医疗健康、社会福利成本的体系及高等教育拨款演变而来。这类转移支付最初是为了激励省引进公共健康保险和社会项目,但如今其目的已经发生变化。

　　这类转移支付设有最低附加条件。一省不能对其福利系统强加住所项目,其医疗健康保险项目必须遵循包括可得性、可负担性、可理解性在内的一系列通用标准,才能得到全额的转移支付。部分省政府反对联邦政府对转移支付设定条件,认为条件所限定的内容属于省际竞争领域,相对于省支出需求,转移支付程度不足以满足联邦所定条件。尽管存在这样的争论,但并无制度安排能解决这一问题。虽然联邦官员与省级官员之间联系、协商或者交换意见,但最终来说,支付权能属于联邦政府所拥有法律特权,任何准自治机关仅能对其提出建议。尽管如此，通过遵守联邦政策、接受公众监督，准自治机关会提高其决策制定的透明度。

联邦政府也会出于特定目标向省提供较小规模的各类转移支付。这类转移支付通常附有较高要求，如针对国家高速公路建设的成本共担型转移支付，以及用于各省向移民提供公共服务、对职工培训和医疗改革的转移支付。与均等性或社会性转移支付相比，这类转移支付规模较小。

联邦政府也对三个地区提供加拿大医疗健康转移支付和加拿大社会性转移支付。但由于地区公共服务供给成本较高，联邦向地区提供特殊转移支付而非均等性转移支付。这种特殊转移支付是以公共服务供给的历史成本为基础、逐年增加的。专家组建议对特殊转移支付采用一种类似于均衡性转移支付所用的代表性税收系统的方法，以公式作为其基础，排除资源收入。

省—地方转移支付系统与联邦—省转移支付系统类似。许多省份以平衡税收收入为基础建立均等化系统。这意味着对作为地方主要收入来源的物业税收入做出均等化调整。类似代表性税收系统以公式作为其基础，但对不同类型的社区（大或小、城市或乡村等）适用不同公式。其他转移支付被用于减少财政纵向缺口，根据地方对教育、社会福利等领域服务供给程度，对地方提供条件性拨款。

加拿大联邦制度常被视作高度自治与分权的典范。通过有效的均等化系统、社会转移支付，各省能够在相对可比的税率基础上提供相对可比的公共服务水平。相比其他国家联邦政府，加拿大联邦政府在实施其支付权能方面具有非干预性特点，尽管这一点在魁北克存在争议。在项目制定方面，既保障实现国家目标，同时也允许省根据自身需求选择项目设计或使用新方法进行试验。对分权程度以及联邦政府支付权能在省管辖权中所起作用的争论远未平息，但这些争论被视作有益争论而非横加指责。除了石油、天然气资源丰富的艾伯塔省，加拿大很大程度上实现了财政公平。

财政结构性问题——纵向财政失衡尚待解决[14]。在过去几十年中，联邦政府大幅削减转移支付，联邦政府财政预算从赤字变为大量结余。与此同时，由于省在医疗等领域的财政支出迅速增长，一些省份处于财政困境之中。将税收空间让渡给省政府，或增加财政转移支付，都能缓解这一财政失衡问题。选择将税收空间让渡给省政府，会促进政府问责制，抑制联邦政府对省财政支出优先次序造成干扰，控制联邦政府单方面改变转移支付。通过增加转移支付促进财政公平，适当规模的纵向缺口有助于保障社会项目达到国家标准，促进税收协调系统发挥作用。

资本投融资

加拿大各级政府独立制定包括资本投资在内的预算项目决策。联邦政府负责全国性的基础设施建设(如小型机场、港口、铁路)和涉及公共服务供给的建设性支出(如国防装备、建筑、机器)。财政预算分为建设性支出与经常性支出。建设性支出没有独立的预算制定程序,一般通过财政收入或举债为资本投资提供资金,通过招标保障大宗资本购置的责任制与透明度。加拿大对国内外资本市场均不设限,通过资本市场准则及政治、金融管理手段对资本市场进行监管。

省自行制定本省资本性支出(capital expenditures),为资本性支出筹资。联邦政府既不反对也不鼓励省政府的举债行为(与美国不同,加拿大省、市债务的利息费不能用于税收扣除)。省政府对其资本融资决策负责,并且对此没有来自任何一方给予的压力。

地方政府在资本购置和资本融资方面的独立性低于省政府。通常来说,地方政府必须将借款用于经过批准的资本投资,而不能通过举债为其经常性支出筹资。地方政府几乎不存在预算软约束限制问题,资本购置的责任制对金融市场和辖区选民两方面都是有效的。

近年来,对"基础建设赤字"的担忧日益增加,对城市出现这一问题的担忧尤甚。政府寻求新机制以解决基础设施建设融资需求,其中一项创新举措是公共部门与私人部门合作,为基础设施建设提供资金来源,共同运营基础设施,这一现象在交通运输业中最为明显。联邦政府正在寻找能为省、市基础设施建设筹资的新渠道。

公共管理框架下财政"联邦制"维度

各级政府在辖区公共管理方面拥有自治权,如内阁顾问及内阁议员等政治职位须经过政治任命产生。联邦政府对准司法机关及司法机关有相当大的任免权,联邦法官由联邦政府任命,最高法院大法官由总理任命。行政审查委员会及加拿大皇家公司负责人都经由行政任命产生。

省行政机关与联邦行政机关相互独立。联邦政府聘用联邦公务员,建立联邦行政机关。联邦政府不参与省行政管理,省政府自行任命各省法官、省级加拿大皇家公司领导人、省级行政审查委员会负责人等。地方政府同样聘用地方公务员,地方行政机关与联邦、省行政机关相互独立。地方公务员的任免不受省政府干预。加拿大因此形成了相互独立的各级政府行政机关体系。公务员间的高度竞争性、公正性使得腐败问题在加拿大并不严重。

前景展望

在加拿大联邦制度演进过程中,分权过程伴随着居民对省级公共服务需求的迅速增长，这引发了财政横向与纵向失衡问题。市级政府、"第一民族"的自治社区同样存在财政失衡问题。各级政府试图定义其在联邦制度中所担任的角色，政府间关系因而变得紧张。在过去，政府这一自我探索式行为经常发生在财政安排修订及政府间艰难的磋商过程中。未来是否能对这一问题做出令人满意的调整尚未可知。

加拿大联邦制存在两种类型的基本冲突，对联邦体系造成压力。第一类冲突是宪法规定了省政府在医疗健康、教育、社会福利等重要领域所负有的完全法律责任，然而宪法同样规定联邦政府有责任向所有加拿大公民提供合意的基本公共服务，并促进机会均等。由于这类基本公共服务主要属于省政府责任，财政支付权能是联邦政府唯一可用的政策工具。

第二类冲突是省有权对归省所有的自然资源征税，而依照宪法规定，联邦政府向省提供均等性转移支付，以保证各省能"在相对可比的征税基础上，拥有充足的财政收入、提供相对可比的公共服务"。由于自然资源禀赋差别引起了各省间的财政差距，实现均等化目标看来与各省对自然资源征税收入的所有权相互冲突。

加拿大财政体系所面临的压力日益增加。首要原因是其债务状况难以为继，联邦政府大幅削减了联邦财政支出。联邦项目支出在1993～1994年度占GDP的比重为15.7%，2000～2001年度这一比重下跌到11%，在2004～2005年度回升至12.6%。向省级社会项目提供的现金性转移支付被大幅削减，并被合并到其他类型转移支付中。这一削减几乎没有经过事先磋商，各省认为这种削减将部分联邦债务转移到它们身上。相对于支出规模，联邦政府的税收收入规模过高，尤其在省级支出责任(如医疗卫生)迅速增长的情况下，加剧了财政失衡问题。

财政横向不平等问题日益严峻，同样加重了财政纵向失衡问题，这是由财政收入筹集责任下放至省政府引起的，而飞涨的石油、天然气价格使得这一问题更为紧迫，各省间财政差距极为巨大。联邦政府采取一系列临时举措以应对这一问题，包括固定均等性转移支付总量，以及成立专家组为均等性转移支付安排出谋划策。一些省对联邦政府的单方面决策感到不安，省政府必须解决日益增长的医疗卫生服务成本问题，同时采取必要措施保证教育与其他人力资源政策能够应对全球化带来的挑战，对省政府财政困境的忧虑与日俱增。

同样问题也困扰着市级政府与"第一民族"社区。在城市化进程中，城市成为经济增长的焦点，市级政府致力于解决财政不平等问题，向市民提供必要的公共服务，提升城市商业竞争力。原住民社区面临的筹资问题更为紧迫。原住民社区居民生活贫困，缺乏基本公共服务。原住民社区现在面对的挑战不仅仅是筹资问题，而且是在联邦政府实践方法中实现财政系统的转变，让社区在基本公共服务供给方面承担更多责任。

注释

1 1982 年宪法第 36 节(2)

2 1982 年宪法第 91 节

3 参见 Teresa Ter-Minassian, ed. , *Fiscal Federalism in Theory and Practice*(Washington: International Monetary Fund, 1997); and Ehtisham Ahmed and Giorgio Brosio, eds. , *Handbook of Fiscal Federalism*(Cheltenham: Edward Elgar, 2006)

4 参见 Keith Banting and Robin Boadway, "Defining the Sharing Community: The Federal Role in Health Care,"in *Money, Politics and Health Care*, ed. Harvey Lazar and France St-Hilaire, 1—77(Montreal: Institute for Research on Public Policy, 2004)

5 参见 Ronald Watts, *The Spending Power in Federal Systems: A Comparative Study* (Kingston, ON: Institute of Intergovernmental Relations, 1999)

6 参见 Robin Boadway, "The Theory and Practice of Equalization,"*CESIFO Economic Studies* 50, 1(2004): 211—54

7 Seguin Committee, *A New Division of Canada's Financial Resources*(Québec: Department of Finance, 2002)

8 Advisory Oanel on Fiscal Imbalance, *Reconciling the Irreconcilable*(Ottawa: The Council of the Federation, 2006)

9 Expert Panel on Equalization and Territorial Formula Financing, *Achieving a National Purpose*(Ottawa: Finance Canada, 2006)

10 参见 Jonathan Rodden, Gunnar S. Eskeland, and Jnnie Litvack, eds. , *Fiscal Decentralization and the Challenge of Hard Budget Constraints*(Cambridge, MA: MIT Press, 2002)

11 参见 Michael Smart, "Taxation and Deadweight Loss in a System of Intergovernmental Transfers,"*Canadian Journal of Economics* 31(1998): 189—206

12 参见 Richard M. Bird and Pierre-Pascal Gendron, " VATS in Federal Countries: International Experience and Emerging Possibilities,"*Bulletin for International Fiscal Documentation* 55 (2001): 293—309

13 参见 Robin Boadway, "Inter-Governmental Fiscal Relations: The Facilitator of Fiscal Decentralization,"*Constitutional Political Economy* 12, 2(2001): 93—121

14 Budget 2006, *Restoring Fiscal Balance: Focusing on Priorities*(Ottawa: Finance Canada, 2006)

Germany

Capital: Berlin
Population: 82.5 Million
(September 2003)

Boundaries and place names are representative only and do not imply official endorsement.

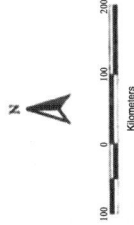

N

Kilometers
100 0 100 200

Sources: ESRI Ltd.; CIA World Factbook;
Times Atlas of the World

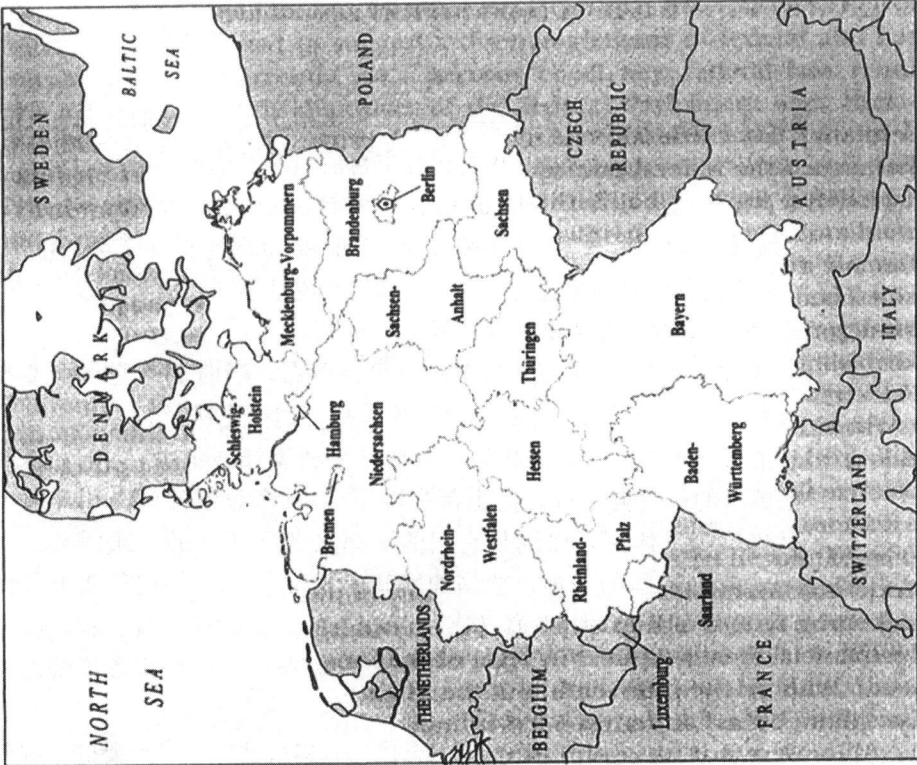

NORTH SEA

BALTIC SEA

SWEDEN

DENMARK

POLAND

CZECH REPUBLIC

AUSTRIA

ITALY

SWITZERLAND

FRANCE

BELGIUM

THE NETHERLANDS

Luxemburg

Schleswig-Holstein

Mecklenburg-Vorpommern

Hamburg

Bremen

Niedersachsen

Nordrhein-Westfalen

Brandenburg

Berlin

Sachsen-Anhalt

Sachsen

Thüringen

Hessen

Rheinland-Pfalz

Saarland

Baden-Württemberg

Bayern

德意志联邦共和国

拉尔斯·P. 菲尔德(Lars P. Feld)，
尤尔根·冯·哈根(Jürgen von Hagen)

  德国的财政"联邦制"正处于困境中。2003 年，柏林市(Berlin)向联邦宪法法院起诉联邦政府，要求财政救助，理由是柏林市目前陷入了严重的财政困境，依靠自身力量无法解脱。萨尔州(Saarland)和不来梅市(Bremen)尽管在 1994～2004 年已经获得了联邦政府的救助，但也分别于 2005 年和 2006 年提交了类似申请。几年来宪法中关于公共借款的规定对于许多州政府来说已形同虚设，所以以后会有更多的州寻求救助，这只是时间早晚问题。

  1949 年，德国的宪法(又称为《基本法》)得以颁布，当时的制定者们并没有认识到财政宪法可能带来的潜在的负向财政激励。魏玛宪法使各个州失去了它们的税收自主权，第二次世界大战后，包括巴伐利亚(Bayern)在内的一些州曾经尝试争取更高的税收自主权，但也都失败了[1]。大多数州都倾向于建立一个综合性的财政均等化体制，以满足它们的法律义务和相应的支出需要。在 1949 年，如果没有同盟国的干涉，德国的财政宪法赋予各个州在税法上的话语权还会更少。然而，同盟国也没能为各个州争取到更多的税收自主权。在大多数重要的(共享)税种上，各个州都享有管理权限，所以德国联邦参议院在税制管理上也具有话语权。

  德国财政"联邦制"的发展方向是更高的合作性和集权性，一个重要的里程碑就是 1969 年的《伟大金融改革法案》。该法案出台不久，就有一些批评的声音出现，认为这次改革步子迈得太大了[2]。在 1986 年和 1992 年宪法法院两次做出关于财政均等化体系的判决时出现了越来越多的批评性讨论。德国的统一并不是造成这一现象的主要原因，如 1992 年的决议部分是由萨尔州和不来梅提交的紧急救助引起的。所以说，德国财政"联邦制"所遇到的麻烦在统一前就已经形成。德国的统一只是给它造成了一些额外的问题，1999 年德国宪法法院颁布的关于财政均等化体系的决议就可以说明这一点。

一系列的续发事件使德国联邦和州政府的政治决策者们在 2001 年开始着手对德国联邦制度进行改革，并在 2003 年开始创建德国联邦秩序现代化委员会。然而经过一年的商议，委员会始终未能就如何改革德国联邦制度达成一致[3]。人们希望委员会能够想出办法明确划分联邦和州的支出责任。目前，联邦政府 50.1% 的新立法都需要得到联邦议会和代表各州利益的参议院的批准[4]。同样，各州在行使各自职责的时候也在很大程度上受到联邦政府的制约。因此，联邦政府和州政府在实现各自政策目标的时候都不具备足够的自治权。在德国的立宪优先权方面，支出责任的分配要高于财政立宪，所以明确区分联邦和州的支出责任对德国财政"联邦制"来说尤为重要。

2005 年秋天，由基民盟和社民党联合执政的大联盟政府经选举产生。2005 年 11 月，大联盟政府决定重新开启改革进程，对 2004 年联邦和州政府之间几乎达成的妥协进行重新审议。2006 年夏天，联邦议会和联邦众议院接受了《联邦制改革法案》[5]。法案大量削减了需要联邦众议院参与表决的联邦政府法律数量[6]，并赋予了地方政府在管理机构和管理程序的设定上偏离联邦法律的权力。此外，法案还对联邦政府和州政府的立法责任做了很大的改动。法案对财政"联邦制"的改革并不是那么雄心勃勃，但不管怎么说，人们通过这个法案看到了下一步对德国财政"联邦制"进行更多改革的前景。

通观最近的几次改革，问题出现了：德国的财政"联邦制"到底出了什么问题？为了更好地回答这个问题，我们需要了解德国联邦的主要特性以及它们的优缺点。在介绍这个国家的概况后，我们在宏观经济管理大背景下描述一下德国财权的分配。接着，我们会讨论财政收入方式和政府间财政转移支付制度。最后我们会对德国财政体制未来的发展方向提出一些看法。

国家概况

德意志联邦共和国是一个议会制民主国家，2005 年统计人口为 8 240 万，国土面积为 357 050 平方千米[7]，官方语言是德语（表 1）。2005 年，国内 730 万人口为外国人，约占总人口的 8.8%。其中土耳其移民占绝大多数，大约为 180 万人，而来自欧盟 15 国的人口一共有 170 万人[8]。虽然德国现在有许多居民无宗教派别，但是基督教徒仍然占德国人口的大多数。罗马天主教有 2 600 万人口，新教有 2 560 万人口，二者几乎各占德国人口的 1/3，但他们大部分都没有严格奉行教规。接着是东正教，有 120 万人口，此外还有 30 万的自由教会成员。德国大约有 320 万的穆斯林教徒和 10 万犹太人。

表 1   德国基本政治和地理概况

官方名称：德意志联邦共和国
人口(2005 年 12 月 31 日)：82 438 000 人
面积(平方千米)：357 050
人均 GPD(美元，2005 年)：35 075.34
宪法：1949 年
政府性质：议会民主制
地方政府宪法地位：强
官方语言：德语
立宪单元的数量和类型：三级政府——联邦、州、地方
最大立宪单元的人口、面积和以美元计算的人均 GDP：北莱茵-威斯特法伦州(Nordrhein-Westfalen)(2005 年)——人口：18 058 105 人，面积：3 408 352 平方千米，人均 GDP：33 558.40 美元
最小立宪单位的人口、面积和以美元计算的人均 GDP：不来梅州 (2005 年)——人口：663 000 人，面积：404.28 平方千米，人均 GDP：46 161 美元

资料来源：德国联邦统计局、各州统计局

1949 年的《基本法》从法律上确定了德国的两级政府体系——联邦和州。《基本法》保障了州的存在，并赋予了它们牢固的宪法地位[9]。《基本法》允许各州领土边界的改变，所以一些宪法专家认为这表现了德国联邦制的虚假性[10]。《基本法》中将州之间的合并表述成"联邦领土的重新分配"。由于州的合并是唯一在宪法中明确规定需要在各个州进行强制性全民公决的领域，所以不得不承认，《基本法》十分重视各州公民的权利和州政府的主权。如果一个州的大多数居民都不同意合并，那么合并就不能进行下去[11]。

地方政府不享有同州政府一样的宪法地位，没有自己的特权。它们的法律权利和职责是由州宪法确定的。然而，《基本法》规定各州应当给予地方立法部门自主管理地方事务的权利，包括财政自治的权利，这就赋予了地方立法部门很高的立宪权[12]。因此，《基本法》确立了德国是一个赋予州和地方高度立法权的联邦制国家。德国州和地方立法部门的重要角色也可以通过德国高度的行政分权来体现。在德国，地方和地区选举的众议员以及地方和地区的行政部门享有高度的自治权。但是，由于联邦法律较州法律有宪法上的优先权，而州法律又优先于地方法规，所以联邦以下政府的自治权在一定程度上受到了限制和约束[13]。这种约束对于财政"联邦制"是十分重要的。

1952 年，巴登州、符腾堡-巴登州、符腾堡-霍亨伦索州三个州合并成了巴登-符腾堡州(Baden-Württemberg)，1956 年，萨尔州也加入了进来，至此，德国共有十个州，还有一个西柏林市。1991 年，原德意志民主共和国的五个州也加入到了德意志联邦共和国，使德意志联邦共和国的州数增加到了 15 个，随后东柏林与西柏林合并成为第 16 个州。最大的州是北莱茵-威斯特法伦州，拥有人口数为 18 058 105，面积为 34 083 平方千米，2005 年人均 GDP 为 33 558 美元，略低于德国 35 075 美元的人均 GDP。最小的州是不来梅州，2005 年人口数为 663 000，面积为 404 平方千米，人均 GDP 为 46 161 美元[14]。接下来的两次变动使德国行政区域的数量明显下降。一次是 20 世纪 70 年代早期的合并大潮，使德国的社区数量减少了 63%；第二次是德国的统一，使东德社区的数量减少了 38%。所以，现如今德国的人口要多于法国，但是社区数量却比法国少。

值得注意的是，德国的联邦制从历史沿革上讲与其他一些更古老的联邦制国家（如瑞士和美国）相比差距很大[15]。之所以会这样，部分是因为德国许多州是第二次世界大战后新建立的，比较典型的是巴伐利亚州、萨克森州（Sachsen），以及汉堡州（Hamburg）和不来梅州。斯蒂芬·厄特（Stefan Oeter）指出，德国联邦制具有特殊性的另外一个原因在于德国是在 19 世纪普鲁士王国的统治下创立的[16]。从那以后，德意志联邦制被用来作为确保君王和长官们统治影响力的机器。德国议会的众议院就是一个很好的例子，它的特点像极了德意志第二帝国（1871~1918 年）时期的联邦参议院。那时的老联邦参议院集合了各州由君主指定的长官代表，而根据现行《基本法》，现在的联邦参议院都是由各州选举产生的州长或者其代表组成的[17]。而且，从 1871 年开始，德国联邦制的基本原则就不再是执行实际任务，而是进行职能的划分。俾斯麦时期的治理理念是将许多的政治领域进行中央集中管理，但是具体执行权下放到各州。直到今天，德国的立法权和执法权仍然是分开的。《基本法》主张的基本原则之一就是各州应当将执行联邦法律看做自身不可推脱的责任[18]。

德国的政体是议会民主制，联邦和州都有一定比例的议会代表，只有市长的直接选举与此政体相背离。一方面，对议会民主制的高度重视意味着直接民主的元素实际上在德国的政治决策中是不存在的，只有各州的合并是个例外。在州和地方层面，直接民主决策的扩张趋势已经开始显现，但是仍然比较弱，不足以在州和地方的政治决策中发挥重要的影响力[19]。另一方面，也是更重要的一方面，议会体系赋予了各个政党更大的政治影响力。如果议员们想要继续他们的政治生涯，就必须依赖各自的党群帮助他们处于政党名单中的安全地位。要想在议会中赢得一个席位，政党名单比选民的支持要重要得多。因此，德国几大政党可以对议会的议员起到约束作用。反过来，德国的政治党群也是德国联邦制的真实写照。政党从各个州的党组织中招募政治精英，如果精英在他所在州的选举中取得了胜利，那么他就很有可能在联邦政府赢得一个席位[20]。而且，政党名单是在州选举中产生的，而不是通过联邦选举。但是政治精英的招募却不单单只是通过州选举。地方的天才政治家也可以直接上升到联邦政府层面。此外，这一体制不仅适用于立法部门，行政部门也是如此。成绩显著的行政长官会成为联邦政府官员的推荐人选。第二次世界大战后，德国政治体制在此原则的指导下已经形成了稳定的(大)联盟政府体系。但这也表明,德国的各大政党及其在议会和政府中的代表都更倾向于相互合作的联邦制体系,而不是相互竞争。

值得注意的是,在德国的法律体系中,德国宪法法院的司法审查对议会的议员以及政府具有强力约束作用,这是德国分权制度中最强有力的元素。所以,德国的宪法和行政法对德国的法律体系影响深远。但是,德国的议会和政府(行政部门)之间的分权不是很明显。控制德国众议院的党派通常情况下与控制参议院的党派互为反对党,因此在司法制度之外已经存在足够的制衡和监督因素。司法制度通常是用来保护弱势群体的,但同时,德国的宪法法院也捍卫了德国联邦制主要宪法原则,并将其发扬光大,由此才形成了德国当今的财政"联邦制"。

财权的分配

德国各级政府间的财权是根据宪法规定的权限来分配的。在德国,宪法的地位高于财政宪法,后者是联邦制基本规则的补充。根据《基本法》,只要《基本法》没有将一项法律的立法权限赋予联邦政府,那么这个立法权就属于州政府[21]。《基本法》中将联邦政府的立法权明确地以联邦专属立法权限加以规定[22]。《基本法》还隐含地规定了,在共同立法的情况下,如果联邦政府未使用其立法权,那么该立法权就属于州政府[23]。更直观的表述就是,只要是在两级政府共同立法的领域,联邦政府都能获得立法权,但是一般只有在维护公平的生活条件的要求下才能使用[24]。德国的《联邦改革法案》将一些要求从《基本法》中删除,以保证共同立法的顺利进行[25]。这样州政府在一些领域将有权利与联邦法律有所偏离(如环境保护法、高等教育准入、大学学位授予等)。

《基本法》中列举了联邦政府的专属职责[26],主要包括外交和国防、联邦国籍、迁徙自由、移民、德国统一市场的确立、空中交通、铁路、邮政通信、联邦政府和州政府之间的合作。《基本法》规定了共同立法制度,确保联邦政府能够拥有更广泛的职责范围,这些职责大到不同地区的法律统一,小到垃圾清理,涵盖了社会福利、医疗保险、学术研究、部分环境政策、公务员工资和退休金等一系列重要的财政领域[27]。此外,《基本法》还赋予了联邦政府制定"框架"法律的权利,即联邦政府确定某一领域的法律总方针,州政府必须依据总方针制定相应的细则[28]。比较典型的例子就是公务员的雇佣以及大学教育相关法律的制定。《联邦改革法案》已经决定废除"框架"法律,使联邦政府和州政府之间的职责划分更加明确。这在财政领域产生的最重要的影响就是,州政府在公务员雇佣方面将有专属的职责,特别是关于公务员工资和退休金。

总之,联邦政府在宪法中的重要地位、对平等生活条件的看重,以及历史上对分权方案的怀疑,都导致了今天德国的(财政)联邦合作模式。由于联邦政府具有共同立法权，并不断拓宽自身的职权范围，所以州政府的职责范围受到了很大的限制。同时，由于共同立法权和框架立法制度的存在，联邦政府还影响着州政府的政策制定，当然，框架立法制度不久将被《联邦改革法案》废除。

此外，在一些领域，联邦和州负有共同的财政职责。这些领域主要分为四大块。一是根据《基本法》的规定，属于联邦政府和州政府的共同职责，即高校基础设施建设（包括大学医院、研究促进和教育规划）、地区经济建设（联邦政府和州政府各承担50％的财政支出）、农业建设（联邦政府承担60％的支出）、海岸线防护（联邦政府承担70％的支出）[29]。《联邦改革法案》废除了关于高校基础设施建设共同职责的规定，并将教育规划的共同职责替代为报告机制，其目的是在国际化大背景下考察教育体系的发展状况。

二是规范货币服务的法律领域，如社会福利支出和住房补贴[30]。这些法律可能成为联邦政府的财政责任（如住房补贴），但也可能不是（如社会福利事业）。在这两个领域，联邦政府极大地影响或者直接决定着州及地方政府的财政支出。

三是当涉及较大金额的投资、宏观经济稳定性受到影响，或者地区间的经济发展不均衡需要得到校正时，联邦政府可以通过财政救援的形式给州政府或者地方政府提供补贴[31]。《联邦改革法案》规定，在这一领域，联邦的法律必须在众议院得到州政府的许可，法案还废除了对住房建设和地方交通的财政援助，其被限定在某一个时间段后必须终止，而且在此时间段内金额递减。最后，联邦政府被禁止向州政府转移事责。

四是如果一项事权属于联邦，但联邦政府没有支付管理费用，那么州政府就可以插手[32]，如相关部委和政府部门只支付了建设高速公路的建设费而没有支付管理费的情况。

最后，值得注意的是，公共部门的工资议定权是属于联邦的，州政府在改变本级政府公务员工资和退休金方面只有十分有限的权限。

保障联邦政府充分影响力的机制已经形成，但代价就是州政府在国家政策制定方面具有较大的发言权。现在越来越多的联邦立法需要得到众议院的批准。如果州政府的利益（或者地方政府的利益）受到了影响，特别是联邦的立法触碰到了州政府的管理权限，那么这项法律就必须得到众议院的批准[33]。因此，在共同立法的领域，州政府可以形成对联邦政府的极大制衡。这种机制导致德国国内政治关系像"意大利面碗"一样错综复杂[34]。没有州政府的批准，联邦政府无法做出过多决定；反过来，州政府对自身的政治决策也只有很有限的决定权。诚然，相比州政府，联邦政府更有权限在一些规章制定领域贯彻自己的政策，尤其是涉及财政支出的项目。州政府的自主权只局限于很小的范围，如教育、文化、法律秩序、地区规划，而且这些都已经在联邦政府层面有了框架规定[35]。地方政府主要是对市政服务进行管理，如排污设备、体育娱乐、学校建设、住宅、地方道路建设等[36]。值得注意的是，在大多数领域，政府的职能都存在纵向一体化的现象。例如，在医疗事业领域，每一级政府都有一定的职责。即便州政府在某一领域具有自治权，它们仍然愿意与联邦政府进行配合。尤其是在教育政策方面，各州州长会定期会面来确定一些共同的标准。在没有共同标准的情况下，州政府就会直接执行联邦政府制定的政策。因此可以说，德国的联邦制已经成为了一个典型的行政联邦制。《联邦改革法案》虽然会或多或少地改变这一现状，但更多涉及管理领域，而不是财政领域。

各级政府之间的立法权不只是在财政支出方面受到了很大的约束，在财政收入方面更是如此。从下面的例子就可以看出，没有对方的许可，不管是联邦政府还是州政府都无法对各自的税收收入做出大的调整。根据《基本法》的相关规定，联邦政府在关税、间接税（只要不属于联邦政府和州政府的共同立法范围，或者不属于地方专属立法权范围）、资本交易税、保险税和所得税附加等方面拥有专属立法权[37]。20世纪70年代以后，欧盟成员国的关税都由欧盟统一制定，联邦政府能独立决定的最重要的税收来源变成了矿产石油税、烟草税、保险税以及所得税附加。州政府的自治权更加有限。尽管《基本法》赋予州政府的税收自治权包括了财富税（1996年后停止征收）、遗产与赠与税、机动车税、不属于联邦管辖或者不属于共同立法范围的交易税、啤酒税、彩票税，但关于税基和税率的立法却是由联邦议会依据共同立法权制定的[38]。《联邦改革法案》只将不动产购买税的税率决定权赋予州政府。在整个税收收入中占比较大的重要税种都是共享税，包括个人所得税、企业所得税、增值税，这些税种的税收收入在联邦政府和州政府之间进行分配，有时可能还会有一小部分分配给地方政府。因此，州政府的自有来源税收收入无法满足其职责和支出需要，州政府的税收能力很弱，而且税基和税率在各个州之间都是统一的。税收协调唯一值得一提的例外是地方营业税，各县市可以自主决定税率。此外，地方政府自主决定当地的财产（不动产）税，这些税种虽然在美国或者加拿大十分重要，但是在德国则微不足道。

德国有一套复杂且庞大的财政均衡体系，对联邦政府和州政府之间的财政关系起到了很好的补充作用。首先，共享税会在联邦政府和州政府之间按照一个明确的公式进行分配。接着，州与州之间也会通过一个明确的公式进行横向转移支付，以此来给各个州提供无条件的拨款。横向转移支付十分公平，可以把全国平均水平以下的各州财力提升到全国平均水平的90%左右。然后，联邦政府会通过纵向转移支付将其财力继续提升到全国平均水平的97.5%。纵向转移支付通常是有条件的。事实上，德国没有对联邦政府发行国债的明确约束。德国自身要受到《欧盟稳定与增长公约》的约束，而且《基本法》的黄金规则规定联邦政府发债数量不得高于投资支出。州政府也适用类似的规定，但联邦政府并没有强制执行，此外还有一些放宽限制的规定。值得注意的是，如果联邦政府宣布宏观经济均衡受到了破坏，那么债务上限就可以超过投资支出[39]。

　　尽管地方政府有很高的宪法地位，但是它们是州政府的附属机构。州政府的监督权限体现在许多方面，如尽管地方政府有许多发债可能性，但是州政府限制地方债务不得超过现金流。此外，各个州根据自身实际情况，在不同程度上规范着地方的公共服务供给。例如，相比巴伐利亚州而言，北莱茵-威斯特法伦州州政府对地方政府的约束相对较小。尽管地方政府有权自主决定地方营业税的税率，但是地方政府自主收入来源仍不足以与地方政府职责相匹配。因此存在一个与全国类似的横向和纵向的财政均衡制度，为地方政府提供额外的财政收入。

　　表2总结了三级政府的立法权限和实际承担的公共服务项目。表中加入了"欧盟"是为了说明有些职权已经被欧盟掌管。由于德国存在立法权和行政权的区分，所以我们在表2中可以清楚地看出德国联邦制的分权现象（如三级政府在医疗政策方面都有相应的行政职责，但主要的立法权属于联邦）。其他一些职能，如道路建设，其立法权在三级政府间进行分配，国道由联邦政府负责，但是具体行政权属于州政府，州一级道路由州政府负责，地方道路由地方负责。同时，财政补贴使这个领域变得更加复杂，并会导致决策权的变动。

表2　各级政府立法权限以及实际承担的服务

实际立法权	公共服务	行政职权
联邦/州/地方		联邦/州/地方
欧盟	货币政策	欧盟
欧盟	海关	欧盟
联邦	国防	联邦
联邦	外交事务	联邦
联邦	联邦国籍	联邦
联邦	海关	联邦
联邦	铁路和空中交通	联邦
联邦	邮政通信	联邦
联邦	社会保障	联邦/州
联邦	医疗事业，包括医疗保险和地方医疗设施	联邦/州/地方
联邦	社会救助（补充福利）	联邦/州/地方
联邦	垃圾清理	地方
联邦	区域经济政策	州
联邦、州共同任务	海岸线防卫	州
联邦、州共同任务	农业政策	州
联邦、州共同任务	公共资助的研究	联邦/州
联邦/州	环境保护	州
联邦/州	供水	地方
联邦/州	污水处理	地方

续表

实际立法权	公共服务	行政职权
州	法律秩序	州
州	文化	州
州	中小学教育	州
州	高校	州
地方	地方公路	地方
地方	体育娱乐	地方
地方	学校建设	地方
地方	公共住房	地方

资料来源：作者根据法律文件收集整理

表3阐述的是德国三级政府间财政支出责任的分配（根据管理任务量计算）。只有一部分职能是由某一级政府单独承担（如国防事业完全属于联邦政府职责），而地方公共服务Ⅰ和中小学学校事业则完全不包含联邦职责。在科学研究、社会保障以及公有企业方面，联邦职责占主要地位，但并不唯一。同理，在中小学、法律秩序、高校等领域，州政府职责处于主要但不唯一的地位。此外，还有中间情形，如在其他教育，医疗、环境、体育、娱乐，住房、城镇建设、地区规划以及财政补贴领域，最大的支出责任在于州政府，但是在很大程度上，联邦政府或者地方政府也都在这些领域行使着自己的职责。值得注意的是，在地方公共服务Ⅰ类（如污水处理、垃圾收集、路灯、道路清洁），地方政府承担的管理支出比例最大。总之，德国联邦政府承担国内政府财政支出的比例约为1/2，州政府承担的比例略大于1/3，地方政府承担的比例仅有17%。地方公共服务Ⅱ类表明联邦政府和州政府在地方事务中所负担财力的程度。但这些数据仍然不能完全反映出联邦政府对州和地方政策的影响力程度，11%的比例显然是低估了其实际影响力。同样，地方政府受到联邦政府和州政府的约束力度也远远大于表3中数据。

表3   根据职能划分的各级政府直接财政支出   单位：%

职能	联邦	州	地方	总计
国防	100	0	0	100
债务偿还	77	19	4	100
行政管理	19	29	52	100
法律秩序	11	60	29	100
中小学	0	80	20	100
高校	10	90	0	100

职能	联邦	州	地方	总计
其他教育	20	56	24	100
科学研究	72	26	2	100
社会保障	65	13	22	100
医疗、环境、体育、娱乐	7	40	53	100
住房、城镇建设、地区规划	16	47	37	100
地方公共服务Ⅰ1)	0	4	96	100
财政补贴	39	51	10	100
交通和通信	44	26	30	100
公有企业	63	13	23	100
总计	47	37	17	100
地方公共服务Ⅱ2)	11	53	36	100

1)根据联邦统计局的定义，包括污水处理、垃圾收集、路灯、道路清洁

2)根据联邦论坛的定义，大致包括法律秩序、中小学、其他教育、医疗环境、体育娱乐、住房、城镇发展、区域规划和地方公共服务Ⅰ

资料来源：联邦统计局. 年鉴14/3.1卷，财政和税收，2002

　　总而言之，德国财权的分配关系决定了德国是一个特殊的单一联邦制国家。联邦政府可以行使自己的职责，州政府的政策制定会得到联邦政府的补充，这个体系与人们通常理解的附属原则不同。事实上，德国的联邦制是指不同政府层级之间的紧密合作，以及由此产生的政策之间的高度关联，是高度的行政联邦制。当今联邦制架构和历史上俾斯麦时期联邦制形式的一致性值得人们深思[40]。

财政 "联邦制" 和宏观经济管理

　　根据1967年的联邦稳定与经济增长法，联邦政府和州政府在制定经济和财政政策手段时应充分考虑宏观经济均衡的要求，从而实现价格稳定、高就业率、外贸平衡、充分经济增长的目标。州政府对宏观经济也负有责任。由于货币政策由欧洲中央银行制定，所以联邦政府和州政府的角色仅限于其他经济政策手段，尤其是财政政策。在财政政策方面，《欧盟稳定与增长公约》试图对欧盟成员国的债务量进行限制。总的来说，通常情况下，欧盟成员国的年预算赤字率不得超过当年GDP的3％，除非发生了不可控的意外事件或者经济发生了严重的下滑（即真实GPD增长率下降了至少2百分点）。成员国的公共债务规模不得超过GDP的60％。

　　到目前为止，关于赤字和债务的规定还没有作为具有约束力的协议在联邦和

州政府之间进行区分，州和州之间也同样如此。然而，根据公共预算准则相关法律[41]，联邦和州政府必须要完成《欧盟稳定与增长公约》中规定的义务。财政事务计划理事会已经批准将公共债务的55%划归州政府和自治市使用，剩下的45%归联邦政府使用[42]。由于此协议的执行权不归联邦政府，联邦政府必须要说服州政府在实际操作中遵照公约的规定，所以《欧盟稳定与增长公约》可能会对联邦政府产生极强的约束力（还有很高的政治成本）[43]。《联邦改革法案》将对此做出修改，《欧盟稳定与增长公约》所给予的额度将按照联邦政府承担65%、州政府承担35%的比例进行分配。在州之间的分配要根据赤字分布（65%）和人口（35%）两个因素进行考量。

由于州政府在财政收入方面缺少自治权，在财政支出方面也存在较大的约束，这些因素都使州政府提供公共服务的水平非常低，所以州政府不得不依赖转移支付（作为财政均衡制度的一部分），并利用发债来为其财政支出提供支持。事实上，联邦政府也采用了类似的策略，尽管它不能指望来自州政府的转移支付。2005年，德国公共债务占GDP的比重为67.9%。1990年以来，德国全国政府公共债务水平增加了两倍[44]。联邦政府债务占61%，州政府占31%。2005年，德国公共总开支的利息支付总额中，联邦政府占14.5%，州政府和地方政府占8.5%[45]。

在某些州，高水平的债务负担使其不得不向联邦政府要求紧急救助。1992年，联邦宪法法院认识到了萨尔州和不来梅市存在的巨大财政压力。法院裁决要求联邦政府和其他州政府对其提供财政紧急救助。所以1994~2004年，联邦政府以纵向有条件拨款的形式向这两个州提供紧急救助，以帮助它们减少公共债务[46]。随着时间的推移，大部分州政府（除了巴伐利亚、巴登-符腾堡州和萨克森州）的债务都急剧增加，柏林市就是其中之一，它在2003年向联邦政府申请了紧急救助。宪法法院还来不及处理现存的紧急救助案例，就可能有更多的州来寻求紧急救助。联邦政府的紧急救助可以保住州政府在德国金融市场上的较高声誉。尽管与联邦德国的评级相比，标准普尔或者穆迪给这些州的评级会稍低，但总要比它们得不到紧急救助时的评级来得高。惠誉机构则对德国所有州都给予了AAA评级[47]。

一些学者通过论证表明，紧急救助会给这些州带来预算软约束[48]。由于预算软约束，这些州所付出额外开支的边际效益超出边际成本，由此可以将部分成本外部化，转移至其他州的纳税人身上[49]。因此，该州的居民可以从该州财政支出中获得区域集中收益，但需支付他们在联邦税收中应缴纳的份额。这一事实鼓励了超支和赤字[50]，而且，一旦得到了紧急救助，州政府就会预期能够再次得到紧急救助[51]。因此，州政府就会根据这种预期来调整自己的开支和债务，导致未来对紧急救助的依赖性越来越强。1992年的宪法法院裁决就已经显现出了这种预期。所以，当柏林看到萨尔州和不来梅州得到了紧急救助后，也向联邦政府申请了紧急救助，这就不足为奇了。在未来的几年内，会有越来越多的州在遇到财政困难时寻求紧急救助，尤其是在老龄化社会的到来影响养老金债务时（大多数州政府都没有建立充足的养老保险基金）。

收入筹集职责

正如前文所述，州政府会超额发债的首要原因就是缺少财政收入预算自主权。德国的财权分配机制要求州政府提供一定标准的公共服务，并为它们留出了实现自主政策的空间。但是，州政府不能自主确定税率和税基，它们最重要的收入来源是个人所得税、企业所得税和增值税，这些税种都是共享税，州政府只能通过众议院来对其施加影响[52]。其他一些税种虽然是州政府的独享税（如遗产与赠与税、机动车税），但是税基和税率的立法权却在联邦政府手中，同样，州政府只能通过众议院来施加影响，所以德国的税收制度是非常协调的。唯一的例外就是地方政府可以自主决定地方营业税和不动产税的税率，因此只有在这两个税种上可能会发生多级政府之间的税收竞争。表 4 反映了德国的税收立法状况，不同税种收入在各级政府间的分配比例是以实际收到的收入为基础计算得来的。

表 4　政府间税收配置的相关规定

	决定权		税收征管	税收配置/%			
	税基	税率		联邦	州	地方	总计
联邦							
矿产石油税	联邦	联邦	联邦	100	0	0	100
烟草税	联邦	联邦	联邦	100	0	0	100
烈酒税	联邦	联邦	联邦	100	0	0	100
汽酒税	联邦	联邦	联邦	100	0	0	100
中间产品税	联邦	联邦	联邦	100	0	0	100
咖啡税	联邦	联邦	联邦	100	0	0	100
保险税	联邦	联邦	州	100	0	0	100
电力税	联邦	联邦	州	100	0	0	100
团结附加税	联邦	联邦	州	100	0	0	100
州或者省							
财产（财富）税	联邦、州共同	联邦、州共同	州	0	100	0	100
遗产税	联邦、州共同	联邦、州共同	州	0	100	0	100
不动产购买税	联邦、州共同	联邦、州共同	州	0	100	0	100

续表

	决定权		税收征管	税收配置/%			
	税基	税率		联邦	州	地方	总计
机动车税	联邦、州共同	联邦、州共同	州	0	100	0	100
博彩税	联邦、州共同	联邦、州共同	州	0	100	0	100
防火税	联邦、州共同	联邦、州共同	州	0	100	0	100
啤酒税	联邦、州共同	联邦、州共同	州	0	100	0	100
地方							
营业税	联邦、州共同	地方	州/地方	4.4	15.4	80.2	100
不动产税	联邦、州共同	地方	州/地方	0	0	100	100
共享税							
个人所得税	联邦、州共同	联邦、州共同	州	42.5	42.5	15	100
退税利息	联邦、州共同	联邦、州共同	州	44	44	12	100
企业所得税	联邦、州共同	联邦、州共同	州	50	50	0	100
增值税	联邦、州共同	联邦、州共同	州	49.5	48.4	2.10	100

资料来源：根据法律文件整理

　　到目前为止，联邦政府税收收入的绝大部分（66%）来自共享税。在联邦独享税中，只有矿产石油税和烟草税收入还算可观，保险税已经微不足道。联邦政府对其他层级政府的上缴费用或者拨款依赖性很弱，其收入来源主要依赖于州政府。州政府总税收收入的85.4%、总财政收入的64.2%来自共享税。由于州政府不能决定其独享税的税率和税基，并且无法从收费中获取足够的收入，因此州政府只能依赖拨款和借债。地方政府则大不相同。地方营业税收入占到了地方税收收入的77.9%和地方总收入的29.3%，不动产税占到了总税收的17.4%和地方总收入的6.5%。地方政府有效行使了其税收自治权。地方营业税的税率附加费在200（法定最低税率附加费）到490（慕尼黑和法兰克福）之间不等，这表明其税率水平为10%～25%，其中包括5%的统一税[53]。

　　在德国，只有在地方营业税上会发生税收竞争。有证据表明，地方政府在税收征管上存在模仿行为，一个地区降低税率会引发其他地区税率降低[54]。这一证据可能显示了相互竞争的地区存在策略性的制定税率行为。布特纳的实证报告结论表明，德国地方政府之间的税收竞争导致了税基效应以及财政外部性。然而，巴雷特等的文章表明，1980～1990年，地方营业税的税率一直在增长，这一结果与一般的税收竞争观点相反，表明地方营业税的税率在竞争中会不断攀升[55]。

政府间财政转移支付

德国的财政均衡制度包括四步[56]。第一步，将表 4 中列出的各个税种都按照一定的规则分配给州政府，增值税暂不分配。需要注意的是个人所得税和企业所得税的收入是按照居住地原则进行分配，增值税则是按照人数来分配。

第二步，将增值税收入的 25％用来拨付给财力较弱的州。

第三步是州与州之间的横向财政均衡，即财政能力低于财政均衡指数的州会从财政能力高于财政均衡指数的州那里得到一笔资金。财政能力指数＝税收总收入－该州上一年超额税收收入×12％＋该州地方税收收入×64％。其中超额税收收入是指该州上一年的税收收入与所有州平均税收收入相比多出的部分。财政均衡指数＝（全国所有州税收能力之和÷所有州测定居民数总和）×该州测定居民数。这一步使低于全国平均水平的州的财政能力提升到全国平均水平的 90％。税收收入的再分配过程会通过补贴将受援州的边际收益从 44％增加到 75％，同时降低赠与州的收入。也就是说，假如赠与州从新落户的工业部门那里额外获得了 1 欧元税收收入，那么要拿出 75 欧分给受援州。这种线性累进计算方法极大削弱了各个州吸引纳税人落户的热情[57]。尽管累进率在最近的改革中已经被降低（2005 年生效），但是负面激励效应还是存在。在实证中这种负面激励效应的程度有多高，理论界还没有达成共识。比如说，目前找不到充分的论据来论证赠与州和受援州的效率问题。

财政均衡制度的第四步是纵向转移支付制度。并不是所有州都能得到联邦政府的拨款。一般转移支付提供给所有的财力较弱州，以提升它们的财政能力；指定用途转移支付拨给东部较年轻的一些州，以帮助它们减轻由于德国统一前两德分裂以及结构性失业所造成的巨额债务；还会拨给 10 个财力最弱、规模最小的州，以帮助它们支付比其他州都要高的政治管理成本（"最小州成本"）[58]。与横向转移支付不同的是，纵向转移支付并不是完全无条件的转移支付。例如，拨付给年轻州用来减轻德国统一前巨额债务的转移支付只能用在基础设施建设和增加地方财政能力上。这一步转移支付可以将各个州的均衡水平提升到全国平均水平的97.5％，使德国的财政均衡制度更加公平。

总体来说，联邦对州转移支付的重要性并不是很显著。纵向转移支付只占各州开支的 13.3％，而且多是以资本转移的方式[59]。表 5 的数据表明，纵向财政转移支付制度缩小了各地区之间的财政差距，同时它也通过加重联邦政府负担的方式减少了社会保障成本。单看纵向转移支付不足以察觉财政均衡制度所带来了负面效应。之所以有经济学家批判财政均衡制度，原因之一就在于累进再分配机制给横向均衡制度带来了负面激励效应。财政均衡制度的边际贡献率为 60％～

100％，但是2004年之后开始有所减小[60]。此外，最重要的负面激励效应在于财政均衡制度导致了州政府更高的债务率和财政支出额度。换言之，财政均衡制度鼓励了财政轻率行为[61]。

表5　纵向财政差距　　　　　　　　　　　单位：百万美元

	财政总收入（2002年）	各级政府可支配税收收入，包括本级政府的净转移支付（2002年）	财政支出（2002年）
联邦	346 338	234 867	265 733
次国家政府			
州	227 979	215 967	243 571
地方	96 430	138 257	141 723
社会保障	354 669	433 132	440 155
政府基金[1)]	1 872	5 963	4 989
总额	1 027 288	1 027 288	1 096 171

1)《财政与税收（2002）》（具体数据由作者提供）
资料来源：德国联邦统计局.14编/3.1卷

　　财政均衡制度的优点不仅仅在于部分缩小了联邦与州之间的财政不平衡现象。事实上，原东德各州的税收能力相对较弱。财政均衡制度还在各州之间实现了预算风险分担，尽管分担的程度还尚不清楚[62]。有证据表明，财政均衡制度能够防范州政府预算的财政收入冲击，但是不能防范地区生产总值的冲击。相反，其他一些报告表明财政均衡制度具有较大的收入平滑效应。最后，一些研究表明，在20世纪的70～90年代，德国的财政均衡制度将西德各州的跨部门收入波动减少了6.8％（保险效应效果几乎与美国相同）。所以，德国的财政均衡制度明显可以平滑各州之间的收入冲击。

　　财政拨款对地方政府的重要性要远远高于州政府。几乎50％的地方政府总收入是以财政拨款的形式从其他层级政府那里获得的[63]，然而，并不存在从联邦政府到地方政府的直接转移支付。尽管地方政府获得的无条件拨款规模要大于有条件拨款规模，但后者对地方政府的重要性要远远高于州政府。各个州有各自的财政均衡体系，覆盖了该州管辖范围内的地方政府。关于德国地方政府拨款体系激励效应的系统性研究在最近几年才刚刚开始。巴登-符腾堡州共有1 102个地方立法部门，财政拨款对于地方的财政支出具有极其重要的影响，但对地方债务的影响微乎其微[64]。然而，相比小城市，预算软约束问题在中等城市和大城市中更为严重。如果州政府对地方债务的监管更为有力，那么出现这样的结果就不足为奇。比较让人惊讶的是，大城市的政府监管貌似并不是那么有效。

前 景 展 望

德国财政"联邦制"的特点是财政支出的高度自治(尽管是在上级政府的授权下)。但是该体制不合理的地方在于其具有不对称性,因为相比支出的自治权,各级政府的税收自治权受到了较大约束。对于最重要的几个税种,联邦政府和州政府都无权自主决定税基和税率,而是必须由众议院商讨决定。地方政府有权自主决定地方营业税和不动产税的税率。这种合作联邦的制度框架导致了政治关系的错综复杂,犹如"意大利面碗",并形成了强有力的行政联邦制[65]。因此,德国的财政"联邦制"制貌似与奥茨的分权理论或者实验联邦主义的观点有所出入[66]。之所以会出现预算软约束问题以及某些州会出现财政困难,与其财政"联邦制"制度下的激励机制是密不可分的。接下来的紧急救助只能使当前德国财政"联邦制"所面临的不均等化更加严峻。

解决这些问题的途径有很多种。拒绝继续提供紧急救助会严重影响金融市场对州政府和地方政府的信用评级。所以,这个方案从政治角度来讲根本行不通。短期来看,唯一的办法就是对接受紧急救助州政府的自主权进行更加严格的限制。但是同时,德国政府又试图引入税收自主权来解决德国财政"联邦制"的不均等化,这与减少各州财政自主权的做法相违背。尽管在其他联邦制国家(如瑞士),财政竞争机制已经相当激烈而且发展良好,但是德国的州政府官员们还是不欢迎对州政府实行高度税收自治,他们仍比较担心来自税收竞争的压力[67]。此外,如果想要实现税收自治,首先要理顺联邦政府和州政府的权限,这也使税收自治的实现变得更加复杂。这是因为在法律地位上,事权的划分要高于财政宪法。但是要理顺各级政府的事权,一场财政"联邦制"制度的改革是不可避免的。最近的《联邦改革法案》算是朝着这个方面迈出的第一步,但紧接着的第二步也是至关重要的,即一场关于财政宪法的改革。

注释

1 S. Oeter, *Integration Und Subsidiaritat in deutschen Bundesstaatsrecht* (Tübingen: Mohrsie Beck, 1998)

2 F. W. Scharpf, B. Reissert, and F. Schnabel, *Politikverflechtung : Theorie und Empirie des Kooperativen Föderalismus in der Bundesrepublik*(Kronberg/Ts: Scripptor, 1976)

3 参见 www. bundesrat. de, keyword *Foderalismusreform*

4 O. E. Geske, "Der Foderalismus in der Bundesrepublik,"mimeo, Bonn 2006

5 BMF, "Die Föderalismusreform,"*Monatsvericht des BMF*(August 2006): 81—90

6 德国联邦议会的科技服务数据显示,如果这一改革在 1998 年启动,那么在第 14 届立法部

掌管期间这些法律份额将由 55.2%下降至 25.8%，在第 15 届立法部掌管期间份额将由 51%下降至 24%

7　Sachverständigenrat zur Begutachtung der gesamtwirtschaftlichen Entwicklung，*Widerstreitende Interessen-ungenutzte Chancen*，*Jahregutachten* 2006/2007，Wiesbaden，BT-Drurucksache 16/3450，506

8　欧洲 15 国分别是澳大利亚、德国、丹麦、芬兰、法国、德国、希腊、爱尔兰、意大利、卢森堡、荷兰、葡萄牙、西班牙、瑞典和英国。参见 Sachverstandigenrat zur Begutachtung der gesamtwirtschaftlichen Entwicklung，*Die Chancen nutzen-Reformen mutig voranbringen*，*Jahresgutachten* 2005/2006，Wiesbaen，CD-ROM version

9　Grundgesetz，art，20，Abs. 1

10　S. Oeter，*Intergration und Subsidiaritat im deutschen Bundesstaatsrecht*（Tübingen：Mohr Siebeck，1998）；参见 Grundgesetz，art. 29

11　Grundgesetz，art. 29. abs. 3

12　出处同上，28，abs. 2

13　出处同上，31

14　参见 the Federal Statististical Office and the Statistical Offices of the Länder

15　Oeter，*Integration und Subsidiaritat*，378

16　出处同上

17　Grundgesetz，art. 51，abs. 1

18　出处同上 83

19　A. Kost，ed.，*Direkte Demokratie in den deutschen Landern：Eine Einfuhrung*（Wiesbaden：V. S. Verlag für Sozialwissenschaften，2005）

20　M. Filippov，P. C. Ordeshook and O. Shvetsova，*Designing Federalism：A Theory of Self Sustainable Federal Institutions*（Cambridge：Cambridge University Press，2004）

21　Grundgesetz，art. 70，abs. 1

22　出处同上，71

23　出处同上，72，abs. 1

24　出处同上，72，abs. 2

25　出处同上，72，abs. 2

26　出处同上，73

27　出处同上，74 和 74a

28　出处同上，75

29　出处同上，91a

30　出处同上，104a，abs. 3

31　出处同上，104a，abs. 4

32　出处同上，85 和 104a，abs. 2

33　P. B. Spahn，"Intergovernmental Transfers in Switzerland and Germany," *in Financing Decentralized Experditures：An International Comparison of Grants*，ed. E. Ahmand，103—43（Cheltenham：Edward Elgar，1997）；P. B. Spahn and W. Fottinger，"Germany,

Fiscal Feralism," in *Theory and Practice*, ed. T. Ter-Minassian, 226 – 48 (Washington, DC: International Monetary Fund 1997); 还可参见 Grundgesetz, art. 84, abs. 1

34 F. W. Scharpf, B. Reissert, and F. Schnabel, *Politikverflechtung: Theorie und Empire des kooperativen Foderalismus in der Bundesrepublik* (Kronverg/Ts: Scriptor, 1976)

35 C. B. Blankart, *Öffentliche Finanzen in der Demokratie* 6th ed. (Munchen: Vahlen, 2006)

36 "Spahn, Intergovernmental Transfers"

37 Grundgesetz, arts 105 and 106

38 出处同上，106

39 出处同上，115

40 Oeter, *Integration und Subsidiaritat*

41 *Haushaltsgrundsätzegesetz* 51a, the lar on the principles of public budgeting

42 Decision of 21 March 2002

43 Wissenschaftlicher Beirat beim Bundesministerium der Finanzen, *Zur Bedeutung der Maastricht-Kriterien für die Berschuldungsgrenzen von Bund und Ländern* (Bonn: Stollfub-Verlag, 1994).

44 Sachverständigenrat zur Begutachtung der gesamtwirtschaftlichen Entwicklung, *Die Chancen nutzen-Reformen mutig voranbringen*, *Jahresgutachten* 2005/2006, Wiesbaen, CD-ROM version.

45 Wissencschaftlicher Beirat beim Bundesministerium der Finanzen, *Haushaltskrisen im Bundesstaat* (Bonn: Stollfub-Verlag, 2005)

46 H. Seitz, "Subnational Government Bailouts in Germay," ZEI Working Paper B20, Bonn, 1999; and J. Rodden, "And the Last Shall Be First: Federalism and Fiscal Outcomes in Germay," mimeo, Department of Political Science, MIT, Cambridge, 2005

47 Wissenschaftlicher Beirat beim Bundesministerium fur Wirtschagt und Arbeit, *Zur finanziellen Stabilität des deutschen Föderalstaates* (Berlin, Bundesministerium für Wirtschaft und Arbeit, 2005)

48 Seitz, "Subnational Government Bailouts"; and Rodden, *And the Last Shall Be First*

49 D. E. Wildasin, *Externalities and Bailouts: Hard and Soft Budget Constraints in Intergovernmental Fiscal Relations*, unpublished, 1997; and T. J. Goodspeed, "Baiouts in a Federation," *International Tax and Public Finance* 9(2002): 409−21

50 J. von Hagen and M. Dahlberg, "Swedish Local Government: Is There a Bailout Problem?" mimeo, University of Bonn, 2002

51 P. Petersson-Lidbom and M. Dahlberg, "An Empirical Approuch for Estimating the Causal Effect of Soft Budget Constraints on Economic Outcomes, " mimeo, University of Stockholm and University of Uppsala, 2005

52 然而，迄今为止，税收增长依然受到德国联邦议会的刺激，当然，联邦议会也要注重参议院的多数意见

53 地方企业的具体数据，详见 T. Buttner, "Determinants of Tax Rates in Local Captal

Income Taxation: A Theoretical Model and Evidence from Germany," *Finanzarchiv N. F.* 57(2000): 1—26; and T. Butter, "Local Business Taxation and Competition for Capital: The Choice of the Tax Rate,"*Regional Science and Urban Economics* 31(2001): 215—45

54 Büttner, "Determinants of Tax Rates"; and Büttner, " Local Business Taxation"

55 T. Büttner, "Tax Base Effects and Fiscal Externalities of Local Capital Taxation: Evidence from a Panel of Grman Jurisdictions," *Journal of Urban Economics* 54(2003): 110—28; and C. R. Baretti, R. Fenge, B. Huber, W. Leibfritz, and M. Steinherr, *Chancen und Grenzen foderalen Wettbewerbs* (Munchen: ifo Beiträge zur Wirtschaftsforschung1, 2000)

56 Spahn, "Intergovernmental Transfers"; and L. P. Feld, *Le degré de décentralisation fiscale en Allemagne: Dépenses, impôts, pression fiscale, dettes*, Report for the Institut de Recherche Européenne en Economie et Fiscalité(IREF) at the University Aix Marseille, 2003

57 C. Baretti, B. Huber and K. Lichtblau, "A Tax on Tax Revenue: The Incentive Effects of Equalizing Transfers Evidence from Germany," *International Tax and Public Finance* 9 (2002): 631—49

58 H. Seitz, "Agglomeration und Bevolkerungsdichte-Dunn Besiedelte Flachenlander im Finanzausgleich," in *Sondervedarfe im bundesstaatlichen Finanzausgleich*, ed. M. Jjunkernheinrich, 136—67(Berlin: Duncker and Hunblot, 2005)

59 Statistisches Bundesamt, Fachserie 14/Reihe 3. 1 Finanzen und Steuern, 2004

60 C. Baretti, B. Huber, and K. Lichtblau, "A Tax on Tax Revenue: The Incentive Effects of Equalizing Transfers: Evidence from Germany,"*International Tax and Public Finance* 9 (2002): 631—49; and T. Büttner, "Fiscal Federalism and Interstate Rsk-Sharing: Empirical Evidence from Germany,"*Economics Letters* 74(2002): 195—202

61 经验证明详见 Seitz, "Subnational Government Bailouts"; von Hagen et al. "Sub-national Government Bailouts"; J. Rodden, "Breaking the Golden Rule: Fiscal Behavior with Rational Bailout Expectations in the German States,"mimeo, Department of Political Science, MIT, Cambridge, 2000; and Rodden, "And the Last Shall Be First"

62 Jürgen von Hangen and Ralf Hepp, "Regional Risk-sharing and redistribution in the German Federation,"ZEI Working Paper B-15, Bonn, 2000; Kersten Kellermann, "Interregionales Risk Sharing zwischen den deutschen Bundesländern,"*Konjunkturpolitik* 47(2001): 271—91; and Thiess Büttner, "Tax Base Effects and Fiscal Externalities of Local Capital Taxation: Evidence from a Panel of German Jurisdictions,"*Journal of Urban Economics* 54(2003): 110—28

63 Statistisches Bundesamt, Fachserie 14/Reihe 3. 1 Finanzen und Steuern, 2002

64 Thiess Büttner and David Wildasin, "The Dynamics of Municipal Fiscal Adjustment,"*Journal of Public Economics* 90(2006): 1105—32

65 F. W. Scharpf, B. Reissert, and F. Schnabel, *Politikverflechtung: Theorie und Empirie des Kooperativen Föderalismus in der Bundesrepublik* (Kronberg/Ts: Scriptor, 1976)

66 W. E. Oates, *Fiscal Federalism* (New York: Harcourt/brace/Jovanowich, 1972); and W. E. Oaters, "An Essay on Fiscal Federalism," *Journal of Economic Literatute* 37

(1999)：1120—49

67　L. P. Feld, *Steuerwettbewerb und seine Auswirkungen auf Allokation und Distribution：Ein Üvervlick und eine empirische Analyse für die Schweiz* (Tübingen：Mohr Siebeck, 2000)；L. P. Feld, "Tax Competition and Income Redistribution：An Empirical Analysis for Switzerland," *Public Choice* 105(2000)：125—64；L. P. Feld and G. Kirchgässner, "Income Tax Competition at the State and local Level in Switzerland," *Regional Science and Urban Economics* 31(2001)：181—213；and L. P. Feld and G. Kirchgässner, "The Impact of Corporate and Personal Income Taxes on the Location of Firms and on Employment：Some Panel Evidence for the Swiss Cantons," *Journal of Public Economics* 87(2002)：129—55

India

Capital: New Delhi
Population: 1 Billion
(2002)

Boundaries and place names are representative only and do not imply any official endorsement.

N

Kilometers

500   0   500

Sources: Times Atlas of the World; ESRI Ltd.; CIA World Factbook

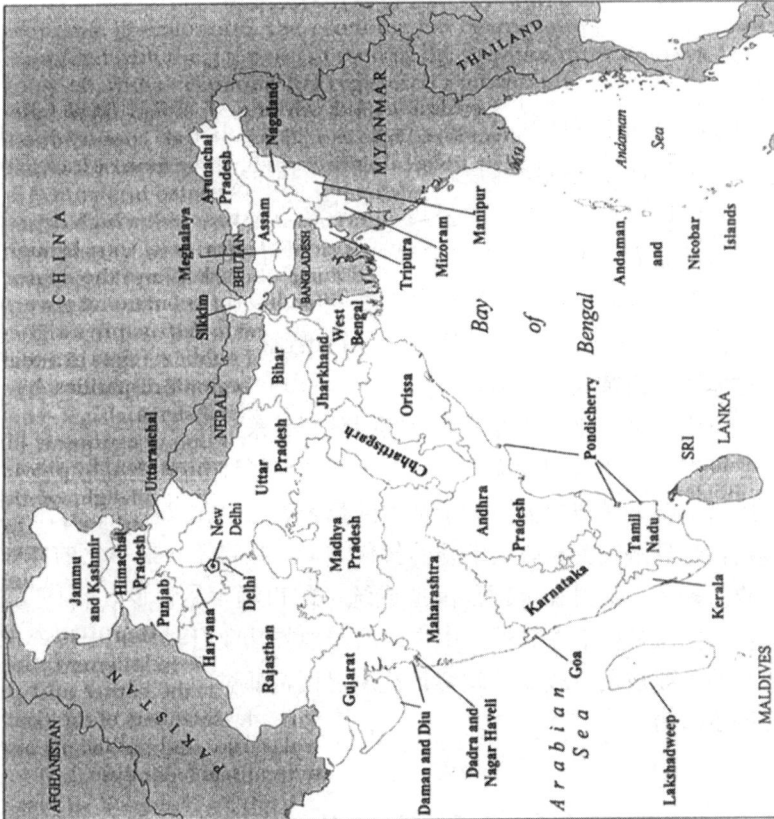

AFGHANISTAN

PAKISTAN

CHINA

NEPAL

BHUTAN

BANGLADESH

MYANMAR

THAILAND

Jammu and Kashmir

Himachal Pradesh

Punjab

Uttaranchal

Haryana

Delhi

New Delhi

Rajasthan

Uttar Pradesh

Sikkim

Meghalaya

Arunachal Pradesh

Nagaland

Assam

Bihar

Jharkhand

West Bengal

Tripura

Mizoram

Manipur

Gujarat

Madhya Pradesh

Chhattisgarh

Orissa

Daman and Diu

Dadra and Nagar Haveli

Maharashtra

Andhra Pradesh

Bay   of   Bengal

Goa

Karnataka

Pondicherry

Arabian Sea

Kerala

Tamil Nadu

SRI LANKA

Andaman, and Nicobar Islands

Andaman Sea

Lakshadweep

MALDIVES

印度共和国

M. 葛文达 · 绕(M. Govinda Rao)

本章主要探讨印度财政"联邦制"的发展演变与工作机制[1]。许多观察者因为印度严重的中央与地方割据将印度形容为"准联邦"国家[2]。印度获得独立时的政治环境，以及以计划经济为主导的公共事业战略，形成了高度集权的多层次财政体系。1991年实施的市场化改革使市场功能与集中的财政体制产生矛盾，甚至加重了地方政府为其所负责的基础社会服务和基础设施筹资的难度。市场化环境下公共服务供给的不平衡矛盾日益增长，导致迅速扩大的地方差异性，使得政府间转移支付体系的改革成为必然。

经济自由化和全球化对印度的财政"联邦制"带来了严峻的挑战，主要是财政需要通过提供有效率的基础设施，开创竞争性的市场环境，尤其在邦政府面临严重的财政压力情况下挑战更大。对于贫困的邦来说问题尤其严重。政府面临的主要挑战包括：找到解决关税收入下降的替代方案，在将矛盾最小化的同时改革税制、提高收入效率，同时在全国范围形成统一的市场，尽快设计转移支付体系，解决日益扩大的服务标准差异性。中央政府与地方邦政府联盟的出现，以及邦政府成为联盟的重要成员、政党及政客日益短视化，都对印度财政"联邦制"的作用发挥造成严重阻碍。

印度联邦制的发展

宪法宣称印度是"联邦制国家"、"主权的、世俗的、社会主义民主共和国"，旨在捍卫正义、自由和公平。印度是全世界最大的民主联邦共和国，国土面积329万平方千米，国民人数超过10亿。印度于1947年获得独立，1950年宪法宣称生效(表1)。在独立后的头40年里，印度发展成为拥有两个行政层级的联邦国家。1992 年，根据宪法第 73 和 74 条修改条例，政府的第三个层级——城乡地方政府，也被赋予了立宪权力。

表 1 地理和人口信息

变量	值
1 官方名称	印度
2 人口(2004～2005 年度)/百万人	1 090
3 土地面积 1 000 平方千米	3 287
4 2003 年人均 GDP(美元)	2 892(PPP)/23 222 卢比(NNP) 或 540 美元，28 636 卢比(GDP)或 666 美元 (汇率：1 美元＝43 卢比)
5 宪制：年份和形式	1950 年，民主议会制
6 政府层级	中央； 邦； 地方：城市—市政 地方：村—村委 (分地区、镇和村层级)
7 地方政府的宪法地位	独立，宪制，1992 年第 73 项和第 74 项修正案后认可地方政府在宪法中的地位
8 官方语言	国家语言：印地语和英语 官方地区语言：18 种
9 组成单位的数量和类型	28 个邦； 3 682 个城市地方政府； 247 033 个农村地方政府，其中 515 个是县级别，5 930 个乡级别，240 588 个村庄级别
10 最大邦的人口、面积、人均 GDP(美元)	北方邦(Uttar Pradesh) 人口：1.66 亿 241 000 平方千米 10 817 卢比或 252 美元 汇率：1 美元＝45 卢比
11 最小邦的人口、面积、人均 GDP(美元)	锡金邦(Sikkim) 人口：54 万 7 000 平方千米 21 586 卢比或 502 美元
12 人均 GSDP(最高)	果阿邦(Goa) 55 000 卢比或 1 279 美元
13 人均 GSDP(最低)	比哈尔邦(Bihar) 5 780 卢比或 134 美元

印度是发展中国家，2003 年时人均可支配收入 2 890 美元，在 2005 年《人类发展报告》中所列出的 177 个国家里，印度位列第 127 位；在人均 GDP 的排序中位列第 136 位。然而，从 1991～1992 年度起，随着经济自由化，印度的经济开始以年均 5.5％的速度增长，而在过去的 30 年中其平均增长率为 3.5％。2003～

2006 年，印度经济保持约 8% 的高增长率。

印度经济的显著特征在于它的多样化。印度国民拥有不同的种族和宗教信仰，说着 114 种语言，其中 18 种语言使用较为广泛，强大的历史和文化纽带使人民能够和平共处。邦立法机构出于官方原因还会采用其他语言工作。根据 2001 年的人口普查，这个国家 72% 的人生活在乡村。

印度政府实行三层联邦结构，包括中央、地区和地方三个层级。在地区层级，有 28 个邦和 7 个集中管理地区，其中两个拥有立法机构。在邦政府下，有 96 个地方机构、1 494 个自治区和 2 092 个较小的自治区（称为中小镇）。全国有 247 033 个乡村机构，其中 515 个是县域级别、5 930 个乡级别、240 588 个村庄级别。

印度各邦的规模、经济结构差异性很大。2002 年，安得拉邦（Andhra）人口为 1.72 亿，是印度最大的邦；锡金邦人口为 60 万，是印度最小的邦。1999~2002 年，印度平均邦内生产总值中，最高的是果阿邦，人均 56 599 卢比，这是在西海岸的一个小邦；最低的是比哈尔邦，人均 6 531 卢比，这是位于印度北部恒河平原的全国第二大邦。印度的 11 个多山小邦，因为幅员小、经济基础差以及它们的战略地位，被归为"特殊类别邦"。

印度是一个拥有两个议会立法机构的民主国家。宪法第七章将立法、行政和司法三项职能按照联邦[3]、邦、并存层级进行划分。联邦议会成员和邦议会成员直接由选举产生。议会上议院（印度联邦院）是邦理事会，成员由各邦的选举团选举产生。宪法要求印度总统每 5 年任命一个财务委员会，审核中央和各邦的财政收支，对可分解的中央税收提出授权建议并在接下来的 5 年里给予授权。

历史情况促使印度采用集中化的联邦宪制。在印度独立时期，地方分权的呼声很大。然而，穆斯林地区要求分离出去成立一个新的国家（巴基斯坦），以及一些小自治地区出现分裂倾向，促使整个国家团结起来采用高度集中的联邦宪制。同时，该国推行计划经济发展战略，这一举措加强了宪制的集中程度。

但是，近期发生的经济和政治事件为更大程度的地方分权铺平了道路。经济方面，市场化改革和更加开放的经济环境使更大程度的财政分权成为必然。政治方面，一党制的终结、中央联合政府的出现，以及地方政党在政治事件中起着越来越重要的作用等因素，产生更大程度的地方分权。而且，1992 年修宪给予邦以下地方机构立宪地位，加速了地方分权的发展。

在印度独立后的第一个 25 年，印度国民大会党（简称印度国大党）——印度独立运动的先锋，主导了中央和邦政府政治格局的确立。领导者毫无争议的伟大形象以及他们致力于社会发展、人民幸福的承诺，产生了中央和地方两个层级的一党专政。尽管这有一些正面好处，但带来的严重后果是没有按预想的情况建立起正式解决矛盾和进行磋商的机制。

国家政治格局经历了四次主要变革，这对财政"联邦制"产生了重大影响。第一次，取消一党专制，取而代之的是在中央和邦之间形成联合政府。第二次，许多邦赋予地区政党权力，引起政策制定以邦为主体，各邦之间产生更多摩擦。第三次，尽管一些邦的地区政党主导了当地的政治局面，他们仍与中央政府中重要成员结成战略同盟，导致财政"联邦制"实施中出现不平衡现象。第四次，也即最后一次，政党和政客日益短视，为获得短期政治利益采用平民主义政策——"竞争性平民主义"，以至于破坏了国家中长期发展。

政府结构和财政权力划分

宪法第七章将联邦和邦政府的立法、行政和财政权力按照联邦、邦、共存层级进行划分，其中联邦拥有 97 项、邦拥有 67 项、联邦和邦共存体拥有 47 项。剩余其他权利分配给了联邦。税务权利按照分权原则进行了分配：或分配给联邦或分配给邦政府。

1992 年宪法第 73 和 74 次修正案新增条款（11 条和 12 条）赋予村镇政府 29 项权力、城市政府 18 项权力。邦立法机关可以自主决定如何向城市及村镇政府分解宪法所赋予的权力。各邦政府向城市及村镇政府授予征收特定税费的权力，并建立了划分机制，与城市及村镇政府分享它们的收入并向其提供补贴。此外，地方政府采取了一些集中化措施，指定资金用途，将资金通过邦政府或直接提供给地方政府。

中央政府的职能是确保宏观经济稳定运行、维护国家对外关系、保障对国家规模经济有重大影响的项目，以及管理各式各样的邦政府。所以，宪法规定中央政府负责国防、外交、国际商贸、国内高速路、邮政和通信、转播、铁路和航运、宇宙空间、原子能、协调各邦以及对外借贷；邦政府负责法律与制度、农业、动物业、渔业、灌溉、城市发展、健康与卫生、水供应、邦内贸易、地方政府管理；中央和邦政府共同负责教育、医疗、环境（包括林业）、电力、经济和社会发展，以及其他没有归入中央和邦政府的内容（表 2）。

表 2　各级政府法律职责与实际职能

法律职责（法律上）	公共服务	实际职能归属（实际上）
中央	国际商贸	中央
中央	大矿业	中央
中央	银行、保险和货币供应	中央
中央	铁路	中央
中央	邮政服务	中央

续表

法律职责（法律上）	公共服务	实际职能归属（实际上）
中央	人口普查	中央
中央	国防和外交	中央
中央	航运和离岸开发	中央
中央	航空	中央
中央	专利和版权	中央
中央	公民权	中央
中央	邦之间的商贸	中央
中央	邦间河流	中央
中央	银行	中央
中央	移民	中央
中央和邦	刑法及诉讼	中央和邦
中央和邦	民事诉讼	中央和邦
中央和邦	结婚与离婚	中央和邦
中央和邦	破产清算	中央和邦
中央和邦	教育	中央和邦
中央和邦	医疗	中央和邦
中央和邦	合同	中央和邦
中央和邦	环境和森林	中央和邦
中央和邦	经济和社会规划	中央和邦
中央和邦	社会安全及保险	中央和邦
中央和邦	慈善与慈善机构	中央和邦
中央和邦	电力	中央和邦
邦	公安和社会秩序	邦
邦	司法管理	邦
邦	监狱和管教所等	邦
邦	公共健康和卫生	邦和地方
邦	农业和畜牧业	邦和地方
邦	水	邦和地方
邦	林业	邦和地方
邦	渔业	邦和地方
邦	小矿业	邦
邦	司法管理、监狱和公安	邦

法律职责(法律上)	公共服务	实际职能归属(实际上)
邦	民事权利和物权	邦
邦	公共土地和自然资源	邦和地方
邦	地方机构(城市政府机构和村委会)	邦和地方
邦	水供应和卫生	邦和地方
邦	公司成立	邦
邦	地方服务	地方
邦	教育	邦和地方
邦	社会福利	邦和地方

在财政支出方面(表3),中央政府负责安排国防支出;投资和管理大型基础设施,如铁路、邮政服务和通信;空间和原子能研究。邦政府重点负责内部安全;社会和经济服务,如农业、动物业、林业、渔业、灌溉和电力;公共事业。中央政府和邦政府共同负责部分,邦政府负担行政服务支出的68%;社会服务支出的83%;经济服务支出2/3;以及近90%的教育、健康、家庭福利支出。

表3　总支出中各级政府负担的比例　　　　　　　　单位:%

支出项目	中央	邦	总计	占总支出的比例
A. 利息支付	53.8	46.2	100	22.7
B. 国防	100.0	0.0	100	8.0
C. 行政服务	51.6	48.4	100	29.0
D. 社会和社区服务	17.3	82.7	100	20.0
Ⅰ教育	13.0	87.0	100	10.8
Ⅱ医疗和健康	11.2	88.8	100	4.2
Ⅲ家庭福利	20.9	79.1	100	0.6
Ⅳ其他	33.3	66.7	100	4.4
E. 经济服务	42.6	57.4	100	23.2
Ⅰ农业和联合服务	38.8	61.2	100	6.6
Ⅱ工业和矿业	77.9	22.1	100	2.4
Ⅲ电力、灌溉和洪水管控	12.6	87.4	100	6.1
Ⅳ远程信息和通信	47.4	52.6	100	4.4
Ⅴ其他	69.5	30.5	100	3.8
F. 其他	41.7	58.3	100	5.2
G. 借款和预付款	2.1	97.9	100	2.0
总计	42.6	57.4	100	100.0

注:没有地方支出的可靠测算数据,现有数据说明2002~2003年度地方政府支出占总支出的比重低于10%,约占GDP的2%

可以从多方面看到国家财政是集权化管理的。宪法中没有提及的权力均划归了中央政府，同时中央政府在中央和地方共同负责的项目中拥有绝对主体地位。中央政府可以重新划定各邦的边界，从现有的邦中产生新的邦。事实上，这些年从14个邦和6个国家级地区(1947年)已经增加到28个邦和7个国家级地区。如果在地方长官来看邦不能履行宪法规定，中央可以解散邦政府，下达总统令。公共部门控制战略规划、在独立初期对主要财务委员会实施集中控制，进一步集中化了经济职能。

宪法第301条指出："根据本部分的其他条款，印度境内的交易、贸易和交流应当自由进行。"但是议会可对这种自由出于"公共利益"进行限制。所以，中央政府有权力对邦之间的货物买卖征税。中央政府已授权邦政府征收邦间销售税，最高税率为4％，这严重阻碍了邦间贸易交往。随着最近启动的增值税改革，有提议指出取消营业税，发展终端增值税。希望此次改革能在国家内形成关税联盟。

财政"联邦制"和宏观经济管理

宏观经济管理主要由中央政府实施，而对外借款则完全是中央政府的特权。邦政府可在国内借贷，但如果它们想向中央政府借贷，需要获得后者的同意。所有邦政府都向中央政府借款，因为按照集中化规划，中央对邦的援助以贷款形式实施。这就意味着，每年联邦财政部(Union Finance Ministry)要和规划委员会(Planning Commission)及印度储备银行(Reserve Bank of India)协商决定对各邦的贷款计划。

从20世纪90年代后期开始，中央和各邦的财政状况持续恶化。一方面财政收入增长停滞，另一方面由于还款延期、补助和利息支付造成财政支出不断增加，所以预算赤字和财政赤字不断膨胀，而财政赤字又造成债务负担。国家公共债务总和从1991年的67％增长到2004～2005年度的82％。第12届财务委员会(Twelfth Finance Commission)在审核中央和邦财政状况时，提出财政改革方案，通过财政赤字削减法案，2008～2009年度将2003～2004年度的赤字水平降低5％。同时要求中央和邦政府的财政赤字总和应从2004～2005年度的8％降低到2008～2009年度的6％。中央批准了《财政职责和预算管理法案》(Fiscal Responsibility and Budget Management Act，FRBMA)，同时大多数邦也批准通过了《财政职责法案》(Fiscal Responsibility Acts，FRAS)。

收入分配

中央政府有使用宽税基及累进税收工具的权力，以及其他税收权力。邦政府也拥有收税的权力，但从收入效率角度看，销售税最重要。邦政府对酒类、印花注册以及机动车辆和道路运输征收货物税以获取财政收入（表4）。

表4　各级政府的税收权力

联邦	决定方		征收和监管	税收收入分配比例		所有层级
	税基	税率		中央	邦	
个人所得税（非农业）	中央	中央	中央	6.5	2.7	100
企业所得税	中央	中央	中央	7.8	3.3	100
中央货物税	中央	中央	中央	18.5	7.8	100
关税	中央	中央	中央	7.9	3.3	100
服务税	中央	中央	中央	0.87	0.4	100
中央税费、罚款合计				41.6	17.4	100
邦或区						
税、土地和农业收入	邦	邦	邦		0.6	100
印花税和注册费	邦	邦	邦		3.3	100
销售税	邦	邦	邦		21.5	100
邦货物税	邦	邦	邦		4.8	100
交通税	邦	邦	邦		3.1	100
电费	邦	邦	邦		1.3	100
娱乐税	邦	邦	邦		0.2	100
其他	邦	邦	邦		1.5	100
罚款和收费	邦	邦	邦		2.0	100
总计					41.0	100
地方[1]						
财产税	区	地方	区	n	n	100
水使用费	地方	地方	地方			

1）没有地方政府收入的可靠测算数据。目前测算数据显示，地方政府收取的收入并不多，2002~2003年度，这部分收入占总收入的3%，占GDP的0.6%

按照分税制原则，各税项的税收权力或在中央或在邦政府。然而，税收权力的排他性仅存在于法律意义上，实际上已产生反常情况。中央政府可以对生产课税（货物税），邦政府可以对产品销售课税。同样，对农业收入课税属于邦政府的权力，而对非农业收入课税则在中央政府权力范围内。邦政府发现对农业课税在政治上不可行，结果，这成为一种逃避个人所得税的途径。

生产税归中央、销售税归邦政府的税收配置安排造成印度财政"联邦制"下交易环节税收的不协调发展。也就是说，国内有两套相互不协调的交易税制：中央政府对所有生产环节征税，而邦政府征收销售税。

中央层面开展改革，将生产消费税改为针对生产环节货物征收的增值税。2005～2006 年度启动了邦政府层面的改革，将叠加的销售税改为增值税。考虑到邦间交易的复杂性，税制改革还需几年才能完成。联邦财政部长在 2006～2007 年度的预算讲话中指出，2009～2010 年度现行税制将转换为全国统一的货物和服务税。

考虑到邦的税务收入不足以覆盖其支出需求，宪法赋予邦分享中央税收的权力。1999～2000 年度以前，宪法仅允许邦政府分享个人所得税和中央货物税；随后，所有中央收取的税收均可纳入可分配池，可与邦分享。除税收转移外，宪法还允许邦获得中央的补助（条款 275）。税收转移和补助都由财务委员会(Finance Commission)审议决定（条款 280）。

财政失衡：趋势和问题

印度垂直财政失衡

许多年来宪法关于财政分配的规定和发展造成了中央和地方财政之间严重的不平衡。2002～2003 年度邦政府收入仅占总收入的 41%，但其支出占总支出的 57%。邦政府的收入仅能覆盖支出的 54%。也就是说，邦政府支出中 46% 要依靠中央财政转移来解决，详细情况如表 5 所示。

表 5   2002～2003 年度纵向财政机构之间的差距

	获取的收入总计/百万卢比	现有收入总计，包括对地方政府的净转移支付（2005 年）/百万美元	支出（2005 年）/百万美元
国家	2 602 080	1 894 782	2 997 842
国家以下			
邦/地区	1 540 040	2 247 338	4 051 943
地方	—	—	
所有层级	4 142 120	4 145 120	7 049 785

注：1 美元≈40 卢比

显然，尽管邦财政收入较中央财政收入增长更快，但邦政府对中央财政的依赖变得更强了。从 20 世纪 80 年代中期开始，邦政府的财政收入增长了，但其支出以更快的速度在增长。由此，邦政府财政支出在总支出中的比例从1990～1991年度的52％增长到2002～2003年度的57.5％。然而这并不表示地方分权程度提高了，因为大部分增加的支出是通过以邦政府作为中央政府代理人实现的指定用途的转移。

各邦财政的失衡

印度有17个相对来说属于一般类别的邦，但这17个邦在面积、收入水平和能力、支出水平以及对中央财政的依赖程度上差异很大。而且，从经济特点来看，北部和东北部11个山区邦与其他邦差别显著，所以它们被归为特殊类别邦。最近，从全国28个邦中的3个大邦中分出了3个邦[4]。

经分析，邦财政呈现几个主要特征：第一，各邦人均收入和邦内生产总值（GSDP）差别大。第二，人均收入及邦内生产总值的差别说明各邦收入总量及能力的差别。第三，特殊类别邦的税收占GSDP比例，比一般类别邦低，甚至在特殊类别邦人均GSDP高于一般类别邦的情况下也是如此，这是因为特殊类别邦的经济活动除了政府发起外并不多。第四，尽管特殊类别邦的收入基础低，但它们2002～2003年度的人均支出（5 605卢比）不仅高于各邦平均值（3 509卢比），还高于高收入邦的平均值（4 380卢比）。第五，就一般类别邦而言，其对中央财政的依赖程度高，而且其人均GSDP与人均收入成反比例变化。人均GSDP高于平均水平的邦，其人均总支出（4 380卢比）和人均发展支出（2 705卢比）比低于平均水平的邦（人均总支出1 511卢比，人均发展支出2 577卢比）分别高出45％和42％。所以，尽管在推行均等化，各邦人均支出的差异仍很大。

印度各邦，甚至一般类别内的各邦之间，发展的不平衡程度高并且这种不平衡在不断扩大。1980～1981年度，最富有邦旁遮普（Punjab）地区的人均GDSP为2 674卢比，是最穷邦比哈尔（919卢比）的2.9倍左右。1999～2002年，最富有邦的人均GDSP为28 039卢比，最穷邦为6 539卢比，前者是后者的近4.3倍。而且，市场化改革后人均收入差别急剧扩大，一个重要的原因是中央财政转移支付无法弥补贫困邦自身财政收入的不足。

政府间转移支付：公平和激励

印度政府间转移支付

印度转移支付系统的显著特征是拥有多样化的支付渠道。首先，可以实施法律允许的转移支付，按照财务委员会的提案进行政府间税收授权或财政补助。其次，规划委员会可以提供规划支持，包括补助和贷款。然而，自 2005～2006 年度，规划委员会只提供了补助，贷款支持没有坚持下来。此外，还有不同中央部门不论是否有配套要求，为各种重要项目提供指定用途的转移支付。

从第四个五年规划开始，中央政府向邦政府的转移支付中，有三个渠道的相对比例呈现一些趋势特点：一是法定转移支付在总转移支付中的比例在第五个五年规划中增长到 67％，但随后在第八个五年规划（1992～1997 年）中下降到 62％。2003～2004 年度，这个比例约为 59％。二是近年来，财务委员会和规划委员会提供的转移支付，按既定计划实施的占比下降了，但临时发起的转移支付增加了。三是在财务委员会转移支付中，通过税收授权实现的占绝大多数。

财务委员会转移支付宪法第 280 条规定，印度总统必须每五年或早于五年任命财务委员会。委员会需对以下事项提出建议：

(1)中央和邦之间可分摊税项净收入的分配，以及该收入在各邦间的分配。

(2)中央国库向邦政府提供财政补助的分配原则，以及为邦提供财务援助的金额。

(3)增加邦国库收入的措施，根据邦财务委员会的提议补充城市及村当地政府财政收入。

(4)为夯实财政基础，与委员会相关的其他事项。

成立规划委员会负责按照需求计划分配财政补助后，财务委员会就负责对各邦当期计划外的需求提供财政补助。财务委员会决定转移支付额度的方法有：①评估中央和各邦整体预算需求，以确定在需求分配时可以动用的资金量；②预测各邦即期收入和计划外支出；③确定各邦可分配的中央税务收入的比例，并根据分配公式在各邦间进行分配；④根据后期预测的计划外支出与收入之间的缺口提供财政补助，这就是"补缺法"（gap-filling）。第 12 届财务委员会已就 2005 年 4 月开始的五年规划提出建议。

1999～2000 年度以前，有两项中央税项的收入——个人所得税和联邦消费税在中央和邦政府之间进行分配。第 80 次宪法修正案将选择性的税收分享改为所有中央税收收入总和的分享。所以，第 12 届财务委员会（2005 年）提议将中央税净收入的 30.5％按照财务委员会方法进行分配。

这些年来，历届财务委员会都在努力通过赋予人均 GSDP 更高的权重来提高税收分权制度的公平性。尽管本届委员会显著降低了人口因素的显性权重，但人口已经成为隐性的和显性的最大影响因素。同样影响制度公平性的是税收效率和财政纪律无法得到保障。在一个以源头征税为主的税制下，税收效率指数无法反映这点。此外，除了人均 GSDP 影响邦税收收入水平外，还有其他许多影响因素。进一步削弱制度公平性的因素是议会的一项决议，要求委员会在转移支付计算公式中使用 1971 年的人口数据计算邦间收入分配结果，为人口控制提供激励。

财务委员会方法受到不少批评。首先，财务委员会没有站在客观的立场上评估中央财政的收入和支出需求。其次，财务委员会提供的转移支付，没有专门解决邦政府由于筹资能力低、公共服务单位成本高造成的财政问题。税收分权根据宏观经济指数确定，而财政补助是根据分权后的预算缺口估计数确定。在税收分权设计中引入追溯调整因素可促进分权的公平性，但转移支付没有专项考虑财政上劣势的邦。最后，有争议说"补缺法"造成邦政府财政管理上的不公平和积极性缺乏。

财务委员会工作的主要方法是预测。计算时，基数采用邦内实际收入数（或预测数），以及计划外的收入和支出数，将数据进行标准化处理，然后运用根据财政结构调整计划确定的增长率进行预测。预测的收入和计划外支出之间的缺口则先通过税收收入分配来弥补，不够的部分给予财政补助。

"补缺法"遭到了两方面的批评。一是这种方法采用基年的支出数，没有考虑现有服务水平的差异性，"基数效应"（tyranny of the base year）使各邦之间支出上的差异一直存续下去。低收入邦的支出水平也低（即使是获得转移支付后），由此，无法获得与其财政缺口相匹配的转移支付。换句话说，财政收入能力和支出需求应该是更相关的基数，而不是实际收入和计划外收入支出数。所以，该方法产生了争议，人们认为"补缺法"不能弥补穷困邦的财政缺口。

"补缺法"受到的另一个主要诟病是反常动力。该方法被形容为"财政牙医"。财务委员会填补预测的预算缺口的做法，对税收效率和经济发展起到了反向激励的作用。实际上，邦财政的恶化很大程度上是由财务委员会补缺引起的。

对"补缺法"的批评意见使第 9 届财务委员会修改了委员会的工作方法，由此开始采用"规范法"（normative approach），为了衡量各邦的支出需求测算价值函数。然而，接下来的委员会认为这种方法难度太大，还是继续采用"补缺法"。第 12 届财务委员会试图通过对削减财政赤字的邦核销债务，传导激励政策。并通过税收转移公式设计、收入和支出测算，以及提高教育医疗补助等做法，兼顾公平，尽管这些做法也许不能完全抵消低收入邦的财政缺口。

规划转移。规划委员会对邦政府提供的支持包括补助和贷款。早些年，是提供补助还是贷款，以及额度的大小是根据项目情况来定的。然而，1969 年以后就根据国家发展委员会（National Development Council，NDC）设计的公式来定，公式偶尔进行修订。NDC 由国家总理任主席，委员代表有中央内阁大臣、规划委员会副主席及委员，以及各邦首长。目前，支持资金的 30% 专用于特殊类别邦，并根据各邦制定的项目计划进行分配。到 2004～2005 年度，对特殊类别邦的支持 90% 为补助，10% 为贷款。剩余 70% 的支持资金用于一般类别邦，分配公式中人口因素占 60% 的权重，人均 GSDP 占 25%，财政管理占 7.5%，其余

7.5%为特殊问题因素。就这些一般类别邦来说，2004~2005年度以前，支持资金中30%为补助款，70%为贷款。然而，第12届财务委员会提议中央不再向邦政府贷款，2005~2007年，中央提供给各邦的规划支持资金仅有补助款，各邦需要的剩余部分从市场融资。

重要项目支持。转移支付的第三种情况是对重要项目给予特定用途的支持，不论是否有配套要求。目前，即使2005~2006年度进行大量合并后，仍有200多项重要支持项目。这类转移支付由于其支付时的随意性以及项目自身的制约性，遭到了尖锐的批评。重要项目支持2000~2001年度在总转移支付量中占14%，在总规划支持中占40%。

政府间转移支付的调节效应

分析显示，政府间转移支付存在适量的邦间再分配。转移支付量与人均GSDP呈反比。转移支付体系的进步主要得益于财务委员会转移支付中的调节因素。财务委员会转移支付与GSDP的弹性系数为0.796。相比之下，各邦规划补助项目和中央赞助项目中，补助调节效应不显著。所以，虽然转移支付整体对各邦的收支有调节效应，但这并不能抵消邦政府的财政缺口和成本问题。

邦政府对地方政府的财政转移支付

邦政府对城市和村等地区地方政府的转移支付包括：①中央财务委员会提议的补助，通过邦政府向地方机构支付；②根据邦财务委员会提议，由邦政府提供给地方政府的补助；③由邦政府或直接由中央政府给予的补助，用于一些中央赞助的重要项目；④邦政府给予地方机构的补助，用于邦政府赞助的项目。

各邦需每五年任命一届邦财务委员会，由其提出对地方机构的转移支付建议。然而，由各邦实施的地方分权并未得到多少喝彩，各邦不愿意下放收入和支出权力。一些邦设置了分权机构及人员，并配置了财务资源，但这些被打包成各个项目，地方政府对此没有安排开支的自主权。即使邦政府向地方政府委派了雇员，但雇员并不对地方政府负责。一些邦政府仍未成立邦财务委员会；在成立了邦财务委员会的邦中，一些邦财务委员会尚未提交过转移支付报告；在提交了报告的邦中，邦政府还未接受邦财务委员会的提案。而且，地方政府几乎没有融资的能力。

邦政府向地方政府转移支付不够，主要是因为邦政府自身面临着严重的银根紧缩问题，一般不愿意向地方政府转移职能和资金。邦政府向地方政府的转移支付并非系统科学的进行。通常情况下，邦政府向村级地方机构一次性转移支付，并不考虑地方机构的收入情况或需求。实际上，邦政府从源头减少电力成本后，地方机构需要花费的实际支出就非常少了。

村镇地方机构很难获取财政收入。地方政府最主要的税收来源是财产税，但征税力度差，实际上能获得的税收收入很少。当然，一概而论过于简单化，有些邦的地方机构确实发挥了积极的作用，但它们是例外。

所以，尽管十四多年前开创了邦政府向地方政府转移支付的环境，但在邦政府以下层级实施财政分权并没有取得好的效果。其原因可以归结为以下几点：根据可操作的规则，在集权环境下无法实施分权。分权无法重新实施，确切地说，分权需要在民主政体下根据现有环境设计，并且渐进实施。对印度来说，员工不能简单地被派去实施补助项目，于是，地方机构就出现了人员短缺问题，对精英人员的争抢很严重。所有这些问题都需要得到解决，而地方政府自身财务问题需要单独来说明。

邦政府融资平台：贷款

对邦而言，基础建设的重要融资渠道是借贷。1987～1988 年度以前，邦政府结余用于资本性支出。但从那以后，随着结余不断减少，邦政府借贷就不仅用于资本性支出，还主要用于弥补当期开支来源的不足。例如，1998～1999 年度，邦政府借款中仅有 50％用于为资本性支出融资。

邦政府的负债包括中央政府贷款、市场借款、储蓄捐款的一部分、准备资金和保证金账户。邦政府 60％的负债为中央政府贷款，这些资金主要用于规划发展项目。而然，从 2005～2006 年度起，根据第 12 届财务委员会的提议，中央政府不再向邦政府提供贷款，邦政府只能向市场融资。

为满足法定流动性比率(statutory liquidity ratio，SLR)的要求，商业银行需将可贷资金的 35％用于协议约定资产或认购政府债券。所以，银行系统可投资资源优先用于政府消费和投资。政府债券利率显著低于市场利率；然而，1991 年开始的金融改革使政府债券的利率与市场利率逐渐趋同。

印度财政"联邦制"面临的主要挑战

印度财政"联邦制"面临许多挑战，一些来自于政策和制度自身的问题；一些来自于经济和政治环境的变化[5]。面向未来的改革计划，不仅要认识到当前系统内的缺点，还要检查识别出新兴政治和经济环境带来的挑战。本部分总结了印度财政"联邦制"面临的各种挑战。

邦政府财务恶化

如上面所提到的，印度财政"联邦制"面临的一些挑战来源于其体系自身的问题，其中一个问题就是邦政府财政健康状况的持续恶化。这对宏观经济造成影响，因为2000~2003年邦政府收入亏空的总和占GSDP的3％以上，财政赤字总和占GSDP 5％以上。此外，公共事业账户有亏空，仅电力部门的亏空就约占GSDP 1.4％。严重的财政压力对微观经济也有影响，如对物理基础设施和社会发展的投入与维护不足，严重影响了资源配置效率。

邦政府预算持续增长的财政不平衡已经成为一个受关注的问题。第9届财务委员会之后的每届委员会都被要求起草财政改革方案，以逐步缩减财政赤字，增加收入账户的盈余。实际上，第12届财务委员会被要求起草一份改革方案，"以使政府不论集体或各自，可以实施公共财务的改革，重建平衡的预算，保持宏观经济的稳定性，随着经济合理增长缩减债务"（《第12届财务委员会报告》，第2页）。尽管所有这些措施都致力于减少赤字，财政压力还是在不同方面显现出来。除缩减赤字外，还包括压缩基础公共服务的开支。

从政策干预角度来说，个体分析每个邦的收入和财政赤字很重要，即使运用了赤字推断邦政府财务失衡的严重性。分析结果有三点。第一，对每个单一的邦来说，财政赤字在不同程度上显著恶化。第二，赤字的恶化不仅体现在赤字的额度上，还表现在质量上。2000~2003年，当期预算赤字约占邦政府财政赤字的2/3；然而1993~1996年，这个比例还不到1/4。第三，有趣的是，各邦人均收入水平和通过收入及赤字计量出的财政问题严重性之间没有关联。与一般印象相反，贫穷邦的财政赤字并不更高。

所以，财政赤字和人均GSDP之间并没有显著的相关性。最穷的两个邦，比哈尔和北方邦财政业绩差，并没有表现在高赤字上，而是在社会和经济服务上支出水平低。中高收入邦可以通过其融资渠道负担更高的支出，包括向公共事业单位借款以及指定用途融资工具，而穷邦只能压缩开支。

不断扩大的邦间不平衡

1991年危机后，经济改革的后果是国家经济飞速发展；然而同时，各邦之间的不平衡也显著扩大。1991~2004年，人均收入水平和经济增速之间的相关系数为0.331。20世纪90年代开始的经济自由化和经济开放政策，使各邦受益，相比以农业为主导时期，制造业基础更坚实，并拥有更好的市场前景，

在经济增长模式下另一个有趣的现象是，人均收入最高和最低的邦并没有改

变。比哈尔一直是人均收入最低的邦，旁遮普在非特殊类别邦（不包括小邦果阿）中持续拔得头筹。从人均 NSDP 指数（印度＝100）来看，1980～1981 年度比哈尔该指数为 60，到 2000～2001 年度降至 35，然而，旁遮普该指数从 1980～1981 年度的 171 增加到 2000～2001 年度的 263。

从计划经济向市场经济的转变

在从计划经济向市场经济转变过程中也出现了一系列挑战。市场化改革要求市场配置资源，这引起联邦财政政策和制度的改革[6]。

集中计划经济对价格和产量都实施控制，使资源在地区内再分配。此外，计划经济是按照计划的优先顺序分配资源。随着经济自由化，资源按照市场规则进行配置，由此隐性转移支付及资源配置扭曲被最小化了。然而，过去投资带来的生产结构和固定资本还会继续影响资源配置。

对商品自由流转的限制同样会造成资源配置的扭曲。过去，计划经济体制形成了这种限制，同时物质匮乏的经济环境下供应管理也推动了对商品自由流转的限制，于是确保全国范围内形成统一的市场成为一项重要目标。在印度，为监管邦之间商品销售税费而设立的壁垒破坏了统一市场原则。邦间营业税是对从一个邦向另一邦出口商品征收的税。此外，一些邦允许其辖内的城市政府征收货物入市税（Octroi）——对用于消费或销售而进口至市内的货物征收的税项，造成资源配置扭曲。这些做法的结果是将国家经济体分割成若干关税区。

全球化和财政"联邦制"

与上述问题相关的另一项挑战来自全球化。国际贸易和国际资本流动自由化形成的一些动议，对邦政府财政体系造成不良影响。邦政府的主要职责是提供社会服务，以及同样重要的是建造基础设施。而为本地制造商提供有效率的基础设施以确保制造商的竞争力，需要大量投资。在特定经济环境下，只有让私营经济有效参与到经济活动中来才能实现这点。为确保私营部门在国家战略领域发挥作用，不仅需要对国家政策做出改变，而且需要建立相应的监督管理制度。

经济开放带来的另一影响是关税收入的损失。这是全世界都面临的问题，各国经常通过征收增值税抵免进口关税减少带来的损失，尽管可能不足够抵免。对印度而言，征收增值税的权力属于各邦。意料之中的是，1991 年开始实施进口自由化，进口关税减少，2001～2002 年度关税收入占 GDP 的比重较 1991～1992 年度降低了 2 百分点以上。进口环节进一步自由化将带来这一比例的进一步下降。各邦为了提供有效率的基础设施，需要提高本地税收效率以抵补收入损失，这仍是一项重要挑战。

全球化带来资本和技术劳动力更大范围的国际流动，对资本和劳动力征税的难度大到使人畏缩。转移价格和对电子商务征税仅仅是所有困难中的两个例子。最近关于开辟几个经济特区的提议，引致一些避税港的产生，由此使统一经济体进一步割据。由于印度提供不少税收减免和优惠政策，征税基础小，所以税务监管水平需要提升以应对流动资本和劳动力带来的征税复杂性。

政治环境变化对财政"联邦制"形成的挑战

对印度财政"联邦制"最大的挑战是不断变化的政治环境。印度独立后的四分之一个世纪以来，中央和各邦实施一党制，对矛盾环境下制度及惯例的发展并没有帮助。随着政党之间的分化，以及中央和许多邦之间的竞争发展，出现了横向与纵向的矛盾关系。解决这些矛盾将持续成为印度未来几年的主要挑战。

另一个重要的政治现象是中央和各邦的地区政党出现了联合政府。有着不同理念的不同政党组成的联合政府，很难在关键政策问题上达成一致意见。当地区政党成为联合政府的"关键"成员时，它们倾向于获得各种特权——政治的和经济的，这使政府工作体制不是建立在规则基础上的而是随意的。对各邦的不平衡待遇将对印度联邦制的稳定性造成长期影响。

最后关于政治环境的讨论还涉及一点，即政党和政客的短视。在最近一次的议会选举中，只有32%的候选人再选成功。由于再选成功几率低，政党会不顾国家长期发展需要，采用能产生短期选举利益的政策。这对政策和制度的改革是不利的。

印度：联邦财政改革及未来展望

前面的分析指出了印度财政"联邦制"的主要特征，以及一系列问题，并试图发现在不断变化的经济和政治环境下，影响政府间财政系统职能的因素。为确保公共服务的供给效率，创造良好的商业环境，对财政"联邦制"的改革将持续成为重要主题。

对财政"联邦制"的改革应包括政策和制度方面的改革，解决的不仅仅是政府间财政系统内的问题，还包括政治和经济环境下产生的问题。一些改革措施是短期的，一些将是中长期的。

税制的改革

改革的起点是税收配置系统自身。出于多种原因，最好不要根据收入的来源划分收入税征收权。邦政府在中央收入税基础上同时再征收个人所得税，是成功的做法，这为邦政府提供了重要的税收工具。当然，转移支付机制会对税收体系中可能产生的资源分配不当进行校正。

消费税体系中的协调同样重要。从协调税收的角度来说，比较合适的做法是中央政府征收商品和劳务税（goods and services tax，GST），同时邦政府也享有一部分征收权。然而，要做到这点需要各邦的通力合作，而这从中期来看起来无法实现。中期来看可行的做法是允许中央和邦政府分别征收增值税。这需要重新分配征收对象，让各邦在消费终端征收商品和劳务税。对涉及跨邦的商品劳务在各邦之间进行征税分配，可能找不到完全满意的解决方案，但不管怎样，需要有一个折中方案。

另外，逐渐取消邦之间商品销售税的问题也很重要。这对消除各邦之间的贸易壁垒、建立国家统一市场有重要意义。同样需要注意的是，也可能取消货物入市税，允许城市地方政府对辖区内购买的货物征收额外增值税。这将进一步消除地方的贸易壁垒，同时让地方获得所需要的资源。同时，需要对主要商品法案（Essential Commodities Act）进行改革，解除该法案对商品自由流动的限制。

转移支付体系的改革

政府间财政最重要的改革项目是转移支付体系的改革。为了说明这点，有必要先明确财务委员会和规划委员会的工作职能。四十多年前行政改革委员会（Administrative Reforms Commission）曾提出一个提议，鉴于财务委员会享有宪法规定的权力，改革就在于将财务委员会转变为一个专业机构，该机构常设秘书职能，授予其补助提供职能。该专业机构还可监管由中央各部门赞助的专项转移支付资金。规划委员会的职能是在国家一级债券市场发展起来并能为贫困小邦提供协议贷款之前，负责国家基础设施建设。这样可以从全局角度看到各邦的预算[7]。

财务委员会还需要改变其工作方法和逻辑，设计出一套基于公式计算的转移支付计量工具，简单、公平且不会产生负向激励。要实现这点，一种方法是根据地区税收能力设计税收分权，对基础教育和医疗提供大量补助，平衡各地标准。

对中央赞助项目的改革应该集中于项目的合理性，并进行项目整合，将目前200多个项目减少到12个左右。对项目的合理化调整有利于实现项目在各邦的最低服务标准。

财政整合

形成20世纪90年代时期邦政府财政压力的一个重要原因是，中央政府转移支付占GDP的比例在下降。占GDP 1‰的下降转移支付中，大部分是关税收入持续下降引起的。尽管每五年财务委员会会重新考虑征税权的划分，但中央财政自身捉襟见肘，很难在近期让转移支付有显著增长。而且随着经济开放，以及在全球化环境下对流动资本和技术工征税难度加大，主要税项收入还可能下降，使得问题更加复杂。

财政问题最终的解决方案应该是整合中央和邦政府财政。第12届财务委员会已经提出调整方案，目的是实现政府财政可持续发展。方案要求将税收收入占GDP的比例提高2百分点，非税收收入占GDP的比例提高1百分点，收入支出占比降低约1.5百分点。这项调整是重中之重，如果不对整体财政进行整合调整，政府财政的改革将失去意义和效果。

地方政府改革

备受印度政策制定者关注的是，国家公共服务能力差、服务水平不断下降。立法修正案赋予地方政府提供公共服务的权力，但实际没有产生效果，而主要问题是地方政府尤其是农村地区政府，很少参与到公共服务建设上来。授权地方政府提供公共服务，只有提高人民在地方政府中的话语权才能有意义。要实现这点，一个重要方法就是合力改革地方税制，为地方发展筹集更多的地方资源。同样重要的是，整合各类地方政府项目，让地方政府有灵活处理权。而且应要求项目雇员向地方长官（panchayats）汇报工作，对其负责。要实现地方政府改革，前提条件是不同地区的收入、支出和其他经济变量的数据可以收集并用于制定政策。这对建立地方层面合理的转移支付体系也很有必要。

发挥政府间制度的效力

印度财政"联邦制"面临的主要问题之一是缺乏有效的冲突解决机制，因为在政府间充满激烈竞争的环境下，矛盾冲突容易激化。这从河水争端一事就足以证明。矛盾冲突可能来自纵向（不同层级政府之间），也可能来自横向（同级政府不同部门之间）。事实上，为了提高政府部门之间的合作力，有必要提高此类政府部门的效力，如国家发展委员会和邦间委员会（Inter-State Council）。随着中央联合政府产生、邦内地区政党掌权、地区政党成为中央联合政府的关键成员等情况出现，这个问题变得更加重要。

尽管国家发展委员会和邦间委员会在过去所作所为值得称赞，但仍有必要让其站在舞台中央，对政府间的竞争进行监督管理。实际上，邦间委员会作为立法成立的机构，并未依法承担起其应负的职责。最典型的例子就是邦间税收协调和引入增值税的问题，改革完全由邦财政长官授权的委员会设计主导，与邦间委员会毫无关联。随着邦政府之间销售税逐步取消，减轻商品流出邦税负的税收体系引入，解决邦政府之间矛盾问题的需求将更加迫切。

　　尽管印度政府间财政制度存在缺点，但必须指出的是，这套制度已经为印度效力五十多年。这么多年来，这套制度显著提升了政府之间的平衡性，建立了行之有效的体系，以解决中央和邦以及邦和邦政府之间存在的问题，并随要求改变不断调整，促使这个又大又多样化的国家形成一定程度的凝聚力。毋庸置疑本章指出不少需要改革的领域，但最重要的是这套制度非常欢迎改革。

注释

1　联邦论坛上关于联邦制的全球对话栏目中，有关于印度联邦制的分析。参见 Bakhtaran Majeed，"Republic of India,"in *Constitutional Origins*，*Structure and Change in Federal Countries*，ed. John Kinkaid and G. Alan Tarr，180—208(Montreal：McGill-Queen's University Press，2005)；George Mathew，"Republic of India,"in *Distribution of Powers and Responsibilities in Federal Countries*，ed. Akhtar Majeed，Ronald L. Watts，and Douglas M. Brown，155—80(Montreal：McGill-Queen's University Press，2006)

2　对于造成印度宪制上中央与地方割据的详细分析，可参见 A. K. Chanda，*Federalism in India*（London：George Allen and Unwin Ltd.，1965)

3　本章中，我交替使用"联邦"和"中央"两种说法

4　三个新分出的邦是贾坎德邦(从比哈尔邦分出)、恰蒂斯加尔邦(由中央邦分出)，以及北安查尔邦(从北方邦分出)。前两个邦仍属于一般类别邦，后一个邦属于特殊类别邦

5　经济大环境下的联邦财政政策和制度的改革分析参见 M. Govinda Rao and Nirvikar Singh，*Political Economy of Federalism in India*(New Delhi：Oxford University Press，2005)

6　关于财政联邦制为适应发展变化中的经济而应有的改变相关详细论述，参见 M. Govinda Rao，"Fiscal Federalism in Planned Economics,"*Handbook in Fiscal Federalism*，ed. Etisham Ahmad and Georgio Brosio，212—28(Cheltenham，UK：Edward Elgar，2006)

7　对财务和规划委员会更详细的分析，参见 M. Govinda Rao and Nirvikar Singh，*Political Economy of Federalism in India*（New Delhi：Oxford University Press，2005）；Nirvikar Singh and T. N. Srinivasan，"India Federalism, Globalization and Economic reform,"*Federalism and Economic Reform in a Globalizing Environment*，ed. T. N. Srinivasan and Jessica Wallace，258—82(Cambridge，UK：Cambridge University Press，2005)

Federation of Malaysia

Capital: Kuala Lumpur
Population: 24.8 Million (2002)

Boundaries and place names are representative and do not imply any official endorsement.

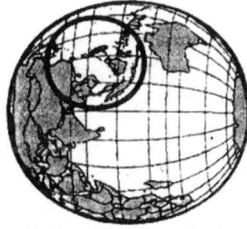

Sources: ESRI Ltd; CIA World Factbook; Times Atlas of the World

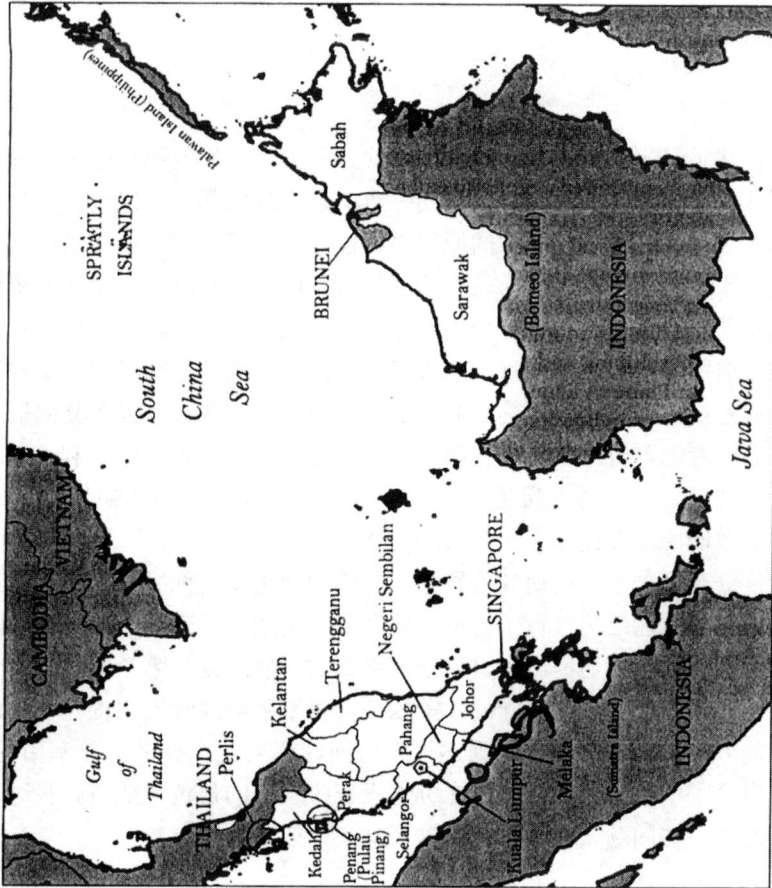

马来西亚

山卡兰·纳姆比亚(Shankaran Nambiar)

本章论述了马来西亚联邦制的实践模式。马来西亚采取的是中央主导的联邦制度，其认为联邦制度能与国家计划相一致。自实施联邦制度以来，马来西亚发展极为迅速。采用联邦制度最初的原因也许已经消失了，因为最初采用联邦制度的目标发展水平已经实现。然而，由于联邦制度给中央政府控制州政府提供了许多方式，联邦制度的中央主导职能仍然保留。原因之一是联邦制度使中央政府不受个别州政府需要的干扰而通过国家方案。第二个可能的原因是这种集权制度使得执政党通过中央政府确保其奖赏制度能够保留。这对执政党或者其同盟党派控制的州政府在考虑财政拨款时受青睐，而对反对党控制的州政府不利。同时，马来西亚的联邦制也存在两个问题：第一，政治考虑与发展、财政问题纠缠不清；第二，中央政府的需要优先于州政府的需要。

第二部分对马来西亚的地理位置和一些相关的主要指标做了全面的介绍；接着对马来西亚的政府结构进行了讨论；然后简单论述了马来西亚的政府体系，描述了财政权力的划分，还提出了财权划分导致的一些问题。第三部分提出在宏观经济管理中财政政策是怎样实施的。第四部分讨论了财政收入职责在中央政府与州政府间的分配。第五部分试着阐述了政府间转移支付在公平与效率中的作用。第六部分讨论了中央政府和州政府在资本投资中各自的角色。随后，我讨论了有关公共管理的一些问题，最后试着指出了马来西亚的发展方向。

概述

马来西亚一部分地处泰国南部的一个半岛上，东部是南中国海，西濒马六甲海峡。马来西亚的这部分土地也被称为马来西亚半岛或者西马来西亚。东马来西亚为同属婆罗洲岛的沙捞越(Sarawak)地区和沙巴(Sabah)地区的合称。西马来西亚位于南亚大陆的最南端，由吉兰丹(Kelantan)、登嘉楼(Terengganu)、彭亨(Pahang)、柔佛(Johor)、马六甲(Melaka)、森美兰(Negeri Sembilan)、雪兰莪(Selangor)、霹雳(Perak)、吉打(Kedah)、槟城(Penang)、玻璃市(Perlis)等州组成，与东马来西亚被南海分开。马来西亚是由 13 个州和 3 个联邦直辖区[吉隆坡(Kuala Lumpur)、布特拉和纳闽]组成的联邦国家(表 1)。

表 1　地理和政治基本指标

地理	
位置	位于东南亚，马来半岛与泰国接壤，北部为婆罗洲岛的 1/3，与印度尼西亚、文莱、中国南海、越南接壤
面积	总面积：329 750 平方千米 陆路面积：328 550 平方千米 水域面积：1 200 平方千米
人口数量	24 385 858(2006 年 7 月)
民族	马来人：50.4% 华人：23.7% 印度尼西亚人：11% 印度人：7.1% 其他：7.8%
政府	
政府类型	君主立宪制 注：名义上受马来西亚最高元首和两院领导，国会包括实施任命制的上院和实施选举制的下院； 除了马六甲、槟城外的马来西亚半岛州实行世袭苏丹制；马六甲、槟城和东马来西亚的沙捞越地区、沙巴地区由政府任命州元首； 州政府的权力受联邦宪法的限制； 联邦制度下，沙捞越、沙巴拥有一定宪法特权(如拥有自己的移民权)；沙巴在众议院拥有 25 席，沙捞越在众议院拥有 28 席
立法	两院制国会，由参议院或上议院(70 席，其中，由最高元首任命 44 名，州立法机关任命 26 名)和众议院或下议院(219 席，由选举产生，每五年选举一次)组成 选举制：众议院 选举结果：众议院
司法	联邦法院(法官由首相提名，由最高元首任命)

马来西亚总面积 329 736 平方千米，其中，东马来西亚占 198 154 平方千米。东马来西亚两个州，沙捞越地区面积大，占 124 445 平方千米；沙巴地区占 73 709 平方千米。马来西亚人口总数为 2 500 万，其中，大多数(94%)为马来西亚公民。马来西亚是一个多民族的国家，人数最多的是马来人(65%)，华人占人口总数的 25%，印度人占少数(7.7%)，其他的包括当地土著居民、欧洲移民以及柬埔寨人、泰国人和越南人。东马来西亚非马来人占多数，马来人和华人人数不到东马人总数的一半；与东马来西亚不同，马来西亚半岛的马来人、华人和印度人占多数。

除了民族划分，宪法还特别认定了一类"马来西亚土著人(bumiputera)"。马来西亚土著人是指马来人和父母中至少有一个是马来人以及融入了马来文化中的这些人。原则上，马来人是穆斯林，因为当地制度通常不允许脱离伊斯兰教，认为脱离伊斯兰教是一种背信的行为。当地土著人也被称为"马来西亚土著人"。这种分类有重要的意义，后面我们会提到。这里必须指出，由1969年5月爆发的种族歧视暴力事件可以看出，在国家权力范围内给予马来西亚土著人权力的至关重要性。这次暴力事件很大程度上是马来西亚土著人的经济萧条导致的，促进了旨在消除民族收入分化和帮助那些被排除在经济参与之外的人的新经济政策的制定[1]。

马来西亚于1957年脱离英国控制取得独立。自那时起，马来西亚迅速由一个农业国变为工业国。1970年，马来西亚的GDP(现行价格)为118.3亿令吉(约合32亿美元)；2005年，上升到4 873.8亿令吉(约合1 323亿美元)。与GDP的增长一致，马来西亚的人均GDP也增长了。2005年马来西亚人均GDP为18 652令吉(约合5 084美元)，而1970年其人均GDP仅为1 087令吉。马来西亚现在是一个出口导向制造业国而不是一个农业国了[2]。1961年，农业约占GDP的39%，而2005年农业仅占GDP的8%。1961年，制造业仅占GDP的9%，1981年翻了一倍多，达到19.6%，2005年则接近32%。近年来，服务业占GDP的比重平稳增长，1961年为42.5%，2005年增长到约58%。

独立后，马来西亚经济的增长率与它的着重点的转移相一致。出口的强势增长是马来西亚经济取得快速增长的主要原因[3]。20世纪70年代，马来西亚的出口平均增长率为7.5%；80年代出口年平均增长率降为5.8%；90年代又上升为7.1%。1997/1998年亚洲金融危机期间，马来西亚的实际GDP降到了最低水平，随后才慢慢恢复。尽管2000年马来西亚GDP增长率达到8.5%，但在2000～2005年，其GDP平均增长率仅为5.2%。

马来西亚的宏观经济数据是马来西亚有效贸易和投资政策、谨慎的宏观经济管理的结果，谨慎宏观经济管理为马来西亚创造了一个可以消除外部冲击的弹性经济。马来西亚政府对国家的未来尤其是2020年实现发达国家的目标非常乐观。这个想法被前首相马哈迪·穆罕默德确定为政策声明并且在马来西亚2020年远景中提到。

政府结构和财权的分配

1956年，里德委员会组建，目的是修改宪法中对"联邦制"的规定。1957年的宪法是里德宪法草案的修订版。依据里德委员会的建议，1957年的宪法赋予中央以强权；州政府之间的权力划分是公平的，但与中央比较是不公平的；中央管理着所有重大事件[4]。马来西亚独立后，联邦政府的组成发生了几次变化。1963年，沙捞越、沙巴和新加坡加入了联邦政府，迫使宪法进行了修订。1966 年，新加坡脱离联邦政府，宪法进行了再次修订。

马来西亚是一个奉行议会民主制的君主立宪制国家[5]。国会实施由众议院（下议院）和参议院（上议院）组成的两院制。参议院是实施任命制的上院，而众议院是实施选举制的下院。参议院由 69 名议员组成，包括 13 个州每州指派的两名议员和由首相提名、国王任命的 43 名议员。明显的，由各州任命的议员大大少于由联邦政府任命的议员。国王或者国家最高元首掌控议会，并且有五年任期。最高元首由宪法规定的统治者会议任命。统治者会议成员由马来西亚半岛 9 个州的世袭苏丹和马六甲、槟城、沙捞越、沙巴 4 个州（没有世袭苏丹）的州元首组成。马六甲、槟城、沙捞越、沙巴 4 个州的州元首不参与国王任命，但是其州元首由国王每四年任命一次。

马来西亚的宪法将联邦权力分为立法权、司法权和行政权[6]。与联邦制概念一致，这种权力划分在联邦政府和州政府都存在。宪法第 39 条规定，联邦行政权（或者管理权）隶属于国王办公室，但是可以由首相领导的内阁运行，首相和内阁都向国王负责。宪法第 121 条指出，司法权属于联邦法院、高级法院（马来西亚高级法院和婆罗洲高级法院）和由合议法院、地方治安法院和（马来半岛和婆罗洲）土司法院组成的初等法院。各州不设自己的法院也没有自己的宪法。

立法权或者说制定法律、征税和管理财政支出的权力由联邦政府和州政府共享。联邦宪法的第 9 条列表列出了联邦政府和州政府之间立法权的划分。在联邦政府，立法权由联邦议会执行；在各州，行政权由各州的实际领导——苏丹（西马来西亚的 9 个州）和州元首（马六甲、槟城、沙捞越、沙巴 4 个州）拥有。每个州都有自己的行政委员会，这些行政委员会与联邦政府的内阁类似，且其成员每五年选举一次。州行政委员会由州务大臣或首席部长领导，首席部长职位适用于槟城、马六甲、沙巴、沙捞越 4 个州，其他各州拥有州务大臣。每个州都有自己的立法机构或州立法会议，州立法会议的成员每五年选举一次。

联邦宪法第 9 条列表详细列出了立法权的划分以及联邦政府与州政府间的职责。它包括三个列表，即联邦列表、州列表和共同列表。联邦列表包括的项目有外交、国防、社会治安、民法、刑法和行政公平。下列事务同样属于联邦列表：①商务、贸易和产业发展；②船舶、航海和捕捞；③邮电通信和运输；④医疗卫生。归属于州职责范围内的事务包括穆斯林事务和习俗、地方法律和地方习俗、农业和森林、地方行政、地方公共服务、边境房屋、墓地、市场经济和集市、电影院和剧院的特许经营。最后，联邦政府和州政府的共同列表包括社会福利、奖学金、城镇规划、排水灌溉、房屋建筑、文化体育和公共健康。

联邦宪法给予州政府的立法权限高于地方政府。地方政府可以分为农村地区会议和城市中心，城市中心包括城市会议和自治市中心[7]。无论何种类型（如农村、城市），所有的地方政府都执行同样的职能。州政府每五年选举一次，有权任命各种会议(农村、城市或者自治市)的主席。同样，地方会议也实施任命制。这些任命每三年一次，如果州政府认为有必要可以再任命。地方会议通过委员会结构运行，州政府建立行政或者其他委员会，并且这些委员会由地方会议主席领导。

州政府必须处理三个问题。第一，它们必须处理可信度问题，尽管州立法机构是选举出来的，但是地方会议的成员并不通过选举产生。自 1965 年起，地方会议就没有再选举过。这是《紧急(地方政府选举停止)条例》(1965 年)和《紧急(地方政府选举停止)修订条例》(1965 年)的结果。由于地方会议是被任命的，它就没有通过选举程序才能形成的可信度。对于低层级的地方政府而言，它们担心由于缺乏可信度而被州政府削弱可能产生的问题。

第二，地方会议成员忠于他们所代表的政党而不是他们所代表的选民。在现有的制度安排下，当各种选民的利益与联邦政府的整体目标相矛盾的时候，联邦的议案更有可能得到优先考虑。例如，执政党是由马来国家联合党(United Malay National Organization，UMNO)主导的几个民族政党同盟时，就不排除马来国家联合党的议案最终会通过的可能性。取消地方议会议员选举制度意味着马来国家联合党成员会对他们的忠诚是否能为政党领导或公众人物所掌握非常在意。

第三，在考虑联邦列表、州列表和共同列表的划分方式时，事情会变得更加麻烦。毫无疑问，外交事务、国防、国籍、刑法、民法和社会治安应该归属于联邦列表范围。然而，对州列表解释表明它是非常有限的，除了像地方政府、公共服务、州政府机器、州就业和水利，其他归属于州列表的事务很少与各州自然资源或者发展有直接的联系。地方法、土地调查、图书馆和博物馆属于超出州政府控制范围的其他事务。明显，这些归属于州列表的事务或是只有州政府才能解决(如地方政府和州就业)或是与中央没有多少利益关系(如土地调查、图书馆和博物馆)。实质性事务或由中央直接决定或像现在这样由中央和州政府共同决定。

各州不能对关乎它们发展的重要事务进行控制，这是非常令人困惑的。邮电通信、运输、教育和医疗卫生等重要事务完全超出了州政府的控制范围。这限制了州政府对这些事务的影响能力，使各州的经济发展与中央的相机决策政策相差甚多。例如，槟城一直抱怨其糟糕的交通拥堵情况，希望建造第二座通往本土的大桥。但其只能等待联邦第九个马来西亚规划对岛内交通进行改善和对第二座通往马来西亚半岛大桥的方案进行审批。

拒绝给予州政府对教育事务的决策权是中央阻碍州政府分权和担责的另一个例子。已有多份报告称农村地区和林区的一些学校教学设施落后、缺少维护。其中一份报告推测，假如州政府对教育负责，可能会有助于这些教育问题的解决。而且，假如教育是州政府的事务，可能会更容易对州政府施压以提高教学质量，而不像现在只是给予州政府一些教育自主权，且中央一直把教育自主权当成大选中争取选票的工具。在最近两次大选中，执政党联盟国民阵线(Barisan National，BN)把给由反对党派——泛马来西亚伊斯兰党或泛马来西亚回教党(Parti Islam Semalaysia，PAS)控制的吉兰丹建设一所大学的承诺作为其选举活动中的一项。这个承诺即将实现，因为联盟国民阵线在上次大选中已经重新取得了对吉兰丹的一些控制权。联盟国民阵线是由代表马来西亚三个主要民族的三个主要政党组成，而泛马来西亚伊斯兰党或泛马来西亚回教党是一个希望通过执政活动将马来西亚带回为一个伊斯兰国家、实施伊斯兰法律的伊斯兰政党。给吉兰丹拨款建立大学的计划已经在第九个马来西亚规划中宣布。这个例子清晰表明有时州发展仅被作为一个次要因素，次于政治压力因素。

中央政府似乎不愿意把权力分给州政府，这也许是马来西亚最初的宪法导致的。之前已经提到，里德宪法草案在宪法颁布前执行宪法职能，里德委员会认为联邦政府应该拥有强权。虽然州政府在土地等方面的权力可以忽略，但是似乎中央政府应该避免来自州政府能够干扰国家计划进程的任何提案。对于财政关系，里德委员会认为通过减少州政府的职能范围和确保中央政府给予必要的补助可以实现州政府的财政自治。也许就是这些原因导致了中央政府偏好中央集权，我们很容易看到中央集权偏好的历史足迹仍旧被保留着。

现行体制是允许联邦国民阵线控制州政府的体制。在这种体制下，中央政府很有可能惩罚那些由反对党控制的州，而奖赏由联邦国民阵线控制的州[8]。中央政府实行的是从紧控制，确保州政府必须依赖中央政府来执行发展方案。从承诺在吉兰丹建设大学的例子可以看出，这同样激励中央政府关注反对党的成长。假如中央政府准备支持在马来西亚伊斯兰党或泛马来西亚回教党控制的州建立一所大学，这相当于表明作为神权政党的马来西亚伊斯兰党或泛马来西亚回教党可以成功满足其选民的需要。这就很有可能增大政治对手马来西亚伊斯兰党或泛马来西亚回教党的利益，甚至会威胁到宣称维护马来西亚土著人权利的联邦国民阵线。

有关石油生产的财政问题也表明中央政府偏爱集权[9]。1974年颁布的《石油发展法案》规定对石油产出收入征收的权利金的5%分配给石油产出的所在州；权利金的5%上交给联邦政府；权利金的20%作为成本补偿基金；权利金的21%作为利润留给生产企业，剩下的49%应该交给马来西亚国家石油公司。马来西亚国家石油公司是国会通过《石油发展法案》(第144条)设立的。然而，生产石油的州只有三个，即登嘉楼、沙巴和沙捞越。

有关石油生产的财政问题有几点应该引起注意。《石油发展法案》从法律上规定所有的州给马来西亚国家石油公司在它们领域内开采石油和天然气的特权，这意味着州政府无权在它们的领域内开展石油产业；除了《石油发展法案》规定给的5%的权利金外，州政府无权再参与分配马来西亚国家石油公司开采石油和天然气所产生的利润。法案指明只有马来西亚国家石油公司有权开采石油和天然气、负责与石油和其相关产品产业的所有事务发展，其中包括所有的下游行业。而且，马来西亚国家石油公司只对首相(不是对州政府)负责。相关石油生产州被排除在石油生产所产生的财政收入分配外是与它们没有任何超越国家石油公司的司法权相一致的。中央政府对石油生产州运用财政垄断的案例充分证明了联邦政府偏好加强中央的权力和职责。

三个石油生产州——登嘉楼、沙巴和沙捞越没有快速发展起来成为马来西亚的发达州。实际上，根据一些经济指标，这三个州并未得到很好的发展。在贫困率方面，三个州里有两个表现落后：沙巴是马来西亚贫困率最高的州，同时，登嘉楼是马来西亚第三贫困州。从发展综合指标看，三个州都被分类为欠发达州。槟城、雪兰莪和吉隆坡(马来西亚首都)在发展综合指标上平均得分达 139 分，然而沙巴、沙捞越和登嘉楼平均得分仅为 120。尽管存在这些差异，联邦政府并没有打算用来自石油生产及相关产业的财政收入来发展这三个州。2001 年的一个事件突出表明中央和州之间财政关系没有把公平考虑进去。当时，联邦政府要求马来西亚国家石油公司停止将权利金分配给登嘉楼州，然后登嘉楼州起诉了国家石油公司，因为法律规定登嘉楼州应该得到权利金的 5%。事件发生时，登嘉楼州被马来西亚伊斯兰党或泛马来西亚回教党控制着。

前面的讨论提出了几个问题。第一，划分给州的职责范围非常有限，包括在自治权、控制权和财政收入方面均存在限制。第二，政治因素优先于各州的发展，结果导致州的发展完全服从于国家议程，各州处于被动局面，不能得到足够联邦分配的财政资金用于州发展，因而抱怨不断。第三，这种被动局面没有考虑州之间的差距和公平(如联邦政府议程里没有将缩小州与州之间的不公平作为目标)。州政府财政预算分配似乎没有把消除州与州之间的差距作为目标，也没有考虑各州经济发展权被剥夺的问题。因此，我们认为，就财政支出的分配而言，没有给欠发达的州应有的待遇，武断地将在一个州领域内取得的财政收入不断上交联邦政府会产生更多的问题。

财政"联邦制"和宏观经济管理

大多数情况下，提到财政政策必然涉及中央集权。中央政府不仅仅集中了财政政策的权力还掌握了预算分配。宏观经济管理的手段之一是财政政策，因此宏观经济管理权也集中在中央政府及其相关部门的手中也就不足为奇了。1997/1998 年金融危机后，这种趋势更加明显，它清晰地表明中央掌握和控制了财政政策执行的权力。

财政政策调控金融经济危机的检验清楚地表明联邦政府完全掌握了用于调控经济危机的财政工具。在几乎所有的案例中，调节危机的手段都列在联邦列表中。显然，州政府对于经济危机的财政补救受到严格限制。

财政措施的集权程度如此之高并不令人感到奇怪，财权和职能集中在联邦政府手中。中央政府与州政府有商量余地的共同列表仅限于社会福利、城镇规划、房屋建设、公共卫生、排水和灌溉等事务。州政府被排除在重要事务控制权外，仅拥有地方行政、土地、州政府行政和地方公共服务等事务权力，明显，州对左右它们发展的财政只有有限的权限（表2）。

表2　马来西亚：联邦政府和州政府职能汇总

联邦政府	州政府
1. 外交	1. 穆斯林法律和风俗
2. 国防	2. 土地
3. 社会治安	3. 农业和森林
4. 民法、刑法和社会公平	4. 地方政府
5. 国籍和外国移民	5. 地方公共服务；边境房屋、墓地、牲畜栏、市场
6. 联邦政府机器	经济和集市、剧院和电影院的特许经营
7. 金融	6. 州就业和水利
8. 商业贸易和产业发展	7. 州政府机器
9. 轮船、海运和捕捞	8. 州假期
10. 邮电通信和运输	9. 州咨询
11. 联邦就业和电力	10. 州咨询，与州务有关的犯罪和补偿
12. 服务、咨询和研发	11. 海水和河水捕捞
13. 教育	沙巴和沙捞越特权
14. 医疗卫生	12. 本地法律和风俗
15. 劳动和社会安全	13. 州立机构和其他主体的合并
16. 土著居民的福利	14. 除归于联邦政府外的港口
17. 专利许可	15. 土地调查登记
18. 联邦假期和标准时间	16. 沙巴和沙捞越的铁路
19. 社会团体	
20. 农业害虫控制	
21. 出版	
22. 审批	
23. 剧院和电影院	
24. 合作组织	
25. 消防	

共同职能	沙巴和沙捞越的共同职能
1. 社会福利	17. 个人法
2. 奖学金	18. 食品和食物掺假
3. 野生动物和鸟类保护；国家公园	19. 15吨以下轮船
4. 动物饲养	20. 水电
5. 城镇规划	21. 农业和森林研究
6. 流浪人口和小商贩安置	22. 慈善和慈善基金
7. 公共卫生	23. 剧院、电影院和娱乐场所
8. 排水和灌溉	
9. 矿区土地和水土流失土地的复原	
10. 消防设施	
11. 文化和体育、房屋建设	

资料来源：《马来西亚宪法》，"立法条例"第九计划（第74、77条）

收入筹集职责的相关问题

马来西亚宪法决定了联邦政府与州政府之间的关系，它试图从精神上提供中央和地方政府间权力和职责的框架。尽管联邦政府和州政府应该互补，但是事实并非如此。各州尤其是那些由反对党控制的州经常抱怨它们在财政上的职能范围狭窄，虽然宪法具有联邦性质，但是财权正在不断地集中(表3)。

表3　马来西亚：联邦政府和州政府的财政收入概览

联邦政府	州政府
税收收入	
1. 直接税	1. 石油产品的进口税和消费税；
ⅰ 所得税	沙巴地区和沙捞越的木材和其他林产品的出口税；
个人所得税	各州的棕榈油出口税
公司所得税	2. 森林
合伙企业所得税	3. 土地和矿产
石油税	4. 娱乐税
发展税	
ⅱ 财产和资本所得税	
产业盈利税	
房产税	
2. 间接税	
ⅰ 国际贸易税	
出口税：棕榈油、石油	
进口税：烟草、雪茄、卷烟、石油、汽车、进口附加税	
ⅱ 生产消费税	
消费税：重燃油、石油、酒、汽车	
销售税	
服务税	
ⅲ 其他税	
印花税	
赌博税	
博彩税	
彩票税	
娱乐税	
彩池税	

续表

联邦政府	州政府
非税收入和非税项收入	
1. 公路税	1. 特许收费
2. 特许收费	2. 权利金
3. 服务费	3. 服务费
4. 罚款和没收	4. 商业企业、水利、煤气喷口和港口
5. 利息	5. 土地销售收入
6. 外国政府和国际组织捐款	6. 州财产租金
7. 支出退还	7. 天课(zakat)、布施(fitrah)、反强迫劳动(Bait-ul-Mal)
8. 来源于其他政府机构的收入	和类似于伊斯兰宗教的收入
9. 权利金	8. 股息、红利和利息
	9. 联邦政府拨款和补偿

　　宪法明确将财政收入来源划分给联邦政府和州政府。联邦政府拥有所得税、财产税、资本所得税和房产税等直接税收入。联邦政府的其他财政收入包括进口税、出口税、消费税和印花税等间接税；商品销售税、服务费、赌博税、博彩税和彩票税等。公路税、特许收费和服务费等也归入联邦政府。

　　相比较而言，州政府在财政收入上灵活性不够，它们仅限于对石油产品征收进口税、消费税，对木材和其他森林产品征收出口税，对棕榈酒征收消费税。其他财政收入包括森林、土地和矿产收入以及娱乐税。州政府同样有特许权使用费、权利金、服务费、商贸企业利润、土地销售收入和州政府资产租金等非税收入。联邦政府转移支付、宗教税[13]和其他伊斯兰收入也属于州政府的收入来源。

　　宪法赋予联邦政府设立财政机构和征收所有的税和非税收入的专有权。然而，考虑到联邦政府和州政府间的财政收入来源划分，我们会被二者之间的差距震惊[14]。联邦政府和州政府间的财政收入来源划分非常清楚地表明财政收入来源高度集权，收入来源大多数归于联邦政府。这种情形下，州政府的财政自主不可能实现。虽然马来西亚是一个小国，但是仍旧有很多原因表明财政分权应该不断形成。第一，财政分权给予州很大的灵活性和自主权，决定它们各自的经济发展计划。第二，更多的财政分权会提高州政府的效率和责任心，激发更好的管理。第三，财政分权会减少政治保护。第四，财政分权可以使联邦政府专注于全局协调职能，而不是像现在一样给每个州都制订方案并实施计划。联邦政府应该做好以下两个方面的服务：①协调州之间的政策和组织机构；②确保横向转移支付的执行，以实现州之间的横向公平。

　　有充分证据表明联邦政府并没有打算将征收税收的权力下放。绝对数上，马来西亚所有州的财政总收入自1985年上升到现在的水平；但是，州政府收入的平均增长率近年来一直在下降。1995～2000年，州政府财政收入年平均增长率为4.9%。然而，州政府财政收入总数年平均增长率在 2000~2005 年下降到只有 2.5%，表明州政府征集收入的能力下降了。联邦政府财政收入增长率并没有下降[15]。1995~2000 年，联邦政府财政收入年平均增长率为 4.4%，但是在 2000~2005 年联邦政府财政收入年平均增长率为 14.4%。明显，州政府与联邦政府处于不同的环境。这种趋势似乎表明联邦政府的收入来源在增加，同时州政府的收入来源在减少。

就马来西亚半岛地方政府的收入来源而言，1976 年的《地方政府法案》第 39 部分第 3 条已经做了基本规定。同样，在沙巴地区，1961 年《地方政府条例》规定了地方政府的财政收入；在沙捞越地区，1948 年的《地方管理条例》也规定了地方政府的收入。地方政府的财政收入包括税收、利息、租金、费、罚款和财产收入[16]。地方当局收入同样还来源于联邦政府和州政府的拨款和捐款。住房部、地方政府对所有的地方当局的收入来源都做了分类。列出的六类财政收入包括：①评估费、特许权使用费和租金；②政府拨款（包括公路拨款）；③停车收费；④筹划费；⑤综合收费、罚款和利息收入；⑥高层级政府或金融机构的贷款。

各种法律条款规定的收入来源并没有根据地方政府的情况变化进行修改，这造成州政府与地方当局之间的纵向不平衡。地方当局抱怨地方部门的一项重要收入来源——财产评估税的增加必须经过州政府和相关委员会烦琐的政治程序才能得到批准。同样，财产的年价值变化或者增加值（销售价格）的再次评估需经过一道时间很长的程序。这些变化很难发生，结果是评估率一直保持不变。尽管地方政府法案规定评估税的最高税率为财产年价值的 35% 或者财产增加值的 5%，但是实际上并没有实施。地方当局受到了最大可能评估率的限制，马来西亚所有地方当局实际的平均水平为 9.8%，远远低于可以征收的最高税率。地方当局还面临它们能否真正改变税率的限制，因为任何人试图提高税率都会遭到政治对手的非议。事实上，地方当局发现即使用评估税来偿还借款都很难，雪兰莪的许多地方当局有高达 2 000 万令吉（540 万美元）的债务。

地方政府的另一个重要收入来源是特许收费。特许收费来源于批准如数码摄影店、小商贩、食品店、典当铺、金店、饭店和自助洗衣店的成立所收取的费用。从这些收入来源取得的财政收入是地方政府试图控制和管理这些商业经营的直接结果。同样，这些商业的规模都非常小，任何试图提高这些商业的税率的做法都很有可能遭到很强大的政治非议。地方政府完全意识到了提高特许收费只会强烈影响小商业和小企业，而不会显著提高财政收入。这种行为对任何分配主体都无益，它只会导致政治上的损失。

马来西亚的州政府在财政收入的征收中只有有限的权力。分配给州政府的收入来源非常有限，导致许多州政府赤字频发，这种现象进而导致州政府不得不依赖联邦财政的拨款。对部分州政府来说唯一缓解的办法是靠石油权利金取得的财政收入或者林产品的税收收入。然而大多数州既没有石油也没有林产品，意味着它们主要靠联邦政府的支持。除了那些工业化高度发达、高度城市化的州外，州政府的财政收入十分有限。

州政府间存在着横向发展不平衡的问题，各州内也存在着纵向不平衡。地方政府的收入来源有限，导致地方当局很难取得收入。那些能提高财政收入的收入来源(如评估税、许可收费等)非常敏感，因为提高它们可能会违背均衡分配增加收入的本意，招致很多选民的政治报复[17]。

对财政公平和效率的关注以及政府间财政转移支付

鉴于马来西亚联邦政府的高度集权，有必要讨论联邦政府是怎样认识公平和效率问题的。当然，这些问题可以用财政转移支付来调节，因为转移支付可能平衡州之间的不公平。因为有必要再次考察联邦政府的财政转移支付的现状和历史，看看它是怎样处理这些紧要问题的。

马来西亚各州之间的贫困水平、人均收入水平和发展水平差距很大，它们覆盖的面积也相差甚大。这些差别导致了不平衡，联邦政府给州政府的财政转移支付理应消除这种不平衡。的确，转移机制的一个重要功能就是支持发展落后的州。同样的，处于不同发展阶段的州也有在基础设施建设、教育和卫生保健等领域的不同发展需要。考虑到均衡发展任务的艰巨性，联邦政府应该重视州之间的不平衡发展和不同的发展需要。在马来西亚，州政府权力和收入来源有限，非常依赖于联邦政府，财政转移支付就尤为重要，具体的转移支付情况见表4。

表4 联邦政府发展支出：职能分类　　　　单位：百万令吉

| 年份 | 总支出 | 国防和安全 | 经济服务 | | | | | | |
			小计	农业和农村发展	贸易和产业	运输	公用事业	其他	小计
1995	14 051	2 888	6 440	1 360	1 218	3 151	654	57	3 513
1996	14 628	2 438	7 693	1 182	1 212	4 530	733	36	3 984
1997	15 750	2 314	7 501	1 105	1 285	3 578	1 496	37	4 919
1998	18 103	1 380	9 243	960	3 227	3 062	1 968	26	5 783
1999	22 614	3 122	8 969	1 088	2 798	2 893	1 850	340	6 936
2000	27 941	2 332	11 639	1 183	3 667	4 863	1 517	408	11 076
2001	35 235	3 287	12 725	1 394	4 830	5 042	1 092	367	15 384
2002	35 977	4 333	12 433	1 364	3 474	5 401	1 808	387	18 043
2003	39 353	6 029	13 793	1 620	3 456	7 354	920	443	17 707
2004	28 864	4 133	11 851	2 881	1 201	6 630	945	193	10 260
2005	30 534	4 803	14 957	2 482	3 221	7 660	1 481	112	7 450

注：由于州级数据不可得，因而功能支出的比较未包含州层面

资料来源：2006年12月《统计月报》

政府间的财政转移支付除了可以减少州之间的不平衡外,还可以使地方当局履行它们的职责。在马来西亚,政府间财政转移支付包括新建拨款、年度均衡拨款、发展项目拨款、公路维护以及排水系统拨款和平衡拨款。新建拨款是指拨给州政府用来重建地方机构以扩大服务范围或发展基础设施的基金。这种类型的拨款是基于土地面积和人口数量计算的。

年度财政平衡拨款(annual equalization grant,AEG)用来弥补或者平衡地方当局财政能力(fiscal capacity,FC)与财政需要(fiscal need,FN)之间的短缺。联邦政府拨款给马来西亚半岛的地方当局与 1981 年的《州拨款(用于地方机构的维护)法案》一致。沙巴地区和沙捞越地区受自己的地方政府法案条例的管理,不能享受这个好处。年度财政平衡拨款是基于地方当局财力与财政需要的短缺来计算的。财政需要基于地方当局的总人数、人口密度、地方当局管辖的地理面积、地方当局的社会经济发展水平和贫困率来计算。住房部与地方政府用下列方程来计算财政能力:财政能力=1/2×[(8.9%×年度价值)+行政管理收入][18]。财政短缺(fiscal residuum,FR)是财政能力与财政需要的差额(FR=FN-FC),联邦政府不必弥补所有的财政短缺,而是按照 15% 的财政短缺额拨付年度均衡拨款。以财政拨款弥补所有的财政短缺会使其成为联邦政府财政的一个沉重负担。

发展项目基金同样需要住房部与地方政府的批准,是为了维持社会经济发展方案的运行。至于各州这些方案的决策的影响力取决于它们是否有权做出满足它们需要的决定;然而,这些决策都是集中制定的。当然,这些项目必须与国家发展方案相一致。地方当局希望这些基金用于基础设施建设、公共设施和管辖区内的城市美化。这些基金还可以用于公园维护、购买机器设备和卫生事业等项目。假如有对发展基金的基本需求,尤其是涉及马来西亚本地企业的发展或马来西亚本地工业区的发展,就会促成马来西亚土著人社区的繁华。另外两类拨款是给公路维护和排水系统的拨款。

假如政府间财政转移支付的目标是为了促进州与州之间的公平,贫困是决定财政转移支付方式时需要考虑的一个指标。1995 年,雪兰莪的贫困率为 2.5% 左右,是贫困率比较低的州之一。当年,联邦直辖区的贫困率更低(0.7%),其他贫困率低的州有槟城(4.1%)和柔佛(3.2%)。相反,吉兰丹(23.4%)、登嘉楼(23.4%)和沙巴(26.2%)地区的贫困率很高。

根据不同的指标,吉兰丹、吉打、沙巴和玻璃市是人均 GDP 最低的四个州。考虑上述两个指标,吉兰丹和吉打一直处于低水平,但是沙巴和玻璃市不是。1995 年,尽管登嘉楼贫困率较高,但它的人均 GDP 也相对较高。联邦直辖区、登嘉楼、雪兰莪和槟城这几个州在人均 GDP 上占优。

联邦政府的拨款数据表明,沙捞越、沙巴、柔佛和吉打得到了较多的财政拨款,其中给沙巴和沙捞越的财政拨款远远超过了其他州。这个优先排名说明贫困率不是决定财政拨款分配的主导因素。然而，根据人均 GDP 的排名，沙巴和吉打得到了应有的对待。无论如何，对于柔佛和沙捞越获得联邦政府财政补助排名前列很难找到合理的理由。我们记得，沙捞越有石油权利金和林产品税等收入来源，而柔佛的各项发展指标排名靠前。

有人抱怨联邦政府没有承担起以一种公平透明的方式消除横向不平衡的职责，五年计划中的发展基金分配存在歧视。槟城地理面积小，发展基金分配过多，完全超过了它应有的份额。根据地理面积来分配（1 000 平方千米），沙巴、沙捞越和彭亨受到的待遇不公。某种程度上讲，彭亨已经引起了注意，在第九个马来西亚规划里，分配给彭亨的发展基金为联邦政府发展基金总数的 15%；但是沙捞越在这个规划里仍被忽略，只分配到发展基金总数的 1.2%。

马来西亚很少采用新举措来调整纵向不平衡。州和地方政府的权力有限，州政府和地方政府没有增加财政收入的空间，而发展项目、基础设施的维护和修理、公共服务的成本不断提高，使得这些问题悬而未决。州政府和地方政府的许多收入来源不能给它们带来高收入，因为任何试图提高财政收入的举措都会招致政治不满。更糟的是，给州政府延期贷款的拨款有减少的趋势，这可能造成发达的州比欠发达的州有更多的资源进行长期建设和提供更好的公共服务。

资本投融资

根据宪法赋予的权力，联邦政府有权决定哪些资本投资项目是必要的。五年规划文件中的发展支出分类列有资本投资项目预算。典型的情况是，五年规划会规定分配给各州的特殊项目支出。然而，国家年度预算决定了给各州的实际支付。换言之，尽管联邦政府支出的分配是在五年规划框架下，但转移支付的执行以每年的实际数为基础。这些项目的国内融资渠道有直接税、间接税和非税收入。税收收入和非税收入不是唯一的融资来源。联邦政府可以通过国内借款为资本支出融资；也可以向双边银行和多边机构贷款融资。直接税是联邦政府的主要收入来源。然而，近年来，马来西亚政府试图提供一个更有竞争力的税收结构以吸引更多投资者，直接税的增长率一直在下降，间接税的增长率一直比直接税的增长率高。在第八个马来西亚规划期间（2001~2005 年）非税收入平均占联邦政府总收入的 20%。

非金融类公共企业（non-financial public enterprises，NFPFEs）是马来西亚资本投入最多的公共企业。非金融类公共企业包括石油公司（国家石油公司）、沙捞越电力供应公司（Sarawak Electricity Supply Corporation，SESCO）和国家电力公司。第八个马来西亚规划期间，联邦政府给这些公司分配了发展基金以扩大产能——调节国家电网的扩张和升级输电线路以满足用电需求的不断增长。上述企业和几个国家石油公司的大规模石油化工项目是资本支出的主要对象。有争议的是这些非金融类公共企业的财务报表经常不对外公布，国家石油公司就是一个最好的例子。结果导致这些公司管理不善、财务不透明，尤其是当公共基金处于危机时，这一结果更为突出。

1976年的《地方政府法案》赋予地方政府借款的法律权利。地方政府可以通过向民营银行抵押贷款、透支，发行股份和债券来筹款；也可以从州政府和联邦政府借款。虽然地方当局理论上可以从多个渠道借款，但是实际上它们只能向联邦政府借款。因为地方当局借款必须经过相应州政府的批准，而且这些州政府在做出融资来源决策时是非常谨慎的。

总的来说，联邦政府完全控制了包括国防、教育（公立大学和学校）、基础设施（港口、机场、桥梁和水坝）等能影响全国的资本支出项目。这些资本支出项目通过正常预算过程来融资。自1980年起，联邦政府就不断寻求私有化活动以减轻财政负担。私有化在本章还没有提到，因为在现实中其被认为是权贵资本主义，而且无论如何，私有化运行过程还没有将效率等作为经济指导原则。此外，政府采购没有做到应有的公开透明，使得问责、透明性和效率等原则成为空话。

州政府资本支出领域范围的狭小削弱了州政府的权力。它们被剥夺了应有的处理事务的自主权，这些自主权在州政府手中也许更好。剥夺自主权从本质上讲是忽略了地方的偏好，因为由中央决定涉及巨大资本投资的州事务，巩固和加强的是联邦政府权力。我们必须再次提到，诸如交通运输、教育和卫生健康等事务是联邦政府的职责。而对于那些需要州政府支出的事务，州需要提供它们自己的资本支出；否则，州可能会任由联邦政府管理。地方当局必须获得地方机构（如公共工程部门）的认可，然后在州政府支持下提交财政部审批。

公共管理框架下财政"联邦制"的维度

有些公务员的职责是将联邦政府、州政府和地方政府联系起来。当考虑联邦政府和州政府的公务员招聘程序时，联邦政府和州政府的公务员是完全不同的。那些想为联邦政府服务的人必须经过马来西亚行政管理和外交服务机构的选拔和培训。被选拔任命为特定层级机构的官员必须在他的职业生涯里一直待在那里。

个别州有权自己招聘员工，为其管辖内的地方当局提供员工，也有权培训和解雇员工。联邦政府的高级公务员偶尔会被临时调派到地方政府担任委员会主席。地方政府公务员的招聘程序绝不是无组织的；准确来说，公务员招聘遵循价值原则，试图基于智商、专业技术能力和品德来任命官员。相关委员会选举后，直到得到州政府、财政部和公共服务部明确批准任命才会下达。人民经常抱怨地方政府和联邦政府的公务员选拔程序中出现种族歧视问题，因为大多数官员都是马来西亚土著人。政府回应称是因为非马来西亚土著人没兴趣考取公务员。

不可否认的是，就行政机构而言，地方政府运行会在一定程度上受到联邦政府的干扰。地区公共管理部门由区政务官员领导，区政务官员通常由联邦政府任命，是马来西亚行政管理和外交服务机构的成员。仅有沙巴、沙捞越和吉兰丹由州行政部门任命地区官员。由联邦政府任命地方官员是一个不可或缺的环节，因为所有地区级别的项目都会经过各种委员会的讨论，而这些委员会通常由地方官员领导，这确保了联邦政府的利益能被优先考虑。

有暗地里的评论称政府官员中存在一定程度的腐败现象。政府回应称反贪局一直致力于揭露这些腐败官员。现任首相阿都拉·巴达威已经发起了反贪活动，重申了前任首相马哈迪·穆罕默德任内提出的"建立清廉、高效和值得尊敬的政府"。鉴于历经国家主干道的坍塌及学校建筑严重破损等事故，马来西亚政府还出台了政府合同奖励制度和事后项目监督体系等。

20世纪80年代前，公务员并不是就业的首要选择。政府官员和公务员都抱怨工资水平与当前市场情况不符，对晋升太慢和晋升并不是总是基于能力和表现不满。

前景展望

虽然马来西亚是联邦制国家，但其仍需进行一些分权。如前所述，权力和职责的划分高度集中在中央政府手中；尽管集权有一定好处，但是支持更大程度分权仍是紧急和迫切的。更重要的是集权没有很好地处理公平问题，因为，一方面，少数州发展很快；另一方面，大多数州处于欠发达状态。联邦政府分配资金的方式不是依据地理面积、贫困率或发展水平，它似乎没有正确认识和处理好州与州之间的不平衡问题。更大程度的财政分权也许可以解决这类问题而不受种族和政治忠诚等因素的影响。

一些如教育、卫生保健和交通运输等事务本应该由州政府而不是联邦政府考虑。假如在这些事务上分权会导致州政策与国家政策不一致，那么联邦政府应该起主导作用。但是无论如何，集权的方法就意味着长时间落后、管理无效和不能有效为当地人民服务。

更为紧迫的是，联邦政府有必要想办法将财政收入来源分配给职能不断扩大的州政府。联邦政府可以采用以下两种途径：①下放权力给州；②引入非传统的税源。从后者考虑的话，州政府可以收取州土地租金、排放权交易或者对交通拥堵收费。下发财权给州更直接，值得联邦政府好好考虑。

同时，也应该采取措施提高公务员和政府机构雇佣员工的效率和效益。这需要联邦政府和州政府的公务员选拔制度更公开透明和有效。一些政府人事部门已经开始试着通过增加奖金和津贴，以及实施与工作表现相关的绩效工资来提高公务员薪酬水平。虽然有这些安排，但是目前公务员的生产力并没有提高，因此，建议引进基于生产力需求的体制[19]。

致 谢

我要感谢安瓦·沙、约翰·金凯德、苏雷什·纳拉亚南和两名匿名读者对本章初稿提出的意见。持有免责声明。

注释

1 对 NEP 的详细谈论，参见 K. S. Jomo, "Malaysia's New Economic Policy and National U-nity," *Third World Quarterly* 11, 4 (1989): 36—53; and R. Klitgaard and R. Katz, "O-vercoming Ethnic Inequalities: Lessons from Malaysia," *Journal of Policy Analysis and Management* 2, 3 (1983): 333—49

2 对马来西亚经济转型的讨论，参见 K. S. Jomo, *Growth and Structural Change in the Mal-aysian Economy* (London: Macmillan, 1990)

3 参见 M. Ariff and H. Hill, *Export-Oriented Industrialisation—The ASEAN Experience* (Sydney: Allen and Unwin, 1985)

4 对马来西亚历史背景和联邦制政治历程的论述，参见 B. H. Shafruddin, "Malaysian Centre-State Relations by Design and Process,"in *Between Centre and State: Federalism in Per-spective*, ed. B. H. Shafruddin and I. A. M. Z. Fadzli, 2—28 (Kuala Lumpur: Institute of Strategic and International Studies of Malaysia, 1988); and B. H. Shafruddin, *The Federal Factor in the Government of Peninsular Malaysia* (Singapore: Oxford University Press, 1987)

5 对马来西亚政府结构的论述，参见 R. S. Milne, *Government and Politics in Malaysia* (Bos-ton: Houghton Mifflin Co., 1967)

6 参见 Government of Malaysia, *Federal Constitution* (Kuala Lumpur: Government printers, 1988)

7 对马来西亚地方政府的理解，详见 S. N. Phang, *Sistem Kerajaan Tempatan di Malaysia* (Kuala Lumpur: Dewan Bahasa dan Pustaka, 1997)

8 参见 K. S. Jomo and C. H. Wee, "The Political Economy of Malaysian Federalism: Economic De-velopment, Public Policy and Conflict Containment,"*Journal of International Development* 15: 441—56

9 参见 K. S. Jomo and C. H. Wee, "The Political Economy of Malaysian Federalism: Economic De-velopment,"这里收纳了关于东南亚和非洲人权与石油的会议论文，该会议的组织方是加利福尼亚大学伯克利非洲和东南亚研究中心，伯克利，2003 年

10 参见 S. Nambiar, "Malaysia's Response to the Financial Crisis: Reconsidering the Viability

of Unorthodox Policy,"*Asia-pacific Development Journal* 10，1（2003）：1—23

11　参见 S. Narayanan，"Towards Economic Recovery The Fiscal Policy Side,"Paper Presented at the MIER 1999 National Outlook Conference，Kuala Lumpur，December 1998，and V. Vijayaledchumy，"Fiscal Policy in Malaysia，"Bank of International Settlements Papers 20，2003

12　参见 M. H. Piei and T. Tan，"An Insight into Macroeconomic Policy Management and Development in Malaysia，" in *Rising to the Challenge in Asia：A Study of Financial Markets*，Asian Development Bank（Manila：Asian Development Bank，1999）

13　"天课"是每位财富超过最低限的穆斯林所必须缴纳的，如在 Nisab，每年的底限是1 400美元

14　参见 S. Wilson and S. Mahbob，"Decentralisation and Fiscal Federalism in Malaysia,"in *Malaysia's Public Sector in the Twenty-First Century*，ed. S. Mahbob，F. Flatters，R. Boadway，S. Wilson ang E. S. L. Yin，146—64（Kuala Lumpur：Malaysian Institute of Economic Research，1997）

15　参见 K. S. Jomo and C. H. Wee，"The Political Economy of Malaysian Federalism,"Disscussion Paper No. 2002/113，United Nations University/Wider，2002

16　对税收征管和地方政府的综述，详见 S. N. Phang，*Financing Local Government*（Kuala Lumpur：Universiti Malaya，1997）

17　关于地方政府收入来源的论述，参见 Setapa Azmi，"Study on the Develoment of Government Bond Markets in Selected Developing Member Countries：The Case of Malaysia,"paper presented at the Asian Development Bank Conference on Local Government Finance and Bond Market Financing，Asian Development Bank，Manila，19—21 November，2002

18　参见 Ministry of Housing and Local Government，*Laporan Program/ Projek Pembangunan Jabatan Kerajaan Tempatan dan Kedudukan Kewangan*，September 1995

19　没有任何关于马来西亚纵向财政缺口的数据，鉴于此，在这方面本章没有绘制相关表格

Nigeria

Capital: Abuja
Population: 132.7 Million
(2002 est.)

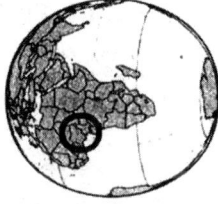

Boundaries and place names are representative only and do not imply any official endorsement.

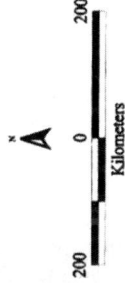

Kilometers

200   0   200

CHAD

NIGER

BENIN

Sokoto

Kebbi

Zamfara

Katsina

Kano

Jigawa

Yobe

Borno

Kaduna

Bauchi

Gombe

Adamawa

Niger

Abuja

Nassarawa

Plateau

Taraba

Kwara

Ekiti

Ondo

Kogi

Benue

CAMEROON

Oyo

Osun

Ogun

Lagos

Edo

Anambra

Enugu

Ebonyi

Cross River

Delta

Imo

Abia

Akwa Ibom

Bayelsa

Rivers

Gulf of Guinea

尼日利亚联邦共和国

阿克潘·埃克波(Akpan Ekpo)

　　尼日利亚约有 1.3 亿人口[1]，由 250 多个民族组成，还有超过 100 种语言。其官方语言是英语，主要的民族是北部的豪萨族、东部的伊博族、西部的约鲁巴族。在 1960 年尼日利亚独立之初，这三个民族控制着尼日利亚大部分区域，因此，少数民族聚集起来建立了更多的州以打破这三个民族的束缚。这个国家的财政"联邦制"是基于经济、政治、宪法、地方和文化的发展。这个国家从 1960 年的三个民族，发展到了 1963 年的四个民族。在 1967～1970 年内战期间，这个国家被分为 12 个州。到 1976 年，增加到了 19 个州，1987 年增加到了 21 个州。在 1991 年 8 月，增加到了 30 个州，而且创立了联邦首都特区阿布贾以替代原来的首都拉各斯。到 1996 年 10 月，又增加了 6 个州，至此全国共有 36 个州，现在已有 774 个地方政府。尼日利亚出口石油，2003 年人均 GNP 为 441 美元，政府实行三级制，即联邦、州和市，具体情况如表 1 所示。

表 1　基本的政治和地理指标

国家名称：尼日利亚
人口：1.299 亿人
面积：923 768.64 平方千米
人均 GNP：493.2 美元
宪法：1999 年
地方政府的宪法地位：通过选举产生(第三级政府)
官方语言：英语
构成单位的类型和数目：中央、州、地方政府、市级政府
最大构成单位的人口、面积和人均 GDP——无法获得
最小构成单位的人口、面积和人均 GDP——无法获得
货币：奈拉＝100 考包
首都：阿布贾(Abuja)

尼日利亚实行类似于美国的总统制，为两院制法律体制，还有参议院和众议院。在每个州都存在一个议院，当地政府有它们自己的委员会，这些机构的所有成员都由大众选举产生。该国有几个政党，其中，人民民主党和全尼日利亚人民党这两个政党占有主导地位。人民民主党是执政党，控制着 27 个州。在 1999 年重新推崇民主主义的时候，它开始执掌政权，在 2003 年又得以连任。全尼日利亚人民党控制 7 个州，主要是在北部，而民主联盟和人民大联盟分别控制着西南的拉各斯(Lagos)和东南的阿南部拉(Anambra)。

政府有三个分支机构，即行政机构、立法机构和司法机构。行政机构和立法机构的选举方式和政党一样。尼日利亚宪法没有规定独立候选人。司法由法院的几个层级组成，最高层级是最高法院。联邦诉讼委员会接受联邦高级法院和州政府高级法院的诉讼。

联邦首都特区——阿布贾有自己的高级法院，就像联邦中的州一样。这些州的常规法庭与伊斯兰教法庭、官员法庭及联邦首都特区的高级法院基本平行。常规法庭和官员法庭的法官和官员们熟知当前法律，而那些北部的伊斯兰教法庭的执法人员熟知伊斯兰法律。

在多年的军事化管理中，新的总统制面临一系列挑战。一些穆斯林州政府引入伊斯兰法规是第一个挑战。民族(区域)化的军事组织越来越多，如西南的奥杜瓦(O'dua)人民代表大会，东南的实现比拉夫自治权的运动(the Movement for the Actulization of the Sovereign State of Biatra，MASSOP)，在产油的尼日尔三角洲地区还有众多的军事组织。

尼日利亚在 2001~2003 年年均经济增长率约为 3.5%，主要依赖于原油，这给该国带来了 90% 的外汇。这个国家负债率很高，但是最近从巴黎俱乐部获得了部分减免。其大概 2/3 的债务已经被免除，剩下的 1/3 将会分两期偿还。

本章的目的在于研究财政"联邦制"在尼日利亚的实践，关注诸如政府结构、宏观经济管理、筹集收入责任等问题，以及各种将使财政"联邦制"更有效的机会[2]。分析表明，为了保证尼日利亚财政"联邦制"的健康发展，各民族必须愿意平等共处。

政府结构和财权分配

尼日利亚实行联邦制。1999 年宪法保证了联邦单位的存在。联邦政府的职责在专属目录(exclusive list)中列示，而州政府职责在存有争议的一般目录中列示。联邦政府的作用占主导地位。

尼日利亚联邦共和国宪法明确了政府的三个层级，即联邦、州和市。宪法规定了尼日利亚各地区的职能分工以及财政管辖权的范围。

当前所施行的 1999 年宪法，第 4 节(目录二)包含了能够表明联邦政府职责的特别条例，以及表明联邦政府和州政府都能够实施的职责的一般条例。另外，第 4 节(7a)规定了所谓的州政府的区域管辖权，而这部分并没有在特别条例和一般条例中详细说明。第 7 节(5)(目录四)规定了地方政府委员会的设立及职员任命方法(宪法目录四)。

关于在宪法中所规定的政府结构，我们需要注意以下几点：

第一，宪法在职能分配中，既规定了支出职责，又规定了收入职能。

第二，一般来说，职能的分配是这些年召开的宪法会议决议的结果，然而收入职能的细节经常是由多个财权委员会决定的，这些委员会附属于每个宪法会议。

第三，自从 1960 年独立，尼日利亚的职能分配或多或少地保持着稳定性，从 1963 年宪法到当前实施的 1999 年宪法都是如此。

第四，有必要研究职能分配暗含的原则。

财政"联邦制"和宏观经济管理

制定经济政策的主要部门是财政部和中央银行。中央银行负责货币和汇率政策，财政部负责财政政策。从理论和实践上看，两个部门的工作很重要。一直以来，财政部和中央银行之间没有任何合作。但在近期，特别是 2000 年以后，两个部门间开始有些合作。

这些年，经济上面临的问题是持续的预算赤字。这一现象不仅在中央存在，在地方政府也存在，而这也引发了国际经济问题。因此，各级政府都有必要进行财政协调[3]。

尼日利亚中央银行在执行货币政策和维持价格稳定方面是独立运作的，中央银行立法确保了这一独立性，但中央银行行长有义务告知总统关于货币、信用和汇率的事宜。中央银行的独立性运用到当前银行协作的例子上，即表现为要求所有银行将资本金提高到 250 亿奈拉。这一政策没有遭到总统的阻挠。

中央银行的职权不仅仅是确保价格稳定，它作为联邦政府经济体系的一部分，应有效地参与整个经济的管理。政府当前的经济改革项目，即为人们所熟知的国家经济授权和发展战略(the National Economic Empowerment and Development Strategy，NEEDS)，是由中央银行提出、规划并且目前正予以实施的[4]。

中央银行一直以来致力于将通货膨胀率降低到个位数，以便使实际利率为正。此外，中央银行减少政府基金的支出，以激励投资。该国实行有管理的浮动汇率制度。这些事宜形成了管理尼日利亚经济运行的广泛宏观经济框架。

早前提到，如果联邦体系的职能分工是从政府的主要职能方面来进行讨论的，那么联邦/中央政府对经济的稳定将起到更大的作用。然而由于地方政府的存在及其财政具有随意性，联邦体系存在固有的不稳定特征。例如，石油收入过多时，也就是经济很可能过热的时候，需要限制支出。然而，随着收入的增加，州和地方政府通常会增加它们的支出。在经济下滑时，适合于增加支出，但是州政府和地方政府通常被迫削减支出，因此产生了国家层面的宏观经济管理问题。

财政责任法案

为了提高各级政府的经济管理水平，联邦政府已经提议了《财政责任法案》。它致力于使所有层级的政府有效地、受约束地和协作性地完成预算的计划、实施和报告。这个法案的一个主要特征是使稳定战略制度化，即节省石油暴利收入，以便在石油收入下降时消费仍然保持平稳。其他的特征是规范暴利收入的目的性投资，通过提供指导来减少由过度借款和不公平债务带来的财政赤字；为报告、评估预算目标和绩效提供标准化格式；遏制财政中无纪律、浪费和腐败之风，为提高财政透明度和可靠性提供指南；为披露财务和公众获得政府财政信息建立高标准。《财政责任法案》已经经过了议会多个阶段的审议，将很快变成法律。

稳定性基金

稳定性基金也被认为是国家储备基金，或者是超额原油账户，在国家层面上引入以缓和原油收入造成的总支出在经济中的上下起伏。它致力于建立一个特殊的持有账户，然后在石油价格上升时期所带来的石油收入盈余将会被留出并且用于石油价格下降时期，以维持政府支出的稳定。毫无疑问，稳定性这一概念在宏观经济管理中是个有用的工具。然而，从过去的经验来看，问题不在于储备基金的观点，而在于它是如何被管理和最终被应用的。各州抱怨它们在决定如何使用基金时毫无自主权。事实上，联邦政府，特别是在战争时期，会单方面地运用这项基金。显然，联邦政府正在混淆稳定性基金和由宪法第 83 章规定的应急基金。虽然应急基金也是为了急切而且不可预测的支出所设立的，但是它的主要特征是由联邦政府自己的资金建立，不像稳定性基金，其是由隶属于整个联邦体系的各级政府出资建立。2001 年，应急基金有 48 亿奈拉，到 2002 年增加到了 53 亿奈拉[5]。

很有必要指出的是，高级法院在 2002 年 4 月并没有规定稳定性基金的概念，但是却规定了如何筹资（如资金在出资人，即三级政府间分享之前，作为首要费用从联邦账户中扣除）[6]。另外，很有必要确立稳定性基金恰当的所有权，并明确给这个账户的份额应该同联邦账户中给每级政府的相对份额成比例。这就确保了在碰到支出问题时，每级政府能完全意识到它在联邦账户中享有的份额。这也能够避免联邦政府把这项基金看做是自己额外资金来源的诱惑。现在，联邦政府控制着稳定性基金。在 2001 年，稳定性基金有 64 亿奈拉，在 2002 年有 75 亿奈拉，在 2005 年达到了 104 亿奈拉。在 2005 年，州政府总共收到了 15 亿奈拉的稳定性基金[7]。

借款和税收

宪法特别条例目录的第 7 条和第 59 条授予联邦政府专属权力，即可以为了联邦或者是州举借国内国际债务，还有重大税收权限，包括对收入、利润、资本利得征税。但是这并不表明联邦政府能够控制各级政府的借款，特别是在控制贷款的时间、目的和用途上。理想的状况是，随着《财政责任法案》对可获得资源的更好管理，中央政府和地方政府的财务赤字以及由此而来的公共债务将会减少。目前，中央以下的政府层级必须获得中央政府的首肯才能得到国际借款。

然而，在管理经济总支出时，税收并不被认为是有用的工具。在一个石油收入占支配地位的国家中，所得税（公司所得税除外）在控制支出方面的作用非常有限。

筹集收入职责的相关问题

本部分探讨支出职责以及收入权力的划分。

支出职责的分配

如果政治权力在不同层级的政府间划分，那么有必要决定每一层级政府的适当职能。事实上，有两个因素可能会影响不同层级政府职能的分配，即溢出效应的地理范围或者说集体行动的受益范围，以及经济规模。鉴于利益存在地理范围，每个功能与其所产生的利益范围内对应政府层级相适应。这也就意味着中央政府应该提供使全体人民受益的服务，而州政府和地方政府应该提供受益范围与其地理范围相适应的服务。中央政府的安排能使联邦各个单位更充分利用规模经济（更低的成本），因为有些功能由中央政府来实施比地方政府实施更有效[8]。

在不同政府级次间划分职能更多是政治问题，而非经济问题，且在尼日利亚联邦共和国，似乎也没有对分配做出明确规则。然而以下推断是合理的：政府服务和经济的规模所带来的外部性的范围必须与中央政府和地方政府间的职能分配相挂钩。因此，受益范围覆盖整个国家的职能以及（或）在国家层面来实施更有效的职能应该由中央政府来提供。这些职能包括国防、外交、银行业务、通货、货币制度以及度量衡等。

受益范围更倾向于地方性，而且具有外溢效应的功能，如文物和档案、电力、工业、商业或者农业的发展、科学技术研究以及大学、科技和中高级教育，应该纳入一般地方政府条例。最后，具有完全地方性的功能，也就是说产生的利益局限于有限的地理区域的职能，通常归属于地方当局。这些职能主要包括墓地的建立和维护、市场、停车场、公共厕所、废物处理以及当地道路的修建和维护。

政府的主要功能包括配置资源、分配收入和稳定经济等，从政府的主要功能来探讨联邦体系中政府职能的划分是一种常用方法。理论上讲，由中央政府履行分配和稳定职能将会更为合适。关于资源配置职能的探讨并非那么简单，因为它依赖于一系列因素，其中之一便是经济中公共部门和私人部门职能的划分。提到公共产品，一般就会提及与此相关的私人产品、准公共产品和纯公共产品的划分，这种划分取决于市场失灵的程度。例如，电这种私人产品的公共生产和配置被认为是市场体系的失灵导致的观点是值得质疑的。也就是说，不是所有公共生产的产品就是公共产品，甚至就像之前提到的，在某些纯公共产品的案例中，受益范围涉及全国的国家级公共产品和受益范围限定在有限区域的地方级公共产品也是有区别的。

收入（税收）权力的划分

要正确地理解税权划分的基础需要对尼日利亚政府体系税权划分的演进有简单的了解（表2）。1914～1946年，尼日利亚实行单一制政体。随着1946年地区政权的建立，有必要在中央和地区政权间形成某种形式的财政关联。因此，1947年宪法确定了地方政府收入的两种来源：一种是本地区的已申报收入；另外一种是未申报的收入，包括中央收入的补助。因此，在这种格局下，中央政府和地方政府税权的划分以及作为地方政府收入来源的标准的问题亟待解决[9]。

表2　尼日利亚：不同层级政府的法定职责和实际提供的服务

法定职责	公共服务	职责的实际划分
联邦	教育（高级和中级）	联邦和州
联邦/州	教育（初级）	地方
联邦/州/地方	医疗	联邦、州和地方
联邦	国防	联邦
联邦/州	法律和命令	联邦
联邦和州	消防署	州

在 1946 年被任命的第一届财政委员会，即菲利普森委员会设立了非常严格的地方收入来源的申报条件。例如，"地方收入来源一定要符合地区性特征，容易评估和征收；具有区域可识别性；对于国家政策没有任何影响"[10]。很明显，在这些严格的限制条件下，地方性(即州和地方政府)收入(税收)微薄。明显的影响是被确定为地方性的收入来源并不足以履行地方职能。

因此，虽然菲利普森委员会和后来的大部分委员会已经认识到地方政府独立收入最大化的原则，但其仍对低层级政府税权的扩大持有消极否定的态度[11]。

我们简要地探讨尼日利亚的税权。由于受到可操作空间的制约，这些年在税权的分配方面改变非常小。唯一值得关注的改变是资本利得税、个人所得税和销售税(现在是增值税)的反向转移，即从州政府层面转向联邦政府层面。很明显，这些税收不能完全满足被判定为州政府层面税收的条件。收入的主要来源即进口税、矿业租金和版税、石油利润税、企业所得税、消费税、增值税和个人所得税(仅仅是指合法的)——对应联邦政府的管辖权。税收征管是由州政府组织进行的，这也构成该级政府的收入来源。联邦政府征税权的集中化所带来的一个结果是较低层级政府对于联邦基金资源的依赖性，而非对联邦政府的依赖。另外一个结果是宪法所赋予的州政府和地方政府的职能以及税权具有不平衡性。

对财政公平和效率的关注以及政府间财政转移支付

毫无疑问的是，财政安排是"联邦制"架构的结果。与此同时，恰当的财政安排也会影响联邦的结构特性(表 3)。一个基本的问题是如何修正联邦结构，使得它在不同层级政府间公平地分配国家资源，以便缓和各级政府间和各个团体间的紧张关系。其他的问题主要有权力分配和随之发生的不同层级政府的支出职能和其能运用的税权的不平衡性、州和地方政府对联邦基金的依赖性、支出权力集中于联邦政府等。

表 3   尼日利亚：按功能划分的各级政府的直接支出   单位：%

功能	联邦	州或省	地方	所有
国防	100	—	—	100
偿债	100	—	—	100
一般行政管理	70	20	10	100
法律和秩序	85	10	5	100
经济服务	80	15	5	100
社会服务	70	20	10	100
医疗	60	30	10	100

续表

功能	联邦	州或省	地方	所有
教育	60	20	20	100
补贴	—	—	—	—
总计				100
地方公共服务	—	—	—	—

　　结果，政府面临着纵向和横向的财政缺口以及如何克服它们所带来的挑战。在尼日利亚，高层级政府向低层级政府提供拨款并没有形成一个相对成熟的体系，而是参照一个公式。在这个国家，预算赤字是很普遍的。尼日利亚宪法建立了收入筹集分配和财政委员会(第153节)，它有权审查和建议联邦中的收入分享规则(第162节)。

　　下面这一部分讨论了很多问题，包括权力分享、职责和税权的不平衡、收入分配、地方政府分配资金所采用的方法。

权力分享和存在于职责分配与税权间的不平衡

　　在联邦制结构中，对于每级政府而言，给予足够的资源来确保它可以履行责任应是常态(表4)。但事实上，这种情况并不常见。通常而言，履行一项政府职责时，可能需要比实际所需的更多财力，而执行另一项职责时则比所需少。

表4　尼日利亚：不同层级政府的税收安排

	收入份额的决定			联邦/%	州/省/%	地方/%	全部/%
	税基	税率	税收征管				
联邦							
进口税	联邦	联邦	联邦	100	—	—	100
公司所得税	联邦	联邦	联邦/州	70	25	5	100
公司预提税款	联邦	联邦	联邦/州	100			100
石油利润税	联邦	联邦	联邦	100			100
资本利得税	联邦	联邦	联邦	—			—
扣除租金和特许使用费	联邦	联邦	联邦	100			100
印花税	联邦	联邦	联邦/州	—			—
增值税	联邦	联邦	联邦	100			100
教育税	联邦	联邦	联邦	100			100
个人所得税(不包括军队、警察、阿布贾居民、外交部工作人员和非居民)	联邦	联邦	联邦/州	80	20		100

续表

	收入份额的决定			联邦/%	州/省/%	地方/%	全部/%
	税基	税率	税收征管				
州级							
娱乐税	州	州	州	—	—	—	—
道路税(机动车和驾驶证)	州	州	州	—	—	—	—
博彩税	州	州	州	—	—	—	—
土地登记费	州	州	州	—	—	—	—
检测费	联邦	联邦	州	—	—	—	—
发展税	州	州	州	—	—	—	—
财产税	州/联邦	州	州/地方				
地方							
市场交易许可证和费用	地方	地方	地方	—	—	—	—
机动车停车费	地方	地方	地方	—	—	—	—
结婚、出生和死亡	地方	地方	地方	—	—	—	—
注册费							
自行车、卡车、赛艇和手推车费	地方	地方	地方	—	—	—	—
公共厕所、下水道和废物处理费用	地方	地方	地方	—	—	—	—
布告板和广告许可费	市	市	市	—		—	

尼日利亚的财政安排是以联邦政府财政过分集权为特征的。不可避免的是，分配给不同层级政府的支出职责、税收权力及收入来源缺乏一致性。联邦政府是"盈余单位"，州和市政府是"赤字单位"[12]。税权的分配着眼于管理效率和财政独立。效率标准认为一种税应该由能够有效地管理它的政府来实施（以最小成本），而财政独立要求每级政府从收入来源中产生足够的资源来满足它的需要和责任。关于税权，效率标准通常和财政依赖原则相互抵触。尼日利亚比较认可效率标准，这也就要求税权集中于联邦政府手中。

集中税权于联邦政府所带来的影响是州和市政府对联邦基金的依赖，这经常和依赖于联邦政府相混淆。通常，最有利可图的财政收入由联邦政府来进行征管，原因是这些收入由联邦政府进行征管更有效率。当然，联邦政府是代表所有层级政府来管理这些财政收入，所以从理论上来说，与州政府和市政府相比，联邦政府对于财政收入并不享有更大的特权。基于此，那种宣称在对由联邦政府征收的财政收入进行分配时，低层级政府依赖联邦政府的论断，其实并不正确。事实上，联邦政府并不具备宪法赋予的征税权，而只是代理行使这种权力而已[13]。

收入分配

关于职责的再分配，由于联邦政府是"盈余"单位，政府职责自然由州和市政府转移到联邦政府。然而，在这种职责分配原则下，再分配可能反而使赋予地方政府职责更有效的安排成为必要。在过去，有过把州政府职能转移到联邦政府的实践。例如，在20世纪70年代，由于收入来源有着更大的弹性，联邦军事政府把大学教育、初等教育、某种程度的电视和广播以及主要报纸等范畴的职责从州和市级政府转移到联邦政府。在把税权从盈余单位转到赤字单位时，遵循尼日利亚的税权划分原则，任何通过下放税权来匹配州和地方政府支出责任的行为，都有可能导致州和地方政府增加毫无管理经验的税源。

因此，在尼日利亚，修正不同层级政府职责和税权不平衡问题的最可行的办法是对收入共享的模式做出调整。这个问题将会在下文讨论尼日利亚公共收入及相关问题时进一步深入探讨。

联邦账户

现行宪法第162节(1)规定联邦政府可以拥有一个称做"联邦账户"的特殊账户，以存储联邦政府收入。第162节(2)对在之前提到的联邦三级政府间共享联邦账户做出了规定。

在资源控制诉讼之前[14]，联邦账户富有争议的地方在于联邦政府收集起来的没有用于支出的收入也计入该账户，以及在三级政府分享该账户之前，有些费用已经从该账户扣除。最高法院判决联邦政府的上述两种做法都是不合法的。然而，关于联邦账户扣除的资金，即所谓的特别基金的争论至今依旧很流行。在最高法院判决之前，联邦账户中7.5%的资金被扣除和应用于以下方面：

联邦首都特区	1.0%
稳定	0.5%
引导	1.0%
矿产区的开发	3.0%
普通生态区	2.0%

特别基金的资金规模、分配的领域也在不断发生变化[15]。

当前关于特别基金的议论越来越把为活动融资和谁来买单混淆起来。以联邦首都特区为例，没有人能够指出它的发展有何不妥，但是也有必要来发展36个州政府的首府，特别是那些新设立的州的省会。一些州的省会仍然带有乡村的特点，亟待发展。事实上，已有迫不得已的原因把原集中于拉各斯和阿布贾的人口分散到其他地区。因此，发展州的首府是一条出路。如果人们接受了州首府的发展需要由州政府资助的事实，那么没有任何理由来质疑为什么联邦政府不能靠它自己的资源来资助联邦首都特区的发展，特别是考虑到联邦政府在联邦账户的份额。

需要注意的是，在 2002 年 4 月，当最高法院做出里程碑式的决议，即取消分配部分联邦账户到特别基金时，联邦政府通过主席令简单地把特备基金中的资金转移到联邦政府在联邦账户中的资金，导致联邦政府在联邦账户中所占份额从48.5％上升到了 56％。但是在 2003 年 1 月，州政府对《收入分配法案》的类似改变的诉讼并没有得到最高法院的支持，法院规定总统有宪法赋予的权力来改变一则法案。

通常情况下，用联邦账户为联邦首都特区融资的做法依赖于宪法经常被误解的第 299 节。宪法是这样规定的："此项条款适用于联邦首都特区（阿布贾），就像它是联邦中的各州之一。"然而，接下来的第 299 节（2）详细地说明"把联邦首都特区当做州的宪法条款"。这意味着各州的立法权、行政权、司法权分属于议会、政府和法院。而在联邦首都特区，这些权力分别属于国家议会、联邦总统和建立联邦首都特区的法院。而且，宪法第一则第一部分列示了该国各州，但是却没有提到阿布贾。

另一个值得担忧的方面是生态灾难在这个国家随处都可以发生。每级政府都应该制订紧急事件方案以应对这种灾难带来的影响。这也就意味控制着整个国家的联邦政府应该制订计划阻止发生在整个国家的灾难，特别是那些地方政府可能无法有效处理的情况。同时也意味着，当资源控制权的争议最终解决时，更多的资源将会在矿产所在地政府的控制之下，以使它们有权处理当地的发展问题[16]。

纵向收入分配

纵向收入分配一直存在的一个问题是如何在各级政府间制订一个合理的资源分配方案，以减少政府之间和团体之间的紧张，推动国家统一和发展。相对于州政府和市政府，联邦政府从联邦账户中获得了更大比重的资金。值得关注的是，联邦政府从联邦账户中所获得的巨额资金，是否以其在整个国家中分配到的职责权重为基础。相应地，联邦享有的份额可能反映了过去遗留下来的思想，即在没有有效的私人部门时，联邦政府就成为经济发展领域的领导角色。

联邦政府功能的权重

联邦政府获得资金的份额依赖于它所承担的职责大小的观点并没有说明所有的情况。事实上，许多财政委员会的成员认为基于上述基础将联邦账户中超过50％的资金分配给联邦政府是合理的。然而，定量和定性地为这些职能的实施划拨资金却没有指示性的标准。例如，照现在的花费来看，整个联邦的预算可能还不足以完全支持各种各样武装力量的花销(陆军、海军和空军)。而且，需要记住一点，联邦机构职能分配并不一定意味着这些涉及受益人群的利益的功能的排序。私人部门的相对发展和当前对于引领私人部门发展的政策的强调，意味着联邦政府应该限制某些职能的监管力度，更少地参与市场生产。例如，对于私人通信服务和全球移动通信系统(global system for mobile communication，GSM)操作员的扩展而言，邮政局和尼日利亚电信公司(Nigerian Telecommunications Limited，NITEL)并非是必需的[17]。而且，当前私有化的政策应该减少联邦政府的支出职责，而这将会减少对于公共垄断行业的资金支持。这些发展可能导致重新审定联邦职责的重要性和联邦政府在联邦账户中获得的资金份额。一个确定的事情是，寻求适当的平衡仍然适用于收入分配的应用，以纠正州和市级政府职责和税权的不平衡。

各州"联邦的存在"

也许一国的财力集中在联邦政府不易引起反对，前提是如果这个政府能够将其财力支付在尼日利亚所有政府上。"联邦的存在"是指联邦政府支出的立体模式。有争议的是，联邦政府直接对一个州的转移支付可能会比州政府直接从联邦账户支出更大程度地影响收入分配。因此，一个从联邦账户支出很少或者什么都不能支出的政府，只要能争取到联邦的直接支付，就能最终取得很大优势[18]。

这种由于不平等的联邦花费所造成的发展不平衡增加了各团体之间的紧张关系，优待某些州的做法违背了公平对待较低层级政府的原则。当前关于边缘化的传闻和能源控制的争论就是这样的例子。一些州政府组织和个人号召最小化或消除联邦政府控制的盈余资金一点也不奇怪。因此，虽然有必要壮大中央政府以使其能够维持各单位的团结和掌控国家发展的方向，但是尼日利亚基本的多元化必须被认可和尊重。过多的财政权力留在同一级次政府手中的做法，会鼓励浪费和对稀缺资源的不良管理，这种联邦制是不可行的[19]。

横向收入分配

要进行政府间转移支付的一个原因是修正不同层级政府间的不平衡，不平衡的原因在于中央政府保留了主要税基，仅将并不充足的财政资源留给了地方政府。另一个原因是修正同级政府之间的不平衡。这种不平衡产生的原因可能是一些政府比其他政府税基更高，或者比其他政府所需支出更多。财政转移支付的目标是尽量减少下级政府财政能力和财政需求之间的差距。因此，尼日利亚的横向收入分配是一种无条件地对州和地方政府的大额拨款，以缩小横向的收入差距。如何利用公式或原则进行横向收入分配，最终将解决横向财政不平衡问题？甚至还有更基本的问题，什么是州和地方政府的横向财政不平衡？这个问题在没有对不同地方政府的财政能力和财政需求有一定了解的情况下是不能准确地回答的。尽管它理应得到足够的关注，但是考虑这些就不在本章的研究范围了。另一个争论的问题是尼日利亚的横向分配公式。

横向收入分配的公式和准则把人口作为一个因素。在全国各州和团体之间进行一次精确的人口普查是一个复杂的问题，一些州指责其他州操纵普查数据来获得在税收配置中的相对优势。尽管存在这些争论，但是有一条却很重要，那就是政府和经济发展都是为了人民，且政府最终的目标是人民的福利。因此，人口在尼日利亚的横向税收配置中有显性作用。

内部税收努力的案例表明还有另一个因素影响着横向收入分配。国内税收努力能够鼓励州和市级政府尽最大努力来激发其内生的收入潜力。但是，国内税收努力作为一个因素，在实施时会遇到各种问题。1980 年 Okigbo 的财政委员会提议将内部收入占总支出的比重作为测算税收努力的指标。政府反对这个提议，因为这样测算会不公平地惩罚那些为了批准资本项目而进行借款的州政府，所以政府更加倾向于用内部收入占经常性支出的比重作为内部税收努力的测算指标。人们公认这种测算可能会促使地方政府通过各种努力来增加税收或者对经常性支出设置限额。但是，这个指标的缺点是没有考虑到国内收入努力是税收能力和税收努力(包括税率和税收征管效率)两个因素的函数。因此，有着很高的税收能力但是很低的税率及低效率的税务管理的州仍有可能有着较高的收入，或者与一个征税能力低但税收努力高的州相比，另一个州的政府收入占经常性支出比重更高。因此，有必要设计一个更好的衡量税收努力的指标。在这样的指标被设计出来前，当前做出的内部税收努力在横向收入分配中的比重应该尽量最小化[20]。

地块和地形在 20 世纪 80 年代被秘密地引入收入分配中，Shagari 政府使用其来打破尼日利亚团结党、尼日利亚民族党和民族拯救党之间在参议院和众议院中的联盟。共同委员会被任命来调解双方在收入分配上的分歧。随着土地在联合委员会的引入，能够从其中获得利益的州放弃了联盟，并且投票支持尼日利亚民族党。联合委员会的建议在法院中受到了挑战，这些建议提交给了总统，而没有提交给设立联合委员会的国民大会。其中一个原因和可能产生的争论有关。土地作为收入分配的主要准则之一，已按照联合委员会的建议被删除，这些建议提交议院通过并随之被写进法律。但是，在随后的军事政权下，土地和地形重新被列入收入分配公式，并没有（像大多数原则那样）展开全国性辩论。直到军事政权等因素得到调整，地块和地形在分配公式中的比重显著下降。

或许作为收入分配或者被叫做资源控制[21]的规则的派生原则在尼日利亚的收入分配中是最具争议的部分。这一原则被批评导致原本团结的团体之间关系紧张，因为派生原则会使富者更富、穷者更穷。派生原则是 20 世纪 50 年代和 60 年代收入分配的主要原则，被从中获利的当权者强烈守护。它甚至被辩解为符合公平原则，即有大量收入的地区也应该得到和其他地区同样的援助份额[22]。

在军事统治下，随着收入来源和收入基础的变化，派生原则制度变得不再重要。刚结束的关于资源控制的尼日利亚政治改革会议指出，派生原则在收入分配中应该被给予的合理权重目前仍在决定中[23]。

我们相信对派生原则的强调导致州和地方政府受到开发自然资源的激励。这种情况并不适合真正的联邦制，即州和地方政府发出呼声以便获得认同，但是它们并没有考虑到可持续发展，而主要是为了从联邦账户中获得资金援助。

产油地区和资源控制

自 20 世纪 70 年代早期原油的生产就已经成为尼日利亚最重要的经济活动。其影响不仅限于其贡献了尼日利亚外汇总收入的 90%，而且国家预算也是依据原油的年产量和价格预测制定的。因此，原油是国家经济增长和发展的主要动力，所以，产油地区理应获得国家补偿，以减少石油开采及土地破坏带来的影响。

尼日尔三角洲地区遭受着号称石油所有者的联邦政府和实际开采石油跨国企业的双重忽视。这里有着各种类型的环境退化景象——土地（掠夺农田）、水（破坏渔业和饮用水）、空气（被释放了很多导致人、动植物疾病的有害污染物）。产油地区遭受的破坏和退化是需要专项转移支付来进行补贴的。联邦政府通过尼日尔三角洲发展委员会来介入是一个备受欢迎的进展。但是，应该更加注重派生原则来确保产油地的州和地方政府能够根据它们自己的需要和优先性治理它们发展中的问题。多年来派生原则对石油勘探和生产影响很小，从最开始的 50% 到 1% 再到现在的 13%，看上去既不公平也不公正。

地方政府的分配渠道

1999 年宪法第 162 节(5)～(6)部分对地方政府分享联邦账户将通过地方议会做出了如下说明[24]。

·依据地方政府议会在联邦账户中的信用所确定的金额，应该分配给这些州，以便当地政府委员会可以执行议会提出的事宜。

·每个州必须设立一个名为"州与地方政府关联账户"的特别账户。这个账户获得联邦账户以及州所有对地方政府的划拨分配款。

州政府对"州与地方政府关联账户"的支付，在宪法第 162 节(7)中进行了规定，每个州都应对其行政管辖范围内的地方政府议会进行支付，并由国民大会规定了该条款下的支付金额占总收入的比例以及方式。许多的问题仍然悬而未决，关于地方政府得到的金额依据的是地方政府议会在联邦账户和州政府的信用，它们抱怨州政府找各种各样的理由减少联邦账户进入关联账户的金额，从而违反宪法第 162 节(7)的规定。在实际操作中，州政府其实很难按照规定支付相应的比例到关联账户中。

另一个问题是关于地方政府税收渠道的，宪法第 162 节(5)和第 162 节(8)中有明显的矛盾。第 162 节(5)指出，对地方议会的支出必须由国民议会通过。而在第 162 节(8)中，代表地方政府信用的金额应该由议院以特别规定的方式支付。因此，虽然国民议会决定了从"联邦账户"到"州与地方政府关联账户"的金额，但是州议院决定了关联账户对地方政府的分配额。这些条件的严格解释是，州议院有权自主地决定关联账户对地方政府的分配额，而完全不同的原则将运用在从联邦账户到州与地方政府关联账户的金额上。一个明显的含义是，没有地方政府议院可以合理地表明哪些是来自于关联账户，哪些是来自于联邦账户。更可怕的是，一些州政府可能滥用这项权利，并纵容在各辖区间分配关联账户的金额时产生的政治歧视。

在解决地方政府资源渠道问题时，国民议会于 2005 年通过了《地方政府收入分配监管法案》。这项法案建立了一个名为州与地方政府关联账户分配委员会的机构，其目的如下。

第一，确保从联邦账户和州得到的地方政府收入能够迅速地转移到"州与地方政府关联账户"中。

第二，确保"州与地方政府关联账户"，分配给地方政府的资金与 1999 年尼日利亚共和国宪法及议院通过的法律一致。

第三，监管基金的支付和分配，以便确认对各地方政府的实际支付金额。

这项监管程序可以查明所有支付到关联账户的和所有支付到地方政府议会的

金额差别。然而，它不能查出地方政府从联邦账户收到的资金和从关联账户收到的资金有何不同。这是因为，从联邦账户到关联账户与从关联账户到地方政府账户的分配所运用的原则不同。这表明尼日利亚政府间的财政安排有许多困难需要克服，特别是在中央与州政府对地方政府的转移支付上。为了克服这些困难，在1989年，中央政府成立了"收入筹集、收入分配与财政委员会"。

收入筹集、收入分配与财政委员会

收入筹集、收入分配与财政委员会是决定收入分配规则和议院提出的待决提案的联邦政府机构。根据 49 号决议文件，该委员会成立于 1989 年，并于1990 年开始运作，目的是使尼日利亚的收入分配问题更加明确。该委员会在战争时期并没发挥作用，因为政府忽视关于收入分配原则的建议。这一情况在1999 年得到了改变。委员会确定了其成员由来自各个州和联邦首都特区（阿布贾）的领导人和一名成员组成。毫无疑问，这些成员需要具备完成工作所需的素质和经验。

委员会具备如下权力。

第一，监管联邦账户的累积资金和收入分配。

第二，经常查阅收入分配规则和原则的运用，确保与现实变化相一致。"确保议院通过的任何收入分配规则应当自宣布后至少五年内有效。"

第三，对中央和州政府在财政效率和方法上给出建议，以便提高它们的收入。

第四，决定政府机关人员的报酬比例，如总统、副总统、州长、副州长、大臣、委员、特别专家、法官以及在宪法 84 节和 124 节中提到的政府人员。

第五，执行其他由宪法或者议院法案指定委员会需要做的事项（详见《尼日利亚联邦共和国 1999 年宪法》第 147~148 页）。

委员会对国家的纵向和横向的收入分配确实提供了建议，而且这些建议被联邦政府采用的情况并不罕见。从 1990 年 1 月到 1992 年 6 月，就有 5 次收入分配规则的修订。

表 5 表明 1992~2002 年纵向收入分配的变化。最近纵向收入分配规则的显著变化是对地方政府的分配由 15％增加到了 20％，使得它们可以更好地解决初等教育问题。另外，最高法院将联邦账户向特别基金的资源控制分配判定为非法。然而在特别基金的再分配中，联邦政府达到了 7.5％基金中的 82.4％，而州和地方只有 17.6％。其中，州政府分配 9.6％，地方政府分配 8％。这也是联邦政府对联邦账户持有份额的增加，即从 48.5％到 54.68％的结果。

表5   尼日利亚财政差额

	全部收入				全部支出				可获得的全部收入			
	2001年	2002年	2003年	2004年	2001年	2002年	2003年	2004年	2001年	2002年	2003年	2004年
联邦(十亿奈拉)	1 427.5	1 606.1	2 011.6	2 638.2	797.0	716.8	1 023.2	1 234.6	1 018.0	1 018.2	1 226.0	1 377.3
州(百万奈拉)	537.5	670.0	855.0	114.0	278.8	245.6	309.7	557.1	596.9	724.5	921.2	1 125.0
地方(百万奈拉)	171.5	172.2	370.2	468.3	48.8	47.4	158.5	172.6	171.4	170.0	361.8	461.0

资本投融资

联邦、州和市政府通过预算性的分配来进行资本投融资,没有法律阻止政府在资本市场上筹集无形资本。有些州,如阿夸伊博姆州(Akwa Ibom),大量地为已经设定的项目发行浮动债券融资。联邦政府发展股票—长期债券在2003年发行。这个工具深化了资本市场,鼓励政府从资本市场为长期融资的需要提供来源[25]。被提议的财政法案目的在于提供指导准则来限制地方政府举借国外债务,除非它们获得了联邦政府的同意。

公共管理结构

联邦公共服务委员会负责雇佣联邦服务人员,但其不能影响地方政府对雇员的雇佣和解雇。然而,每一个层级政府都有自己的公共服务委员会,它在雇佣和解雇人员方面拥有独立自主的权力。这就使得联邦政府削弱地方政府的雇佣自主权是不常见的。

腐败在尼日利亚是一个很严重的问题。国际透明组织将尼日利亚列为世界上最腐败的国家之一。腐败导致经济扭曲,其产生的原因包括低工资、贪婪、原始的积累本性。其他的腐败形式包括裙带关系、部落主义和徇私。在军权统治时期,政府对腐败的治理没有做出努力。然而,尽管有其自身的局限性,始于1999年至今的民主制已经证明了反腐败的重要性。

在反腐败中,经济是一体的。换句话说,虽然存在三级政府,却只存在一个经济环境,因此,政府的反腐败机构需要打破政府层级[26]。两个主要负责消除腐败的机构是独立腐败监察委员会(Independent Corrupt Practic Commission,ICPC)和经济金融犯罪监察委员会(Economic and Financial Crimes Commission,EFCC)。经济金融犯罪监察委员会已经把它的监察网覆盖到最高政府职能机构及人员上,如各州州长、(联邦与州级)议员甚至是警署总监察长。最近注意到一件有意思的事,前任警署总监察长因贪污挪用公款被法院起诉并被判刑。大多数观点认为这些反腐组织正在沿着正确的方向前进,并且将一直进行下去。

前景展望：尼日利亚财政"联邦制"体系的当前问题

由于各级政府在获取集中收入（尤其是在那些从原油和天然气生产上收取的租金）上具有独立性，因而尼日利亚财政"联邦制"制中最具争议的问题是，各级政府对谋求更大份额的收入展开竞争。

从历史的角度说，尤其是在持续的军权统治下，联邦政府保持着收入的绝对份额。然而，随着1999年重新实施民主制，各州特别是在富裕的尼日尔三角洲地区的那些州，一直为获得更大份额的国家财政收入而积极努力。

尼日利亚宪法规定财政收入分配需要周期性复审，以与变化的经济形势和社会现实相一致。但是，自从1999年宪法开始生效之日起，就从未发生过如此的复审。因此，政府收入在所谓的"国家蛋糕"谋求更大份额的冲动从未减弱。

根据宪法规定，在分享条例中地方分享比例不得少于13％，拥有丰富资源的尼日尔三角洲地区倡议者继续施压以使此比例至少达到25％。

在联邦政府对联邦账户的运营方式上也存在争议。在2002年4月颁布的规定中，最高法院判定此账户的运营方式违宪，不符合法律规定。然而，不理会宪法和最高法院的裁定，联邦政府继续运营这个账户。例如，联邦政府继续将这个联邦账户中的收入转移到一个所谓的专用账户中，如尼日利亚国家石油公司（Nigerian National Petroleum Corporation，NNPC）支出账户和超额原油收入账户。

依靠这些不合法的账户，联邦政府继续承担那些不合适的和预算外的支出。例如，最近，收入筹集、分配与财政委员会警告，联邦政府运用超额原油收入账户的资金偿付巴黎俱乐部的债务，并没有得到国民大会的授权。这些收入共同属于联邦共和国中所有层级政府，但联邦政府不理会这样的事实。此外，一些州及其下属的地方政府并不欠巴黎俱乐部的任何债务。

联邦政府以同样的方式从这些账户中拿出资金支付独立发电站的建设发展，这些发电站仅建在国家的南部，这样的行为也未得到国民大会的批准。总统自己也在一份给国民大会的信中承认，他使用超额原油收入账户的资金以完成国家人口调查。然而，如果要保护和促进符合宪法的联邦制，继续在国家维持民主制，那么，这些源于军权统治十年独裁的复古行为就必须停止。

进一步引起争议的问题是联邦账户的托管人应该是谁。实际上。联邦政府一直管理着它自己，不仅仅是作为联邦账户的托管者，也作为联邦账户的拥有者。但是，从最高法院在拉各斯对联邦政府的案例判决上看，这种情况不能持续[27]。法庭认为联邦政府不能协调联邦账户的托管人和受托人的权力，因此，联邦政府也不能以任何一种看似合适的方式进行管理。在联邦制下，宪法没有授予总统保管预留给其他级政府使用的资金的权力。

为了避免联邦政府在涉及联邦账户时发生不合法的运营和违宪行为，国家政治改革会议推荐建立一个联邦总会计师职位。这个职位与联邦政府的总会计师有所区别，它负责维持和运营联邦账户。

全国政治改革会议

刚刚结束的全国政治改革会议进一步阐明了尼日利亚联邦制仍然很脆弱的观点。南—南代表(如那些来自尼日尔三角洲地区的代表)在会议上进行了罢工以反对将地方政府按照派生原则分配的权重由 13％提高到 17％的观点。南—南代表之前要求这一比重提高到 50％。虽然出现了罢工，但是会议还是“圆满结束”了，并且把报告提交给了总统，而总统又把这一报告提交给了代表大会的联席会议和参议院。很明显，这个会议就资源控制问题不可能达成一致意见。代表们关于资源控制问题的激烈讨论和不愉快的声明突显了尼日利亚财政“联邦制”的基本问题。

另一个热议的话题是关于在不同层级政府和六个地缘政治区域间进行政治权力的划分。为了使联邦制发挥作用，联邦各单位必须同意分配权利的一些可行规则。权利分配应该说明哪个地区需要对总统的工作负责。关于州级和地方政府的行政首长和议会主席，也有类似问题的困扰。

全国政治改革会议的主要目的在于讨论影响尼日利亚的热点问题，并找出解决方法。虽然在经济、外事政策、教育、青少年、性别等问题上能够达成广泛的共识，但是在资源控制和权利分配上的不和谐意见仍然表明了尼日利亚联邦体系的脆弱性。同时需要声明的是，这个会议没有宪法或者法定的授权来实施它所做出的决议。可能这也就解释了为什么总统把报告呈交给议会两院了。希望国家议会能够仔细考虑这份报告并且实施那些有益于国家的建议。

结　论

毫无疑问，尼日利亚财政“联邦制”产生了有争议的事宜，特别是确保在三级政府间建立公平稳定的收入分配秩序的因素上富有争议。这些因素主要包括以下几个方面。

第一，采用统一的派生原则。

第二，对各州的平等给予足够的重视。

第三，特别关注生产自然资源的地区的发展。

第四，依据不同层级政府职责分项收入。

如果尼日利亚继续保持联邦制，那么有意义的对话和承诺应该指导旨在减少财政"联邦制"带来的紧张感的商议，这将有利于保证改革的持续实施。

注释

在此，我非常感谢本稿审阅过程中所得的评论，尤其是来自琦琦·艾瑟薇和约翰·金凯德的建议。他们的建议切实丰富了本章的内容；普通免责声明在此适用

1   这是一种评估。详见尼日利亚的政府网站(http://www.nigeria.gov.ng)。采用的统计数据时间是 2006 年 4～5 月，结果仍然是可预期的

2   对尼日利亚财政"联邦制"的研究有很多。例如，Adedotun O. Phillips, "Four Decades of Fiscal Federalism in Nigeria," *Publius*: *The Journal of Federalism* 21(1991)：103—11; John Kincaid and G. Allan Tarr, eds., *Constitutional Origins*, *Structure*, *and Change in Federal Countries*(Montreal：McGill-Queen's University Press, 2005), 240—75; and B. O. Nwabueze, *Federalism in Nigeria under the Presidential Constitution*(Lagos：State Ministy of Lagos, 2002), 4—55

3   Izevbuwa Osayimwese and Sunday Iyare, "The Economics of Nigerian Federalism：Selected Issues in Economics Management,"*Publius*: *The Journal of Federalism* 21 (1990) 89—101. 也可参见 Akpan H. Ekpo, "Fiscal Federalism：Nigeria's Post Independence Experience, 1960—90,"*World Development* 22(8)：1129—46

4   Central Bank of Nigeria, *Annual Report and Statement of Accounts*(Abuja：Central Bank of Nigeria, 2004). (www.cenbank.org)

5   出处同上

6   挑选出的州——如阿夸伊博姆州，河流、交叉河流等——已经在挑战联邦政府对于陆上石油和近海石油的分享规定，这种规定目的是收入分配。在其他需求方面，这些州还要求联邦政府支付剥夺收入的 13% 作为补助。最高法院做出了一些规定，包括稳定基金。详见 Udeme Ekpo, *The Niger Delta and Oil Politics*(Lagos：International Energy Communications, 2004), 159—241

7   Central Bank of Nigeria, *Annual Report and Statement of Accounts*, 156—61

8   G. F. Mbanefoh, "Federalism and Common Property," *Guardian*, 20 February 1993, 13

9   A. Adedeji, *Nigerian Federal Finance* (London：Hutchinson Educational, 1969)

10 P. N. C. Okigbo, *Nigerian Public Finance* (London：Longmans)

11 出处同上

12 G. F. Mbanefoh, "Nigerian Fiscal Federalism：Assignment of Functions and Tax Powers," seminar organized by RMAFCM, Enugu, 21—23 April 1992. 也可以参见 Akpan H. Ekpo, *Fiscal Theory and Policy*：*Selected Essays* (Lagos：Somaprint, 2005)

13 出处同上

14 "资源控制"是指一些州政府尝试通过法院来控制管辖区范围内的资源；同时暗含着它们可以通过在某种资源的开采过程中强调参与而使矿产资源得到更加公平的分配(通过分享公式)。目前，公式可允许 13% 的额度。当州政府与联邦政府在法院对峙，联邦政府甚至

　　　　不能够单方面坚守宪法规定的 13%这一额度

15　Akpan H. Ekpo and Enamidem Ubok-Udom, eds., *Issues in Fiscal Federalism and Revenue Allocation in Nigeria* (Ibadan: FUture Publishing, 2003)

16　出处同上

17　NITEL 是政府所有的电信公司，全国的 GSM 管理运营包括 Vmobile、MTN 和 Globacom 等项目。参见 G. F. Mbanefoh and Akpan H. Ekpo, *Review of Constitutional Provisions and Fiscal Federalism in Nigeria*, Abuja: World Bank, 2005

18　Federal Republic of Nigeria, *Report of the Presidential Commission on Revenue Allocation*, vol. 1, Main Report (Apapa Government Press, 1977)

19　Akpan H. Ekpo, "Fiscal Federalism and Local Government Finances in Nigeria,"in *Nigerian Economic Society*, *Fiscal Federalism and Nigeria's Economic Development* (Ibadan: Nigerian Economic Society, 1999)

20　参见 Mbanefoh and Ekpo, *Review of Constitutional Provision*

21　尼日利亚三角洲地区认为分享中可能带来的负担将会减少其对石油资源的控制

22　Victor B. Attah, "Fiscal Federalism in Nigeria: A Re-Examination of My Views,"remarks made by the Akwa Ibom State Governor during the Roundtable on Global Dialogue on Federalism, Uyo, 29 September 2005

23　出处同上

24　Federal Republic of Nigeria, *Constitution of the Federal Republic of Nigeria* 1999 (Lagos: Government Press, 1999)

25　参见 Central Bank of Nigeria, *Monetary Policy Circular* (Abuja: Central Bank of Nigeria, 2004), 1—58.

26　Federal Republic of Nigeria, The Corrupt Practices and Other Related Offences Act, 2000. (www. icpcnigeria. com)

27　2004 年 4 月 19 日，拉各斯州政府控告联邦政府，就联邦政府对新成立的 57 个地方政府委员会履行法律规定的分配义务提起诉讼。最高法院重申，任何政府的权力都不得超越联邦账户，因此，联邦政府不能够终止对拉各斯现行地方政府委员会的转移支付

Russian Federation (Overview)

Capital: Moscow
Population: 144 Million (2002 est.)

Boundaries and place names are representative only and do not imply any official endorsement.

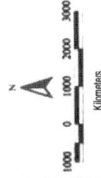

N

Kilometers
1000 0 1000 2000 3000

Sources: ESRI Ltd; CIA World Factbook;
Times Atlas of the World

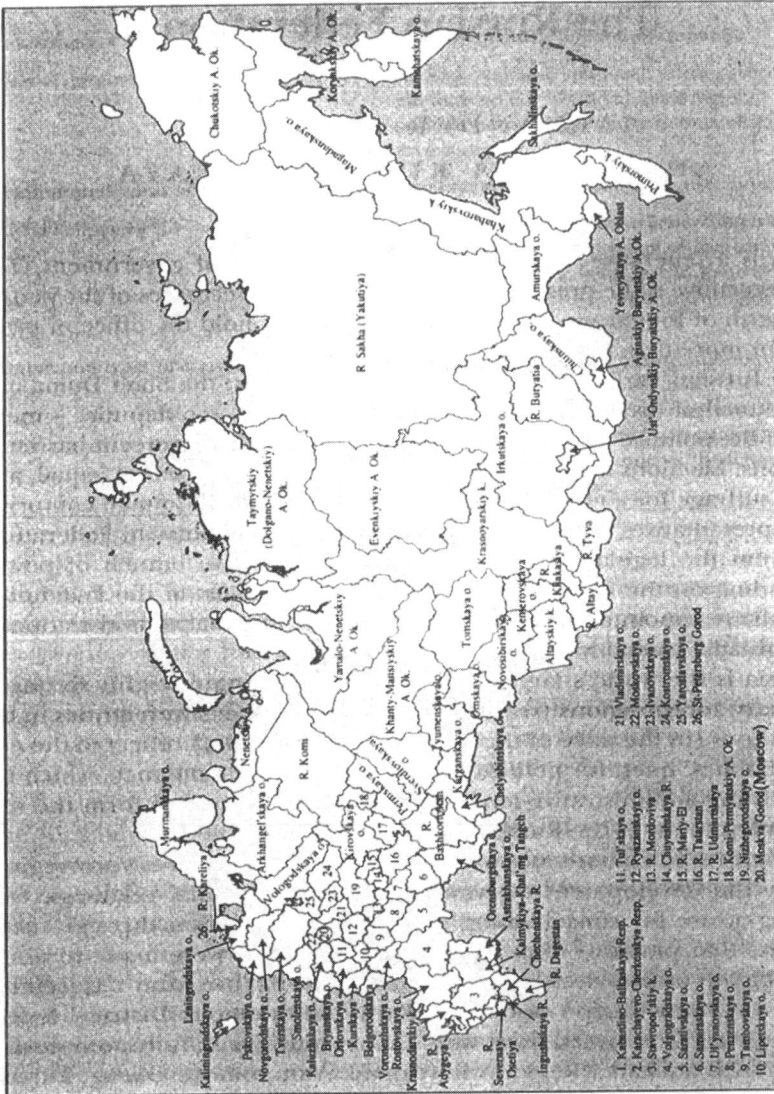

1. Kabardino-Balkarskaya Rep.
2. Karachayevo-Cherkesskaya Resp.
3. SevernaO'tiy k.
4. Volgogradskaya o.
5. Saratovskaya o.
6. Samarskaya o.
7. Ul'yanovskaya o.
8. Penzenskaya o.
9. Tambovskaya o.
10. Lipetskaya o.
11. Tul'skaya o.
12. Ryazanskaya o.
13. R. Mordoviya
14. Chuvashskaya R.
15. R. Mariy-El
16. R. Tatarstan
17. R. Udmurtskaya
18. Komi-Permyatskiy A. O.
19. Nizhegorodskaya o.
20. Moskva Gorod (Moscow)
21. Vladimirskaya o.
22. Moskovskaya o.
23. Ivanovskaya o.
24. Kostromskaya o.
25. Yaroslavskaya o.
26. St-Petersburg Gorod

俄罗斯联邦

亚历山大·德柳金(Alexander Deryugin)，
格林纳·库尔良斯卡亚(Galina Kurlyandskaya)

俄罗斯是共和制的联邦制国家，其首席行政长官是总统，经人民直接投票选举产生，任期为四年。总统连任不得超过两届。

俄罗斯议会包括两个院：国家杜马和联邦委员会。国家杜马有 450 个席位，由选举时成功通过 7% 得票率门槛的政党成员组成。杜马的选举基于广泛性、保密性和公平性，每四年选举一次。俄罗斯联邦的每个联邦主体在联邦委员会有两名代表，一名来自立法部门，一名来自执法部门。在每个联邦主体，联邦委员会的代表可以由当地的州长或者最高立法领导人任命。

俄罗斯是世界上最大的联邦制国家，包括 86 个实体(2007 年 1 月 1 日的数据)(表 1)。20 世纪 90 年代初期，苏联解体后俄罗斯全国范围举行的大阅兵反映出俄罗斯各民族对政治经济独立的追求，也正是因为这样，原有国家集团才会分裂，并形成现在的俄罗斯联邦。

表 1　俄罗斯政治、地理概况

官方名称	俄罗斯联邦(俄罗斯)
人口	143 474 200
国土面积	17 075 400 平方千米
人均 GDP(美元)	4 214(2004 年)
宪法	1993，民主，联邦，共和
政府级别	联邦、主体、地方。地方政府可以有一到两级政府，一些主体(自治区)有两级国家政府
地方政府的宪法状态	单独一级政府，不是国家政府的一部分
官方语言	俄罗斯联邦的官方语言是俄语。共和国有几种官方语言：俄语以及民族语言。一些联邦主体的民族地区有两种官方语言
联邦主体数量和类型	21 个共和国(民族自治共和国)，48 个州，7 个边疆区，2 个联邦直辖市，1 个自治州，7 个自治区。俄罗斯联邦宪法赋予所有主体平等权利

各实体间气候、人口以及发展状态的差异性阻碍了各联邦区的协调一致，这也促成了各主体之间的合并。2004 年，最先进行合并的是帕尔米区和科米-帕尔米自治区，正式生效的日期是 2005 年 12 月 1 日。如今正在进行中的是克拉斯诺雅茨克边疆区、泰尔米以及鄂温克自治区的合并，以及堪察加区和克里亚克自治区的合并。接下来很难再有较大规模的合并，因为一旦一个较富的地区和一个较穷的地区进行合并，那么前者的人均预算收入就会减少，所以较富的地区居民通常不愿意接受合并。

政府结构以及财权的分配

俄罗斯宪法确定了俄罗斯的两级政府体系：国家政府和地方自治政府。国家政府又分为联邦政府和主体政府。根据 1993 年的宪法规定，地方自治政府不在国家权力管辖范围内。

联邦法律中规定，建立国家政府在各联邦主体的政府机关时需要遵循国家政府机关组织立法和行政的一般原则。此外，联邦法律还详细列出国家政府机关的权力，以及联邦主体总行政长官授权的相关程序。联邦主体的州长由俄罗斯总统提名，由联邦主体议会任命。

联邦法律也对俄罗斯国内自治机构的一般原则作了规定。该法律于 2003 年通过，但具体的生效过程是逐步进行的，2009 年才全面生效。

俄罗斯财政体系根据区域不同，分为三级或四级。国家政府层面分为联邦和联邦主体。地方政府层面分为市区或市镇区，以及市镇区下的居民点。

从形式上讲，联邦政府、联邦主体政府以及地方政府都有特定的收入来源以及自己的支出责任，每级政府独立起草和批准本级预算报告。有人可能把这当成是次国家政府和地方政府财政自治的表现。但是事实并非如此，因为上一级政府会对下级政府的收入和支出安排进行规范。次国家政府没有一个透明的机制对来年可获得的财政收入做出预判，而且它们只能征收俄罗斯联邦税法和其他联邦法律明确赋予它们的税种[1]。

事权和支出责任的划分

联邦法律规定了联邦以下各级政府的支出责任，但如果联邦主体(除了那些接受均等化转移支付的主体)有自己的收入来源来为支出筹资，它们可以选择在联邦政府给自己列的支出责任之外进行拓展。

2000～2004 年的联邦间关系以及地方政府改革，目的是在全国各级政府间更加合理地划分支出责任和收入来源，但改革成效饱受争议。联邦政府仍然负责制定支出责任的基本要求和明细，每级政府都负责提供与支出责任一致的公共产品和公共服务。从这个角度来看，俄罗斯不存在明确的联邦职能或者联邦主体职能：分权仅限于决定由哪级政府来对标准的公共产品或者公共服务的供给进行支付，而具体的标准则完全由中央政府制定。

2000～2004 年的改革确定了政府的三种职能：①次国家政府和地方政府执行并用自有收入来源筹资的职能；②委托职能，即下级政府负责执行，上级政府通过专项转移支付的形式给予财力支持；③联邦政府专属职能，如国防（表2）。

表 2　各级政府的立法责任和提供的服务类别

立法责任	公共服务	实际职能分配
联邦	国防	联邦
联邦	法律法规	联邦
联邦	环境保护	联邦、省
联邦	高等教育	联邦、省
联邦、省	中等教育	地方
联邦、省	卫生	联邦、省、地方
联邦、省	社会福利	省
联邦	税收	联邦
联邦	市民登记	地方
联邦、省、地方	文化	联邦、省、地方
联邦、省、地方	住房	地方

2005 年，俄罗斯政府颁布了新的支出责任分配准则，但出于多种原因，最终却没有得到实施。失败的原因之一就是联邦主体管理当局政治权重的减小，使得联邦主体政府的权力发生实质性的收缩。这样一来，联邦主体政府的一些支出需要就会被忽视，一些由联邦主体政府执行的委托任务得不到来自联邦政府的资金支持（无资助命令）。于是，2005～2006 年，俄罗斯政府支出责任的分配原则得到了进一步修改。

值得注意的是，根据现行俄罗斯各级政府的预算报告要求，一些联邦政府或者联邦主体政府委托给下级政府的支出责任和转移支付资金，在相关部门项目上都被当做下级政府的财政支出记录在案，而提供资金的政府却将其记作政府间转移支付（表3）。例如，教育之类的社会支出责任最近由联邦主体政府委托给了地方政府负责，联邦主体提供专项转移支付；社保净收益则是由联邦政府委托给了联邦主体，然后部分又委托给地方政府。卫生保障支出中并不包括基本卫生保险基金的支出，后者没有纳入一般预算，其收入和支出都还不够透明。

表 3　按职能划分的各级政府直接财政支出（2006 年）　　　　　单位：%

职能	联邦	州或者省	地方	总计
国防	100	0	0	100
债务偿还	85	13	2	100
行政管理	58	22	20	100
法律法规	77	20	3	100
经济事务	36	56	8	100
社会事务	46	31	23	100
卫生	13	69	18	100
教育	22	26	52	100
补贴				0
总计	54	29	17	100
地方公共服务	13	45	42	100

注：地方公共服务包括学前和基础教育、中等教育、公共卫生、医院、城镇高速公路、城镇运输、饮用水、污水处理、垃圾收集、电力供应、防火、治安和警察

　　预算执行的监管是自上而下成体系的。地方政府将其财政预算执行报告递交给联邦主体政府，联邦主体将该报告与联邦主体本级的财政预算执行报告一起提交给联邦财政部。俄罗斯联邦审计院负责对接受联邦政府转移支付的联邦主体政府（这些联邦主体大约占到联邦主体总数的 75%）进行综合审计，审计的主要内容是联邦主体政府得到的用来执行联邦政府委托的特定任务的专项转移支付资金。联邦主体政府也会用同样的方法来监管地方政府财政预算。除此之外，审计机构还会重点审查预算报告中的财政支出与联邦法律规定的次国家政府的支出责任是否相符。

辅助性原则以及政府间财政关系的冲突来源

　　辅助性原则只适用于住房、社区服务、教育、文化机构的维护以及卫生保健等领域。一些传统的地方公共服务，如公共运输、道路、防火以及公共安全，这些领域并不是由地方政府来提供的，而是由联邦主体政府提供。

　　联邦主体政府也执行许多地方职能，其中包括法律秩序和税收征管。根据俄罗斯宪法，地方自治政府无权承担立法和（或）执法职责，这些职责属于国家。但是宪法赋予了地方自治政府维护公共秩序的职责。莫斯科市、圣彼得堡市的某个区、比尔米和萨拉托夫的城市区虽然都建立了市政警察局，但是它们实际上是联邦警察的一部分，它们向联邦内务部负责，而不是向当地的市长负责。

　　在现行的体系中，支出责任的分配以及预算执行的监管都是由联邦政府负

责的，但是具体的支出义务和预算执行是由次国家政府负责的，这种体系很容易产生利益冲突。例如，2005年社会福利货币化法律正式颁布，目的是将联邦承诺的实物形式的社会福利改为现金支付。这些社会福利的提供原本是联邦法律规定的联邦主体政府的职责，联邦政府不提供资金支持。不幸的是，俄罗斯财政部在向联邦主体政府提供货币化财政补助时低估了联邦主体政府社会福利支出的数额，这就导致联邦主体政府在具体操作时心有余而力不足。2005年1月，来自俄罗斯许多联邦实体的退休员工聚集在高速公路上，抗议他们免费乘坐公共交通的权利被剥夺，而且没有获得足够的现金补偿。于是，2005年联邦政府不得不使用当年破纪录的联邦预算盈余，大量增加对联邦主体的补偿性转移支付。

国家资产在联邦主体和地方政府之间的重新分配反映出政府间的另一冲突。联邦法律规定禁止联邦级以下政府持有与其提供各自分内公共服务无直接关系的国家资产。联邦法律明确规定了这类资产应该配置给提供相关公共服务的政府，但却没有规定任何的补偿措施，另外也没有提及与提供公共服务没有直接关系、但却是地方财政收入来源的这类资产应该怎么处置。因此，联邦主体和地方政府的资产分配经历了重新洗牌，而地方政府不计成本地采取各种行动来捍卫自己的资产。某些地方当局甚至将联邦主体行政单位占有的市政大楼变卖（通过空壳公司私有化）。法院不停地收到来自联邦主体政府和地方政府双方的控诉。

政府间的冲突迫使原本为了使地方自治法在全俄罗斯顺利实施而确立的过渡时期继续延长，而一系列法律规定则不得不推迟到2009年之后开始实施。

共同价值：重视社会服务、军事开支和横向公平

根据俄罗斯政府资金在各部门的分配情况可以判断出，俄罗斯最重要的公共产品是教育、养老、国防、社会安全网以及法律秩序。这些领域的支出几乎占到全国财政支出的60%（包括各级政府支出，但不包括联邦特别社会保障基金——卫生保险基金、养老保险基金以及社会保险基金）。

联邦政府对次国家政府的转移支付大约占联邦财政支出的15%，是联邦政府第三大财政支出项目，排在它前面的是联邦政府对养老保险基金的转移支付（占联邦财政支出的18.6%）和国防开支（占联邦财政支出的16%）。2005财年养老基金的预算是4 750万美元，其中1 810万美元来自于联邦政府的转移支付。次国家政府最大的支出类别是教育，其次是卫生保健、住房和对社区服务的拨款。对社区服务的拨款主要是用来补偿住房和公用事业服务提供者由于国家制定的价格限制而蒙受的经济损失。

对俄罗斯的普通百姓来说，各级政府的首要职责是对弱势群体的社会保护，包括老年退休人员、有孩子的家庭、战后老兵、残疾人士以及其他一些弱者(一共有超过 150 类人群)。一个特殊的类别就是低收入人群——公共机构的教师和医生，他们的工资几年来都处于国内最低水平。为了扭转这一局面，联邦政府最近在教育和卫生保健领域发起了"国家项目"以提高这些领域的薪酬以及购买新设备。遗憾的是这些项目并没有计划做出结构性的改革，而只是提供现金的资助。

联邦政府与下级政府间政策相互影响的途径

尽管联邦政府对政府间财政关系的目标没有做出官方说明，但实际上联邦政府拥有许多工具可以对联邦主体财政政策施加直接或间接的影响。这些工具包括如下几个方面。

(1)专项转移支付。该工具可以对联邦主体的预算政策产生直接影响。这笔资金必须在联邦政府的严格监控之下使用，最近几年，专项转移支付在次国家政府的财政收入中所占比例急速上升。

(2)财政预算贷款。俄罗斯的银行系统不是很发达，通常情况下，次国家政府如果需要获得短期贷款来解决现金流不足，只能向联邦政府求助。2005 年前的财政预算贷款都是免息的。联邦政府有选择地提供贷款，而选择的标准并不透明。

(3)非公式化转移支付。除了均等化拨款之外，所有的联邦主体政府都会得到该类型的转移支付，包括比较富裕的主体，如莫斯科(Moscow)、鞑靼斯坦(Tatarstan)和巴什科尔托斯坦(Bashkortostan)。这笔钱主要是以资本转移的形式投入到了公共基础设施的改善上(如铁路、高速公路以及历史古迹的修缮)。

(4)转移支付的时间限定。对联邦主体的转移支付的拨付没有明确的时间限定，具体的决定权掌握在联邦政府手中。通过这个方式，联邦政府可以保证那些对转移支付依赖性较大的地区的忠诚度。

联邦政府通过上述方式影响着联邦主体政府的预算政策。联邦议会在保护联邦主体利益方面显得苍白无力，它实际上批准了所有的向联邦主体政府下达无配套资金事务的联邦法案，并废除了许多联邦主体和地方政府的税种。此外，联邦议会还批准了总统关于修改议会任命程序的提案。修改之前，每个联邦主体在联邦议会中都有两个议员，分别是该主体的州长和最高立法领导人。程序修改后，每个主体仍有两个议员，但这两个议员由该主体的州长或者最高立法领导人来提名，并由联邦议会批准。新程序在实质上弱化了议会的政治影响力。

地方政府的法律地位以及地方公共服务的提供

根据俄罗斯宪法,俄罗斯全国实行地方政府自治。然而直至今日,许多地方还没有选举产生自治政府,仍然是由联邦主体政府的地方办公室来管理[2]。

2003年新颁布的联邦法律引入了两级地方自治政府体系,较低一级是城镇和农村居民点,较高一级是市区和市镇区(包含居民点和城镇)。俄罗斯整个领土都划分成为不同的市区和市镇区。如果密度比较低的地区可以没有居民点这一级政府。所有这些地区都称为自治市。俄罗斯自治市的数量超过了24 000个。联邦直辖市[莫斯科和圣彼得堡(St Petersburg)]有权对其辖区内地方自治政府的组织形式进行规范和约束。

联邦主体对于自治地方的职责仅局限于程序上的事务,如确定边界、安排第一次选举等。联邦法律严格限定了地方自治的范围,尽管联邦主体政府也可以将自身的一些职责委托给地方政府来执行,并配备相应的资金支持,但反之则不允许,也就是说,地方政府不能将地方事务委托给主体政府执行,除非地方政府发生了破产。只有市区与市区之间或者居民点与居民点之间才可以达成双边协议,对双方的职能及其相关资金进行调整。

农村地方公共服务提供的特点

前苏维埃时期,农村公共服务的主要提供者是集体农场。现如今,集体农场大部分都变成了股份制公司,联邦主体政府持有100%的股权,由这些公司来继续为村民们提供部分公共服务。提供的服务主要包括:供应饲料、种子、烤火用的木头,为农村小户农民犁地等。从经济角度来看,农场给当地居民提供服务的成本超出了由地方政府来提供所需要的成本,这不利于商业模式的发展。现有报告虽然没有准确给出这些农场履行社会安全网职责所蒙受的具体损失,但有一点是公认的,即农场经济效率的低下与其提供大量社会福利活动有密切联系。集体农场和私人小农户现在已经作为共生体而存在,集体农场从政府那里得到的补贴的一大部分都落入了私人小农户和他们的雇工手中。农场的劳动生产率之所以低下,至少有一部分原因在于他们雇佣了大量的当地居民,作为为当地居民提供的一种福利。

过去,农村的大部分公用事业都由集体农场持有,如公路和供暖系统,这些基础设施可以供农场和当地的居民使用。而现如今农村公用事业的所有权是很复杂的:有一些还归原集体农场所有,另外一些已经被地方自治政府接管。联邦政府或者联邦主体政府会通过一些项目有目的地对公用事业进行补贴。例如,联邦政府通过一项名为"交通系统现代化"的项目来资助地方道路的修缮工作。在此项目中，联邦政府通过专项转移支付的形式向联邦主体政府提供资金，联邦主体政府负责对集体农场内的道路进行升级，将其并入公共道路网中。

贸易壁垒和要素流动性

俄罗斯联邦宪法规定："国家保障统一经济空间，保障商品、服务和资金自由流动，国家支持竞争，保障经济活动自由。"尽管如此，联邦主体间的贸易壁垒仍然以不同的形式存在着，如对运输的货物进行检查以防止受补贴农产品的出口，进入联邦主体或者地方市场需要缴纳各种费用，以及制定各种复杂的卫生标准。20 世纪 90 年代，联邦主体政府甚至还征收进口税（主要是针对酒的进口），但后来此行为被联邦政府叫停。

联邦主体政府从实质上讲并没有收入自治权，所以它们设置贸易壁垒通常带有双重目的：一是增加收入，二是保护当地的生产商。此外，联邦主体当局还使用行政杠杆来驱逐竞争者，这些行为都导致了严重的市场扭曲。根据俄罗斯联邦农业部的估计，如果去除联邦主体间粮食贸易的壁垒，国内粮食价格会降低 25%。

在莫斯科和圣彼得堡这样的大城市还在使用居住许可制度作为阻碍劳动力流动的壁垒，这样既可以在劳动力市场竞争中保护本地市民，又可以避免额外的社会支出。

经济政策和财政政策的协调

俄罗斯联邦政府的立法和行政部门负责制定和监管包括联邦主体在内的俄罗斯所有经济和财政政策。联邦政府通过统计数据和部门报告对联邦主体的经济发展进行监管。在此过程中，联邦主体各部门要向其主管部委递交报告。在联邦部长内阁会议上，联邦主体的州长们会——报告该主体在社会和经济领域取得的成就。

从形式上讲，联邦主体的州长需要起草自己主管联邦主体经济社会发展的短期、中期和长期计划。然而，由于联邦主体的计划没有目标、没有时间框架、没有设定具体指标，所以看上去更像一个政治议程，而不是行动方案。

联邦主体政府所具有的收入自主权微不足道，它们对联邦主体财政政策的影响仅仅局限于（在联邦政府的限制范围内）更改某些税种的税率，以及免除某些联邦主体税种或者地方税种。一旦联邦主体的发展以及财政的均等化都纳入联邦政府的管辖范围，联邦主体间经济和财政政策的合作就成了一句空话。

货币政策

货币政策的制定和实施主要由俄罗斯联邦中央银行负责。央行的董事长由总统提名,国家杜马任命,董事会的成员由银行董事长提名,由国家杜马任命。央行要定期向国家杜马提交报告。央行的表现由国家银行委员会监管,国家银行委员会的代表主要来自联邦委员会、国家杜马、总统办公室、部长内阁、央行以及联邦主体政府。

软预算约束问题和财政纪律

2000 年之前,俄罗斯的软预算约束问题十分严峻。但自那以后,联邦立法对联邦主体和地方债务以及预算赤字做了严格的限制,次国家政府的过度借贷已经不再威胁俄罗斯预算体系的稳定。根据俄罗斯联邦财政部的调查分析,联邦主体财政部门违反频率最高的财政纪律就是拖欠债务。2006 年,86 个联邦主体中共有 13 个联邦主体报告有过期债务。

另一条最容易违反的财政纪律是联邦主体官员过高的薪酬。在许多得到联邦政府均等化转移支付的联邦主体,联邦主体官员的工资比同级别联邦官员的工资要高,这违反了联邦规定。

收入筹集权力的分配

俄罗斯的财政收入来源包括税收收入、非税收入以及政府间转移支付。次国家政府的商业活动获得的收益通常划为预算外基金,由政府控制,但不受公众监督。联邦主体税收收入大约占俄罗斯总预算内财政收入的 3%,地方政府税收收入占比则不到 1%。平均来看,联邦主体和地方政府税收收入大约占此国家政府财政收入的 9%~10%。联邦主体财政收入大部分来自于联邦共享税。

俄罗斯的纳税人通过联邦财政部办公部门向各级政府缴税。俄罗斯联邦税务局负责对联邦政府和次国家政府的所有税收进行管理(表 4)。联邦主体和市区都没有权限征收或者监管次国家政府的税收。这有时会导致次国家政府税收的少缴,因为联邦税务局作为一个联邦机构,首要关注的是联邦政府预算中那部分税收收入的征缴。同理,共享税的征收率比次国家政府专享税的征收率也要高。俄罗斯次国家政府通常都按照联邦政府允许的最高税率对联邦主体税和地方税进行征收,所以次国家政府财政收入自治权实际上就仅仅局限在使用联邦主体或者地方资产来获取更多的非税收入上。根据官方报告,非税收入目前占到联邦主体和地方政府财政预算收入的 8% 左右。

表 4　俄罗斯各级政府税收配置(2005 年)

	税基	税率	税收征管	在财政收入中占比/%			
				联邦	州/省	地方	总计
联邦							
企业所得税	联邦	联邦	联邦	27	73		100
增值税	联邦	联邦	联邦	100			100
酒精消费税	联邦	联邦	联邦	50	50		100
燃油消费税	联邦	联邦	联邦	40	60		100
啤酒消费税	联邦	联邦	联邦		100		100
其他消费税	联邦	联邦	联邦	100			100
矿产开采税(油气)	联邦	联邦	联邦	100			100
矿产开采税(碳氢化合物,不包括油气)	联邦	联邦	联邦	95	5		100
矿产开采税(普遍矿产)	联邦	联邦	联邦		100		100
矿产开采税(其他矿产)	联邦	联邦	联邦	40	60		100
水生物资源使用费	联邦	联邦	联邦	100			100
动物资源使用费	联邦	联邦	联邦		100		100
水资源税	联邦	联邦	联邦	100			100
单一社会税	联邦	联邦	联邦	100			100
个人所得税	联邦	联邦	联邦		70	30	100
遗产赠与税	联邦	联邦	联邦		100		100
联邦特惠税制							
推算收入单一税	联邦	联邦	联邦	10		90	100
简化税制下征收的单一税	联邦	联邦	联邦	10	90		100
单一农业税	联邦	联邦	联邦	10	30	60	100
州/省							
企业财产税	联邦		联邦		100		100
交通税	联邦		联邦		100		100
博彩税	联邦		联邦		100		100
地方							
个人财产税	联邦		联邦			100	100
土地税	联邦		联邦			100	100

但即使联邦主体政府和地方政府没有正式的税收管理权,它们还有其他办法让企业主们缴纳除联邦税之外的其他税收。媒体宣传、监察、威胁被引入联邦税务局和检察院的审计,以及其他形式的施压都是有效的增收工具。此外,次国家政府往往还利用减税、提供预算贷款、预算担保、土地租赁或出售和其他好处成功说服当地的企业向地方社区提供实物捐助。

税收竞争的相关问题

如上所述，联邦级以下政府的税收自治权仅仅局限于减税和在联邦法律允许的范围内决定税率水平。次国家政府有权决定税率的税种中，最重要的两个税种是企业所得税和商用物业税（business property tax）。企业所得税作为次国家政府最主要的税收来源，占联邦主体税收总量的38%，其税率在每个联邦主体间从13.5%到17.5%不等。企业财产税的税率从0到2.2%不等。

降低税率或者税收减免并不是促进经济增长的有效手段，因为从长远角度来看，经济增长主要靠投资。有利的经济和政治环境比短期的一些优惠更能吸引到投资。而且，联邦税法中对次国家政府的税收征管权限的相关规定几乎一年一变，所以，即使联邦主体政府承诺了低税率或者税收减免，也无法保证该优惠在下一年仍然有效。

然而，降低税率确实是会给联邦主体带来好处。较低的税率会吸引企业将总部坐落在本地，并注册为所得税纳税人。通过转移价格，此类公司将其坐落在国内离岸区内的总部变成获利中心。而且该联邦主体所获得的高额收入并不影响其获得联邦均衡拨款，这是因为联邦财政部进行转移支付的依据并不是税收收入数据，而是国民经济核算数据。而俄罗斯联邦统计局对经济表现（产出）的核算是基于其生产活动发生地而非生产税缴纳地。因此，尽管只是从形式上将企业从别的联邦主体拉了过来，但却可以显著增加联邦主体的财政收入。

关于税收竞争的一个比较典型的案例就是摩尔多瓦共和国。2002年，摩尔多瓦共减免企业税收7亿美元，而根据联邦统计局经济核算方法，其该年度总财政收入能力仅有1.3亿美元。因此，作为一个人均财力低于全国平均水平的联邦主体，摩尔多瓦获得了联邦均等化转移支付和资本转移支付，用来支持本主体的经济发展。

当然，一旦一些纳税大户决定将它们的企业总部搬离某联邦主体，这会给该主体带来巨大的损失。这方面的典型案例就是俄罗斯西伯利石油公司。西伯利石油公司是俄罗斯最大的石油公司，公司总裁罗曼·阿布拉莫维奇同时也是楚科奇自治区（Chukotskiy）的区长。阿布拉莫维奇在楚科奇建立了一家分公司，名为西伯利-楚科奇石油公司，主要目的就是在楚科奇纳税。这导致该自治区的税收收入在四年内增加了四倍。后来，西伯利公司的新总裁拒绝继续在楚科奇纳税，并解散了西伯利-楚科奇公司。目前，他们计划将母公司的登记地从鄂穆斯克州（Omskaya）搬到圣彼得堡市，这将使鄂穆斯克州的财政收入减少60%。

财政的公平和效率

现行的各级政府间收入分配方式造成了国内预算体系的纵向不均衡，而且这种不均衡随着时间增长在不断加剧。最富联邦主体的人均税收收入高达最穷联邦主体的 280 倍。最富的联邦主体主要是石油和天然气生产区,北高加索共和国则属于比较穷的联邦主体,该共和国的财政能力饱受民族和宗教冲突、影子经济盛行以及人口过快增长的拖累。

各联邦主体之间不仅财政能力各异,而且地理条件和与生产中心的距离也大不相同,这导致了能源价格和其他生产资料价格的差距,并最终导致公共服务成本的差异。俄罗斯国内最穷联邦主体的生活成本是最富联邦主体的 3 倍,社区服务成本是其 20 倍。而对于俄罗斯供暖时间最长的联邦主体,其供暖时间是最短联邦主体的 9 倍。

为了缩小财政差距,联邦政府每年向次国家政府提供大量的一般性转移支付(财政均等化转移支付)和其他转移支付。根据对联邦预算报告中政府间转移支付类别的统计,每年联邦政府提供的补贴、援助以及各种转移支付种类大约有 100 种。其中最主要的类型有均等化转移支付、"弥补缺口"补贴、补偿基金、社会项目共同资助、资本转移支付、联邦主体财政改革转移支付、特殊领地管理转移支付、专项转移支付和互助转移支付。

均等化转移支付是以公式为基础的一般性转移支付。俄罗斯预算法典作为规范国内各级政府公共财政支出程序的联邦法典,并没有给这笔转移支付限定使用用途。但实际上,这笔转移支付主要是用来支付员工工资,因而被联邦主体的财政官员们称为"工资补贴"。

2004 年,俄罗斯引入了"弥补缺口"补贴,用来弥补联邦主体在贯彻联邦政策时出现的收入短缺或者支出增加(表 5)。2004 年,这笔补贴用来贯彻联邦政府增加公共部门员工工资的决议。2005 年的"弥补缺口"补贴有三个用处:①补偿均等化转移支付公式变化所带来的损失;②弥补联邦主体政府由于油气开采税税收分成减少、水资源税收入完全被剥夺以及企业所得税分成比例下降 1.5 百分点所带来的损失;③对职业学校权力下放进行补偿。值得注意的是,2005 年"弥补缺口"补贴并没有针对 2004 年最低工资标准的增加而多列一个用途。

表 5　纵向财政能力差距　　　　　　　　　　　单位:百万美元

	总财政收入(2006 年)	可支配财政收入,包括本级获得的净转移支付收入(2006 年)	财政支出(2006 年)
联邦	273 000	248 000	171 000
次国家政府			
州/省	106 000	98 000	93 000
地方	25 000	58 000	54 000
总计	404 000	404 000	318 000

　　补偿基金转移支付主要用来对联邦主体政府完成联邦政府委托事务进行补贴。这包括：①给予联邦规定的特定受益人的租房补贴（如战争老兵、核泄漏灾难的受害者）；②献血者的补贴；③联邦主体政府进行民事登记的补偿。这三项事务都属于联邦政府职责范畴。

　　社会项目共同资助资金一部分用来对联邦主体政府发放的社会保障津贴进行补助。事实上，这些社会保障津贴大部分都是由联邦政府推出的，所以可以看做联邦政府职责。这些津贴包括儿童补贴和对政治迫害受害者、杰出退休人员以及第二次世界大战时期军工企业员工的补贴。社会项目共同资助补贴类似于镜像补贴（mirror grants），但其并不会激励地方政府增加资助。联邦政府首先估算联邦主体政府完成这些职责所需要的财政经费，然后按照一定的比例进行转移支付。即使某联邦主体选择多发放相关津贴，联邦政府也不会因此增加对其转移支付的数额。

　　资本转移支付主要是用于公共部门的资本投资（如学校、医院以及信息技术的建设）。联邦主体财政改革转移支付主要是通过竞争拨付给从事财政管理制度改革的联邦主体。参与竞争的联邦主体必须递交一份行动计划，并证明该计划已经成功实施。2000年，世界银行发起了联邦主体财政改革项目，目前该项目由世界银行和联邦政府共同资助。

　　特殊领地管理转移支付主要是拨款给车臣共和国以及遭受核辐射的地区。专项转移支付主要包括每年的最佳城市奖、进行周年庆祝的城市以及其他转移支付没有覆盖到的联邦委托职责专项补偿。互助转移支付主要是拨给军事工业中心以及研发中心的一般性转移支付。联邦政府直接给这些城市提供拨款，不通过联邦主体政府。

　　每年，几乎1/2的联邦转移支付（约63.29亿美元）通过联邦财政支持基金拨付给联邦主体，用做对低收入联邦主体的均等化补助。每年86个联邦主体中有65～68个会得到均等化转移支付。均等化转移支付主要有两个分配途径：第一，总资金的80％会分配给所有均等化之前人均财政能力低于国家平均水平的联邦主体。联邦主体人均财政能力与国家平均水平差得越多，该联邦主体获得的均等化拨款就越多。第二，剩下的20％会分配给收入最低的联邦主体，以帮助其财政能力达到某一既定的水平线。

　　为了防止联邦主体影响资金的分配过程，联邦政府使用基于公式的方法来分配资金。联邦主体财政能力的估算是以经济部门的增加值为基础，税收迁移问题则不予考虑，这种估算方法在商业中被广泛使用。为了反映各联邦主体间公共服务需求的不同和供给成本的不同，在计算人均财政能力时使用了财政支出需求指标进行调整，这一指标包括价格、人口、社会经济、地理、气候和其他会对在不同联邦主体提供相同公共服务的人均成本造成影响的客观因素。

公共服务人均成本的估算在很大程度上取决于联邦专家的判断，因此即使综合性的统计数据都是公开的，但均等化公式在一定程度上却是不透明的。

补偿基金和某些资本转移等专项转移支付（包括"减少联邦主体社会经济发展差距的联邦定向项目"）也是根据透明的公式来进行分配的。联邦主体财政改革基金的拨款也是透明的，但是拨款额度十分有限。

其他转移支付的分配仍然不透明，势力较强的联邦主体也许有能力通过谈判争取到更多的转移支付。鞑靼斯坦共和国和巴什科尔托斯坦共和国获得的联邦主体发展项目援助占比最多，而这两个共和国都属于收入靠前的联邦主体，人均财政能力排名分别为第 5 和第 19。这两个联邦主体获得的联邦主体发展项目援助大约占总援助的 2/3，尽管这两个主体的人口仅占俄罗斯总人口的 5.5%。总体来说，俄罗斯联邦政府每年财政支出的 12%～13% 是用于支持联邦主体的，这笔资金大约占到俄罗斯次国家政府财政支出的 16%。

转移支付的规模和分配

不同转移支付的数额各不相同。此处所讲的转移支付规模是指所有类型转移支付的总和。有些转移支付会考虑通货膨胀因素，有些则不考虑如许多年以来，最佳城市奖的奖金一直都是 300 万美元。而财政均等化转移支付每年则会根据上一年的通货膨胀率以及联邦税收和预算法的改变而做出调整。补偿基金的金额等同于联邦主体执行联邦委托任务所估算的财政支出需求。显然，没有专门的公式来计算"弥补缺口"补贴所需要的资金额度，因为该补贴在 2004 财年和 2005 财年的使用用途完全不同，但财政部在具体发放时仍然借鉴了上一年的相关数据。

地方财政差别

一个地区的繁荣程度几乎完全依赖于当地的企业，更准确地说，是依赖于总部设于该地的企业。其重要性要远远高于当地居民的生活条件，因此，地区之间的差距不逊色于联邦主体之间的差距，甚至差距更大。

由于地方个人财产市场发展相对落后，所以个人财产税只占地方财政收入的很小一部分。由雇主上缴的所得税纳入的是雇主登记所在地的地方预算，而不是雇员的居住地。

通常情况下，如果一个城市内有大型的营利企业，如石油公司和酒厂，那么该城市与周围城市相比就富裕得多。同一个联邦主体中，最富的城市的人均财政能力可能会达到该联邦主体人均财政能力的 1.5～2 倍。在有石油公司落户的城市，这个差距可能会达到 3～7 倍。

　　大多数农村都属于收入最低的行列，因为它们几乎没有税收收入，它们财政收入的80%～90%甚至更多依赖于联邦主体的转移支付。

　　举例来说，斯塔夫罗波尔边疆区290个居民点的显著财政差距就能够很好地反映出城镇和农村居民点的税收能力差距。农村居民点的税基数量比城镇少得多。此外，还有大批农村劳动力流动到城镇居民点（小城镇），随之带来的还有他们的个人所得税。

从政治和政策视角考虑联邦主体间的财政差距

　　考虑到联邦主体间环境和发展机会的显著差距，它们之间的财政差距经常会被当成理所当然、不可改变的事实。尽管联邦转移支付的数额在不断增加，但是联邦主体间的不均等问题越来越突出，所以均等化政策的调整也迫在眉睫。目前的政策不仅没有给联邦主体的发展带来激励机制，反而加剧了不均衡。当前，政策制定者们商讨将对补贴依赖最严重的联邦主体的财政管理权外包，但是第一批选出的符合条件的联邦主体都是民族共和国，这就使这个问题变得更加敏感。

均等化转移支付的分配以及均等化效果

　　均等化转移支付的分配需要通过一个公式计算出联邦主体的财政能力和当下的支出需要。通过均等化转移支付，最富裕的联邦主体和最贫穷的联邦主体之间的人均财政收入能力差距从100倍减小到了17倍。联邦政府不会要求较富裕的联邦主体提供反向转移支付，但最新的地方政府自治法律中有一些条款允许联邦主体政府使用反向转移支付来平衡地方政府间的人均财政能力。

　　俄罗斯收入排名前五的联邦主体中，有两个联邦主体也接受均等化转移支付，分别是楚科奇和鄂温克，这主要是因为它们处于偏远的北部地区，财政支出需求远远高于其他联邦主体。

其他均等化工具

　　均等化转移支付是联邦政府使用的均等化工具之一，但不是唯一工具。联邦政府和联邦主体政府在社会项目中共同出资的份额在很大程度上取决于联邦主体的财政能力。资本转移支付一部分是以公式为基础进行分配，通过该公式可以反映出联邦主体间人均公共基础设施和社区公共服务获取能力的不均等性，如学校和医院。但这只占资本转移支付的一小部分。对联邦主体行使联邦政府委托职责所给予的补偿数额取决于估算的联邦主体支出需求，与该联邦主体的人均财政能力无关。联邦政府的直接投资可以看做一种均等化工具,但它实际上却加重了不均等化,因为直接投资一般倾向于财力较强的联邦主体,如鞑靼斯坦共和国和巴什科尔托斯坦共和国。

对地方政府的转移支付

地方政府所获得的转移支付大约占地方总财政收入的 30%~80%。《俄罗斯联邦预算法典》要求联邦主体政府根据各地方的人均财政能力向各市提供转移支付。但实际上,联邦主体政府通常是根据现存公共基础设施来衡量地方的财政能力。例如,联邦主体会通过计算学校和老师的数量来衡量教育支出需求,而不是根据学生的数量。

《俄罗斯联邦预算法典》允许联邦主体选择多种转移支付形式,如均等化转移支付、资本转移支付等。均等化的途径选择权在联邦主体手中,《俄罗斯联邦预算法典》提供了几种参考:联邦主体可以选择将资金池中的资金直接分配给各城市(包括市区、市镇区和居民点),也可以选择通过两步来实现,即在联邦主体层面实现市区和市镇区的均等化,然后由市镇区负责居民点的均等化。大多数联邦主体青睐第二种分配方式,因为这种方式大大减少了它们的工作量。

财政转移支付对公共服务的效率和公平以及联邦主体间公平的影响

联邦法律对大多数由次国家政府提供的公共服务的具体要求做出了明确规定。但实际上,每个联邦主体在公共服务可获取性和人均支出上大相径庭。

俄罗斯联邦主体间的差异就像世界上国家之间的差异,它们中间有大都市,有石油大区,有的带有亚洲国家形态,还有带有部落特色的北部领土,等等。这些地区之间的均等化在原则上来讲是不可能的,尤其是在对所有联邦主体实施相同政策的情况下。最近,联邦政府开始尝试差别化对待每个联邦主体的政策,这表明政策制定者们已经认识到了这一问题。目前寻求解决办法的努力主要集中在加强财政监管方面,包括引入外部财政管理机制。

资本融资、 公共管理和腐败

资本投融资

在俄罗斯大部分联邦主体地区,私人企业是商业以及公共基础设施建设的主要投资力量。之所以出现这种现象，并不是因为这些企业的"好市民"态度，而是因为联邦主体市场以及地方市场高昂的进入成本。最近宜家在叶卡捷琳堡、沃罗涅日以及圣彼得堡发生的丑闻就证实了这一点。

联邦资本转移支付大约占次国家政府公共投资的 1/4，2004 年，次国家政府公共投资总额为 122.61 亿美元，其中联邦资本转移支付为 31.11 亿美元。次国家政府投资中只有 1.6％是通过银行贷款来融资，另外有 13％是通过发行债券，有 8％是通过出售联邦主体或者地方资产来获得。所有这些来源的收入占次国家政府总投资规模的比例不超过 50％。所以我们可以得出结论，次国家政府投资资金中至少有一半来自于联邦主体的自有财政收入。世界原油价格的高涨为这一行为提供了可能性。

联邦主体政府债券市场规模很小，但是呈现出非常快的增长速度，大部分联邦主体政府都在过去的两三年中发行过或者赎回过联邦主体债券。莫斯科市和莫斯科州的债券是这一市场的主体。据专家估算，这两个地区的债券占联邦主体债券总值的 70％。

《俄罗斯联邦预算法典》通过限制债务规模和赤字额度对次国家政府的借款进行严格约束。根据规定，联邦主体的债务额度不能超过该联邦主体政府的自有财政收入，赤字额不能超过联邦主体自有财政收入去除财产出售所得后所剩收入的 15％。

原则上讲，《俄罗斯联邦预算法典》允许次国家政府向国外进行借款，但是货币的形式只能是卢布，这条规定有效地阻止了国外贷款方进入这一市场。截至 2005 年第一季度，次国家政府对国际信贷机构的债务总额大约是 2.3 亿美元。

《俄罗斯联邦预算法典》没有限制联邦政府以外币的形式从国外借款。因此，次国家政府纷纷采用从联邦财政部间接借款的方式来获得国外借款。截至 2005 年第一季度，通过联邦财政部获得的国外借款额为 4 亿美元。

资本投融资存在的问题及改革的必要性

联邦政府的资本支出大多是不限定项目的，以分散的形式拨付给各联邦主体和私人建设项目，这样容易引起建设项目的拖延。联邦政府资助的项目数量有数千个，其中包括地方政府的重点项目，如水和天然气管道设施建设。

资本投融资面临的另外一个问题在于，俄罗斯各级政府的开支是根据支出的类型（如运营或资本）来进行分配，而不是根据职能或者服务类型来进行分配。负责提供公共服务的次国家政府通常没有足够的资金来支付相应的资本支出；这部分支出只能由更高一级政府来承担，对联邦主体政府来说，就是由联邦政府承担，对地方政府来说就是由联邦主体政府承担。造成这个问题的原因之一在于俄罗斯采取一年一度的预算模式，没有人敢保证一项跨年度的资本建设项目在下一年仍能得到财政支持。目前，国家预算改革中已经引入了中期预算，希望中期预算能够有效解决上述问题。

公共管理机构中的财政"联邦制"规模

在俄罗斯，许多国家职能都集中在联邦政府一级，联邦政府任命各联邦主体的州长。联邦主体的州长或议会任命联邦主体的首席执行长官。联邦主体议会的成员由人民直接选举，有固定的任期。在以前，联邦主体的州长也是由人民直接选举，直到最近才发生改变。

2004 年 9 月，别斯兰学校人质危机发生后，联邦政府采取了更多严厉的措施来加强集权管理。一个最具有争议的措施是在联邦主体州长的选举上，总统放弃了直接选举，而选择直接任命的形式。这样一来，州长们就成为了国家行政权力的中间一级，尽管俄罗斯仍是以分权的形式存在，但实际上国家的政治集权已经取代了政府的分权。

腐败及其可能的原因

所有关于俄罗斯腐败的研究都同意一个观点：俄罗斯的腐败问题很严重。如果不考虑历史原因以及较低的公务员工资水平，造成腐败严重的一个可能性原因在于俄罗斯的联邦均等化政策。联邦主体政府会选择报低收入，隐瞒来自影子经济的收入，以从联邦政府获得更多的均等化拨款。

腐败的另一个原因在于联邦主体政府和地方政府没有根据自身支出需要来调整财政收入的权力。次国家政府只有非常有限的征税权限，迫使它们的行为企业化，特别是它们还可以利用行政资源有效地驱逐竞争者。

最新的地方自治法律的生效也可能会使腐败更加严重。该法律不允许地方政府持有与其提供职责内公共服务无直接关联的资产。于是地方政府开始剥离不合法资产，将不合法的资产转移至一些仓促成立的公司。这些公司虽然从形式上不是政府所有，但是实际上却为政府所控制。

前景展望

俄罗斯各州的地位正在发生显著的改变。在弗拉基米尔·普京的领导下，俄罗斯纵向的权力约束得到了明显加强，而联邦制似乎被削弱了。这只是俄罗斯联邦制的一个表现，还是中央集权主义者们在试图做出改变？这很难回答，因为目前这些发展充满了争议。联邦政府正在着手制定的新立法将赋予州长更多的管理权，但是州长仍然由总统来任命。联邦政府已经将新的联邦职责赋予了联邦主体，而且以后还会增加。联邦巡视员负责监督州长的表现，他们会向七个联邦区的总统特使汇报，同时也要向总统行政委员会的总控制部汇报。

因此，普京政府的联邦制度其实很明朗。联邦政府任命联邦主体的管理当局，并将某些联邦职能委托给联邦主体政府，同时给予相应的财政支持。联邦政府会严格监督这笔资金的使用，一旦这笔专项资金被滥用，且滥用问题越来越严重，总统有权要求返还这笔资金。这个制度存在潜在的危险性，一旦联邦政府开始对联邦主体执行委托职能进行监管，它也可能希望能够对联邦主体自身的职能进行监管。这个危险现在已经存在，因为现在联邦主体执行许多额外职能时都不能免遭联邦政府的干涉。

分权制是怎样变成集权制的呢？是因为历史上的单一制吗？联邦主体为什么不反抗呢？一个解释就是，州长们只有坚决贯彻总统的政策才能保证自己的政治或者商业生涯。另一个解释就是，各联邦主体对联邦政府有很大的财政依赖性，它们认为对总统负责比对选民负责更重要。此外，俄罗斯联邦主体的税基是由企业创造的，而不是由市民创造的，所以州长们会把精力放在吸引更多的企业上，而不是改善居民的生活条件。

2004 年的《俄罗斯联邦预算法典》将各级政府间的收入分配比例加以固定，从此不再需要每年做修改，这项改革削弱了次国家政府对联邦政府预算政策的依赖性。然而，这并没有显著地增强联邦主体政府的财政自治权。均等化转移支付公式也是一样。一方面，基于公式的转移支付使对联邦主体的资金分配变得更透明；另一方面，这个公式是由联邦政府设计的，如果每年都修改公式的话，联邦主体的收入就会与以前一样不可预测。总之，专家们从数据上似乎看不到联邦主体经济形势以及其财政支出需求的变化同它获得的均等化转移支付之间的合理关系。

现如今，俄罗斯没有关于财政"联邦制"的下一步发展战略，关于政治联邦的前景也没有一致的意见。大多数专家的意见认为，次国家政府的支出责任应该有所区别，因为各联邦主体的经济发展、气候、民族传统等都各不相同。因此，回归到不对称的联邦制模式似乎成了必然。但是形式会有所改变，20 世纪 90 年代的时候，较发达的联邦主体会通过与联邦中央的双边协议获得额外的权力，而在现在讨论的模式下，不发达联邦主体的权力将会被削弱。

但我们能否就此认为，财政"联邦制"会随着政治联邦的消失而消失，因此1999～2005 年试图发展政府间财政关系的努力都将付诸流水？又或者我们可以把联邦主体财政自治的努力看做联邦制继续存在的迹象呢？

财政"联邦制"能否脱离政治联邦？没有财政自治，政治联邦能否存在？一些专家坚信，俄罗斯不会回归到单一制国家，财政"联邦制"为政治联邦制度的继续发展铺平了道路。他们的证据就是分配给联邦主体的自己决定财政收入的财政自治权——尽管这个权力很微弱，以及按照公式法分配的均等化转移支付。此外，联邦政府还会通过联邦政府基金的形式向联邦主体分配定向转移支付。另外一部分专家则认为，如果没有真正的收入自治，那么财政"联邦制"和地方政府自治都不可能实现。财政"联邦制"与行政权的纵向分布不能同时存在。换句话说，俄罗斯的高度集权结构削弱了联邦主体真正行使属于自己权力的能力。但两派专家都同意一点，那就是：如果想要改进财政"联邦制"，绝不能等到联邦制的理想模式出现的那一天。

注释

1 关于收入分配的讨论，参见 Michael Alekseev and Galina Kurlyandskaya，"Fiscal Federalism and Incentives in a Russian Region，"*Journal of Comparative Economics* 31(2003)：20—33；Galina Kurlyandskaya and Natalia Goloanova，"Decentralization in the Russian Federation，" forthcoming in *Economic Change and Restructuring*；and Jorge Martinez-Vazquez，Andrey Timofeev，and Jameson Boex，"Reforming Regional-Lacal Finance in Russia，"WBI Learning Resource Series，World Bank，Washington D. C.，2006

2 关于俄罗斯地方自治政府历史的回顾，可参见 Galina Kourliandskaia，Yelena Nikolayenko，and Natalia Golovanova，"Local Governments in the Russian Federation，"in *Developing New Rules in the Old Environment：Local Governments in East ern Europe，Caucasus and Central Asia*，ed. Victor Popa and Igor Munteanu，161—264(Budapest：LGI/OSI，2002)；and Irina Starodubrovskaya，*Analysis of Revenues and Expenses of Local Budgets*（Moscow：CEPRA，2003)

Republic of
South Africa

Capital: Pretoria
Population: 43.5 Million
(2002 est.)

Boundaries and place names are
representative only and do not
imply official endorsement.

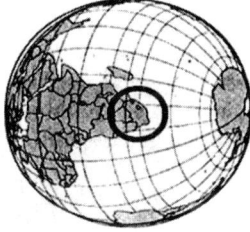

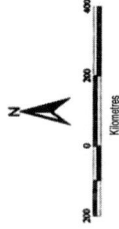

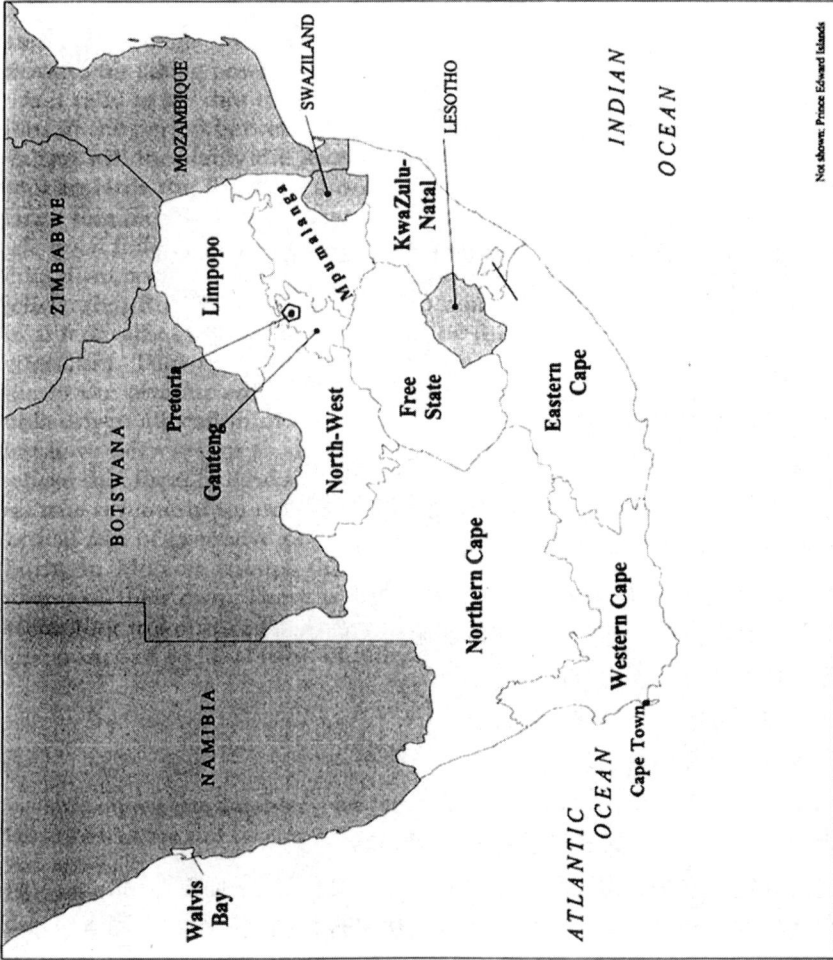

Kilometres

0   200   400

N

Sources: CIA World Factbook; ESRI Ltd;
Times Atlas of the World; UN Cartographic Dept.

Not shown: Prince Edward Islands

INDIAN
OCEAN

SWAZILAND

MOZAMBIQUE

ZIMBABWE

Mpumalanga

Limpopo

LESOTHO

KwaZulu-
Natal

Pretoria

Gauteng

North-West

Free
State

Eastern
Cape

BOTSWANA

Northern Cape

Western Cape

Cape Town

NAMIBIA

Walvis
Bay

ATLANTIC
OCEAN

南非共和国

伯贾尼·库玛洛(Bongani Khumalo)，
雷诺伊斯·莫凯特(Renosi Mokate)

　　宪法规定南非是建立在民主基础上的宪政共和国(constitutional republic)。其各级政府(中央、省和地方政府)由很多党派的成员构成，一些党派只有在选举时才成立，选举结束后立即解散。南非第一大党是非洲国民大会(African National Congress，ANC)，在国民议会中所占席位超过 2/3。该党也控制着所有省和大多数大都市的立法。

　　南非的政府体系基本稳定，实施行政、立法和司法分离的三权分立制度，但是由于最近 10 年政府权力开始下放，很多制度都在发展变化当中。在三级政府权力和职能的分配上更是如此，特别是在各级政府共同管理的事务上。政府已经在颁布授权立法(enabling legislation)方面取得重大进步，立法对权力的实施和职能的履行是必需的。然而，立法的实施还是面临挑战，如中央、省和地方政府在住房的技术和制度能力方面参差不齐；即使在《国家住房法案》中有关于共同职能方面权力划分的授权立法，但是在实践中据此提供住房却并不容易。

　　省政府行政部门由总统任命的总理进行任命。在地方政府层面，地方议会由民众选举产生，市长由民众选举产生的议会成员选举产生。在所有中央以下的政府层级中，第一大党对市长的选举有重大影响。

　　宪法规定，立法、司法和行政分立。行政部门(广义而言即指各级政府)通过相关立法机构对选民负责。中央层面的立法机构是国民议会和全国省级事务委员会，9 个立法机构是省级层面的立法机构，地方议会是地方层面的立法机构。这些立法机构都有监督和确保政府为人民负责的职能，它们通过各自的机构履行这种职能，同时确保公民的参与。在这些机构之上，宪法建立了其他一些组织，如人权委员会、性别委员会、宪法法院等，这些组织负责监督政府的行为，确保政府的行为不违背宪法的规定。所有这些法律机构都是独立的。

这些独立的机构也接受公众的投诉，无论种族、性别、肤色或者宗教信仰都一视同仁，这些机构可以对政府的行为施加影响。例如，当政府没有按人权法案（宪法第 2 章）的规定提供服务时，被侵犯的个人和组织可以向宪法法院对政府提起诉讼，由法院对诉讼做出裁决。人权委员会也接受被侵害个人和组织的投诉，并发布支持受害者的公告。南非的媒体是自由的，是监督政府的重要力量。一些政府的贪腐事件都是先经媒体揭露才最终进入侦查程序的。

南非有 4 480 万人，面积 120 万平方千米。南非是多种族、多民族的国家。南非的 GDP 在 2004 年是 2 128 亿美元，人均国民收入 3 630 美元。南非宏观经济环境稳定、经济增长速度中等、通货膨胀率低、利率低（表 1）。

表 1　基本的政治和地理数据

官方名称：南非
人口：4 740 万人
面积（平方千米）：西开普省（Western Cape）129 370 平方千米
　　　　　　　　东开普省（Eastern Cape）169 580 平方千米
　　　　　　　　夸祖鲁纳塔尔（KwaZulu-Natal）92 100 平方千米
　　　　　　　　北开普省（Northern Cape）361 830 平方千米
　　　　　　　　自由邦省（Free State）129 480 平方千米
　　　　　　　　西北省（North-West）116 320 平方千米
　　　　　　　　豪登省（Gauteng）17 010 平方千米
　　　　　　　　普马兰加省（Mpumalanga）79 490 平方千米
　　　　　　　　林波波省（Limpopo）123 910 平方千米
面积总计＝1 219 090 平方千米

人均 GDP（年）：32 483 兰特
宪法：1996 年，宪法确立的民主制
政府层级：中央、省和地方
地方政府的宪法地位：自治

官方语言：英语、南非荷兰语、恩德贝勒语、北索托语、南索托语、斯威士语、聪加语、茨瓦纳语、文达语、科萨语和祖鲁语，共 11 种
构成单位的数量和类别：9 个省

南非最大构成单位的人口、面积和人均 GDP：
北开普省
902 300 人
361 830 平方千米
人均 GDP 32 870 兰特

南非最小的构成单位的人口、面积和人均 GDP：
豪登省
9 415 231 人
17 010 平方千米
人均 GDP 43 923 兰特
汇率＝0.73

南非政府间财政关系体系

从种族隔离时代沿袭下来的政府间财政框架，使得各省在经济禀赋和管理能力上差距极大。1994年，经过一再拖延的自由运动和种族隔离政府的谈判，在一系列的妥协后，南非成为了民主、财政分权的单一制国家。政府体系包括9个省和超过1000个市，在2000年市减少到284个。对省级政府来说，分权主要体现在有限筹集收入能力的情况下服务职责的分权。允许省政府选择合适的税率和税基，将导致税收竞争，对跨省的贸易、投资和人口流动造成不利影响，将加速经济的不平衡并造成经济活动和财富的严重不均。另外，绝大多数省份因历史沿袭而管理能力薄弱，特别是种族隔离时期的黑人住宅区更是如此，自治州意味着不发达的省不可能有效地优化和最大化任何宪法赋予的扩大筹集收入能力的权力。关于收入分配的问题下文将详细阐述。

省政府不会强制也不会征收宽税基税种（如公司所得和利润、个人所得、消费和贸易）。省政府绝大多数税收收入税基较窄，如对机动车牌照、博彩、酒、医疗费和旅游征收的费用。然而，宪法规定，省政府在遵循国家法律和实现国家经济政策目标的前提下，可征收一些其他税种，如个人所得税附加和燃料税附加。

比较而言，南非政府间财政体系一个令人感兴趣的特征是，地方政府（特别是较大的市）有较大的征税权力。这为南非建立了一个有效的机制，该机制使政府间财政体制比其他低收入发展中国家采用的、与之相似的政府间财政体制要高效得多。类似种族隔离时期的白人地方行政当局，地方政府的主要收入来源包括税收、使用者付费和地方权力机构提供基础设施的私人部门权益。尽管总体而言，南非地方政府筹集了大量自有收入（占支出的90%），但单独看每个地方政府，情况就不同了。例如，一些大都市支出的98%来自自有收入，而一些小的农村市，可能支出全部依赖公平性转移支付、条件性转移支付和来自其他国家和机构的拨款[1]。

支出和筹集收入的职责

南非的宏观政策管理由中央政府负责。国家的金融和财政事务由宪法第13章做出了专门规定。本部分将介绍负责宏观经济管理的主要机构及机构的作用。通过财政部长，国家财政部有权决定和执行国家的财政政策。独立的中央银行——南非储备银行（South African Reserve Bank，SARB）在与财政部长的磋商下，负责决定和执行国家的货币政策。国家财政部负责确定货币政策运行的主要参数，并报议会批准，南非储备银行负责决定履行货币政策所应采用的工具。南非采用"通货膨胀—目标"政策，当前消费者价格指数的控制目标是3％～6％，采用浮动的汇率政策。南非储备银行的行长和副行长由国家总统在与南非储备银行的董事会和财政部长磋商后任命。

1994年，南非政府的财政状况令人绝望，财政赤字接近10％，通货膨胀徘徊在20％左右，债务还本付息费用占GDP的4.7％。因此，纳尔逊·曼德拉政府的首要任务是实现宏观经济的正常运转。通过紧缩型财政政策的推行，经济取得了可喜的成功。经过与工会和企业的深入交换意见，政府制定了"国家增长、就业和再分配(Growth, Employment and Redistribution, GEAR)"这一宏观经济战略。政府的目标是维护宏观经济的稳定，现在这个战略已经执行5年多了。战略的主要收获是赤字的大幅减少，赤字从1994年的近10％下降到2005年的不到2％，通货膨胀率从1994年的大约20％稳定在了6％以下，债务还本付息费用从1997年5.6％的高位下降到2005年的3.5％，中央以下政府的预算基本稳定[2]。

但是，受到政府投资严重紧缩的影响，基础设施受到严重打击，社会服务领域投资的增长比社会某些团体的期望要慢。但是，社会服务的提供还是取得了很大的改善，这主要是因为效率的提高，而不是投资的增长。政府"国家增长、就业和再分配"战略虽然取得了成功，但也由于对就业增长不利而深受诟病。目前失业率大约为26％。

正如前文所述，宏观经济政策管理是中央政府的专属职责，在财政紧缩时期，中央以下政府必须按中央政府的指令行事。在"国家增长、就业和再分配"战略实施的初期，紧缩措施对中央以下政府的影响是这些政府也要同步执行紧缩措施。

在过去的5年中，财政领域的快速改革强化了税收管理，改善了税收的修复能力和公共支出的管理。这种进步使政府不仅加快了基本公共服务领域的投资，还增加了基础设施的新投资和恢复重建。

随着政府间财政体系的彻底检查，综合预算改革同时推出。主要改革内容之一是三年期预算的实施。三年期预算使中央以下政府对可获得的转移支付更加明确，确保实现中期支出框架(Medium Term Expenditure Framework, MTEF)和《中期预算政策报告》(*Medium Term Budget Policy Statement*, MTPBS)中的预算分权。三年期预算还将"锱铢必较"(bean-counting)的财政转变成拥有强大政策评估能力的财政，实现了金融管理现代化(通过公共资金管理法案和市财政管理法案)，取消了对省和市债务的担保以及在财政年度内分配特别资金的可能性，最终加强了省和地方政府清晰的财政框架的发展。可以发现省和地方政府的支出管理都得到了改善。

但是，从收入来看，还有很多事情要做，特别是收入预测方面。财政部注意到，收入预测的不准确——无论是高估还是低估收入都会导致过度借款或者资金分配的错误，这对至关重要的社会经济计划的执行十分不利[3]。

即使已经进行了预算改革和政府间财政关系(Intergovernmental Fiscal Relations，IGFR)体系的彻底修正，但是仍然存在很多挑战。下文指出了南非政府间财政关系体系在支出、收入、政府间转移支付和财政管理四个方面存在的主要问题，即使已经进行了改革，但是一些问题仍然没有得到解决。相应地，这些问题对整个政府间财政关系体系的透明度和问责的效果及效率都是重大的挑战。这些问题将在下文进行更为详细的阐述。

支出责任

根据公共财政理论，财政分权的一个必要条件就是一套清晰和简洁的由法律确认的关于各级政府功能、责任和对公共服务管辖权的规定，由最小的行政单位控制服务的提供，保证服务提供的收益和成本内部化。南非目前支出责任的分配就是遵循上述理论，要实现如下三个目标——由负责任的、可靠的政府高效地分配资源，各地对各自居民提供均等化的服务，以及宏观经济的稳定增长。

宏观经济和再分配以及国家层面的支出功能(司法、国防、惩教机构、国际事务和高等教育)是中央政府的主要职责，这些支出约占预算总支出的39％。与此对应的是，省政府的支出约占预算总支出的55％，但其收入所占比重不到6％[4]。省绝大多数的支出责任是宪法目录四确立的，目录四规定省政府负责小学和中学教育、医疗和社会福利、省内公路和地方经济发展。地方政府收入占预算总收入的比重刚刚超过4％，负责提供主要的市政基本服务，如住房、供水、供电和环境卫生(表2)[5]。

表2   各级政府的法定责任和职责的实际分工

法定责任(按法律)	公共服务	实际职责(按现实)
中央和省	管理当地自然生长的森林	省和地方
中央和省	社会保障和福利	中央和省
中央和省	农业	省
中央	医疗	中央、省和地方
中央	监狱	中央
中央	国防	中央
中央	司法和宪法的发展	中央
中央	安全	中央
中央	水和森林	中央

续表

法定责任（按法律）	公共服务	实际职责（按现实）
中央	贸易和工业	中央
中央	交通	中央
中央	采矿和能源	中央
中央	国际事务	中央
中央	国内事务	中央
中央和省	赌场、赛马、赌博和下注，不包括彩票和体育彩票	省
中央和省	机动车牌照	省
省	急救服务	地方
中央和省	教育	中央和省
省	除国家图书馆外的其他图书馆	地方
省	酒的牌照	中央
中央	除国家博物馆外的其他博物馆	中央
省	省的计划方案	省
省	省的娱乐和游乐设施	省
省	省的体育运动	省
省	省内公路和交通	省
省	兽医服务，不包括职业管理	省
中央、省和地方	空气污染	地方
中央、省和地方	建筑的管理	中央、省会地方
中央、省和地方	儿童保育设施	地方
地方	电力和煤气网络	地方
中央、省和地方	消防服务	地方
中央、省和地方	当地旅游	地方
中央、省和地方	市机场	地方
中央、省和地方	市计划方案	地方
中央、省和地方	市医疗服务	地方
中央、省和地方	市公共交通	地方
中央、省和地方	建成区的降水管理体系	地方
中央、省和地方	受限于饮用水供应体系和当地污水和废物处理体系的供水和环境卫生服务	地方
省和地方	海滩和博物馆设施	地方

法定责任（按法律）	公共服务	实际职责（按现实）
省和地方	公共场所的广告牌和广告展示	地方
省和地方	墓地、殡仪馆和火葬场	地方
省和地方	市属公园和休闲娱乐场所	地方
省和地方	市内公路	地方
省和地方	道路照明	地方
省和地方	交通和停车	地方
省和地方	废物清运、垃圾场和固体废弃物的处理	地方

即使宪法已经制定了清晰和固定的框架，但是一些关于支出责任的分配问题仍然没有得到解决。问题包括：不提供资金的强制命令很可能会增加，当职责转移到其他级别政府时，缺少对职责的清晰描述，缺少对权力和职能进行详细、深入描述的框架。不提供资金的强制命令是指中央以下政府按照宪法或者政策公告的规定，依法必须履行的某些职责，但是不能从中央筹集的收入中得到资金用于履行这些职责。这在要求省和地方政府提供某些特殊服务并达到中央规定的最低服务标准的情况下十分突出。而且，提供这些服务的资金不足以达到实现服务标准的成本，迫使中央以下政府当局必须把本就缺乏的自有收入挪用过来以实现规定的标准。

对于各级政府的一些共同职责还缺乏清楚的职能划分。例如，一些公路可以被认为是社区的也可以被认为是地方的。直到共同职责划分清楚后，这种公路才能摆脱无人维护的尴尬状况，这种情形也不利于社会经济基础设施的改进。与共同职责划分紧密相连的是缺乏关于职能在政府间转移的性质的清晰说明——是属于职责分配、授权还是政府机构间的协议。这种时候，当每种责任的分配都有各自的含义时，服务提供的计划和预算就很难制订（表3）。

表3　各级政府按功能分类的直接支出　　　　单位:%

功能分类	联邦	州或者省	地方	全部
国防	100	0	0	100
债务还本付息	100	0	0	100
一般管理	44	0	56	100
法律和秩序	100	0		100
经济服务	100	0		100
社会服务				100

续表

功能分类	联邦	州或者省	地方	全部
医疗	78.3	21.7	0	100
教育	66.1	33.9	0	100
社会发展	74.5	25.5	0	100
补贴	0	0	0	100
汇总				100
地方公共服务	0	0	0	100

注：地方公共服务包括小学和学前教育、中学教育、公共医疗、医院、城市公路、城市及交通、饮用水和污水排放、废弃物的收集、供电、防火、公共秩序和安全、警察

尽管已经制订了地方政府权力和职能框架的政策草案，但是框架的内容并不全面。没有包括中央职能部委制定或提交其他机构审议批准的所有立法。例如，在医疗方面，中央政府已经特别规定了地方行政当局应该提供的包括医疗服务环境在内的医疗服务活动的范围。框架草案的另一个缺点是仅适用于分配给地方政府的职责，而不包括中央向省级政府层面转移的职责。由于缺少一个合适的框架，中央以下政府或者通过立法来解决资金不足的问题，或者通过制定政策让国家财政负担增加的资金需求。

收入分配

尽管从 1994 年开始就着手收入分享方法的改进，但是三级政府获得收入的能力还是存在巨大的差距。差距主要来自宪法关于各级政府征税权的结构和分配的相关规定[6]。南非收入体系的基础是确保财政的统一、和谐、高效，但是在收入的分配上，中央以下政府的财政自治权较弱。所有的宽税基税种（主要包括个人所得税、企业所得税和消费税）都是中央税，而窄税基税种（如机动车牌照费、医院患者的付费和赌博税）都是省税。比较而言，市的收入筹集能力超过省，因为市可以确定财产税的税率，征收营业税和公共设施使用费。南非的绝大多数收入都由南非收入服务局（South African Revenue Service）负责征收。尽管由收入服务局代表省和市为其征集收入不存在任何制度上的障碍，但是目前收入服务局只为中央政府征集收入。

中央以下政府的收入征集权必须按中央政府颁布的授权立法规定来行使权力。尽管南非授权立法最终得以颁布实施，但其颁布耗费时间冗长。《财产税税率法案》（Property Rates Act）目前正在实施中，预计其完全实施还需要 7 年的时间。《市财政权和职责法》（Municipal Fiscal Powers and Functions Bill）按照宪法第 229 条的要求正在制定中，同时《省税收管理程序法案》（Provincial Tax Regulation Process Act）仅在 2001 年实施。所有这些立法都给予了国家财政部部长和

地方政府一定的自由裁量权，地方政府的自由裁量权体现在中央以下政府征集收入权力的使用上。

总的来说，南非政府间财政关系的特征是收入的相对集中和支出职责的高度分权。尽管省级政府提供社会服务的支出占其总支出的89％，但是这些服务赚取的收入非常少。由于省按照其税收权限不能征集足够的收入来满足宪法规定的强制命令的需要，因此省只能严重依赖政府间转移支付(或者称为拨款)，省政府得到的政府间转移支付占其全部可利用收入的95％(表4)。

表4　各级政府税收权

	税基决定权	税率决定权	税收的征集和管理	占收入的比重/%			
				中央	省	地方	全部政府
中央							
直接税	直接税和间接税按照1996年宪法分配	全部由中央政府决定	税收的征集和管理由南非收入服务局负责	80.8	1.1	18.1	100
1. 对所得、利润和资本利得征税							
2. 工资税							
3. 财产税							
间接税		全部由中央政府决定					
1. 增值税							
2. 消费税							
3. 对国际贸易和交易征税							
其他收入							
1. 印花税和印花费							
州或者省							
税收收入	税基由1996年宪法第228条规定						
1. 赌场税							
2. 赛马税							
3. 酒税							
4. 机动车牌照税							
非税收入		1. 由相关部门/省财政审查适用的税率并报财政部长批准 2. 省行政当局决定非税收入的适用税率(费率)和价格	相关部门和省财政部共同负责				
1. 非资本性商品的销售收入							
2. 接受的转移支付							
3. 罚款、罚金和罚没款							
4. 利息收入							
5. 资本性资产的销售收入							
6. 其他交易							

续表

	税基决定权	税率决定权	税收的征集和管理	占收入的比重/%			
				中央	省	地方	全部政府
地方							
收入 　1. 地区税 　2. 财产税 　3. 使用者付费(电费、水费和垃圾清运费) 　4. 补贴和拨款	按 1996 年宪法第 229 条款关于市财政权限和职能的相关规定	除了来自中央的补贴、拨款(政府间转移支付)和分配的资金,地方政府行政当局负责决定其他税源的税率。但是,在某些情况下,财产税税率要与 2004 年财产税法案保持一致	在特殊的市,收入由收入部门征缴				

　　中央以下政府认为窄税基限制了它们增加收入的能力的同时,其在管理的效率和收入的征集方面还存在一个严重的问题(特别是省级政府的)。在大多数省,主要的收入来源——公共设施、经济活动、教育、医疗和交通缺少专门的和专职的内部收入征缴机构。建立专门的收入征缴机构对确保服务收费的及时调整、收入的按时征缴以及提供收入规划和预测以提高省财政的预算能力是至关重要的。过去的十年中,大多数省除非迫于中央政府的压力,否则很少调整收费和费率,它们征集的收入一直较少。

　　省不能最大化地征集自有收入更加强化了对来自中央政府的转移支付的依赖,这从两个重要的方面影响着支出。首先,限制了省级政府改变支出模式的能力,因此每个省的支出总量依赖于接受的转移支付的数量。其次,这种依赖意味着中央政府通过省一般转移支付比率的公式对支出的均等化有重要的影响。鼓励省政府征集更多的收入会使省政府可以根据当地的条件和优先权调整支出。

　　因此,2001 年《省税收管理程序法案》的实施考虑了各种方法,这些方法使收入权限的分配能适当地刺激省政府筹集更多的自有收入,并把收入用于支撑地方经济可持续增长和发展的支出计划,这些对省的收入和支出都十分重要。《省税收管理程序法案》是作为保证省政府充分发挥收入征集权的一项必备的立法而被通过的,详情可参考宪法第 228 条条款。尽管大多数省还没有实施这项法案,但是西开普省开始征收燃料税,财政部长最近决定废除地方政府的地区服务税,这些对地方和省的财政可持续性都产生了重大的影响。这些影响使得中央以下政府层面税收权限的改革更为必要了。地区服务税是对商业企业的工资单(工资收入)征集的一种税收。

政府间转移支付

南非政府间财政关系框架下的政府间转移支付(拨款)分为两个主要类别,即一般目的拨款和特殊目的(有条件)拨款。由于省和地方政府的支出责任很广但是收入征集能力较弱,因此一般目的转移支付就是要解决收入征集能力和支出责任之间的不对称。特殊目的拨款是要修正跨区域的溢出效应,完成中央再分配目标,保证中央以下政府提供中央特殊的优先权和政策要求的公共服务[7]。省和地方政府分别按照省一般转移支付比率(provincial equitable share,PES)和地方一般转移支付比率(local equitable share,LES)获得一般目的拨款。省一般转移支付比率和地方一般转移支付比率都是根据公式计算得出每个省或者地方政府应该获得的人均比率,公式考虑的因素包括人口数量、贫困程度,以及家庭收入和支出[8]。而且,宪法特别规定了向三个级别政府分配一般转移支付时必须要考虑的规则。这些规则列于南非共和国宪法第 214 条(2)[a-j]。一般目的的拨款可以由中央以下政府自由决定支出的方向。

从 2000 年开始,分配随意和宽松的(on an ad hoc and discretionary basis)对中央以下政府的特殊目的拨款占转移支付的比重呈现增长的态势。从 2001/2002 财政年度到 2007/2008 财政年度,对地方政府的有条件拨款平均增长超过 23%,而一般转移支付平均增长了 22%。就省来说,在同一时期,有条件拨款的平均增长率超过 14%,而一般转移支付的平均增长率为 11%。广义来看,有条件拨款重要性的增加反映出中央政府政策的前瞻性以及中央以下政府支出责任的不可持续。

即使提供资金的有条件拨款计划目的明确,但还是有一些问题影响到它的有效实施。最引人注意的是,拨款体系的一大特征是有很多的有条件拨款,其中一些有条件拨款随意且宽松[9]。反过来,拨款分配的随意和宽松导致支出针对性不强的消极后果。第一,目标和目的有重复的趋势,增加了中央以下政府不必要的管理负担。第二,一些拨款设计不合理:缺少明确的目标,或者缺少可测量的产出,或者虽然产出明确但是规定得不合理。第三,拨款的随意和宽松使转移支付体系不够透明,增加了监督的难度,破坏了政策和预算之间的协调,另外也增加了预算的随意性,导致政府责任的混乱。

除了上述问题,一些研究还表明,财政和项目管理技巧差的问题十分突出，缺少专业人才，一些不合适的条件和工具阻碍了有条件拨款的顺利支付[10]。尽管有条件拨款存在一些令人苦恼的问题，但它在南非政府间财政关系体系中的应用更多了。有条件拨款的增长主要是因为一些新的基本公共服务计划的出台，计划包括基础设施和机构能力建设拨款、艾滋病预防和治疗、学校营养餐和成人基础教育计划。有条件拨款也用于提供一些必要的公共服务（如幼儿早期教育），而这些公共服务之所以必须通过有条件拨款来提供资金，是因为提供服务的机构框架或者需要改变或者被错误地理解了，还可能是因为提供服务的成本结构需要清晰化。

财政均衡、效率和政府间转移支付

南非采用公式的办法均等化地分配中央筹集的收入。由金融和财政委员会（Financial and Fiscal Commission，FFC）根据中央以下政府的支出需求提出分配的建议。金融和财政委员会是按照宪法第13章建立的一个独立机构。它的主要职责是对中央征集的收入如何在三个级别的政府间（纵向）以及省和市之间（横向）均等地进行分配提出建议。在规定一般转移支付比率的国会法案出台前，宪法要求财政部长必须就金融和财政委员会提出的建议持有何种看法进行说明。

收入分配程序始于金融和财政委员会提出的建议，建议是委员会、中央及省级立法机构与组织在一起的地方政府经过广泛磋商和召开公开听证会的基础上做出的。从政府方面来说，这些建议通过预算委员会和预算论坛（Budget Council and Budget Forum）进入收入分配程序。《1997年政府间财政关系法案》建立了论坛，成员包括国家财政部长、9个省的财政负责人（即预算委员会）。预算委员会和组织起来的地方政府共同组成预算论坛。这两个组织（预算委员会和预算论坛）向部长委员会提出预算建议，部长委员会是内阁下属的一个委员会，财政部长任主席，负责向内阁就最终的预算分配提出建议。收入分配一旦确定，必须确立一项收入分配法案，提交国会审议和批准。收入分配法备忘录的内容包括对决定收入分配的所有公式的详细解释，哪些金融和财政委员会的建议被吸收了，是否有的建议没有被吸收，对于没有被吸收的建议需要阐明没有被吸收的原因。收入分配法还包括转移支付一览表。一般来说，政府会听从金融和财政委员会的建议，因为金融和财政委员会直接针对实际的收入分配提出清晰的建议，而不仅仅提出收入分配的决定原则。金融和财政委员会的建议建立在全面和充分的研究和分析的基础之上，考虑到了政府间财政关系的最优做法。

政府间财政关系体系逐步形成了横向收入分配按公式、纵向收入分配以中期支出循环的政府优先权为基础的政治程序来决定的有意思的局面，因此省（和市）可获得的收入是事先确定的。在过去的几年中，对于收入的纵向分配引起了更多的关注，特别是围绕着纵向收入分配透明度的问题。全国省级事务委员会的财政特别委员会(Select Committee on Finance)已经请求金融和财政委员会就纵向收入分配问题发表意见。金融和财政委员会最初的回复是，政府采用的方法暗示纵向收入分配是一个政治程序，不能通过公式来决定。这个方法是否会危害政府优先权的决定并为其提供资金仍然饱受争议。

一旦纵向收入分配决定下来，下一步就是收入在9个省和284个市之间的横向分配。此外，对省和市还有以有条件拨款和无条件拨款形式存在的一些其他收入分配方式。南非政府间财政关系体系的内容之一是中央以下(省和地方)政府被强制要求提供绝大多数基本社会公共服务。尽管从收入权来看，省财政的自治权十分有限，但是地方政府却不是如此。因此，纵向和横向的不平衡是由于收入资源分配的性质和财政能力的巨大差异造成的，地方政府层面更是如此。一般来说，中央以下政府有权在政府广义的中期战略目标下做出它们自己的资源分配决定。

目前，一些有条件拨款被分给省和市。其中一些是分块拨款(block grants)，其他是特殊目的拨款[11]。一般来说，有条件拨款存在一些问题，对有条件拨款的深入评估正在进行中，评估是要看有条件拨款是否遵循一个适当的框架或者设计。评估由金融和财政委员会和国家财政部同时开展，但是它们的评估是分别独立进行的。

三级政府间收入的纵向分配涉及与政府中期支出框架时期内的优先权相关的政策决定[12]。横向收入分配按公式，考虑了人口特征和很多与需求相关的指标。省一般转移支付比率公式如下：$A = E + H + B + P + EA + I$，$A$ 为每个省的收入分配比率；E 为省学龄人口的权重；H 为省内不享受医疗援助的人口的比率；B 为省人口占总人口比重；P 为省贫困人口所占权重；EA 为省在经济活动中所占的比重；I 为平均分配给各省的管理成本。

地方政府一般转移支付比重公式考虑了市负担的基本公共服务、贫困家庭的数量、市的财政能力和以市贫困家庭数量为基础的政府管理成本的差异。公式考虑了国家的人口特征，保证中央以下政府获得完成宪法指定的职能所需的资金。

一般来说，由于生产和提供公共服务的成本和能力都存在差距，因此原本就很明显的财政差距继续扩大。财政差距是政策制定需要考虑并加以改善的，相关机制也在研究之中。最近，南非正在对省和地方政府的财政框架和相关的收入分配公式进行深入的评估。评估由国家财政部、金融和财政委员会分别独立进行。尽管只有在获得相关数据后才能被执行，依赖省一般转移支付要素和地方一般转移支付结构数据的金融和财政委员会的建议仍然被全盘接受。与省一般转移支付相同，地方一般转移支付以构成要素为基础(表5)。

表 5　纵向财政差距			单位：百万兰特
	征集的收入	包括净转移支付的可支配收入	支出
中央	369 869		283 113
中央以下			
州/省	5 663	205 367	204 869
地方	72 900	8 100	86 000
全部			

　　总的来说，收入分享机制保证了中央以下政府收入与支出责任差距在缩小，收入分配公式也涉及各级政府内部之间的横向不平衡。但是，南非的收入分配方法不是一个均等化的方法，更像是对中央收入的平等分享。

资本投融资

　　扩大资本性投资和支出以促进经济的增长、增加就业和改善公共服务的提供是政府的目标。关键的问题是共同职责在各级政府中的划分，特别是这关系到政府在为资本性支出提供融资中需要承担的职责。就融资来说，政府要在考虑政策变化的同时，保证每个级别的政府必须实现其支出优先权和职责的要求，这要通过政府间转移支付来实现。在过去的五年中，政府正在实施加速基础设施投资的计划，其中包括"扩大公共设施计划"，计划要求基础设施项目采用劳动力密集型模式，利用当地劳动力创造就业岗位；受益者必须包括妇女和其他弱势群体。"扩大公共设施计划"的范畴甚至超越了基础设施的范畴，还包括一些其他活动，如为艾滋病患者提供家庭护理等。

　　目前面临的一个问题是借款如何能用于为资本性支出提供资金。对于这个问题，存在争议的是政府坚实的收入基础是否对借款十分重要。南非目前的情况是，尽管省政府的《省借款权法案》从 1996 年开始实施，但是省政府的借款权仍然很有限。总的来说，省筹集的收入相对于其支出需要来说很不够。但是，地方政府相对于其支出来说筹集的收入十分充足，因此借款权也很大。

　　政策制定者越来越认识到他们需要区分地方政府的资本性投资。对新的基础设施和资本性支出维护的投资也是一项需要考虑的重要内容，已建成的基础设施的维护成本对资本性支出很重要。例如，新基础设施建设很受关注，因为种族隔离时期遗留了很多待建的基础设施。随着新的基础设施的建设，越来越发现对于建成的基础设施的维护缺乏足够的关注而且投入也不足。

　　大型资本投资项目的规划和建设缺乏协调是目前所面临的另一个问题。例如，快速铁路项目（高铁）是省的一个项目，为此豪登省将从中央政府获得一些资金用于高铁的建设，但是这其中并没有强调项目落实中所需的其他级次政府的配合。例如，项目可能需要地方政府提供辅助的基础设施，如支线交通和车站设施，但这些没有作为地方政府的成本而事先得以考虑。

政府的作用是集中帮助那些经济上不富裕，因而不能通过资本市场为项目融资的市。基本的认识是，中央政府在融资中发挥重要的作用，但是不能期望中央政府为特别的省履行其职责提供全部的融资。此外，省在建设需要中央和地区政府大力支持的大型项目之前，是否存在与中央政府商讨的机制。政府正在建立解决这个问题的机制，特别是当一般转移支付不能满足巨大投资项目的需要时。

总的来说，考虑资金供给机制（收入在时间上能正好满足支出的需要）来解决市的收支结构问题很重要。事实上，市是经济活动的源泉，因此，可能需要评估市从一般转移支付比率获得的收入。对省来说，需要把省和中央的资本性支出的优先次序结合起来。最后，需要研究中央政府是否应该发展选择性资金工具而不是政府间转移支付和借款。

机构的构成和腐败

公共服务的确定和废止

各级政府有权不受其他级别政府的影响自主任命工作人员。人员的雇佣和解聘按中央的相关立法处理，如《1988年劳动关系法案》、《基本雇佣条件法案》、《技能提高法案》。

雇员也可借调，为解决人力资源能力的不足会成立咨询小组。此外，在高管阶层（如副主管和主管）也有借调，特别是在缺少领导时。

目前，各级政府雇员的工资不是统一规定的。中央和省雇员的工资由单一法和政策来管理，同时地方政府有自己独立的政策和法律来管理其雇员的工资。一般来说，市雇员的工资（报酬和其他补助）高于中央和省政府的雇员，对于地方政府的高级管理人员更是如此（如市主管）。

即使各级政府雇员的工资并不统一，但就南非雇员工资和其他相关事务来说，私人和公共部门的工资由上文提到过的劳动法来管理。

政府自治

每个级别的政府都是自治的，因此保留了雇佣和解雇员工的权力，而各级政府司法、行政和立法权都是分立的。

但是规定了一个级别政府介入另一级别政府的程序，这种介入权是由法律来确立的。宪法第 100 条和第 139 条允许中央和省政府介入某省（和某市）的事务和管理，但只有充分证据证明省和市没有能力提供强制命令的公共服务时才会发生。需要注意的是这种介入是暂时的，但法律允许介入的政府改善被介入政府服务的提供，就市来说，措施可能包括解雇或者解散议会，采取的措施要根据具体的情况来制定。

对自治的一个经常性威胁（特别是对中央以下政府来说）是不提供资金或者提供部分资金的强制命令。根据原则和法律（《收入分配法》），资金应该跟着职能走。但是，这项原则在现实中有时会被违犯，特别是当上级政府对中央以下政府（特别是对其规划、制定支出优先权和筹集收入能力）缺乏信任和信心时更是如此。原因之一是缺少关于权力和职能的清晰的政策框架，特别是当权力和职能是多级别政府的共同权力和职能时更是如此。这将导致很多问题，但有效和高效的权力和职能分配框架正在制定中，这些问题有望以一个更为系统化和约束力更强的方式来解决，而不是以随意和宽松方式为特征的体系来解决。

与不提供资金的强制命令相关的问题涉及市政府经常接到正式的财政报告，要求其负担不是宪法规定给它的职责及支出责任。同样，一些共同负担的职责如教育和医疗面临挑战。中央政府制定政策，政策通常是以投入而不是以产出为基础。由于缺少关于服务成本的准确数据，最终会造成强制性命令的资金不足。这样，中央以下政府按照其优先权提供公共服务的自治权可能被大幅削弱。

腐败和公共资源的使用

为了实现公共财政管理的现代化和增加问责，《公共财政管理法案》（Public Finance Management Act，PFMA）和《市财政管理法案》（Municipal Finance Management Act，MFMA）替代了财政法案。

《公共财政管理法案》为一个好的《市财政管理法案》提供了强有力的支持。《市财政管理法案》更为稳定、内容更广，在《公共财政管理法案》未涉及的领域也有相关规定。政府希望在其规定不够严格的领域如服务提供链条的管理方面强化《公共财政管理法案》。这两项法律分别管理省和中央政府与地方政府的财政管理实践。两项法律授权行政当局保证公务员的可靠性、检查和平衡公共资金的使用、惩罚违法行为包括把情节严重的案犯投入监狱。

南非政府间财政关系体系的突出支柱之一是总审计师，他负责审计三级政府的部门和机构。但是，问题是总审计师的报告经常是在事情发生的一年之后才发布，因此其作用仅是为修正未来可能出现的事件提供了可能，而不是在事情发生时解决问题。审计把重点更多地放在财政管理问题和财政报告的准确性上，而不是放在政府的整体运行上。但是，将来审计程序将更多地把重点放在国家机构的运行上。

按照法律，所有的政府部门和机构必须有内部审计功能。内部审计的目标是在较弱的管理体系中(这正是舞弊或腐败的高发领域)帮助加强管理，以及在风险出现时得到修正。一般情况下，政府的舞弊或腐败活动比私人部门和跨国公司的相应问题更会引发强烈的关注。政府的其他反舞弊或反腐败战略措施包括免费举报电话(如国家检查总署等机构)、反腐会议、举报者法案，以及鼓励防舞弊计划的发展和实施。

监督

宪法规定成立国会，由其对政府的活动和计划进行监督。国会下属部门委员会负责特别的领域(如教育、金融等)。全国省级事务委员会下属委员会与国民议会下属的委员会作用相同。在某些情况下，会成立联合委员会(如预算联合委员会)来增强监督的效果。一个已经明确的问题是如何保证立法机构和各种委员会能够胜任和保证政府机构在市场失灵的主要领域发挥作用。为此，要做的事情之一是委员会需要被赋予适当的职能对政府机构的活动进行严格的独立调查。改善所有立法机构的监督职能正在进行之中。

结论

南非政府间财政关系体系仍然在发展中，因为南非仍然是一个年轻的民主国家。宪法清晰地规定权力和职能才能防止职能再分配的随意性。然而，过去的十年中发生了一些职能的变动，如社会保障拨款从省政府转移到中央政府、基本医疗服务从地方政府转移到省政府。为实现职能的有效分配，已经颁布了一个政策框架，这个框架用于保证职能的分配符合宪法的精神、资金跟着职能走的原则得到遵守。问责、反腐和预防舞弊是南非民主体系中的重要组成部分。

注释

1　参见 South African National Treasury, *Intergovernmental Fiscal Review* (Pretoria：South African Government Printers，2003)

2　参见 South African National Treasury，*Budget Review* 2006 (Pretoria South African Government Printers，2006)

3　同上

4　参见 Financial and Fiscal Commission，Annual Recommendations，Financial and Fiscal Commission，Midrand，2002

5　同上

6　市的收入主要来自公共设施的收费，特别是水费和电费。需要注意的是，南非的配电厂正在进行改革。改革后情况会有所改变，一些城市会从由政府把电输送给消费者变成由地区性电力配送者和电力配送公司负责送电，这些电力配送者和电力配送公司将被监管。所以市的收入可能会受到影响，因为市在电力方面的收入大于支出，有净收益

7　W. Oates, *Fiscal Federalism*(New York：Harcourt Brace Javanovich, 1972)

8　《年度预算评估报告》(*the Budget Review*)的附录 E(Annex E)中有关于收入分享公式的详细解释。这些公式的解释备忘录包括由于新的统计或者新的调查数据带来的投入数据的修正，投入数据如医疗救助数据、省登记入学率数据，或者与地方政府基本公共服务相关的新的贫困程度数据

9　据 2005《年收入分配法案》，2005～2006 财政年度，省和地方政府管理的拨款超过 25 项

10　参见如 A. Hickey, "Provinces Improve Spending on Conditional Grants for HIV/AIDS Health Programs,"Bughet Brief of the AIDS Budget Unit, Institute for Democracy in South Africa, 2003

11　《收入分配法案》详细列明了省和市各种有条件转移支付框架一览表。有条件拨款分为特殊和一般目的的拨款两种，列在相应的一览表中

12　主要的预算收入包括所有收入减去向南部非洲关税同盟上缴的收入。南部非洲关税同盟是一个在种族隔离时期就存在的地区性团体，成员包括博茨瓦纳、纳米比亚、莱索托和南非

Spain

Capital: Madrid
(Madrid Province)
Population: 40 Million
(2001 est.)

Boundaries and place names
are representative only and do
not imply any official endorsement

FRANCE

ANDORRA

Bay of Biscay

Galicia

Asturias

Cantabria

Pais Vasco

Navarra

La Rioja

Cataluna

Aragon

Castilla y Leon

Madrid

Ebro Sea

Valenciana

Isles Baleares

Castilla-La Mancha

Murcia

Mediterranean Sea

Extremadura

Andalucia

PORTUGAL

Atlantic Ocean

Ceuta

Melilla

MOROCCO

ALGERIA

Islas Canarias

MOROCCO

WESTERN SAHARA

N

Kilometers

100   0   100   200   300

Sources: ESRI Ltd ; CIA World Factbook;
Times Atlas of the World

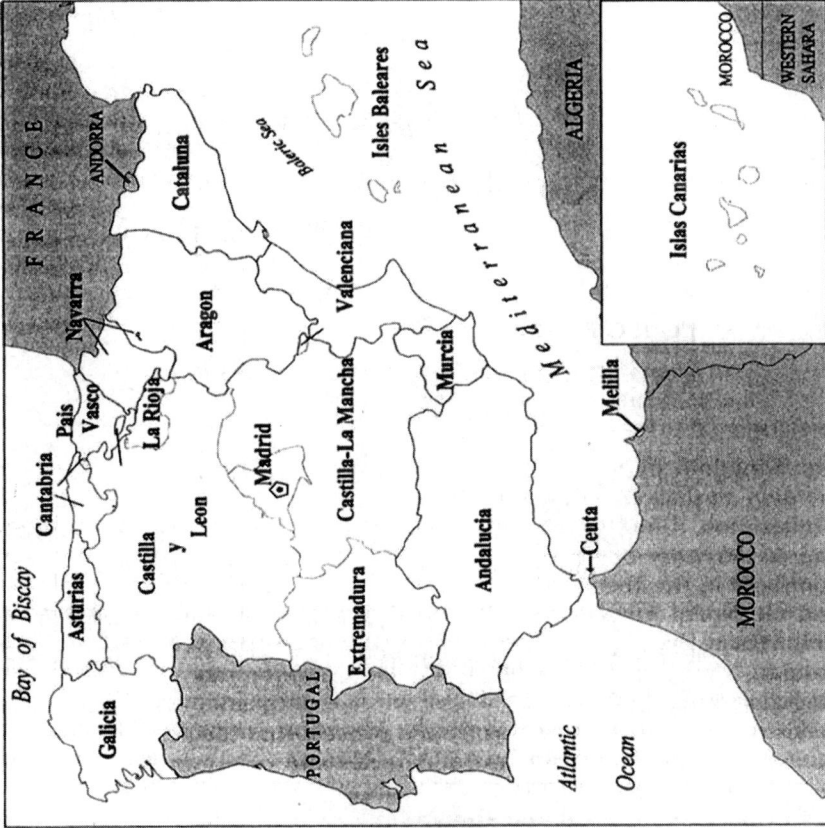

西班牙王国

胡里奥·洛佩慈-拉沃尔达(Julio Lopez-Laborda)，
豪尔赫·马丁内斯-巴斯克斯(Jorge Martinez-Vazquez)，
卡洛斯·莫纳斯特里奥(Carlos Monasterio)

西班牙王国由 1978 宪法确定为议会君主制政体，是一个具有很多联邦制国家特征的单一制国家。西班牙现在的人口为 4 400 多万，国土面积约 505 997 平方千米，其中包括伊比利亚半岛大陆、巴利阿里群岛(Isles Baleares)和加那利群岛(Islas Canarias)，以及西属北非城市飞地休达和梅利利亚。西班牙的官方语言为西班牙语，加泰罗尼亚语、巴斯克语和加利西亚语在其发源地也作为官方语言(表 1)。

表 1　基本政治和地理指标

官方名称：西班牙王国

人口：43 398 190 人

面积(平方千米)：505 987

人均 GDP：20 864 欧元(2005 年)

宪法：议会君主制政体

政府层级：3

地方政府宪法地位：是

官方语言：西班牙语，加泰罗尼亚语、巴斯克语和加利西亚语在其发源地也作为官方语言

构成单位的类型与数目：中间层级的 17 个自治区(地区政府的称谓)和 2 个自治市，地方层级的 50 个省和 8 109 个市镇

最大地区的人口、面积及人均 GDP：安达卢西亚(Andalucia)，近 800 万人，87 597 平方千米，人均收入 16 196 欧元(2005 年)

最小地区的人口、面积及人均 GDP：拉里奥哈(Ra Rioja)，29 700 人，5 000 平方千米，人均收入 22 326 欧元

从历史上看，西班牙是在多个王国和属地不断联合的过程中形成的，这种联合在 15 世纪后半叶达到高潮。西班牙的不同地区通常是按地理及气候上的重要差异来区分的，过去以及现在都保持着十分明显的文化特征，包括使用不同的语

言。西班牙的历史遗产是理解这个国家对于地方政府自治及财政分权具有强烈需求的关键。在 1975 年弗朗西斯科·弗朗哥将军去世后，西班牙从世界上最为集权的国家之一转变为最为分权的国家之一。历史遗制也是西班牙在宪法中采取不对称的政府间财政体制的重要原因，在下文中我们将会看到，巴斯克和那瓦纳两个地区有着与其他地区完全不同的财政框架。西班牙大刀阔斧进行的财政"联邦制"改革在很多方面都受到这些历史政治因素的影响。

西班牙目前的纵向政府结构中，除中央政府外还包括处在中间层级的 17 个自治区（也称地区政府）及 2 个自治市，以及处于地方层级的 50 个省和 8 109 个市镇。宪法明确承认地方政府和自治区的存在及其具有自治权[1]。尽管自治区拥有比地方政府更高的制定规章的权力，但二者在政府及财政体制的结构方面没有必然的隶属关系。地方政府有自己的收入来源并且直接接受来自中央政府的转移支付，这种体制可被称为分叉的财政体制。在这种体制下，中央政府直接处理中间层级政府及地方政府的事务，而中间层级政府与地方政府之间几乎没有什么财政关系[2]。总体来看，过去 25 年里推进的重要分权化改革是有利于中间层级政府的，自治区政府从一开始的不存在已经发展到在全部公共部门中占据 36％的比重[3]。

自治区是政府体系中发展最快的一级，它的财政支出在很大程度上依赖于中央政府的转移支付。自治区的财政支出主要集中在健康和教育方面，这是在全部公共支出中仅次于养老金的最大的两个部分。

同时，地方政府预算仍然占总财政支出的 13％，这一比例与 25 年前分权化初始阶段时的比例非常接近。事实上，西班牙的分权化一直主要是权限和收入向自治区下移的过程，这使得西班牙的许多观察家及政治势力讨论在地方政府层面进行"第二轮分权化"的必要性[4]。

如同所有由民主选举产生，并向其各自选民负责的政府一样，西班牙政府的政治受托责任水平是比较高的。同时，西班牙存在着强大的公民社会，却没有直接民主的重要元素[5]。在西班牙，由宪法法院来处理不同层级政府间的矛盾与争端。在中央政府层面，有政治姿态为"中左"和"中右"的两大政党，但是地区的政党在地区事务中，特别是加泰罗尼亚及巴斯克地区中发挥关键作用，其作为联合成员，在国会中也发挥重要作用。

在过去 25 年快速分权化过程中，西班牙享受了财富及经济的高速增长，但由于劳动力市场制度的僵化，一直伴随着非常高的失业率。2005 年西班牙的人均 GDP 为 25 500 美元。在这 25 年里，西班牙也经历了税负的高增长。在 1975 年，西班牙的税收总收入占 GDP 的比例不到 20％。到了 2002 年，西班牙税收总收入占 GDP 的比例已经超过 OECD 国家的平均水平，达到了 35％以上。OECD 国家的税负占 GDP 比重平均为 31％。在过去的 25 年里，实际 GDP 的增长以及公共部门在经济中的比例上升使得各层级政府公共服务的供应有了大幅增长。

职责的划分

宪法对不同层级政府的职责进行了基本划分。表2显示了当前的职责划分状况[6]。现行的职责划分是在多年的演变中形成的，自治区承担了地区—地方性质的大范围公共服务供应职责，包括大多数健康及教育方面的服务。例如，卫生保健方面的职责在2002年才全部转移到地区政府。

表2　西班牙不同层级政府职责的划分

1. 中央政府

国防

国际事务

司法

国家警察

经济规划与管制

金融系统管制

海关

收入和财富再分配

基本社会保障立法及筹资

全国性的基础设施：高速公路、铁路，跨自治区的水利工程，商业港口及空港

2. 自治区（中间层级）

各级教育（基础教育、中学教育、高等教育）

健康

农业

工业、能源和矿产

环境

旅游业及国内贸易

社会服务

民族历史文化的保护及本地区语言的保护

住房及领土安排

地区性基础设施：自治区内的高速公路及铁路，运动用港口和机场

3. 地方政府

3.1 市镇

供水、污水处理系统及垃圾收集

公共照明系统

续表

社会救助(保护)

公墓

非高校中心的维护及修缮

停车场及公园

街道铺设

城市交通(超过 5 万人的市镇)

地方环境保护(超过 5 万人的市镇)

3.2 省

被指定为小市镇基础设施和公共服务资金提供资金

法律援助及向小市镇提供管理支持

超大市镇性质的服务提供

资料来源：作者整理

西班牙职责转移的一个令人感兴趣的方面就是不对称性。这种特点主要起源于历史政治方面的原因，以往只有少数的自治区承接了健康和教育方面的职责。由此产生了"高水平区"(承接职责水平高)及"低水平区"的差异。随着时间的推移，虽然仍会存在一些小的不对称性(如只有某些自治区拥有警察及监狱系统的运营权力)，但所有自治区大体上都有了相同的职责。职责的不对称分配更长久地体现在地方层面，只有超过 50 000 人的城市才有提供城市交通服务和环境保护的职责。此外，省(地方政府的第一层)需要为一些在行政管理及基础设施工程方面缺乏能力的小城镇提供某些行政管理服务和进行基础设施项目建设。

总的来说，职责的分配遵循一些公认的原则，包括下级自治优先原则。分配给中央政府的职责是那些全国受益的服务，如经济稳定政策、收入和财富的再分配、国际关系、国防、海关、金融系统管制、社会基本保障立法及筹资、全国性的基础设施及交通运输。地方层级政府的职责主要是那些地方范围受益的服务，如供水、污水处理系统、停车场、街道照明。值得注意的是地方层级没有教育(如基础教育)及健康(基本保健)方面服务的职责。虽然人们对于在"第二轮分权化"背景下，将更多的支出职责从中间层级政府向地方层级政府下移(特别是基础教育)进行了大量的讨论，但是还没有什么实际行动。通常认为，许多小城镇的行政管理能力低下是职责下移的主要障碍。一种正在讨论的可能性是采取一种不对称方式，即由省来负责提供那些小市镇缺乏足够行政管理能力或当地供给规模不足的服务，而不是等待将这些小市镇合并起来。在西班牙，那些各种服务供应规模不足的地方政府之间的合作方式已经建立起来。这种合作安排被称做"mancomunidades"，它们以跨地方政府的特区方式运作，提供供水、垃圾收集、旅游业以及社会服务等方面的服务。

表 2 所显示的职责分配需要进行进一步的区分，在某些领域，如地区性的公共事务、基础设施、交通运输，自治区自主行使它们的权力，而在其他一些事务中，它们的权力受到更高层级政府的严格限制。例如，在环境保护和农业方面，欧盟的指令决定环境质量的最低标准和可种植的农作物种类[7]。然而，最为突出的限制发生在一些社会服务领域，特别是卫生保健和教育方面。这些领域确实是职责分享的，但自治区在这些领域具有提供和实施职责，中央政府仍拥有重大的管制权力，尤其是建立提供这些服务的基本条件和获得这些服务的管理规则。这些规则提供了全国的最低标准，地区性政府是不能改变的。但是自治区有权制定在其所辖区域适用的法律，用于改善自身公共服务的供应。

表 3 提供了在不同政府层级上各种功能支出的分配状况。

表 3　按不同功能和政府层级分类的直接支出(2004 年)　　　单位:%

功能	中央政府	州或省	地方	全部
一般公共服务	67.0	21.3	13.7	100
国防	100	0	0	100
社会治安	54.9	19.3	25.8	100
经济事务	50.8	35.6	13.6	100
环境保护	8.3	23.3	68.4	100
住房和公共供水	3.1	24.8	72.1	100
健康	7.7	90.6	1.7	100
娱乐、文化与宗教	24.1	32.2	43.7	100
教育	6.5	89.4	4.1	100
社会保护	87.8	8.4	3.8	100

资料来源：经济与财政部；作者整理

西班牙财政"联邦制"中的一个重要问题是使用了一种叫做"实际成本法"的方法来估计由于职责转移到地区性政府而产生的支出需要[8]。从根本上说，这是一种历史成本兼指数更新方法，因为实际上所有下移的服务职责在之前都是由中央政府来提供的，有关这些服务供应成本的财政金融信息是可以获得的，在职责下移时已按此支付了这些职责所需的支出。当然这种方法会受到一些众所周知的问题的影响，其中最重要的是随着客观条件变化所产生的信息过时（如人口的变化、技术的发展等）。实际成本法在职责下移过程和避免过度的预算紧张之间确实提供了一座有效的桥梁。但问题在于此方法在某种程度上还被用在均等化补助金的计算和财政分权体制运行的其他重要方面，目前还没有找到明确的可替代方法。

财政"联邦制"与宏观经济管理

西班牙的欧盟成员国身份已使其实施在财政"联邦制"框架内的宏观经济管理[9]。由于已加入欧盟，因此西班牙由欧洲中央银行（European Central Bank，ECB）负责货币政策管理。欧洲中央银行在实施货币政策时具有自主性，是独立于西班牙和其他欧盟成员国的，其行动的主要目标是维护整个欧洲地区的价格稳定。这些安排消除了通过货币发行来为预算赤字融资的可能性。

西班牙财政政策的实施也受到其欧盟成员国身份的影响，欧盟支持整体的财政纪律以及不同层级政府之间的财政政策协调，特别是在公共债务管理领域。西班牙中央政府及地区政府在 20 世纪 80 年代中期至 90 年代中期经历了一段巨大赤字和债务快速增长的时期。这不仅是受到国际宏观经济冲击所导致的经济下滑因素的影响，也因为雄心勃勃而引致数量失控的公共支出项目。在 20 世纪 90 年代，西班牙政府整体负债占 GDP 比重在其历史上第一次达到了 OECD 国家的平均水平。然而，这种形势也迅速地促进了西班牙在 90 年代后期加入欧盟的准备工作。《稳定与增长公约》和《过度赤字协议》建立了综合公共赤字不超过 GDP 的 3％和公共债务不能超过 GDP 的 60％的标准。这就是西班牙加入欧盟时需要达到的马斯特里赫特标准。事实上最近几年，西班牙以及芬兰算是欧盟国家中控制赤字较为成功的国家[10]。

如前所述，欧盟的这些财政限制迫使西班牙各级政府间在财政政策方面有着很强的协调性。当中央政府要对公共部门的全部赤字负责时，这种协调就十分必要，因为中央政府仅仅直接管理全部公共预算的 50％。2001 年，西班牙国会通过了《预算稳定法》，此法成为国内各级政府预算稳定的公约。该法为在各级政府之间分配总目标赤字以及约束各级政府赤字行为提供了手段。事实上，在第一阶段，从 2001 年该法律发布到 2006 年 5 月通过的这段时间（2007 财年正式实施）里，总的行为规则就是实现预算平衡。

预算平衡规则受了广泛的批评，因为它会导致顺经济周期的财政政策，特别是在资本性的基础设施投资领域。正是由于这个原因，2006 年《预算稳定法》的修正案强调了预算平衡高于经济商业周期。然而，它允许在经济下滑时赤字最高可达到 GDP 的 1％，同时要求在经济扩张时期实现预算盈余[11]。此外，该法律的修正案允许有占 GDP 0.5％的长期赤字用于为提高生产率而进行的投资[12]。

根据《预算稳定法》，公共部门整体的财政总量目标（赤字还是盈余）被分配到各级政府。有趣的是，公共部门综合赤字的最高限度是 GDP 的 1.5％，自治区政府的赤字合计可达到 GDP 的 1％（中央政府为 0.4％，地方政府为 0.1％），或可占全部公共部门赤字的 75％。因此，修订后的法律对于地区级政府（自治区）

更为宽容，这是为获得地区级政府的同意而做的让步。但是，该修订案还确立了任何未能完成其赤字目标的地区级政府必须在以后三个年度实行"财政恢复"计划，并且只要违规状况依然持续，任何新的债务发行都必须得到中央政府的批准。

西班牙有两个重要的政府间机构负责赤字目标在各级政府单位之间的分配和协商，以及其他的一些事情的协调。这些机构是：

(1)财政与金融政策委员会(Fiscal and Financial Policy Council，CPFF)。该机构充当中央政府与地区政府之间的咨询机构。它的成员包括中央政府财政部、公共行政部门以及自治区的财务顾问。在财政与金融政策委员会中的地区联盟的形成更多是根据地区收入水平，而不是基于政治党派的联盟。当涉及无条件均等化补助(或称充足基金，对此将在下文中讨论)的程度和范围等有分歧问题时，收入水平就会划分出这些地区中的资金获得者和资金付出者。

(2)地方行政管理全国委员会(National Commission of Local Administration，NCLA)。该机构代表了所有省与市镇政府的利益，牵头与中央政府进行讨论和谈判。

财政收入筹集责任的问题

从国际标准来看，西班牙的财政收入分配体系相当复杂。这种复杂性主要源于两点：第一，中间层级政府与地方政府的分叉式收入分配存在重大的差异，这两种体系需要分别讨论。第二，两组自治区之间非常显著的不对称使得中间层级政府的收入分配体系复杂化了。因此，我们将两类中间层级政府的筹资与地方政府的筹资分开进行讨论。

自治区的财政收入分配[13]。西班牙的宪法为地区政府筹资建立了两套基本制度：一般管理体制和特殊管理体制。一般管理体制应用于除巴斯克(Vasco)及纳瓦拉(Navarra)两个地区之外的所有自治区，这两个自治区按照特殊的管理体制来运行[14]。这两套制度使得地方政府筹集收入具有根本的不对称性，在基础上就有利于按特殊管理体制运行的两个自治区。

一般管理体制。一般管理体制下的收入分配起初是根据 1980 年的《自治区筹资法案》(Ley Orgánica de Financiación de las Comunidades Autónomas, LOFCA)建立的，该法案在 2001 年进行了全面更新。因此，一般管理体制下的收入分配就被称做 LOFCA 体制。在《自治区筹资法案》建立了该体制基本原则的同时，一些特殊的实施问题及争议在上文提及过的财政与金融政策委员会中得到解决。财政与金融政策委员会的最重要职责之一就是定期评估地区筹资体制的变化并提出一些必要的改革建议，并于 1986 年、1992 年、1996 年以及 2001 年对

LOFCA 体制进行过几次重大的审议。

起初（20 世纪 70 年代末 80 年代初），一般管理体制下的地区政府筹资是以一次总付的一般补助为基础的。这些补助用"净实际成本法"计算，以弥补支出责任下移所发生的支出需要。这个方法有以下几个缺陷：第一，它在一开始就把公共服务集中提供，还没有下移到地区政府时就存在跨地区差异所导致的固化了。因此，这种方法就不能保证公共服务的均等化供给。第二，完全依赖补助，而不依靠本地税收，这意味着地区政府实际上没有收入自治权。这就会使得与财政分权相联系的效率提高和受托责任的好处大打折扣。

中央政府和地区政府一致认为这些问题是缺乏收入自治权造成的。随后在地区政府收入分配方面的变化可被看做对这个问题逐渐改正的持续战略，这种变化始于 1980 年 LOFCA 体制最初版本所提供的工具。

一方面，这个战略对支出需求计算方法进行了修正，并于 1986 年形成一项用基于指标的地区支出定量法取代"净实际成本法"的协议，这些指标能够更加精确地反映各个自治区的支出需要。支出需要的概念被定义为各地区政府为提供达到与其他地区政府相同水平的公共产品及服务所需要产生的成本。目前应用的这些指标及其相对权重在 2002 年进行过改革，三组不同的指标体系被分别用于三部分支出责任，即健康服务、社会服务及其他服务（包括教育）。显然，人口指标在三组支出责任中具有最高的权重。但是，尽管在对地区支出定量计算时引入了这些指标，但净实际成本法仍然起着决定性的作用。这是因为由财政与金融政策委员会批准的各地区筹资审查已经包含了"免受损害条款"，使得所有地区政府分配到的收入都不低于前期得到的收入。

另一方面，这个战略适当地改革了收入分配。最初一段时间，废止了地区政府完全依靠一般补助获得资金的制度，并在 1982～1984 年，用一套包括下放税权（或称为"让与税"）和一般均等化转移支付的制度取代了原有的制度。最初，一般均等化转移支付被称为"中央税收中的收入分享"；从 2002 年起，其被称为"充足基金"。这些措施为地区政府提供了标准的收入来源，与其他分权制国家的实践惯例相一致。

然而，直到 1997 年，地区政府仍不能将让与税划为"自有税"，因为这些税收不仅是按中央政府的意愿实行，还受到中央政府的严格管制。与此同时，虽然地区政府对让与税的结构没有自由裁量权，但在某些情况下它们要负责这些税收的管理及征收。因此，从让与税施行初期到 1997 年，让与税可被看做分税制的延伸，而不是提供给自治区的具有税收自治意义的自有税。从 1997 年开始，地区政府对让与税有了一定程度的自由裁量权，允许自治区拥有确定税率、税收抵免及减免税的权力。因此，让与税逐渐变为地区政府的自有税[15]。地区政府如何使用新得到的自由裁量权有很大差异。总体说来，和国际发展趋势一样，自治区财政收入中直接税比重在降低（包括个人所得税、遗产税、赠与税），而间接税比重在增加（如资本转移税、印花税、碳氢化合物的零售税）。

　　表4展示了目前让与税的状况，包括收入征收分配的安排、负责税收征管的政府级别，以及给予地区政府对特定税收的自主权。从表4可看出，许多重要的税收已经让与给地区作为地区自有的税收（如33%的个人所得税），或者实际上与地区政府共享，如增值税与消费税。中央政府在公司所得税、保险税、进口关税、工资税、非居民税的征管和规则制定方面拥有完全的权力。

表4　目前地区政府的收入分配

税种	税收分享比例/%		由地区政府征管		地区政府拥有的自由裁量权	
	一般管理体制	特许体制	一般管理体制	特许体制	一般管理体制	特许体制
个人所得税	33	100	否	是	税率表和税收抵免	全部
净财富税	100	100	是	是	起征点、税率表和税收抵免	全部
遗产税及赠与税	100	100	是	是	税收减免、税率表、税收抵免、征管	全部
公司所得税	—	100		是	—	全部
非居民所得税		100		是		对常设机构有全部自由裁量权
资本转移税、资本筹集税、印花税	100	100	是	是	税率、税收抵免、征管	除特例外，全部
博彩税	100	100	是	是	税收减免、税基、税率、征管、监管	除特例外，全部
车辆税(登记)	100	100	是	是	税率	税率、纳税申报、支付形式、支付期限
碳氢化合物零售税	100	100	是	是	税率、征管、监管	税率、纳税申报、支付形式、支付期限
增值税	35	100	否	是	否	纳税申报、支付形式、支付期限
消费税(酒精、饮料、烟草、汽油)	40	100	否	是	否	纳税申报、支付形式、支付期限
电力税	100	100	否	是	否	纳税申报、支付形式、支付期限
保险税	—	100	—	是	—	纳税申报、支付形式、支付期限

　　资料来源：López Laborda，J.，"Financiación y gasto público en un Estado descentralizado."*Economía Aragonesa*，24(2004)：63—82

应对个人所得税的安排给予特别的关注，因为在其他分权制国家采用的方案中没有这样的安排。法律将个人所得税税率表分为中央政府税率表和地区政府税率表。按中央政府税率表获得的个人所得税收入相当于个人所得税总收入的67％，而按地区政府税率表分配给各个自治区的个人所得税收入相当于个人所得税总收入的33％。地区政府可保持这样的税率表，从而可获得33％的税收份额，或者它们可以提高或降低税率，但是要求它们的税率表必须是累进税，并且要与中央政府的个人所得税保持同样的累进等级。地区政府也可以出台自己的税收抵免政策，这可能只会影响到税收金额。很多地区政府都改变了税收抵免，只有马德里自治区实际上调整了税率表。

总体上来说，当前在个人所得税方面，地区自治程度与中央政府保持了协调一致，以使纳税人的遵从成本最小化。中央和地区政府的应税收入定义是相同的，纳税人只需填写一份纳税申报单，其中包括中央和地区所得税。在实行一般管理体制的地区中，国家税收管理机构负责征税并将税收收入在中央与自治区之间进行分配。

除了让与税以外，实行一般管理体制的自治区还拥有其他收入来源。首先，地区政府会设立自己的地区税以及附加费(不同于下移的或让与的税收)。对于这些收入，自治区在征管和规则制定方面有完全的自主权力。然而，《自治区筹资法案》对这类地区政府能够自行设立的税收设置了明确的界限。更为重要的是，该法案禁止地区政府使用那些已经被中央政府和市镇政府分配或使用的税种，或相同的税基。不允许不同层级的政府使用同一税基，这就是迄今为止地区政府没有设立多少真正的地区税(主要是环境税及博彩税)，以及来自这些税收的收入规模如此之小的原因。实行一般管理体制的地区政府的其他收入来源包括被称为"充足基金"的均等化补助和有条件补助，这些转移支付的性质将在下文中予以讨论。

2004年在实行一般管理体制的自治区的非金融收入中，自有收入主要包括让与税收入和真正的地方税种收入，总体占地区非金融收入的34％。此外，共享税占21％，均等化补助占24％，有条件补助占21％。

特许体制。特许筹资体制适用于纳瓦拉与巴斯克两个自治区。这种筹资安排在纳瓦拉叫做 Conwenio，在巴斯克叫做 Concierto，这两个术语涉及针对两个地区的两项法案所规定的不对称条件，这两个法律是《国家与纳瓦拉特许地区之间的经济协议法案》(2003年)、《国家与巴斯克自治区的经济协议法案》(2002年)。

与一般管理体制相比，特许管理体制并不是用特定收入的分配去满足一定水平的支出需要。特许管理体制最重要的特征是给予了两个地区比一般管理体制下自治区更高程度的财政自治权。只要能够确保团结一致的原则，人民迁徙自由，货物、服务及资本的自由流动，Conwenio、Concierto 都承认特许地区建立和调整自身财政制度的能力。

在本质上,特许地区只通过被称做"协议税"的税收来筹资。这两个地区对于协议税有着很大的权力,要大大超过一般管理体制下的其他自治区在让与税中的权力[16]。

在大多数情况下,特许地区政府对协议税拥有全部权力。目前不属于特许体制协议税的税种只有进口关税及用于社会保障的工资税。

与一般管理体制下的地区政府的收入分配相比,特许地区拥有对所有个人所得税及公司所得税的完全权力。特许地区的财政部门还拥有对主要间接税(增值税、消费税)的管理控制权[17]。然而,对于间接税,特许地区没有制定规章的权力,这主要是因为欧盟有关间接税协调的规则对此施加了限制。

在实践中,特许地区政府在其辖区内充分运用自由裁量权来降低税收负担。例如,公司所得税的折旧减免比一般管理体制下的自治区更高,投资及创造就业的公司,其税收抵免也更高,而总体税率就更低[18]。

全部分配给特许自治区的一系列的重要税种以及相对较高的收入水平保证了它们不需要中央政府转移支付就可以完全满足本地区的支出需要。事实上,巴斯克及纳瓦拉地区的这种不对称体制产生了地区政府对中央政府的逆向转移支付。这些逆向转移支付在在巴斯克叫做"配额",在纳瓦拉地区被称做"捐献"。这些逆向转移支付的合理性就是两个特许地区应该为中央政府在全国范围内提供的公共产品成本提供资助。与特许地区的这种单一支付相比,一般管理体制下的自治区有好几种为中央政府服务提供"捐献"的途径。其中最重要的就是在辖区内征收的非让与税(67%的个人所得税、100%的企业所得税、65%的增值税等)。

逆向转移支付或者配额的实际数额是根据十分复杂的公式计算得出的。归每个特许地区分担的中央政府服务成本的份额以"归集指数"为基础,这是个相对收入函数(与整个国民经济相比)。纳瓦拉的归集指数为 1.6%,巴斯克为 6.24%。

由于中央政府仍然要在特许地区征收某些收入(征收"非协议税"和非税收入),以及中央政府通过"线下"赤字融资来满足部分支出的资金需求,计算时就会对"总配额"(GQ)与"净配额"(NQ)进行区分。净配额(NQ)等于总配额(GQ)减去中央财政部在特许地区获得的全部收入。特许自治区"基年"的总配额(GQ)计算公式如下:

$$GQ_{f0} = i_f \cdot G_0 (f = 纳瓦拉、巴斯克)$$

其中,i_f 表示特许自治区 f 的归集指数;G_0 代表中央政府在"基年"提供的公共服务水平。此外,让我们把筹资协议没有覆盖的收入定义为 TN,中央政府赤字为 D(在有盈余的情况下,这个变量为负值)。最终,NQ 实际上是特许地区财政部门向中央政府财政部转移的金额,其计算公式如下:

$$NQ_{f0} = i_f \cdot G_0 - i_f \cdot TN_0 - i_f \cdot D_0 = i_f \cdot [G_0 - (TN_0 + D_0)]$$

这个配额不会每年都计算。这个计算方法每五年重新评估一次。对于基年后

的任何年度 t 来说，配额的数值是将相等于协议税的中央政府税收增长率用于基年价值计算出来的，该税收增长率用 IE 来表示：

$$NQ_{ft} = NQ_{f0} \cdot \frac{IE_t}{IE_0}$$

因此，特许自治区 f 在 t 年保留的收入是从协议税实际获得的收入 T_f 与缴纳给中央政府的配额数之间的差额：

$$R_{ft} = T_{ft} - NQ_{ft} = T_{ft} - NQ_{f0} \cdot \frac{IE_t}{IE_0}$$

上述讨论描述了特许地区的"基本筹资模式"。但是，和一般管理体制下的地区一样，巴斯克及纳瓦拉地区也有为其支出提供资金的其他收入来源，如自有税种、附加费和收费、借贷。

对特许体制的评价是优点和缺陷并存。从财政自治及次中央政府受托责任的立场来看，这个体制获得了高分。与一般管理体制下的地区政府仍然严重依赖共享收入和转移支付的情况相比，特许地区已表现出可完全通过自有收入来满足其支出需要。事实上，特许体制为地区政府提供的财政自治程度在国际经验中也是独一无二的。在 20 世纪 90 年代的俄罗斯部分地区实践过的抵抗联邦政府意愿的"单通道"方案中可发现类似例子，这些地区自行征收所有税种，包括那些本该属于联邦税种的税收，并与莫斯科政府进行谈判采取单一付款或汇款的方式[19]。

西班牙特许地区的财政自治程度可能会与世界上大多数国家，如美国、瑞士、加拿大的财政分权产生混淆。在这些国家中，一些联邦税由中央以下的政府进行征管然后移交给中央政府(如加拿大、瑞士)，中央以下的各级地方政府拥有不同的独立税种(如美国、加拿大)。但是没有一个国家的各级地方政府拥有大多数甚至全部的税收，然后以单一的转移支付作为对联邦政府服务成本的补偿与中央政府谈判。

特许体制的重要缺点在于这种制度与西班牙其他地区采用的一般管理体制不对称。首先，特许体制下的高度财政自治为这些地区与一般管理体制地区之间的不对称税收竞争提供了手段和激励。例如，如果一个特许地区决定采用税收措施以吸引其他地区的公司，大多数一般管理体制下的地区没有能力采取对应措施，如它们在公司所得税方面没有制定规章制度的权力。

其次，特许地区对于那些一般管理体制下的地区是不公平的。一般管理体制与特许体制下的筹资体系结构比较显示，在两类地区同等的税收努力水平下，特许体制地区能获得更高的税收收入，然而这两类地区却有着相同的支出责任。换句话说，一般管理体制地区需要向辖区居民征收更高税率的税收才能提供相同标准的地区类公共服务。对于这种差异的一种解释是，由于特许体制地区拥有较多的税收，其辖区的居民需要为地区性公共产品的成本提供资金，还要通过配额缴款为其享受的全国性公共产品的份额提供资金。一般管理体制地区的居民还要负担均等化补助(充足基金)的资金,以使那些财政能力较低或支出需求较高的自治区能够提供与其他地区同等水平的公共产品及服务。

地方政府收入分配

市镇拥有独立于地区政府的收入。地方收入是由 1998 年《地方财政法》规定的,该法律在 2004 年重新修订。像特许地区一样,与一般管理体制地区实行的相反,地方政府的筹资体系不是根据支出需要来计算,而是一套特定的收入来为其提供资金的。

目前地方政府拥有五种税,即财产税、地方营业税、车辆税、城市地区财产增值税以及对建筑和基础设施征收的税。这五种地方税中,财产税、地方营业税和车辆税是所有的市镇政府都必须强制征收的;另外两种税则可选择征收,取决于市镇议会[20]。在实践中,大多数市镇政府都选择采用这两种可选择的税种。一般而言,市镇政府享有在(中央发布的)法律框架内制定税率、税收减免、税收抵免等地方税领域的高度自治权,它们会广泛地运用这些权力。因此,公平地说,地方税是真正的市镇自有的税收。

关于财产税,财政部通过地籍办公室集中管理财产价值评估这一最为重要的环节。对于许多市镇,特别是对那些大城市来说,这是一种不能令人满意的状况,它们认为地方政府能够更好地管理自己辖区内的财产价值评估工作。较大的地方政府已经在不同的时间要求中央政府允许它们自己进行财产价值的评估。从 2000 年开始,在全西班牙财产价值快速增长的时期,财产的评估价值滞后于实际市场价值使得这一问题变得更加尖锐。这种形势导致对地籍价值进行成本高昂的紧急修订,以增加财产税收入。然而,典型的市镇已经在提高地籍价值后着手降低财产税的税率。财产税负担变成一个非常敏感的问题,税收的总体公平性受到越来越多的质疑,特别是人们考虑到这样的事实:低收入者的住房支出在其总支出中的比例在提高,对那些财产价值已有大幅度增长而收入并无明显增长的养老金领取者也没有保护措施。

除一些例外(如财产评估或经济活动登记),地方税一般由市镇政府进行管理。但是在那些规模较小的、缺乏管理能力及技能人员的市镇,通常会委托省或地区政府的税务机构进行税收管理。尽管地方税是高度自治的,但税收竞争的程度并不激烈。车辆税可能会例外,那些离大城市较近的小市镇已经试图以较低的税率来培育汽车租赁市场。

市镇的另一个重要收入来源是收费,收费的依据直接采用受益原则,如水费、市镇运动设施的使用费以及地方交通费。地方政府的另外一项重要收入来源是无条件转移支付，包括收入分享和捆绑补助。这些将会在下一部分进行讨论。

在 2004 年，地方政府的自有收入占到了非金融收入的 60%。尽管各市镇的财政压力（或财政支出水平）有很大程度的不同，但这仍表明市镇一级拥有高度自治和受托责任。分享的税收及补助占地方非金融收入的 40%。实际上，省政府从地方得到的唯一税收收入是地方营业税附加，它是由省辖区内的市镇征收的。

表 5 显示了各层级政府非金融收入的最近变化。通过对数据与及非金融公共支出变化的比较，我们可以看出纵向财政缺口正在向着有利于地区政府的方向发展[21]。

表 5　各级政府及非金融收入与公共支出的构成　　　　　　单位:%

年份	中央政府[1]		自治区政府		地方政府	
	支出	收入	支出	收入	支出	收入
2001	54.1	80.2		33.0	9.5	10.3
2002	53.3	70.6	33.6	19.3	13.1	10.1
2003	52.6	69.0	34.1	21.2	13.4	9.8
2004	53.1	67.6	34.4	22.2	12.6	10.2
2005	51.2	67.5	36.0	22.6	12.8	9.9

1)包含社会社会保障系统

资料来源：经济与财政部，以及作者整理

财政公平与效率的关系和政府间财政转移支付

因为西班牙的分权体制是分叉运行的，在地区政府与地方政府之间没有重要的分层关系，所以有必要将中央政府对地区政府的转移支付体系和中央政府对地方政府的转移支付体系分别进行讨论。

对地区政府的转移支付

地区政府接受来自中央政府的一般无条件均等化补助及有条件补助。对一般管理体制地区的主要均等化补助是"充足基金"[22]。这个均等化补助是按公式计算出来的，一般以地区的财政能力与支出需要之间的财政缺口为主要依据。中央政府计算出各地区政府按同等税收努力应当获得的每种让与税的"基准收入"。根据该地区总基准收入少于支出需要的程度，转移支付体系提供均等化补助用于弥补财政能力与支出需要之间的差额。然而，对于那些支出需要低于自身财政能力（按基准收入衡量）的地区，应该向中央政府提供逆向转移支付，并把"多余的"资金汇缴给中央政府。总之,"充足基金"是常规性的无条件均等化补助,其来源于中央政府的一般收入以及"盈余"地区的贡献(对中央政府的逆向补助)等多种资金。

　　然而,均等化转移支付的实际计算并不是一成不变的。下文将会说明充足基金转移支付决定方法的最突出特点。政府间的财政与金融政策委员会为此体系建立了一个"基年",并计算每个自治区在基年的支出需要 E_{i0} 和让与税的基准收入 T_{i0}^*。基年的充足基金 SF_{i0} 根据支出需要与财政能力的差额部分计算得出

$$SF_{i0} = E_{i0} - T_{i0}^*$$

　　对于那些相对富裕的自治区(如巴里阿里群岛和马德里),其基准收入超出支出需要的部分,如上文所述要作为逆向补助从自治区汇缴给中央政府。

　　最重要的扭曲在于充足基金不是每年确定的。基准年后的 t 年充足基金转移支付金额是根据相对于基年的增长指数计算得出的,这个增长指数等于中央政府税收对让与税的增长比率。因此,t 年的充足基金转移支付的金额由以下计算公式得出

$$SF_{it} = SF_{i0} \cdot \frac{ITE_t}{ITE_0}$$

　　这样计算的结果是,自治区 i 在 t 年度的收入 R_{it} 等于当年的充足基金和让与税的实际收入 T_{it} 之和。需要注意的是,这与"基准收入"是不同的,基准收入只用于计算基年的充足基金:

$$R_{it} = SF_{it} + T_{it} = SF_{i0} \cdot \frac{ITE_t}{ITE_0} + T_{it}$$

　　均等化制度对计算基年支出需要的依赖产生了一些严重的问题。可以基本肯定地说,均等化制度及其他地区筹资制度在基年可以保证一般管理体制下的自治区能够拥有提供合理均等水平的全部服务责任所需的资金,但在后续的年份就不一定了。均等化的实际水平会随着时间的转移而逐渐削弱,因为尽管所有自治区的充足基金会以相同的速度增长,但支出需要以及基准收入却可能以不同的速度增长。事实上,在运用此制度的早几年中,当不同自治区的人口增长不均衡时,就产生了这种情况。

　　现行制度为解决这个问题提供了两种方法,但迄今为止这两种方法都还没被采用过。第一,法律要求对自治区人口变化对支出需求的影响进行定期的分析。第二,因为将卫生保健、教育定义为基本公共服务,国会对此设定了服务标准(健康方面的卫生福利保障目录、直到 16 岁的义务教育等),财政筹资体制设置的初衷是为了保证各地区有足够的资源用于这些基本公共服务的供给。如果公共系统使用者的增长超过全国平均增长水平的 3%,地区政府可以接受额外的资金以保证公共产品的供给。这种额外的资金可能采取专项补助或基本公共服务均等化补助的形式。该补助应在五年期限内再次分配给这些相同的自治区,然后对充

足基金进行调整以反映地区政府支出需求的重要变化[23]。

除了均等化补助以外，在缩小地区收入和财富差距的总体目标下，地区接受旨在培育地区发展的有条件补助。地区间补偿基金就是这样一种补助，另外还有一些来自欧盟预算的补助，如欧盟区域发展基金（European Regional Development Fund，ERDF）。

对地方政府的转移支付

现行对地方政府转移支付制度的最近一次修订是在 2004 年，它向市镇提供了直接来自中央政府财政部的无条件补助。尽管无条件补助制度最终在国会的法律上确定下来，但该法律的实质内容是在中央财政部与代表地方政府的西班牙省市联盟（Federation of Municipalities and Provinces，FEMP）的谈判过程中详细制定的。

资金的分配依据不同的计算公式，这些公式按大中小市镇区分[24]。在大城市（居民人口超过 75 000 的城市）[25]，转移支付由两部分组成。第一部分涉及来源于三种中央政府税收的分税收入，即个人所得税（分享比例 1.687 5%）、增值税（分享比例 1.789 7%）、消费税（分享比例为 2.045 4%）[26]。第二部分是补偿基金。补偿基金是在转移支付制度最新一次的改革中加进去的，以使这些市镇免受损害。在基年，补偿基金等于前期收到的转移支付[27]与收入分享（按照在第一部分计算的）之间的差额。对于基年后的任意 t 年，补偿基金是按适用于基年的一个增长指数计算得出的，该指数等于中央政府税收的增长。

对于所有其他的中小市镇，转移支付被称为"对中央政府收入的分享"，其数额根据一个含有三组变量的指数公式进行分配：人口占 75% 的权重，倒置的税收能力占 12.5% 的权重，财政努力占 12.5% 的权重。这个资金盘子每年会根据中央政府税收的增长率进行调整[28]。

对地方政府的转移支付制度受到了来自不同方面的批评[29]。例如，大城市与中小城市的区分缺乏明显的合理性和透明度。此外，这个制度缺乏面对国家新问题的灵活性，如国家的部分地区移民数量的大规模增长，会导致市镇及地区社会保护支出需求的大幅度增长[30]。同时还涉及一些公平的问题，因为一部分移民从农村及山区迁出，以及需要在这些区域保持与人口密度高的城市居民相等的公共设施及服务。另外，对地方政府的转移支付只是在以一个非常间接的方式来追求均等化目标。

给省政府带来好处的转移支付计划与大城市类似，同样包含两个部分：补偿基金及对中央三个税收的分享（个人所得税分享比例为 0.993 6%，增值税分享比例为 1.053 8%，消费税分享比例为 1.204 4%）

总结与展望

西班牙自 20 世纪 70 年代末起经历了一段快速而深远的分权化过程,由此变成世界上最为分权的国家之一。然而西班牙的分权化过程是不均匀的。中央以下级次政府预算的支出方面比收入方面的分权程度更高。地区政府(自治区)目前占据总的公共支出的 36%,地方政府占比接近 13%。加总起来可以看出,中央以下各级政府在那些最贴近居民生活、最能影响居民福利的公共产品和服务的供给中起着非常重要的作用。一些观察者注意到,中央政府对本该属于中央以下各级政府负责的很多领域干预程度依然过高,削弱了中央以下级次政府自治的作用[31]。然而,在总体上,或者至少从预算支出方面看,西班牙已经具有许多与其他联邦制国家相同的特征,尽管它在法律上依然被认为是单一制国家。

与其他高度分权化体制的国家相比,西班牙地方政府在中央以下公共部门中的相对重要性较低。这在很大程度上是因为西班牙的所有教育服务责任(包括初级及中等教育)都归属于地区政府。然而,地区政府与地方政府的各自角色很难完全区分。西班牙很多方面在不断地呼吁加强对地方政府的支出及收入分配,延续第一轮针对地区政府分权化的成功路径,继续开展"第二轮分权化"进程。然而许多低于最优规模的小市镇政府是这种改革最为重要的障碍。

西班牙税收资源的分权落后于支出责任的分权。然而,这并不是说西班牙中央以下各级政府的收入自治水平非常低。正如我们所看到的,一般管理体制下区域的自有收入占到全部总收入的比例在 35%～55%,特许体制下的两个自治区几乎所有收入都可被解释为自有收入。地方政府的收入自治程度要比一般管理体制下地区政府高:地方政府的自有收入占全部市镇收入的 60% 以上。不过,一般来说通过增加中央以下各级政府的收入自治和降低它们对收入分享、转移支付的依赖,可以增强受托责任和财政方面的负责行为,特别是针对在一般管理体制下的自治区政府而言。

提高地区的收入自治有两个基本的选择:第一个选择是延续现行的路径,提高对让与税的分享比例并提高或赋予对某些税种,如个人所得税、消费税,甚至增值税的规范性权力[32]。第二个选择是为地区政府引入与中央政府共有税基但完全独立的税种。在此途径上,地区政府将会拥有自己的个人所得税、消费税,甚至是增值税和企业所得税,这些税的立法权力或规范性权力可由国家法律进行管制,或者全部留给地区议会。加拿大和美国基本上采用的是这样一种途径[33]。当前的收入分配改革需要为地区政府引入自有税种,创造必要的财政和税收空间。独立税体系与现在的让与税体系类似,但是二者之间也有重要的区别。最重要的区别或许是,在让与税情况下,是由中央政府为那些不自行设计税率的地区政府设计供它们使用的备份税率。这种安排事实上使地区政府没有动力去实施税收自治，并且在很大程度上，它更多地将让与税转变为税收分享，而不是转变为真正的自有税收。地区政府发现，为了增加所需要的额外收入，与中央政府就让与税的分享比例讨价还价（如应是 50％而不是 33％）比提高自有税种的税率更有吸引力。对让与税税率表的使用模糊了地区政府的受托责任。沿着相同的路径，还有可能引入新的税种或加强某些地区层次上已有的税种，如一些自治区已经开始征收的环境税。

收入自治的另外一个方面涉及税收征管。自治区更大程度地参与税收征管是一些地区政府正在考虑修改自治立法的一种途径。目前已经在讨论和拟定加强地区政府税务征管机构的讨论和部署计划；在某些情况下，地区行政部门应该负责征收所辖地区的所有税种，包括中央税，不论是与中央税务部门合作还是独自征收。这会导致再次出现目前在巴斯克和纳瓦拉这两个特许地区的安排。将这种模式推广到其他一般体制地区可能会增强地区间的公平，也可能会导致许多重要税种征管上的碎片化，从而降低效率或导致成本增加。也有人认为，完全的税收征管分权化会导致分裂的政治风险。对中央政府和中央以下政府的独立税种（个人所得税等）进行分别征管是另外一种选择。

纵向的不平衡仍然是个问题。中央以下政府依然在抱怨缺乏足够的资金，需要（并经常收到）来自中央政府的额外资金的帮助。除了中央以下政府是否已经被赋予足够的自治税收资源以及被允许运用自治税收资源的程度（这显然是涉及纵向平衡的决定性问题）这两个问题以外，我们注意到两点：第一，采用实际成本法后，地区的所有支出责任已经由中央政府与地区政府的相互协议确定了；第二，中央政府及中央以下政府的收入变化没有导致中央以下政府的纵向不平衡。

中央和中央以下政府的动力和行为进一步模糊了纵向不平衡问题。一方面中央以下政府有动力不断地向中央政府要求更多的收入分享，从而寻求将它们的支出决策成本分布给全国的居民（而不是接受提高本辖区居民税收负担的政治成本）。这只是很多相互联系问题的一方面，更重要的是，它反映了西班牙中央以下政府根本是在预算软约束情况下运营的事实：中央政府把自己看做某些地区性服务（如健康、教育）以及某些地方性服务供给的直接关联者。另一方面，在一些支出项目中，中央政府会发布要求中央以下政府承担不提供资金的支出指令。在其他一些情况中，中央政府进行了对各级政府收入产生重大影响的税制改革（如减少某些中央以下政府的税收收益），却没有补偿和平衡措施。

近期，横向财政不平衡将会继续存在。当前的政府间财政制度为一般管理体制下的地区提供了合理的均等化水平。但是当前评估不同地区财政能力和支出需求的公式需要重新修订。因此，在西班牙均等化资金及均等化的适当程度依然是个被热烈争议的问题。这最终是个政治决定，本质上会根据谁受益、谁支付的原则进行。受益地区自然会基于统一的理由支持高水平的均等化,而拥有较高财政能力的地区即会指出高水平均等化对动力和效率的负面影响。正如上面我们所提到的那样,地方政府的转移支付制度仍然将会是各方批评的对象。

转移支付资金问题一直受到欧盟扩张(增加中欧和东欧的 10 个新成员)的影响,这产生了地区筹资的其他问题。最重要的是,欧盟的扩张意味着欧洲结构基金以及旨在促进地区发展的其他基金的减少。而目前不少贫困的自治区正在从这些基金中受益。

对一般管理体制地区与特许体制地区的不对称对待是一个非常棘手的问题。宪法允许具有完全不同结构的两套财政体系存在,但宪法似乎并不期望这两套体系所产生的结果有什么不同,即具有相同支出责任的自治区由于体制的差异、接受资助的不同而提供不同水平的公共服务。尽管这种状况意味着地区间的不公平,除了在所有地区复制特许体制的建议以外,很少有新的建议来解决这个问题。这与中央当局以及任何一个关心效率及公平的人的期望都差得很远。权宜之计是使所有地区包括特许地区都为均等化补助体系提供资金。

注释

1　各自治区在规模、人口、人均收入和其他因素方面有很大的差异。最大的自治区是安达卢西亚,有近 800 万人口,面积为 87 579 平方千米,人均收入 16 196 欧元(2005 年)。最小的自治区是 La Riojia,有 297 000 人口,面积为 5 000 平方千米,人均收入 22 326 欧元。市镇的规模也有很大差异,从现代化的大城市到很小的农村市镇

2　这个一般原则在两个实行特殊体制的自治区(纳瓦拉和巴斯克)是例外的,在这两个自治区中,尤其在巴斯克,它自己的地区政府在财政上依赖于第一层级的地方政府(即省政府)

3　从不同的观点来看,所有的自治区提供了一般政府 50% 以上的就业

4　参见 F. Pedraja, J. Suarez-Pandiello, "Financing Local Governments: The Spanish Experience,"in *Tax Reform in Spain: Accomplishments and Challenges*, ed. J. Martinez-Vazquez and J. F. Sanz(Cheltenham: Edward Elgar, 2007)

5　在地方政府的第一层级,省的代表不是由直接选举产生的,而是由市镇议会指派的,而后由省代表再选举其中一人作为省议会的主席

6　本节和本章的其他一些部分摘自 J. Lopez-Laborda and C. Monasterio, "Regional Governments: Vertical Imbalances and Revenue Assignments,"in *Tax Reform in Spain: Accomplishments and Challenges*, ed. J. Martinez-Vazquez and J. F. Sanz(Cheltenham: Edward Elgar, 2007)

7　对于环境政策,欧盟建立了空气和水的质量标准,界定了地区政府和市镇政府的责任(市镇政府从地区政府获得财政支持,以执行这些责任)

8　关于这个方法的讨论,参见 J. Lopez-Laborda and C. Monasterio, "Regional Governments: Vertical Imbalances and Revenue Assignments,"in *Tax Reform in Spain: Accomplishments* and Challenges, ed. J. Martinez-Vazquez and J. F. Sanz(Cheltenham：Edward Elgar，2007)

9　参见 P. Drummond and A. Mansoor, "Macroeconomic Management and the Devolution of Fiscal Powers,"IMF Working Paper 2/76, 2002, on the general problem of macroeconomic management with a federal setting

10　2001~2004 年，财政总体是平衡的，在 2005 年，财政盈余相当于 GDP 的 1%

11　2007~2009 年，如果经济的实际增长率低于 2% 的潜在增长率，赤字是得到允许的。当实际经济增长率达到 2%~3%，要求实现财政平衡；如果 GDP 的增长率超过 3%，则要求有财政盈余

12　预算资金的一般可替代物抹杀了任何实际经济意义上的赤字原因的特性

13　参见 C. Monasterio, "El laberinto de la financiacion autonomica,"Hacienda Publica Espanola 163(2002)：157－85 对自主筹资的一般讨论

14　在加那利群岛自治区，由于它的地理位置接受特殊对待而与一般体制略有不同。但是，加那利群岛是典型地被作为一般体制的部分来对待的。两个北非城市休达和梅利利亚也有特殊地位，它们介于自治区和市镇之间

15　在财政联邦理论的文献中，标准的假设是，只有当中央以下政府对税收结构有最低限度的自由裁量权（如改变税率的能力）时，才能将其视为自有税。例如，参见 R. Bird, "Threading the Fiscal Labyrinth：Some Issues in Fiscal Decentralization,"National Tax Journal 46(1993)：207－27

16　在巴斯克自治区，给予 Alava、Guipuzcoa、Vizcaya 3 个省或"历史领地"税收自治权。巴斯克自治区的"协议税收"在省级进行征管，地区政府只起协调作用。在这种模式下，自治区基本上是由来自各省政府的转移支付提供资金的。值得注意的是，纳瓦拉自治区就不是这种情况，那里的省级和地区级是完全重叠、各自征税的

17　增值税和消费税的情况十分复杂。由地区政府征收的税收收入根据对各自治区居民消费的估计进行调整。参见 I. Zubiri, El Sistema de Concierto Economico en el contexto de la Union Europea(Bilbao：Circulo de Empresarios Vascos, 2000)对这些步骤的详细解释

18　由特许地区政府采取的某些措施已经被欧洲法院和西班牙最高法院禁止，因为这些措施被用来对扭曲市场竞争的活动提供公共支持。参见 I. Zubiri, El Sistema de Concierto Economico en el contexto de la Union Europea(Bilbao：Circulo de Empresarios Vascos, 2000), 212－25

19　参见 C. Wallich ed., Russia and the Challenge of Fiscal Federalism(Washington D. C.：The World Bank, 1994)

20　按照它的"财政法规"，在财政年度开始之前，市镇委员会全体会议必须按法律规定来决定批准实施哪些税收以及税收增加的程度

21　关于西班牙纵向财政缺口的数据无法获得

22　如上所述，特许体制下的两个地区不能得到均等化补助。实际上，存在着从这两个地区向中央财政部的逆向转移支付

23　已经为健康照护投入建立了特殊保证，包括投入增长保证不低于 GDP 增长率。此外，在地区级征收的碳氢化合物零售税收入专项用于健康（和环境）方面的支出

24　参见 F. Pedraja, J. Suarez-Pandiello, "Financing Local Governments：The Spanish Experience,"in *Tax Reform in Spain*: *Accomplishments and Challenges*, ed. J. Martinez-Vazquez and J. F. Sanz(Cheltenham: Edward Elgar, 2007)

25 这个集团还包括所有省的首府城市、自治区的首府城市，无论其人口规模如何

26 消费税收入的分配根据间接方法，大体按照消费支出的相对水平

27 这项转移支付通常使用 2004 年以来其余市镇政府使用的转移支付体系的类似方式计算

28 对于 20 000 人以上旅游市镇的转移支付制度涉及刚才描述的两种体系

29 例如，参见 F. Pedraja and J. Suarez-Pandiello, "La ultima reform de la participacion municipal en los tributes del estado. Un analisis cualitativo,"*Papeles de Economia Espanola* 100 (2004): 77—92

30 参见 I. Joumard and C. Giorno, "Getting the Most out of Public Sector Decentralisation in Spain,"*OECD Economic Department Working Paper* 436(2005)8: 20

31 例如，参见 C. Viver Pi-Sunyer, "Finalmente, una amplia autonomia de baja caldad,"*El Pais*, 6 Septembet 2003

32 这显示出那些目前正在修改地区宪法(自治地位)和与中央政府谈判的地区所选择的路径

33 注意，特许体制下的这两个西班牙地区已经有了这种正式权力。在特许体制下，如同在一般体制下一样，各级政府不使用同一税基；但是，在这种情况下，中央政府不会征收任何由地区政府使用的税收。我们还应当注意到，这一潜在的新安排可能会为强调一般体制和特许体制之间的不对称收入分配提供基础

SWITZERLAND

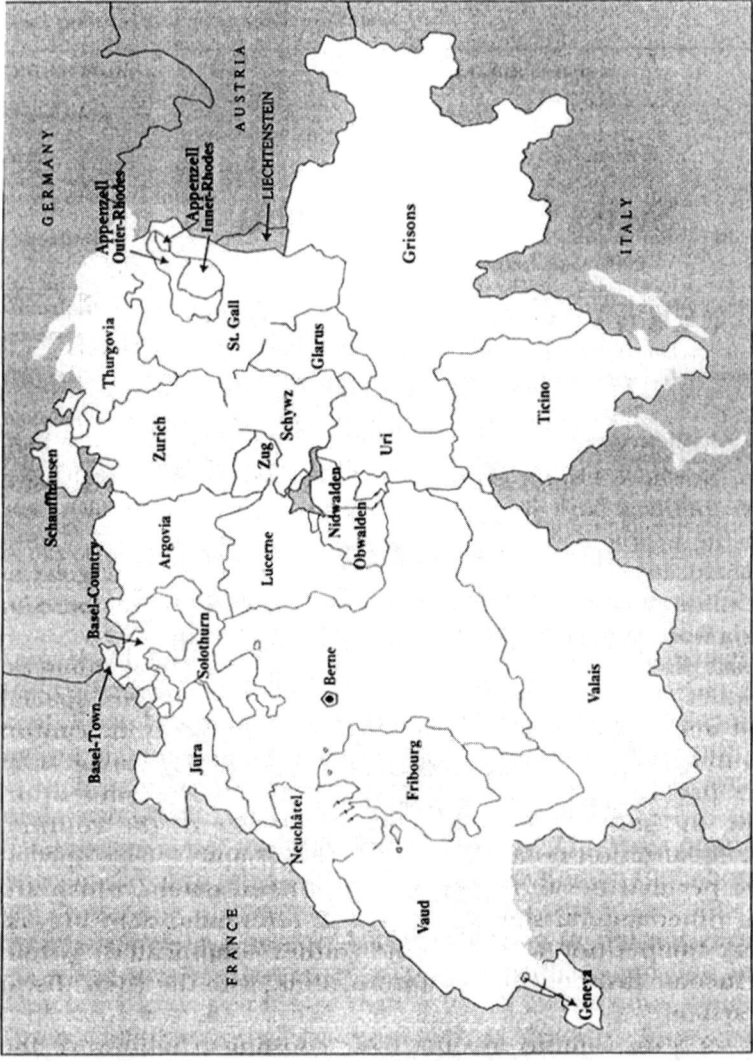

Capital: Bern
Population: 7.2 million (2002 est.)

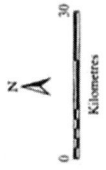

FRANCE

GERMANY

AUSTRIA

ITALY

Schaffhausen

Basel-Country

Basel-Town

Jura

Neuchâtel

Vaud

Geneva

Solothurn

Argovia

Zurich

Thurgovia

Appenzell
Outer-Rhodes

Appenzell
Inner-Rhodes

LIECHTENSTEIN

St. Gall

Glarus

Lucerne

Zug

Schwyz

Nidwalden

Obwalden

Uri

Grisons

Ticino

● Berne

Fribourg

Valais

N

0   30

Kilometres

瑞士联邦

格布哈特·卡奇葛司南(Gebhard Kirchgassner)

瑞士是一个相当小的国家,但是它有一个广泛的联邦结构。在其他任何地方都没有如此小规模的州或行政区拥有广泛的政治和财政自治权情况。此外,其他任何地方的公民都不会像瑞士公民一样拥有如此广泛的直接政治权利。在政府的三个层面——地方、行政区和联邦都存在着立法提案和公民投票的可能性。在最近的 20 年里,全世界约 50% 的全民公投发生在瑞士。

行政区广泛的财政自治权会产生两个结果。第一,由于存在财政责任,在行政区中,存在着专门的宪法和法规来强制实施行政区(或地方)财政的可持续性。财政公民投票和被称为“债务间歇”的债务制动机制起着重要作用。第二,在行政区之间发生的激烈财政竞争会危及国家的整体性,因此需要一种财政均等化制度。本章将着重阐述瑞士联邦政府财政体系的独特性,它与大多数其他联邦体系不同,包括财政公民投票、债务间歇、激烈的税收竞争和(相当复杂的)行政区公司所得税制度,以及财政均等化制度[1]等方面。

瑞士是立宪正体,包括 26 个行政区[2],它们都独立征收所得税和财产税;在 2002 年,联邦政府在全部所得税和财产税收入中所占份额只有 21.5%。行政区不仅可以自由决定税率,而且可以自由决定税收累进的税率表。但是,行政区的政府和议会并不能自主做出决定,它们必须询问市民是否接受税法的改变。

虽然瑞士是一个小国,土地面积仅有 41 284 平方千米,人口仅有 730 万,但其组成部分差异很大。瑞士有四种官方语言以及相应的文化:(瑞士)德语占 63.7%;法语占 20.4%;意大利语占 6.5%;罗曼什语占 0.5%;其余的 9% 讲多种其他语言[3]。德语和法语是主要语言,需要被公务人员掌握(表 1)。

表 1　基本地理和政治指标

官方名称	瑞士联邦
人口	730 万人
面积	41 284 平方千米
人均 GDP(美元)	37 465(2002 年)
宪法	共和制，1848 年第一部宪法，2000 年以来现行宪法
地方政府的宪法地位	由行政区宪法保证的自治
官方语言	德语、法语、意大利语、罗曼什语
构成单位的数目和类型	26 个行政区
最大构成单位的人口、面积与人均 GNP(美元)	130 万人、1 728.9 平方千米、39 319(苏黎世，Zurich)
最小构成单位的人口、面积与人均 GNP(美元)	14 700 人、172.5 平方千米、26 893(内阿彭策尔，Appenzell Inner-Rhodes)

　　语言并非唯一存在差异的领域，瑞士人还具有不同的宗教信仰，其中41.8％是罗马天主教徒，35.3％是新教徒，4.3％是穆斯林，3.4％是其他宗教信徒，15.4％无宗教信仰或对问卷调查进行了回避。此外，目前在瑞士居住的人口有 20％是外国人[4]。该比重高于欧洲其他任何国家(除了像摩纳哥那样非常小的国家)。因此，瑞士作为一个国家，缺少文化的、语言的和宗教的同质性，是一个由市民决定形成的国家，即"意愿国家"(willensnation)，它具有多样性(差异)。

　　这种情况适用现代联邦制度，瑞士的联邦制度建立于 1848 年，但可以溯源至 13 世纪。虽然在 1273 年就有了三个主要的行政区——施维茨(Schywz)、乌里(Uri)、下瓦尔登(Unterwalden)之间的第一个条约，但瑞士的官方建立日期是1291 年。无论如何，瑞士受到拿破仑的强烈影响，其经过 1847 年短暂的新教徒与天主教徒之间的国内战争(被称为 sonderbundkrieg)之后，在 1848 年聚到一起。瑞士能够一直存续下来，在 19 世纪的后半叶中并没有因为语言方面的差异而分裂(当时其邻国意大利和德国建立了国家)，大概是因为其分权的联邦结构。瑞士联邦的其他主要成分是直接民主及在国际事务中的政治中立。

　　各行政区在面积和人口密度上有很大的不同。行政区平均人口为 280 000 人，但人口规模从内阿彭策尔的 14 700 人到苏黎世的 130 万人不等，平均人口密度为每平方千米 178 人。同其他一些欧洲国家相比，如比利时、荷兰(以及英国和德国)，这看起来并不算很高。但是瑞士的内部差异很大，在苏黎世，人口密度达到每平方千米 723 人；在乌里，一个几乎完全是山区的行政区，人口密度是每平方千米 36 人[5]。在巴塞尔城市(Basel-Town)行政区的 37 平方千米土地上居住着190 700 人，其人口仅略少于土地面积最大的格劳邦顿(Grisons)行政区，而后者的 191 200 人口分布在包括了 150 个山谷的 7 103 平方千米的土地上。因此，一些区域人口相当稠密，尤其是"中部地区"(Mittelland)，一个从日内瓦湖到康士坦茨湖之间的十分狭窄的地带。中部地区的西北部是侏罗山脉，东南部是前阿尔卑斯山区和阿尔卑斯山区。这些山区的大部分是不毛之地，因而也成为人烟稀少之地(如乌里行政区)。

在过去 15 年中，瑞士的经济增长记录是很不好的；瑞士是所有 OECD 成员国中平均增长率最低的国家，然而它仍然是一个很富有的国家。根据现行汇率，瑞士居于卢森堡和挪威之后，是世界上第三富有的国家，领先于美国、丹麦和爱尔兰。根据购买力，它的记录则没有如此辉煌，其人均 GDP 高于美国和爱尔兰，人均国民投资高于美国。尽管如此，在世界上排第 4 或第 5 位也是不错的[6]。

但是，在瑞士内部，存在着很大的经济差异。在 2002 年，楚格(Zug)行政区的人均 GNP 为 49 774 美元，而汝拉(Jura)行政区只有 23 118 美元[7]。这种差异在 GDP 方面表现更为明显。在 2001 年，瑞士人均 GDP 为 37 456 美元，巴塞尔城市行政区比此高出 106％，而内阿彭策尔则比此低 47％[8]。如此大的差异造成了财政体系中的矛盾。

政府结构与财政权力的划分

瑞士的基本组成部分是 26 个(25 个)行政区，它们在 1848 年组成了联邦国家[9]。联邦宪法第 3 条规定，行政区“在其主权不受联邦宪法限制的范围内具有自主权；没有转移给联邦的权力由行政区政府全权行使”。联邦仅在联邦宪法授权的领域具有权力(如外交事务、国防、海关和货币政策)，而那些没有明确地归属于联邦范围内的任务则由行政区负责处理。

各个行政区和半行政区有自己的宪法、议会、政府和法院[10]。行政区的议会拥有 58～200 个席位，而政府有 5、7 或 9 个成员。所有这些都由公民在投票箱直接选出，内阿彭策尔行政区例外，那里是由每年 4 月召集的行政区会员大会(Landsgemeinde)选出的。

全部行政区被分为很多自治市，目前有 2 760 个。它们的数目正在趋向减少，因为一些自治市在合并。大约 1/5 的自治市有自己的议会；其他 4/5 的自治市是由地方集会通过直接民主来做出决策的。除了由联邦和行政区委托给它们的任务以外，如人口登记和民防，地方当局还有它们自己的特殊责任，尤其是关于教育、社会福利、能源供应、道路修建和地方规划。这些权力在很大程度上受自我管制。地方自治权的范围由各行政区决定，因此有很大不同。但是，在行政区宪法规定了地方政府自治权之后，行政区和联邦当局都无权干涉地方的决定，只有当地方社区的财政状况严重恶化时才会发生例外。当这种情况发生时，地方预算必须经由行政区政府批准。

联邦宪法为联邦分配了专门的任务，所有其他事务都是行政区的责任[11]，但也存在很多应共同承担的责任，这适用于立法责任虽归于联邦政府，但行政执行权归行政区所有（如联邦政府出资和下令，而修建高速公路事宜由行政区负责）。联合的责任还适用于教育等领域，这些是行政区的任务，意味着理论上由行政区负责所有大学的相关事务。但是瑞士也存在着两所联邦大学：位于苏黎世和洛桑的瑞士联邦技术学院。此外，科学研究是联邦政府的职责，主要由位于伯尔尼的瑞士国家科学基金资助。该基金也资助在行政区大学中进行的研究。而且，联邦政府根据学籍人数对行政区大学给予补助。最后，联邦政府试图制定一种持续的国家大学政策，行政区的教育部长和行政区政府需要无选择权地给予配合。然而，由于联邦政府在资助大学中具有重要作用，联邦政府对于行政区政府的正式决定有较大的影响（表 2）。

表 2　不同政府级次的立法责任和服务供应

功能	立法责任	执行
国际关系	联邦	联邦
国防	联邦	联邦
货币政策、关税	联邦	联邦
邮政服务、电信、大众媒体	联邦	联邦
铁路、民航	联邦	联邦
核能	联邦	联邦
水力	联邦	联邦
国家公路	联邦	行政区
贸易、工业、劳动立法	联邦	行政区
农业	联邦和行政区	联邦和行政区
市民和犯罪法	联邦和行政区	联邦和行政区
警察	行政区	行政区
教堂	行政区	行政区
教育（中学、大学）	行政区	行政区
税收	联邦和行政区	联邦和行政区
社会保障	联邦	行政区
环境政策	联邦	行政区
行政区道路	行政区	行政区
地方道路	地方	地方
地方公共交通（市内）	地方	地方
地方煤气、电力和供水、废物处理	地方	地方
小学	地方	地方
公共保健	地方	地方

　　资料来源：Wolf Linder, *Schweizerische Demokratie：Institutionen，Prozesse，Perspektiven* (Berne：Haupt, 1990), 97

大学政策表明了瑞士制度的另一个特点。大多数行政区太小而没有自己的大学。除了两个联邦学院以外，只有 10 个行政区有大学，所有大学都是公立的且学费很低。为了给大学筹资，行政区之间已经达成协议，学生来源地的行政区必须向学生就学的行政区支付一定数额的资金。这样大学的部分财务负担就会分布在这个国家而无需联邦政府的介入。这种行政区之间的合作是由下文中描述的新的财政均等化制度来实施的。

中央政府干预行政区或地方政策的程度是很有限的。这引发了一个问题，因为在许多领域中联邦负责战略（和立法）事务，而行政区负责运行或行政事务。如果行政区不按规矩行事，联邦政府几乎没有强制其实行合作的手段（如环境政策）。以实例说明，即使联邦对某些污染物的排放设定了限定，并且这些限定在某些地域被违反了，联邦政府也很难对此采取任何行动。例如，它不能通过扣减补助，或从税收分享中扣减收入，或通过任何其他财政手段来强制行政区实施。这种情况被称为"非实施性赤字"（Vollzugsdefizit），被视为瑞士政治相关的一个问题。

另一方面，行政区（和地方社区）在国家政策方面没有多少发言权；中央政府和议会拥有自由决策权——但总是服从于人民的愿望。无论宪法何时改变（问题是通常一年会改变几次），都必须征得人民的同意。此外，在通过新法律或对法律进行改动时，瑞士公民需要征集 50 000 人的签名以得到公民投票权（表 3）。

表 3   按功能和政府级次分类的直接支出　　　　　　　　单位:%

功能	联邦	行政区	地方	全部
国防	90.8	4.8	4.4	100
偿债	59.6	23.0	17.4	100
一般行政管理	20.7	38.3	41.0	100
法律和秩序	9.3	65.7	25.0	100
经济服务	41.1	36.1	22.8	100
社会服务	20.6	48.3	31.0	100
健康	1.0	57.8	41.2	100
教育	13.7	54.3	32.0	100
补贴	41.7	35.4	22.9	100
总计	31.4	41.6	27.0	100
地方公共服务	5.2	51.5	43.2	100

瑞士没有一个有权宣布议会通过的法律违反联邦宪法的宪法法院，在洛桑的联邦最高法院只对行政区具有宪法法院的功能（即它有权宣布行政区的法律违宪）。瑞士有仿照美国参议院模式的议会上院，每个行政区占据两个席位。但这

些席位是代表行政区人民的，而不是代表行政区的政府或议会。这就是为什么要创立行政区主席和行政区政府其他成员（如负责教育的政府成员）会议的原因。这些会议有两个目的：第一，它们决定该区域内行政区之间的安排（区域内的行政区有唯一的责任，但需要协调）；第二，它们代表行政区在国家政治舞台上争取权益。

如果在制定一项新的法律时，联邦对行政的利益干预过多，而所有政区中有至少八个提出诉求，那么就可以发动一场公民投票。类似的公民投票在 2004 年 5 月第一次举行，这些行政区当时反对税收改革，因为改革会改变自用房屋和单元房的税基。这次公民投票成功阻止了改革，从那时起，联邦财政部长在处理涉及行政区利益的问题时更加犹豫不决。

财政"联邦制"和宏观经济管理

货币政策兼属于联邦，虽然在实践中，这方面的职责由位于苏黎世和伯尔尼的瑞士国家银行（Swiss National Bank，SNB）执行。瑞士国家银行在某些情况下是非常独立的，这一点已得到 2004 年生效的《瑞士中央银行法》承认。瑞士国家银行的主要目标是确保价格稳定，但是"在这样做的过程中，它会影响经济的发展"[12]。在 20 世纪 70 年代布雷顿森林体系解体以后，一直到 90 年代，瑞士国家银行的政策都集中于货币数量。然而，由于这被认为是导致 90 年代后半期瑞士经济低增长的原因之一，从 2000 年起，瑞士国家银行的战略一直是试图将通货膨胀率保持在 0 至 2% 之间。

瑞士国家银行的主要目标——价格稳定总体上得到有效实现，这一点是得到承认的。瑞士是拥有世界上最稳定的货币体系的国家之一。从 1980～2004 年，其平均通货膨胀率为 2.29%，与德国的 2.23% 和美国的 2.93% 比较，这个国家的中央银行是十分重视价格稳定的，主要表现在汇率的发展中。1974 年，瑞士法郎开始针对所有其他货币浮动，到 1998 年，瑞士法郎相对德国马克有近 40% 的升值，到 2004 年，相对美元有约 140% 的升值，由此可见瑞士货币的稳定性。

瑞士是一个小国，虽然财政政策应是联邦政府分内之事，但其范围仍是有限的。即使像 20 世纪 90 年代那样产生大的联邦赤字，也很难对瑞士经济产生推动。最近有一些尝试，要在联邦政府和行政区之间进行一些协调[13]，但是这并没有产生多少效果。确实，由于行政区具有高度预算独立权，因此很难能进行有效的协调。

每个行政区负责自己的财政总量控制。在 1981 年，行政区财政部长会议编了一本《公共预算手册（第一卷）》[14]，它包含了行政区的预算模式。根据其中的第 2 条，行政区必须遵守平衡预算的原则，这在第 4 条中有更为具体的阐述，根据该条款，经常性预算必须实现中期平衡，在第 18 条中，要求行政区的累计债务必须在中期内得到削减，而 "中期" 意味着十年之内。今天，几乎在所有行政区的宪法和相应的预算法中都可以找到这样的规则。行政区有责任跨越商业周期平衡自己的预算并削减累积债务，但这并没有能够防止行政区的债务在 90 年代有很大的增长，部分原因是低迷的经济增长率。1990～2002 年，行政区实际债务增长了大约 106%，但是各行政区的情况不同[15]。例如，圣加伦和弗里堡在那个时期的公共债务只有温和的增长；沃州的债务有很大增长；日内瓦的债务有显著的增长。在 2002 年，日内瓦的人均公共债务为 26 865 美元，这是全国行政区平均债务水平的 418%。

财政全民公决

与瑞士联邦宪法相比，行政区宪法的一个特征是存在全民公决[16]。如果是强制性的支出，并且超过某种限度，必须征求行政区公民的意见。全民公决是否具有选择性以及是否能征集到足够数量的签名也是重要因素之一。具体的限度针对非循环支出和循环支出是不同的。除了沃州外，所有行政区都有这种全民公决[17]。因为公民知道不久或以后他们将为行政区或地方社区执行的这些项目付钱，这会对那些过于雄心勃勃的项目起到抑制作用。

以圣加伦（St. Gall）为例，对于 179 000 美元以上的循环支出和 1 790 000 美元以上的非循环支出可以选择财政全民公决，对于 893 000 美元以上的循环支出和 8 930 000 美元以上的非循环型支出是强制的。相对于预算（在 2002 年约为 20.6 亿美元），限额分别只占经常性支出的 0.009% 或 0.043%，占非循环支出的 0.09% 和 0.43%，比率是相当低的。发起可选择的全民公决要求必须在 30 天内征集到 4 000 个签名，相当于 1.5% 的选民[18]。

然而，全民公决的存在和平衡预算规则并没有能够有效地防止公共债务的增长，部分是因为这些限制把债务转到了更长的时期，而不是采取其他方法。8 个行政区在过去的 10 年里为限制赤字采用了新工具，这些行政区分别是圣加伦（1994 年）、弗里堡（Fribourg，1994 年）、索洛图恩（Solothurn，1995 年）、外阿彭策尔（Appenzell Outer-Rhodes，1995 年）、格劳邦顿（1998 年）、洛桑（Lucerne，2001年）、伯尔尼（Berne，2002 年），最后一个是瓦莱斯（Valais，2002 年）[19]。虽然这些通常由行政区的预算法进行规定，但在某些情况下可能由行政区宪法直接规定。

再一次以圣加伦为例[20]。这些规则要求经常性预算必须 "平衡"，并把 "平衡" 定义为最大可允许赤字为 "简单税收" 的 3%，当时的简单税收约占全部税收收入的 60%[21]。当预期有赤字时，必须调整税率以保持赤字在这一限度内。此外，如果没有可用的储蓄，赤字必须转入第三年的预算中。反之，只要有盈余（如因为经济增长而产生），必须将其保存或用于为公共投资筹资的额外折旧。该规则要求2 980 000美元以下的投资计划必须包括在经常性预算中，而在 2 980 000 美元至5 950 000美元之间的投资计划的债务本金必须在 5 年内偿还，超过 5 950 000 美元的投资计划的债务本金则要在 10 年内偿还。这些折旧（以及利息支出）必须包括在经常性预算中，因此，这类计划不会导致长期的债务增长。为了购买企业的股票（如行政区银行的股票），有可能增加债务，但是必须有收益作为补偿。

　　因此，圣加伦的公民在联邦宪法的边界内批准那些与行政区必须从事的任务相关的必要支出。至于收入，他们决定所有宪法的和法令的规则，特别是关于不同的税收以及关税的规模（包括直接税的累进），但是不决定税率。批准税率是行政区议会的权力，虽然这种批准要受到上述规定的限制，这就强制行政区在税率能够降低之前必须保持一定水平的储蓄。这种很不寻常的要求意味着在"好"的年份积攒盈余，并能够将其用于弥补"坏"年份产生的赤字。这把行政区的反周期财政政策制度化了，而不会导致公共债务的增长[22]。这是非常值得注意的，因为通常会假设反周期的财政政策只能由联邦政府才能成功实施；中级和低级的政府通常被认为是顺周期的[23]。而瑞士行政区的经验表明，在适当的文化和制度下，财政政策的实施并不必然如此。

　　直接民主的支出限制、半自动的收入调整和建立储蓄的结合已经被证明是成功的。例如，在 2002 年，圣加伦的人均公共债务是 2 346 美元，只有施维茨、楚格、阿尔高（Argovia）和两个阿彭策尔的公共债务低于此水平。

　　如上所述，如今在 7 个行政区里有相似的规则。例如，索洛图恩和格劳邦顿为了均化商业周期的收入波动也建立了储蓄。在外阿彭策尔，规则是一旦累积债务超过行政区和地方当年预算税收收入的 5％，就不允许在预算中列有赤字[24]。该规则有意迫使政府在好的时候建立储蓄和消除结构性赤字[25]。在弗里堡为跨商业周期的预算平衡而努力时，规定甚至更加严格，要求年度预算达到平衡。只要经常性预算建议中的赤字超过总收入的 3％，就必须提高税率[26]。

　　这些行政区的经验具有积极意义。在弗里堡，人均债务从 1990 年的 2 069 美元提高到 2002 年的 3 165 美元，仅仅提高了 46％（实际的），远低于瑞士行政区的平均水平（92％）。其他有 5 年以上债务刹车的行政区在这方面也表现良好。

　　可得到的案例证据有很多[27]。一个可供选择的案例是通过计量经济学研究的，这种工具调查了行政区和地方社区在其他条件相同的情况下，是否比其他行政区和地方社区有更低的赤字[28]。研究显示，财政全民公决的行政区比其他行政区的收入和支出明显偏低。但是，这种降低在收入方面强于在支出方面，赤字明显较高，相应公共债务也较高，虽然系数并没有很大的不同。财政约束在某种程度上导致了较低的支出和较高的收入，由此使赤字和债务较大幅度降低。

　　当地方社区对提高额外公共债务有强制性财政全民公决的要求时，就会产生明显的较低支出和收入，特别是较低的公共债务。对于赤字的估计也会产生负面影响，但在统计上并没有多大意义[29]。对行政区来说，债务刹车导致了较低的支出和较高的收入，产生了较低的赤字，对地方公共债务影响的估计也是负面的，虽然并不很明显。

因此，对于行政区以及地方社区来说，财政全民公决和债务刹车的结合对公共财政有稳定的效果。这并不必然导致较低的税率，但会导致较低的赤字和公共债务。在这个程度上，正像该行政区的财政部长描述的那样，圣加伦模式可以被看做一个制度化安排导致健康的公共财政的典例[30]。

公共收入

瑞士财政体制的一个特征是行政区在预算的支出方面和收入方面都有持久的自治权（表4）[31]。对个人和公司而言，主要累进税是州与地方税，行政区有对收入、财富和资本课税的权力。自治市能够在行政区税收的基础上征收附加税。联邦政府主要依赖直接（公司）税、增值税和特种消费税，如矿物油税。联邦所得税虽体量很小但具有高累进性，在2002年约占联邦税收总收入的29％。而行政区和自治市依赖于所得税和财产税，这两项约占其经常性收入总额的46％和税收收入的90％。联邦所得税的最大边际税率为13.3％，平均税率为11.5％。由于基础税收优惠，收入最高的3％的纳税人大约要付联邦所得税收入的50％。该税的30％要返还给行政区[32]。联邦政府还能够依赖对利息收入征收的资源税，被称为 Verrechnungssteuer，税率为35％。交付给行政区或地方政府的个人所得税是没有联邦或行政区减免的，而公司所得税有减免（表5）。

表4   各级政府的税收配置   单位：％

	税基决定权	税率决定权	征管	联邦	行政区	地方
联邦						
直接联邦所得税	联邦	联邦	行政区/地方	70.0	30.0	0.0
代扣所得税	联邦	联邦	行政区/地方	90.5	9.5	0.0
资本转移税	联邦	联邦	行政区/地方	100.0	0.0	0.0
增值税	联邦	联邦	行政区/地方	100.0	0.0	0.0
消费税	联邦	联邦	行政区/地方	100.0	0.0	0.0
进口关税	联邦	联邦	行政区/地方	100.0	0.0	0.0
交通税	联邦	联邦	行政区/地方	100.0	0.0	0.0
农业税	联邦	联邦	行政区/地方	100.0	0.0	0.0
驾驶税	联邦	联邦	行政区/地方	100.0	0.0	0.0
赌场税	联邦	联邦	行政区/地方	100.0	0.0	0.0

续表

	税基决定权	税率决定权	征管	联邦	行政区	地方
联邦						
专利和特许	联邦	联邦	行政区/地方	100.0	0.0	0.0
法律行为费	联邦	联邦	行政区/地方	100.0	0.0	0.0
医院收费	联邦	联邦	行政区/地方	100.0	0.0	0.0
使用费、服务费	联邦	联邦	行政区/地方	100.0	0.0	0.0
其他	联邦	联邦	行政区/地方	100.0	0.0	0.0
行政区						
个人所得税	行政区	行政区/地方	行政区/地方	0.0	54.9	45.1
财产税	行政区	行政区/地方	行政区/地方	0.0	55.3	44.7
公司所得税	行政区	行政区/地方	行政区/地方	0.0	55.6	44.4
资本税	行政区	行政区/地方	行政区/地方	0.0	60.6	39.4
房地产税	行政区	行政区/地方	行政区/地方	0.0	26.5	73.5
财产利得税	行政区	行政区/地方	行政区/地方	0.0	53.8	46.2
财产转移税	行政区	行政区/地方	行政区/地方	0.0	72.2	27.8
遗产和赠与税	行政区	行政区/地方	行政区/地方	0.0	91.5	8.5
机动车税	行政区	行政区	行政区	0.0	100.0	0
娱乐税	行政区	行政区/地方	行政区/地方	0.0	31.8	68.2
狗税	行政区	行政区/地方	行政区/地方	0.0	25.6	74.4
其他财产与费用税	行政区	行政区/地方	行政区/地方	0.0	76.0	24.0
专利与特许	行政区	行政区/地方	行政区/地方	0.0	84.5	15.5
法律行为收费	行政区	行政区/地方	行政区/地方	0.0	76.4	23.6
医院收费	行政区	行政区/地方	行政区/地方	0.0	44.4	55.6
服务使用费	行政区	行政区/地方	行政区/地方	0.0	26.5	73.5
其他	行政区	行政区/地方	行政区/地方	0.0	49.2	50.8

表5　纵向财政缺口

	征收到的收入总额	可用收入总额	支出
中央	44 512 121	35 951 574	38 806 603
中央以下	74 278 429	82 838 976	84 893 416
行政区	45 729 651	49 771 186	51 447 276
地方	28 548 778	33 067 790	33 446 140
全部	118 790 550	118 790 550	123 700 019

　　各行政区及各自治市的税收负担很不一样。就2003年的个人税收负担指数来看[33]，其在"富裕"的行政区（如楚格和施维茨）与"贫穷"的行政区［如奥布瓦尔登（Obwalden）、乌里和汝拉］之间相差很多。显而易见，这种差异要求一个财政

均等化制度。现行的制度并不能充分地对这种差异实行均衡。这就是将要实施一个新的制度的原因，希望这个新的制度能从 2008 年开始生效。

瑞士存在激烈的税收竞争。调查显示，行政区中富人的比例在很大程度上受到该行政区税率的影响[34]。对高收入者来说，居民对行政区的选择通常取决于他们要支付的所得税的金额。因此，财政竞争由税收竞争构成，而不是转移支付竞争。对于自我雇佣者的税收竞争比对雇员和退休者的税收竞争更为激烈，在地方社区之间，税收竞争的效果甚至比在行政区之间更为强烈。

从国际观点来看，瑞士的税收负担比美国和欧洲的其他地方要低。这甚至也适用于高税收的瑞士行政区。根据年收入 170 000 美元的人民的有效平均税率指标[35]，税收负担在低税收的行政区中就更低了。

瑞士的公司所得税在各行政区之间也有很大的不同。据传闻，在瑞士及瑞士周边有两个税收天堂——楚格和与瑞士结成经济同盟的小国列支敦士登。定义瑞士的平均水平为 100，2003 年公司所得税和资本税的税收负担指数最低水平是施维茨的 49.0，最高水平是格劳宾登的 141.7[36]。

从国际观点来看，与其他 OECD 国家相比，瑞士的税收相对较低。根据有效平均税率[37]，只有爱尔兰的平均税率和楚格一样低。因此，在个人和公司的税收方面，至少瑞士的行政区在国际税收竞争中居于很有利的位置。

相比之下，瑞士的公司所得税体系显得相当复杂。总的来说，资本可能要负担 7 种不同的税收：对利润征收的公司所得税、资本税，对利息和股息所得征收的联邦资源税、排污收费、财产税、教堂税，以及在一些行政区当来自公司所得税的收入没有达到特定数额时征收的最低限度税。估计每家公司每年利润方面的缴税和资本导向的管理费用约为 8 300 美元[38]。这个数额约为中小型公司因为公共管制而负担的平均管理费用的 40%，约占它们设备投资的 3%。

公司所得税有三个主要特征。

(1)在许多行政区，对利润征税是按照根据资本利润率设定的累进税率表进行的。自从 1998 年实施《税收改革法案》以来，联邦政府对公司利润征收了比例税。7 个行政区在改革之前已经有了比例税率，而日内瓦是在改革之后才引进的。

(2)除按照资本利润率对利润征税之外，所有的行政区都分别对资本征税，且在大多数情况下使用比例税。联邦政府在 1998 年废止了对公司资本的征税。

(3)瑞士的公司所得税类似于美国的公司所得税。在公司层面对利润征税，在股票持有者层面对股息所得再次征税。

瑞士公司所得税的一个特点是，部分行政区对控股公司征税的税率较低，但不是所有的行政区都如此。这是为了避免对母公司和子公司的利润双重征税。但是，对控股公司的慷慨税收优惠刺激了在公司组成部分中进行利润转移。楚格的经济财富就是受益于这一政策。此外，除了楚格和阿尔高以外，几乎所有的行政区都对"新建"公司有特别的税收假期。这些税收假期受到1993年《联邦税收协调法》的限制至少已经有10年了。"新建"可能意味着建设新的公司或子公司，也可能是已经在其他行政区多年的公司重新换址安置。

考虑到瑞士各行政区之间的税收负担差异很大，行政区之间的双重税收协议和在不同行政区有工厂的公司利润的分配规则就起到了不可忽略的作用。在瑞士的行政区之间，有专有的豁免制度。例如，一个位于苏黎世的公司在楚格有子公司，苏黎世政府就会从本地税收中免除该公司在楚格赚到的利润。但是，在两个行政区之间的利润分配要受到公式分配法的管制。对所有行政区并没有统一的、协调的公式分配规则，这给行政区之间规则的大幅度不同留出很大空间。工薪、资本或销售额被用做计算利润分享的基础。例如，零售公司的利润通常根据销售额进行分配，而制造业公司的利润会根据资本和工薪(10%资本化)进行分配。在利润之外要对资本征税，同时对利润根据资本利润率征税，这不仅是惯用的利润分配规则，也是资本分配规则。

由于瑞士的国家规模及其联邦以下单位的规模较小，公司纳税人能够容易地迁移到低税收负担的地方，从而对行政区的税收差异做出反应。这个豁免制度基本上是对税收导向重新安置行为的激励，而利润分享规则，从公式分配法的意义上说，减少了对利润转移的激励。但是，行政区立法和会计体系的差异并没有大到使公司难以重新安置。总之，公司可以有充分的财政激励在行政区之间重新安置。此外，公式分配法的作用不可能完全防止利润转移的发生，因此，对瑞士的机动资本的税收竞争既可以通过实际资本的重新安置发生，导致经济活动的随后变化，也可以通过行政区之间的利润转移发生。

税收竞争对公司位置和就业方面产生影响，特别是公司和个人所得税对公司的行政区分布的影响要大于对就业的影响[39]。这证明行政区之间利润转移的存在，或对那些只位于一个行政区内的部分公司进行了严格的税收管理。尽管行政区之间的税法提供了一些激励，如税收豁免体系和公式分配法，但并未产生多大影响。

财政公平和均等化制度

如上所述，瑞士的财政竞争导致了行政区之间(在一些行政区中是在不同的地方社区之间)税收负担及经济潜力的巨大差异。然而，再分配的(累进的)个人所得税首先是行政区和地方税，其次才是联邦税。在行政区和地方社区中存在着明显的再分配[40]。这明确地否认了通常的教科书知识，按教科书的说法，在联邦制政体中，再分配应当由联邦政府承担。

瑞士税后收入的分配，与欧洲其他国家对比而言，特别是与斯堪的纳维亚和比荷卢经济联盟国家相比，更加不平等，但是和南欧各国、英国及爱尔兰的程度相似[41]。因此，瑞士联邦体系的特别设计并不阻止可与其他欧洲国家比较的收入再分配。其主要原因是存在着确保高收入人民必须作贡献的制度框架。

(1)联邦所得税有很高的累进性，该项收入的30%要返还给行政区，一部分直接返还，其余部分通过财政均等化制度返还。

(2)对利息和股息所得征收35%的联邦资源税。

(3)联邦政府是支撑老龄养老金体系的支柱，按即收即付进行基础筹资，具有很高的再分配性。缴款按劳动收入的比例(无任何限度)，但是最高养老金单身约为1 200美元，夫妻约为1 800美元。目前，全体老年公民中约有60%接受最高额养老金，并且接受最高养老金的老龄人口比例还在上升。

(4)财政均等化制度。

除了这些安排以外，直接民主可能有助于保护这一体系。每当人民自己决定公共问题时，特别是与税收负担相关的问题时，他们会更有准备接受这些决定和贡献自己的份额。有清楚的证据表明，当人民有更为直接的政治权利时，逃税会比较少[42]。

正如在引言中所提及的那样，在瑞士的行政区之间，存在较大的差异：我们有一些小而富的行政区，如楚格、下瓦尔登(Nidwalden)和施维茨，我们也有一些相对较穷的行政区。富裕行政区的人均消费要高于较穷的行政区，但如果其他因素不变，富裕行政区的税率反而较低。此外，这些差异近来出现了扩大，为了保持国家的完整统一，一个财政均等化制度是必要的。

现有的财政均等化制度很不充分，因此，近来正在进行改革。这项改革预期将在2008年开始实施，由四个要素构成[43]。

(1)将对一些目前由联邦、行政区共同承担的任务和筹资责任进行分离，但仍有一些任务是共同的责任。

(2)在联邦和行政区之间将采用一些新的合作方式，以及新的筹资方式。对那些由联邦控制战略问题而由行政区控制实施的任务所必要的筹资手段全部交给行政区，以取代传统的配套补助体系，将以政府间合同的方式对这些任务的目标加以描述和确定。

(3)行政区之间将采用成本补偿型的新合作形式。如果一些行政区同意就一些自己不能执行的任务(如因为政府太小而无法胜任)进行合作，并且该活动有益于其他行政区，联邦政府就能够要求那些不情愿的行政区也参加合作，前提是半数以上的合作行政区都发出要求。这种做法是为了防止免费搭车行为。

(4)将对财政均等化制度(狭义的)进行改革。新的制度由三大部分组成：第一，收入均等化。其目标是对所有的行政区提供至少85%的平均筹资手段。

"穷"的行政区将得到的 144 500 万美元中，大约 70％由联邦提供，其余的 30％由"富"的行政区提供。第二，成本均等化计划，用于地球地形测量的大约16 500万美元负担，以及另一项用于社会人口统计的 16 500 万美元的负担，由联邦提供资金。第三，建立一个"凝聚力基金"。在这一基金背后的想法是"不应让目前受益于均等化的、具有弱财政能力的行政区在新的计划中受损"[44]。该基金的 2/3 来自联邦，1/3 来自行政区；在前 8 年将全额支付，继后的 20 年内将每年减少 5％，因此，这一过渡基金将存在 28 年。

新旧体系之间的主要差别有两点。第一，将对不同层级的政府有更多的分权，同时在行政区承担的任务和筹资手段之间建立更为密切的联系。第二，将激励行政区关心它们自己的税基，如强化其对新公司的吸引。希望能够因此提高效率，从而有可能最终导致减轻税负。

瑞士人民在 2004 年 11 月接受了宪法为这一改革所做的必要修改[45]。在此期间，议会通过了相关的法律，这些法律将于 2008 年生效。

行政区内部的财政均等化体系通常因瑞士各行政区不同而有不同的规定。一些行政区对此方面规定相当严格，而另一些(如在施维茨)，则允许行政区内部存在巨大的差异。

资本投融资

瑞士有一些行政区的债务接近于零，而另一些行政区则债台高筑，地方社区的情况也是如此。公共债务主要是理性资本投资。但是，某些行政区近来的债务问题有其特殊原因：行政区银行因风险投资而倒闭(如在伯尔尼和索洛图恩)，以及因公共养老基金资本不足带来的挑战(如沃州和日内瓦)。

行政区借款有两条途径：①通过发行债券向公众借款；②从商业银行得到贷款。自治市则有第三条途径，即通过瑞士地方社区排污中心。这是一个合作社组织，目前有 928 个地方社区成员。它建于 1971 年，当时地方社区很难从瑞士商业银行得到贷款。行政区以及地方社区还能够从外国银行得到贷款，有些行政区和地方社区也是这样做的，但是它们不能在瑞士境外发行债券。

如果一个行政区或地方社区的管辖权违反了财政纪律，产生了过度的债务，会发生什么？真的会如行政区希望的那样，由上级的联邦或行政区政府来帮助其摆脱困境吗？这种帮助不会发生的声明可信吗？很难相信一个行政区或地方社区会破产。但是，瑞士(像每一个其他国家一样)对这种情况没有明确的破产规则或法律。

联邦宪法为这个国家的各个管理层面提供了充分的资金基础。行政区在个人和公司所得税及财产税方面持有税收自治权。事实上，从 1848 年以来，联邦政府从未被需要进行财政上的干预。但是，必须指出的是，提高税收收入的选择和必须为全国性职责作贡献的预期因地而异。从这种情况中产生的问题是必须由上文中描述过的财政均等化制度来处理。这将防止国家被分割为很富和很穷的两大群体(假定所有政党继续合理处理这些问题)，同时保持激励行政区培育自己的税基。如果财政均等化制度能够满足这一目标，就没有理由禁止不同的行政区选择不同的债务途径。不同的债务状况将通过资本市场对它们的不同评级水平而得以反映。

这种情况对于地方社区却有所不同，原则上，它们也有充分的税基去履行其任务。但是，如果一个地方社区有很高的负债，或者实际上要破产了，如在洛伊科巴德社区发生的情况那样，首先私人银行(以及持有相关债券的个人)必须至少对它们的部分贷款减值。但是，行政区要负责监控这种情况。在洛伊科巴德的案例中，银行指责瓦莱斯行政区没有尽责，并将行政区告上法庭，但在洛桑的联邦最高法院判决该行政区不对此负责[46]，因此没有给予援助。另外，洛伊科巴德的破产表明市场信用评级的重要性，也诱发了财务状况不佳的行政区和地方社区的高利率。

但是，在大多数情况下，至少是在财务危机可预见的情况下，行政区有必要早在试图实行清算之前很久就进行干预。如果圣加伦的一个地方社区的财务状况恶化到了必须将其包括在行政区的财政均等化制度中，它就在某种程度上失去了主权。虽然这个制度允许行政区通过简单集中资源来防止地方社区破产，但该地方社区有很强的主权利益。因为这个原因，它们会尽其所能来避免这种情况。

当然，在联邦制国家，从来都认为地方社区没有财政政策方面的责任。但瑞士的例子表明，在具有适当的制度规则的情况下，帮助解困的问题可以得到满意的解决，联邦制并不一定要鼓励联邦以下社区的不负责行为。

公共管理框架的财政"联邦制"维度

在瑞士，联邦政府的机构从不涉及行政区或地方的任命，联邦政府也不控制下级政府的雇佣或解雇行为。联邦的精英不会在行政区中得到任命或通过中央以下级政府轮岗到行政区中。因此，行政区和地方社区在人事雇佣和解雇方面有完全的自治权。在联邦宪法的约束下，行政区和地方社区在行使行政权力时有完全的自治权和灵活性。没有路径让联邦政府能够在暗中削弱地方自治。

从 20 世纪 90 年代以来，新公共管理(new public management，NPM)的手段和架构在所有三个层级的政府中得到发展和贯彻。这是从试点计划开始的：在 1993 年首先发动，在 1995～1998 年全面推广。在近几年，这些计划的评估表明，它们对在管理中降低成本和更多地考虑委托人的利益提供了激励。尽管对其效果正在进行讨论，新公共管理目前在瑞士的行政区和地方社区中已经相当普及[47]。

当然，在瑞士也存在着一些腐败，但是影响极小。根据透明国际的腐败印象指数，2004 年瑞士在 146 个国家中位列第 7[48]。因此在瑞士对于腐败并没有很多的关注，也没有任何与此有关的特殊政策。

前景展望

正如在引言中提及的那样，瑞士是一个相当小的联邦制国家，但在行政区之间存在激烈的税收竞争。这引起了行政区之间和地方社区之间产生严重差异的问题，存在高税负的相对较穷的行政区和低税负的相对较富的行政区。为了在保护行政区税收主权的同时保持国家的团结，瑞士正在实施一个新的财政均等化制度。几年后，我们将看到这是否会符合人们的期望，或是否将需要增加措施以降低瑞士国内的差异程度。

但是，另外一种发展可能会在未来引发问题。在 2004 年，沙夫豪森引入了对高收入累退的个人所得税；对于 650 000 美元以上收入的边际税率要大大低于 150 000 美元收入的边际税率。因此，在某种意义上，平均税率也是下降的。2005 年 12 月，奥布瓦尔登引入了一个类似的计划，因此我们看到各行政区对高收入者的竞争不断加强。联邦法院判决外阿彭策尔的新税法是违反联邦宪法的，所以必须对其再一次加以禁止。

即使对极高收入者来说，沙夫豪森(Schauffhausen)的税收负担比起楚格和施维茨也仍然较高(奥布瓦尔登则非常低)，楚格和施维茨是采用累进税的，但是迄今为止仍然是低税负的行政区。因此，对于沙夫豪森和奥布瓦尔登(也许还有其他追随它们策略的小行政区)是否真能从其他行政区吸引足够的高收入者以平衡其减税的损失还是令人怀疑的。这可能只是这些行政区之间的零和博弈，对其他行政区并无多少外溢效应，因此对瑞士国家整体几乎没有什么效果[49]；相反，对于那些收入较低却要缴纳相对较多税收的人来说，累退的所得税表可能增加对逃税的刺激。从长期来看，这可能会使瑞士行政区的财政形势恶化，至少迄今为止，瑞士还没有遭受所得税和财产税竞争而带来的税收下行的痛苦。

但是在遗产税方面存在着明显的向下竞争。在过去的 15 年里，一些行政区完全禁止对直系后代征收遗产税。从对经济的损耗角度来看，这是有问题的，因为比起劳动或资本所得税，遗产税对经济的损害更小。

最后，时常会有人建议减少行政区的数目，建立具有较小差异结构的大行政区。当然，这可能会减少很多问题，如可能不再需要行政区之间的财政均等化，因为这种制度的必要性产生于行政区之间的不对称。但是，由于遭到选民们的拒绝[50]，所有合并不同的行政区的尝试都失败了。就像瑞士的公民们强烈信奉直接政治权利一样，行政区深深地植根于人民的意识中，对行政区进行任何合并的可能性都是非常小的。

注释

1　对瑞士联邦制度的描述，还可以参见 Nicolas Schmitt, "Swiss Confederation,"in *Constitutional Origins, Structure, and Change in Federal Countries*, ed. John Kincaid and Alan Tarr, 347—81（Montreal and Kingston：McGill-Queen's University Press. 2005）；and Thomas Fleiner, "Swiss Confederation,"in *Distribution of Powers and Responsibilities in Federal Countries*, ed. Akhtar Majeed, Ronald Watts, and Douglas M. Brown, 265—94（Montreal and Kingston：McGill-Queen's University Press，2006）

2　瑞士包括 20 个"完全行政区"和 6 个"半行政区"。从财政事务观点来看，即有 26 个行政区和 26 个不同的财政宪法

3　这些数据适用于 2000 年。参见 Bundesamt fur Statistik, ed., *Statistisches Jahrbuch der Schweiz*（Zurich：Verlag Neue Zurcher Zeitung, 2005），table 1. 5. 1. 1, p. 111

4　同上

5　人口最密集的行政区是巴塞尔城区，每平方千米有 5 045 人

6　为 2004 年的数据。数据来源：OECD, http://www. oecd. org/dataoecd/5/29/36463741. xls，2006 年 10 月 2 日；世界银行，http://devdata. worldbank. org/data-query/>，2006 年 10 月 2 日

7　参见 Bundesamt fur Statistik, ed., *Statistisches Jahrbuch der Schweiz*（Zurich：Verlag Neue Zurcher Zeitung, 2005），table 4. 5. 1, p. 249

8　没有行政区 GDP 的官方数据。提供的数据是《巴塞尔经济学》的估计数

9　在 1848 年，瑞士包括 19 个"完全行政区"和 6 个"半行政区"。最新的侏罗行政区建立于 1979 年（此前它是伯尔尼行政区的一部分）

10　6 个半行政区是巴塞尔城区、巴塞尔郊区、内阿彭策尔、外阿彭策尔、奥布瓦尔登和下瓦尔登。由于历史原因，巴塞尔、阿彭策尔和瓦尔登被分割成为 6 个半行政区，它们和其他行政区之间的唯一差别就是它们在瑞士议会的上议院中只有一个席位，在宪法和法案的普通投票中只有一半的权重

11　关于不同层级政府中的权力分配请参见表 2 和表 3；还可参见 Fleiner 的《瑞士联邦》

12　瑞士国家银行《联邦法案》第 5 款

13　参见 Yves Ammann, "Quelques reflexions a propos des regles de politique budgetaire,"Staatssekretariat fur Wirtschaft, Wirtschaftspolitische Grundlagen（wp），Diskussionspapier No. 13，May 2002

14　参见 Thomas Stauffer, *Instrumente des Haushaltsausgleichs：Okonomische Analyse und Rechtliche Umsetzung*（Basel：Helbing und Lichtenhahn, 2001），83ff

15　数据来源：Eidgenossische Finanzverwaltung, 18 *Offentliche Finanzen der Schweiz*（Bern/

Neuchatel：Bundesamt fur Statistik, 1990)，52；同上，2002，74

16 在这一点上，联邦层面没有财政全民投票，但是宪法限制了联邦所得税和增值税的最高税率；任何变动需要宪法的全民公决。此外，直至 2004 年，只是在明确的宪法时间限制内才给予联邦这两种税的税权

17 参见 Georg Lutz and Dirk Strohmann, *Wahl—und Abstimmungsrecht in den Kantonen* (Bern：Haupt, 1998)，151

18 参见 Alexander Trechsel and Uwe Serdult, *Kaleidoskop Volksrechte*：*Die Institution der direkten Demokratie in den schweizerischen Kantonen 1970—1996*(Basel：Helbing und Lichtenhahn, 1999)，33off. 为了用美元计算这些数字，从 2000 年至 2004 年使用购买力平价计算

19 实际上，在1994圣加伦仅仅把1929年以来的有效实务编纂成为法典。不同法规的详细描述请参见 Stauffer, *Instrument des Haushaltsausgleichs*, 85ff；Verfassungsrat des Kantons Basel-Stadt, "2. Zwischenbericht der Verfassungskommission Finanzverfassung：Einfuhrung ether Schuldenbremse"(Basel，5 March 2002 [B/Nr 503])。目前其他行政区也正在试图采用相似的法规(如伯尔尼和楚格)。它们是否能够成功仍然是个待决的问题，在以往并非所有这种企图都是成功的。例如，在沃州行政区，这样的建议就在1998年遭到了拒绝

20 参见该行政区宪法第82款，尤其是"Staatsverwaltungsgesetz"的第61和64款。在圣加伦行政区，Peter Schonenberger, "Institutionelle Massnahmen zur Verschuldungsbegrenzung im Kanton St Gallen"(Vortragsmanuskript, Dornach, 31 Marz 1995)详细描述了这些制度。还可参见 Stauffer, *Instrumente des Haushaltsausgleichs*, 86ff

21 "简单税收收入"是所得和财产税收收入的基础；实际收入是简单税收收入乘以一个附加的乘数(称为"税脚")，该乘数目前是115%

22 James M. Buchanan and Richard E. Wagner, *Democracy in Deficit*：*The Political Legacy of Lord Keynes* (New York：Academic Press, 1977)；and James M. Buchanan and Richard E. Wagner, "The Political Biases of Keynesian Economics,"in *Fiscal Responsibility in Constitutional Democracy*, ed. James M. Buchanan and Richard E. Wagner, 79—100 (Leiden/Boston：Martinus Nijhoff, 1978)

23 一个经典的引用如下："应保持注意的是，稳定政策的责任必须在中央层面。因为多种原因，较低级次的政府不能成功地对自己执行稳定政策。在一个单一制国家，这种情况是显而易见的，在那里财政分权被限制到地方公共产品的提供，但是这对联邦制国家也是成立的。"参见 Richard A. Musgrave and Peggy B. Musgrave, *Public Finance in Theory and Practice*, 4th ed. (New York：McGraw-Hill, t984)，515

24 1995 年 Finanzhaushaltsgesetz des Kantons Appenzell Ausserhoden，第 9 款

25 参见 Ernst Buschor, Klaus Vallender and Thomas Stauffer, *Kommentierter Entwurf fur ein Finanzhaushaltsgesetz des Kantons Appenzell Ausserrhoden, ausgearbeitet fur die Finanzdirektion des Kantons Appenzell Ausserrhoden* (St Gallen：Institut fur Finanzwirtschaft und Finanzrecht an der Hochschule St Gallen, 1993)，1 2ff

26 Art. 38 (3), Gesetz vom 25. November 1994 uber den Finanzhaushalt des Staates, Kanton Freiburg. 这一规则可追溯至 1960 年 Finanzhaushaltsgesetz des Kantons Freiburg，该法律

在第 5 款有相似的法规。正如在圣加伦一样，该法律从 1994 年以来就没有创造过真正新的内容。参见 Stauffer, *Instrumente des Haushaltsausgleichs*, 93

27   许多地方社区也使用这种工具。但是，我们把讨论限定于行政区的案例研究

28   参见 Lars P. Feld and Gebhard Kirchgassner, "The Political Economy of Direct Legislation: Direct Democracy and Local Decision Making," *Economic Policy* 33(2002): 329—67; and Lars P. Feld and Gebhard Kirchgassner, "Does Direct Democracy Reduce Public Debt? Evidence from Swiss Municipalities,"*Public Choice* 109(2001): 347—70. 还可参见 Christoph A. Schaltegger, "Budgetregeln und ihre Wirkung auf die offentlichen Haushalte: Empirische Ergebnisse aus den us-Bundesstaaten und den Schweizer Kantonen,"*Schmollers Jahrbuch* 122(2002): 369—413

29   Feld and Kirchgassner, "Does Direct Democracy Reduce Public Debt?"

30   Peter Schoneberger, "Institutionelle Massnahmen zur Verschuldungsbegrenzung im Kanton StGallen,"*Vortragsmanuskript*, Dornach 31 (Marz, 1995): 1

31   关于不同层级政府中的税收分配，请参见表 4

32   这是表 5 所显示的联邦和联邦以下层级之间财政缺口的主要原因

33   参见 Bundesamt fur Statistik ed. *Statistisches Jahrbuch der Schweiz*(Zurich: Verlag Neue Zurcher Zeitung, 2005), tabele T18. 2. 2. 3. 1, p. 773

34   Gebhard Kirchgassner and Werner W. Pommerehne, "Tax Harmonization and Tax Competition in the European Union: Lessons from Switzerland,"*Journal of Public Economics* 60 (1996): 351 — 71; and Feld and Kirchgasser, "Does Direct Democracy Reduce Public Debt?"

35   Christina Elschner and Robert Schwager, *The Effective Tax Burdens on Highly Qualified Employees* (Heidelberg: Physica, 2005), 5

36   Bundesamt fur Statistik, ed. , *Statistisches Jahrbuch der Schweiz* (Zurich: Verlag Neue Zurcher Zeitung, 2005), table T18. 2. 2. 3. 1, p. 773

37   Elschner and Schwager, Effective Tax Burdens, 5

38   Milad Zarin-Nejadan, "Die Besteuerung der KMU in der Schweiz," *Die Volkswirtschaft* 70 (February 1997): 56—59

39   Lars P. Feld and Gebhard Kirchgassner, "The Impact of Corporate and Personal Income Taxes on the Location of Firms and on Employment: Some Panel Evidence for the Swiss Cantons," *Journal of Public Economics* 87(2003): 129—55

40   Lars P. Feld, "Tax Competition and Income Redistribution: An Empirical Analysis for Switzerland,"*Public Choice* 105(2000): 125—64, 不包括瑞士养老金体系的再分配影响，2/3 的再分配发生在联邦以下层级。还可参见 Lars P. Feld, *Steuerwettbewerb und seine Auswirkungen auf Allokation und Distribution: Ein Uberblick und eine empirische Analyse fur die Schweiz*(Tubingen: Mohr[Siebeck], 2000)

41   Anthony B. Atkinson, "Income Distribution in Europe and the United States,"*Oxford Review of Economic Policy* 12(1996): 15—28

42   参见 Werner W. Pommerehne and Hannelore Weck-Hannemann, "Tax Rates, Tax Admin-

istration and Income Tax Evasion in Switzerland,"*Public Choice* 88(1996)：161—70；and Lars P. Feld and Bruno S. Frey，"Trust Breeds Trust：How Taxpayers Are Treated,"*Economics of Governance* 2(2001)：87—99

43　关于新体系的更详细描述参见 Bernard Dafflon，"Federal-Cantonal Equalisation in Switzerland：An Overview of the Present System and Reform in Progress,"University of Fribourg：BENEFRI Centre for Studies in Public Sector Economics，Working Paper 356，updated version，May 2004

44　P. Siegenthaler and P. Wettstein，"Finanzausgleich—alle konnen Gewinner sein：En tgegnung an den Finanzdirektor des Kantons Zurich," *Neue Zurcher Zeitung* 182（2001）：13. Cited by Oafflon，"Federal-Cantonal Equalisation,"45

45　甚至楚格行政区的人民也接受了新的体系，尽管未来楚格要为新的体系支付更多。在另一方面，楚格会因为新的基金可以补偿其社会人口统计的负担而受益很多

46　判决 2C. 1 / 2001、2C. 4 / 1999、2C. 4 / 2000、2C. 5 / 1999，2003 年 6 月 3 日。参见 Charles B. Blankart and Achim Kleiber，"Wer soll fur die Schulden von Gebietskorperschaften haften?"in *Perspektiven der Wirtschsftspolitik*，ed.，Christoph A. Schaltegger and Stefan C. Schaltegger，137—50(Zurich：VDF，2004)，137—50

47　关于新公共管理的发展与效果，参见 Stefan Rieder and Luzia Lehmann，"Evaluation of New Public Management Reforms in Switzerland：Empirical Results and Reflections on Methodology,"*International Public Management Review* 3(2002)：25—42；KunoSchedler，"… and Politics? Public Management Developments in the Light of Two Rationalities,"*Public Management Review* 5(2003)：533—50

48　参见 http：//www. transparency. org/cpi/2005/cpi2005. sources. en. html，2005 年 11 月 21 日。此外，没有迹象表明一些行政区比其他行政区更为腐败

49　由于上述财政均等化新制度的建设，使用这种政策并不能从新制度系得到更多(或支付更少)

50　这是反对地方社区合并的。近年来已经有很多合并，地方社区的数目已从 1990 年的 2 915 个减少到如今的 2 760 个。但是，在很多这样的情况下，行政区为了引导市民接受合并而提供财政激励

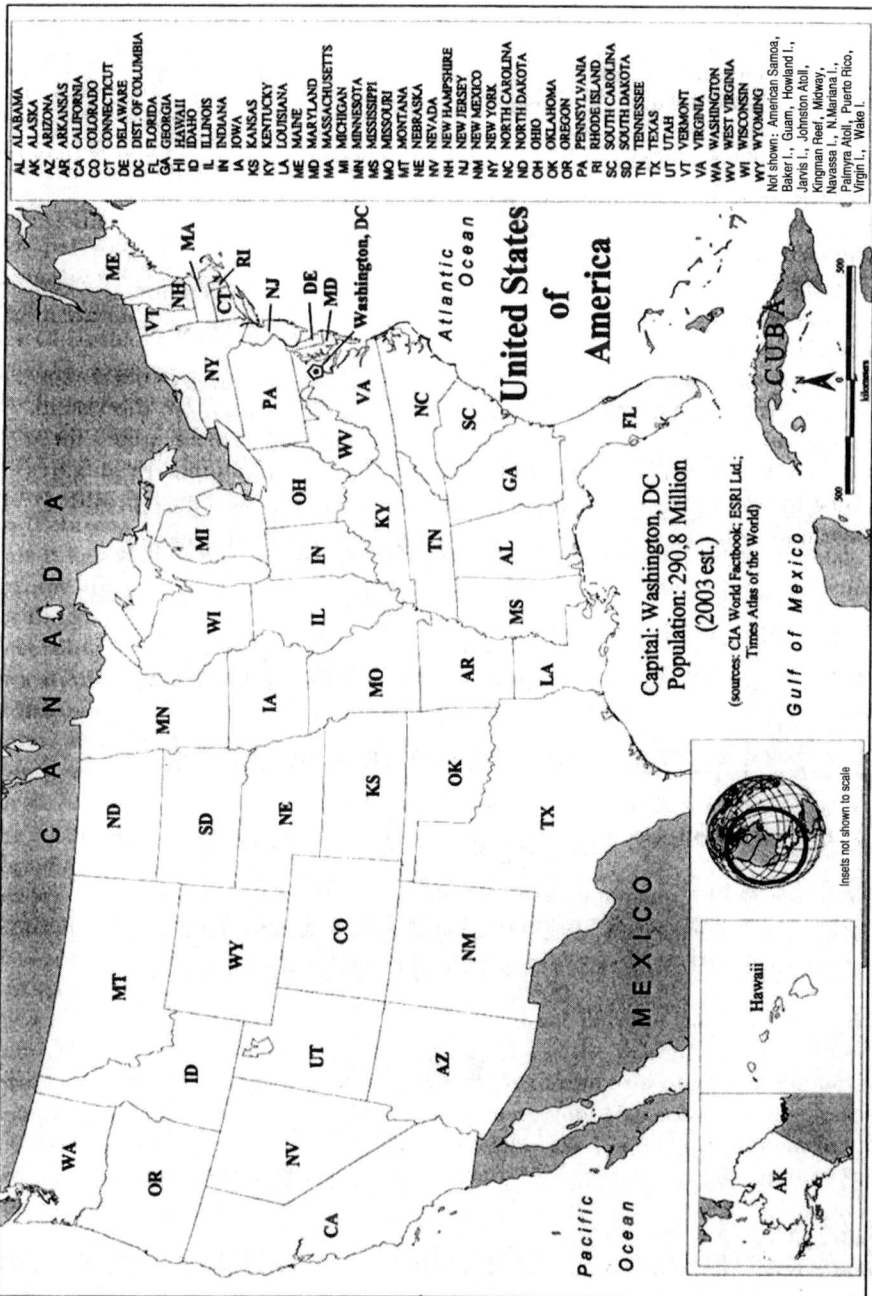

United States
of
America

Capital: Washington, DC
Population: 290,8 Million
(2003 est.)

(sources: CIA World Factbook; ESRI Ltd.;
Times Atlas of the World)

CANADA

MEXICO

CUBA

Pacific Ocean

Atlantic Ocean

Gulf of Mexico

Hawaii

AK

Inserts not shown to scale

AL	ALABAMA
AK	ALASKA
AZ	ARIZONA
AR	ARKANSAS
CA	CALIFORNIA
CO	COLORADO
CT	CONNECTICUT
DE	DELAWARE
DC	DIST. OF COLUMBIA
FL	FLORIDA
GA	GEORGIA
HI	HAWAII
ID	IDAHO
IL	ILLINOIS
IN	INDIANA
IA	IOWA
KS	KANSAS
KY	KENTUCKY
LA	LOUISIANA
ME	MAINE
MD	MARYLAND
MA	MASSACHUSETTS
MI	MICHIGAN
MN	MINNESOTA
MS	MISSISSIPPI
MO	MISSOURI
MT	MONTANA
NE	NEBRASKA
NV	NEVADA
NH	NEW HAMPSHIRE
NJ	NEW JERSEY
NM	NEW MEXICO
NY	NEW YORK
NC	NORTH CAROLINA
ND	NORTH DAKOTA
OH	OHIO
OK	OKLAHOMA
OR	OREGON
PA	PENNSYLVANIA
RI	RHODE ISLAND
SC	SOUTH CAROLINA
SD	SOUTH DAKOTA
TN	TENNESSEE
TX	TEXAS
UT	UTAH
VT	VERMONT
VA	VIRGINIA
WA	WASHINGTON
WV	WEST VIRGINIA
WI	WISCONSIN
WY	WYOMING

Not shown: American Samoa,
Baker I., Guam, Howland I.,
Jarvis I., Johnston Atoll,
Kingman Reef, Midway,
Navassa I., N.Mariana I.,
Palmyra Atoll, Puerto Rico,
Virgin I., Wake I.

美利坚合众国

威廉姆·F. 福克斯(William Fox)

美国成为联邦制国家的历史已经超过 200 年[1]。即便如此,对财政"联邦制"以及更为广义的联邦制的讨论在美国引起的关注比之其他联邦制国家却更少些。讨论集中在这样一些问题,如税收与支出安排、政府间转移支付,而均等化在政治、媒体和公众场合极少受到严重的批判性讨论。这也许是一个信号,即很多人认为该体系运行得很好,不需要重大变革。另一个理解是许多问题与之相比更为重要。在任何情况下,本章中讨论的议题都更受分析家而不是公众的关注。

本章贯穿两个主旨。首先,就美国政府间关系而言,尽管州和地方政府负责的事权并未发生很大改变,但联邦政府的作用在过去 75 年中仍然得到加强;相反,联邦政府对州和地方政府财源施加了越来越多的限制,并对许多公共服务的提供方式施加命令。其次,无论将视角落在各州还是世界各国,经济的开放都史无前例,这无疑限制了州和地方政府通过传统方式筹集收入的能力。而控制州际贸易的中央政府也不愿继续确保州和地方政府收入的筹集。

美国概述

美国人口于 2005 年 7 月 1 日达到 2.964 亿,比 1990 年增长 18.5%(表 1)。全部人口中,68.5% 为非拉美裔白种人,13.4% 为黑人或非洲裔美国人,13.2% 为拉美裔,4.9% 为其他。由于 1990 年以来美国人口的增长中,40% 为拉美裔,所以美国人口种族结构发生了重大的变化。美国国土幅员辽阔,约为 960 万平方千米。

表 1　政治和地理基础指标

官方名称：	规范的全称：美利坚合众国
	规范的简称：美国
	缩写：US 或者 USA
人口：	296 410 404 人（2005 年）
面积：	总计：9 631 420 平方千米
	陆地：9 161 923 平方千米
	水域：469 497 平方千米
	注：统计仅包括 50 个州和哥伦比亚特区
人均 GDP(年)：	42 022 美元（2005 年，现价）
国体：	宪法确立的联邦制共和国，1787 年 9 月 17 日确立，1789 年 3 月 4 日开始生效
地方政府的宪政地位：	每个州都有与国家宪法相似的州宪法。州政府独立制定（made in individual states)的法律不能与国家宪法或者国家法律冲突
官方语言：	联邦层面没有官方语言，但是一些州特别规定英语为官方语言 美国语言使用情况：英语占 82.1%，西班牙语占 10.7%，其他印欧语系的语言占 3.8%，亚洲和太平洋岛屿语言占 2.7%，其他占 0.7%（2000 年人口普查）
组成：	50 个州和 1 个特区
最大州的人口、地域和人均 GDP：	加利福尼亚(California) 人口：36 132 147 人（2005 年） 面积：423 970 平方千米 人均 GDP：44 886 美元（2005 年，现值）
最小州的人口、地域和人均 GDP：	怀俄明(Wyoming) 人口：509 294 人（2005 年） 面积：253 336 平方千米 人均 GDP：53 843 美元（2005 年，现值）

资料来源：美国统计局，经济分析局，中央情报局：《世界概况》

　　美国政府由 1 个联邦政府、50 个州政府和 87 525 个地方政府构成（2002 年）。此外，美国还有一个自治市——哥伦比亚特区，是美国的首都。州人口的中位数近 420 万，但各州在地理面积和人口数量上差别很大。例如，加利福尼亚是人口最多的州，有 3 610 万人，比人口第二大州得克萨斯(Texas)多 1 350 万人。另一个极端是，有 7 个州的人口少于 100 万，怀俄明人口最少，居民只有 506 500 人。

　　州政府有独立于联邦政府的权力，仅通过美国宪法将有限的权力授予联邦政府。宪法第十修正案重申，州政府保留所有未授权于联邦政府的权力。州宪法和法律是地方政府体系的主要决定因素，这意味着全国范围内差异广泛存在。在许多州，郡县是地方政府的基本单位，美国共有 3 034 个郡县。另外还有 35 933 个郡县以下的一般政府，通常被称做市、镇或乡。郡县以下的一般政府管理着 82.5% 的美国人口。一般政府的数量从 50 年前的 34 009 个缓慢上升，但在过去

10 年里数量并没有增加。

美国还有 48 558 个特别区。某些区与其所在郡县的边界相同,但大多数区并非如此。特别区是为了落实某一项或几项职责而专门设立的;实际上,其中 91% 的特别区只有一项功能。特别区由地方政府设立来处理日常问题,这些问题包括教育、医院、消防、住房、供水、污水排放、公路、航空运输、经济发展、防洪和泄洪以及土壤保持。特别区中以教育为目的而设立的数量最多(15 014 个),其次是消防、供水、住房、泄洪和防洪以及水土保持。在 20 世纪五六十年代,由于合并和重组等原因,学区的数量明显下降,从 1952 年的 67 355 个下降到 1972 年的 15 781 个。1972 年以来,学区的数量继续缓慢下降。与此相反,以其他为目的而设立的特别区数量几乎增加了两倍,由 1952 年的 12 340 个增加到 2002 年的 35 032 个。

地方政府在人口数量上差异很大。人口超过 50 万的郡县有 91 个,居民人口低于 1 万的郡县有 671 个。市和乡在人口数量上差别也很大。居民人口少于 2 500 人的有 25 000 个,人口超过 30 万的有 61 个。人口少于 25 000 人的市和乡,其总人口只有 1 070 万,占美国总人口的 3%。

美国联邦制的历史[2]

在美国最初的 140 年历史中,人们对私人部门和私营机构更广泛地处理公共事务有十足的信心。在那个年代,美国的一大特征是,政府规模很小且州政府处于主导地位。州政府及其下属的地方政府负责公共服务提供、监管控制和征税,被认为足够胜任。联邦政府的职责通常非常有限,但在主要战争时期(包括美国国内战争和第一次世界大战)得到扩张,通常的模式是,联邦政府会在战后重新回归战前的小政府状态。司法部门和政治力量对联邦政府职能的狭义解释维护了这种模式。

20 世纪 30 年代的大萧条、接踵而至的第二次世界大战及后来的朝鲜战争,造就了权力持续向中央政府集中的过程,这一过程历时 40~50 年。庞大的中央职能积日累久,至今仍未完全扭转。利用法院诠释宪政作为联邦政府职能的基础,这一点在这一时期更为广泛。联邦财政开展了一系列广泛的计划,包括医疗救助(对低收入人群提供的医疗服务)、医疗保障(对老年人提供的医疗服务)、社会保障以及针对州和地方政府的大笔资助计划,尽管某些特定计划在 20 世纪 60 年代之后才开始启动。

过去的几十年中,尽管联邦在一些州和地方政府传统职能范围的领域中保持着强大的影响,但联邦体系却更为平衡了。香农(Shannon)对目前的联邦环境有三点理解[3]。第一,支配政治形势的中产阶级投票人将不会保守到让美国政府退回到由州政府主导的模式。现在的人们看起来更为保守，尽管确实有关于州权力的讨论，但是对联邦国防、安全和其他支出的需求使得大大降低联邦支出占GDP的比重根本不可能。美国人已经习惯了这种政府支出，回到大萧条前小联邦政府的结构反而会不适应。

第二，中产阶级投票人也可能不喜欢回到联邦政府拥有更大职能结构的时期。联邦政府在处理美国所面临的许多重大问题时，表现得让人信心不足。各种危机可能在一定时期突然加强联邦职能，如在国际恐怖主义的威胁下，给予国防和国家安全相对有力的支持，但联邦、州及地方政府的职能将很可能会回到更为平衡的关系当中。

第三，对于未来，香农期待"不偏不倚"（middle-of-the-road）的联邦制，即无论是联邦政府还是州政府都不会在政府结构中占主导地位。也就是说，适当的政治力量能够引起一种缓慢变化的趋势，这种趋势就是无论联邦政府还是州政府都倾向于不去承担过多的职能。一个不错的选择是，州和地方政府保持提供公共服务这一主导地位，但是联邦政府同时也保持对此的影响力（并且可能会更大一些）。

公共服务职责的分配

美国与其他国家情况类似：对相关的公共服务提供职能是如何在联邦、州和地方政府之间划分进行概述，实属不易，因为许多公共服务已经被分类，每个政府平台负责不同的组成部分。财政支出和收入的数据可以在某种程度上对此进行说明，但却无法充分解释政府间关系的细微差别。本部分概述了支出责任，下一部分将概述收入结构。

相对于州或地方政府，联邦的职能通常基于历史和现实，且对于大多数公共服务提供而言，美国宪法中没有特别地阐明[4]。表2列出了公共服务的水平及其一般情况下相应的分配。相对于地方政府来说，州政府公共服务职责的分配须基于宪法和法律的规定，所以各州存在很大差异，这使得概述有一定难度。某些州的宪法对特定分配进行了规定。例如，许多州的宪法将教育的职责划归州政府，但即便如此，除了夏威夷（Hawaii）之外的所有州都把小学和中学教育分配或委派给了地方政府。由于需要提供诸多公共服务，中央、州和地方政府的职责通常或至少在某种程度上是分担的。一般来说，联邦政府在直接提供公共服务上的总体作用比州和地方政府要小得多，但是联邦政府通常在公共服务的提供上发挥重要的作用。不仅是联邦的法律和规定，还有存在各种限定条件的联邦拨款、贷款和成本分担机制，经常使联邦优先权的使用远远超出提供资金的狭窄范围。

表 2　各级政府的法定职责和公共服务的实际规定

法定职责(法律上)	公共服务	实际功能划分(事实上)
州/地方政府	高等教育	州/地方政府
州/地方政府	小学/初中教育	州/地方政府
联邦政府	国防	联邦政府
联邦/州/地方政府	警察	联邦/州/地方政府
州/地方政府	消防	地方政府
联邦/州/地方政府	监狱	联邦/州/地方政府
联邦/州/地方政府	卫生/医院	联邦/州/地方政府
州/地方政府	固体废物	地方政府
州/地方政府	污水排放	地方政府
州/地方政府	供水	地方政府
联邦政府	邮政服务	联邦政府
联邦/州/地方政府	公园和娱乐	联邦/州/地方政府
联邦/州/地方政府	公路	州/地方政府

联邦命令也通常被用来在州和地方政府之上宣称联邦优先权。无资助的联邦命令(unfunded federal mandates)是州或地方政府增加支出的重要原因。国会1995年颁布实施的法律要求联邦政府可以通过国会或者行政管理来决定联邦命令的支出成本,但是联邦政府却很少为这类支出提供直接的资金支持。盖洛(Gallo)考察过联邦命令这种方式,并对信息披露的增加表示赞赏,但是她质疑其对联邦决策的长期影响,因为这项法律的适用范围很狭窄[5]。据预算和政策优先权中心(Center for Budget and Policy Priorities)估计,无资助的联邦命令所导致的州政府成本有 730 亿美元,比 2002~2005 年,在选举改革、"不让一个孩子掉队"(No Child Left Behind)教育改革和残疾儿童教育中的成本还高[6]。

实际上,州通常所说的联邦命令可以分为两种类型。在一些情况下,利用权力控制州际贸易的国会直接要求州或地方政府采用特定的方式提供特定公共服务,如对驾驶执照和选民注册的限制。但许多领域,如国会的权力,被特别地排除在无资助联邦命令的法规之外。相反,国会可以对拨款设定一些条件,而州或地方政府可能会认为这些就是命令。然而,法律并不认为对拨款设定条件就成为命令。"不让一个孩子掉队"的法规可能是描述后一种类型命令的最好案例。联邦政府对州政府行为施加的影响更可能是通过拨款而不是直接要求来实现,列入清单的命令是联邦项目中可能变化的部分,这一变化对州和地方政府而言,可能非常昂贵,至少部分来说是如此,因为州和地方政府需要按照新的情况调整之前的资金分配方案。

因为政府体系被设计成强大的州政府和相对较弱的中央政府,所以政府体系一般遵循附属原则,由最接近服务对象的相应级别政府制定决策。正如上文所述，权力的平衡在过去的几十年里发生了重大的变化，结果是联邦收入大为增加，这些收入经常被用于鼓励州或者地方政府的特定行为、相对扩大联邦作用的法院判决和基于拓宽宪法条款司法解释的国会立法，如州际贸易条款。

中央政府对一些公共服务有专属的责任，包括国防（即使有州卫队的存在）、国际事务和邮政服务。联邦、州和地方共同提供一些公共服务，包括司法、警察、环境保护、公园和经济管理，每级政府承担不同的责任。举例来说，就环境保护问题，联邦政府通常负责州之间的监管问题，州政府负责更为当地化的事务。州和地方政府对一些公共服务的提供也担负着几乎是专属的职责，包括消防、教育、图书馆、固体废物的管理、污水排放、供水和交通。正如上文所述，联邦政府对公共服务提供具有重大影响，即使是在这些"专属服务"领域。

数据可以为公共服务的分配提供一些证据。有趣的是，美国统计局（Bureau of the Census）提供州和地方政府支出的详细数据，但并没有提供联邦政府支出的相应数据[7]。然而，统计局提供联邦、州和地方政府的就业数据，这对公共服务提供职责的划分有一定的指示作用[8]。地方政府雇佣了美国1 820万非军事公共部门雇员中的5/8，地方政府雇员绝大部分工作在教育领域，特别是小学和中学。州政府雇员约占政府总雇员人数的1/4，而联邦政府雇员数量为1/8。

专属职责表示各级政府在该领域内承担100%或不承担财政支出（表3）。就联邦政府而言，专属职责包括国防、邮政服务和航天研究。各级政府共担的职能包括司法、警察、惩改机构、卫生和医院、公园、自然资源和航空运输。许多卫生保健都通过私人部门提供，但公立医院和诊所也很普遍，且监管职责由各级政府分别承担。

表3　按照功能和政府层级进行的直接支出划分表　　单位:%

功能	联邦政府	州或省政府	地方政府	总计
国防	100.0	0	0	100
利息	65.7	13.8	20.5	100
一般行政事务	40.0	25.9	34.1	100
法律和秩序				100
经济服务				100
社会服务				100
卫生	66.8	14.5	18.7	100
教育	4.4	26.4	69.2	100
补贴				100
总计	45.7	24.4	29.9	100
地方公共服务	8.7	27.0	64.2	100

注：地方公共服务包括小学和学前教育、中学教育、公共卫生、医院、城市公路、城市交通运输、饮用水和污水排放、废物收集、供电、防火、公共秩序和安全、警察

联邦和州政府共同负责社会保险。联邦政府负责社会保障养老金计划(Social Security Pension Program)和医疗保障计划(Medicare Program)。州负责提供食品券、医疗救助和主要的福利计划,以及贫困家庭临时救助(Temporary Assistance for Needy Families,TANF)。然而,联邦政府为贫困家庭临时救助(通过整笔拨款)和食品券提供资金,还为医疗救助开支提供 1/2~3/4 的资金(通过配套拨款)。州主要负担这些计划的管理,但服务提供受联邦规定的严格限制。各州可在一定程度上对医疗救助和贫困家庭临时救助计划进行权变,但事前须得到联邦规定的豁免批准。州政府实施计划中的权变一般被认为是在探寻更好的实践方法,通常是低成本提供方式。

供水、供电、供气和污水排放是州和地方政府专属职责,尽管联邦政府在这些领域承担监管和财政功能(如美国环境保护署编制供水质量标准)。在某些情况下,公共部门直接提供公共服务,此外,私人部门也提供公共服务。在私人部门提供服务的情况下,州和地方政府仍然适时进行监管,但是提供这些服务的雇佣情况并未体现在表 2 和表 3 中。

提供公共服务的职责,其重叠和混乱横向在地方政府之间和纵向在各级政府之间都是存在的,因为哪家政府负责或者应该负责某项公共服务的提供并不总是透明的,尽管总体而言这个问题并不突出。各级政府对 2005 年卡里特娜(Katrina)飓风(是多年来美国遭遇的最严重飓风袭击)的应对是说明此问题的一个很好的例子。联邦、州和地方政府的官员都互相指责,无论谁对谁错,许多居民都认为联邦政府应当受到强烈谴责。可能的结果是联邦政府可能确为许多地方应急事件承担责任,而这一责任由地方政府来承担可能会更好。

那些没有充分理解他们是分别缴纳联邦和州所得税的民众导致了另一个混乱,这可能会限制特定税收的问责制。人们可能希望对服务的提供发表意见,但是他们不清楚应该联系哪级政府的哪个部门。公共服务提供责任的重叠也是存在的,这既造成了混乱,也导致了潜在的高成本。例如,环境管理职责在联邦和州级政府之间如何划分就令人困惑。另外,对民众来说,某些任务是由联邦、州、郡县还是市政府的执法部门负责,也不清晰。

税收分配

联邦、州和地方政府使用的收入来源,重叠问题相当显著(表4)。美国宪法对美国联邦和中央以下政府税收权限的限制相对较少(第 1 条第 8 款)。州政府不能对其出境产品征税,这是美国宪法对州税收权限唯一一个广为人知且非常明确的限制。早前的 1788 年美国宪法要求直接联邦税在各州中平均分摊,但宪法第 16 修正案于 1913 年颁布实施后,所得税便可以在各州按固定的标准征收[9]。隐含的征税限制也是存在的，防止州税收扭曲州际贸易的禁令来自休眠商业条款（dormant commerce clause），对州政府征税能力而言是一项非常重要的制约。根据 1819 年最高法院的判决，一个政府不能对另一个政府征税[10]。联邦对州和地方政府征税的限制将在下一部分详细讨论。

表 4　各级政府的税收权限

	决定者		税收征收和管理	收入比重/%			
	税基	税率		联邦	州	地方	汇总
联邦							
个人所得税	联邦	联邦	联邦	100			100
公司所得税	联邦	联邦	联邦	100			100
汽油税[1]	联邦	联邦	联邦	100			100
州或者省[2]							
个人所得税	州	州	州	0			100
销售税	州	州	州	0			100
汽油税	州	州	州	0			100
物业税	州	州	州/地方	0			100
机动车牌照税	州	州	州	0			100
酒精/烟草税	州	州	州	0			100
使用费	州	州	州	0			100
地方[3]							
物业税	州/地方	州/地方	州/地方	0		100	100
销售税	州/地方	州/地方	州/地方	0		100	100
使用费	州/地方	州/地方	州/地方	0		100	100

1)通过拨款分享；2)一般通过各州的法律分享；3)各州的做法有很大的差异

　　州宪法中也包括一些针对州征税权力的限制，最重要的限制是州宪法不能做出违反国家宪法的规定。同样，州可以决定地方政府的征税权限，无论是通过州法令还是州宪法。例如，一些州在对物业税税收目的评估中对其年增长率进行了限定。

　　联邦政府占全国税收总收入和财政总收入的比重为 1/2 多一点（财政收入见表 5）。尽管每级政府都采用多种税源，但还是发展了某一个专精（specialization）的税源。联邦政府最为专精税种是个人所得税，该税收占联邦税收收入的比重超过 80%。联邦所得税收入也大约占美国所得税总收入的 80%。此外，几乎所有的保险—信托收入都由联邦政府征收。

表5　垂直的财政差距(2003/2004年度)　　　　　　单位：千美元

	征集的总收入	所有收入，包括得到的净转移支付	支出
中央	1 798 093 000	1 798 093 000	1 900 743 000
中央以下	1 464 058 004	1 889 740 590	2 260 330 261
州/省	799 442 877	1 194 055 987	1 016 469 065
地方	664 615 127	1 094 729 372	1 243 861 196
所有层级	3 262 151 004	4 086 878 359	4 161 073 261

资料来源：根据 http://www.whitehouse.gov/omb/budget/fy2005/pdf/hist.pdf 和 http://www.census.gov/govs/estimate/0400ussl_1.html 计算得出

物业税(property taxes)几乎完全专属于地方政府，占地方政府收入的比重接近3/4。绝大多数有税收权限的地方政府都可以征收物业税，尽管州对税基和税率的控制与监管普遍存在。需要特别指出的是，物业税收入被认为是教育经费的主要来源，非教育类特别区(与学区相比)很少征收物业税。物业税在地方政府筹资中的作用随着时间已经慢慢被淡化了，因为一些州给了地方政府可替代的税收选择，还有就是州政府在教育经费提供上发挥了更大的作用。有34个州同意地方政府征收地方销售税(sales taxes)，有13个州允许地方政府征收地方所得税，这种地方所得税通常是工薪税而不是广义的所得税[①]。在许多州，对物业税的严重依赖已经导致了大规模的公开论战，特别是当财产价格快速上涨的时候(正如最近几年发生的那样)。例如，1994年密歇根(Michigan)调低了地方物业税，收入的减少由州销售税增加2百分点来弥补。新泽西(New Jersey)、得克萨斯和其他一些州目前正在讨论利用其他税种来降低地方学校对物业税收入的依赖。

平均来看，州的税收结构比联邦和地方政府更为平衡。州从销售税和个人所得税征集的收入大体相当。有41个州征收广义的所得税，45个州征收一般销售税。州是销售税和机动车牌照税收入的主要使用者，州也是选择性销售税收入的最主要使用者[11]。平均的数据并不能清晰反映各州之间税收的巨大差异。新罕布什尔(Hampshire)既不征广义的所得税，也不征销售税。俄勒冈(Oregon)2004年州税收收入的70%来自个人所得税，相反有9个州来自个人所得税的收入基本为零[12]。田纳西(Tennessee)和华盛顿州(Washington)来自销售税的收入所占的比重超过60%，相反有5个州的销售税收入几乎为零。州和地方政府征收所有的使用费收入，这些政府也承担更多的公共服务。

州在筹集税收收入的能力和意愿上存在根本性的差异。图1[②]描述了州在筹

---

① 指对综合收入征收的所得税。——译者注

② 原书本章无图1。——译者注

集税收收入能力上的差异，是用人均收入代表征税能力。人均收入方面，人均收入最高的康涅狄格(Connecticut)比最低的密西西比(Mississippi)高出88％。生活成本的差异在一定程度上解释了收入的差距(不是所有州都有可靠的生活成本指数)，但是各州实际收入的差别也十分明显。

　　州对其税源征税在各州间存在很大差异。州及其下属的地方政府在进行州之间比较分析时最好合并纳入考虑，因为在全国范围内，州政府比地方政府在提供公共服务的作用方面存在更多差异。图2①表明，平均来看，州政府2002年的税收收入占个人所得的10.4％(2002年是当前可获得的地方政府税收收入数据的最近年份)，但是各州的数据差异很大，从纽约②的13.1％，到田纳西和新罕布什尔的8.4％。人均税收收入的差异更大，因为人均收入和人均税收收入占个人收入的比重之间存在正相关关系。举例来说，纽约(州)人均收入排第4位，田纳西排名第35位。纽约(州)人均征税4 684美元，比人均收入排名第41位的阿拉巴马(Alabama)高114％。

　　各州地方政府筹集收入的能力有很大差异。例如，人均收入排名第3位的新泽西，家庭收入最高的萨默塞特(Somerset)郡是93 432美元，最低的坎伯兰(Cumberland)郡是33 858美元，几乎相差2倍[13]。同样，地方政府所选择税种的征税力度也有很大的不同。例如，新泽西各郡物业税的税率大约相差2.5倍。相对贫困的卡姆登(Camden)郡物业税有效税率为3.49％，而相对富裕的开普梅(Cape May)郡物业税有效税率为1.37％。

联邦对州财政活动的限制

　　美国宪法对州和地方政府的财政活动有两项基本限制。第一，州不能歧视州之间的贸易。这项限制来源于休眠商业条款，而美国宪法中并没有明确提到这个限制[14]。第二，州不能对国际贸易征税。对国际贸易征税的限制并不是一个经常性议题，尽管几十年前当一些州寻求采用世界范围单一税率的方法征收公司所得税时就曾被广泛讨论过。此外，当存在冲突时，美国宪法高于州宪法。

　　州政府无力去扭曲州际贸易产生的限制，并且这一情况由于联邦法律和国会立法对州政府行为的限制而愈发严重。美国宪法把控制州之间贸易的权力赋予了国会，这意味着国会立法可以认定何时州影响到了州之间的贸易。许多例子都可以说明国会和司法对州行为进行了限制，这里仅列举了一部分。本章没有试图去描述与州之间贸易相关的一长串法院判决和立法行动。对州政府的限制几乎总是

---

　　① 原书本章无图2。——译者注

　　② 指纽约州。——译者注

阻止州占其他州的便宜，但是中央和州的政策可能会导致本州相对其他州处于不利的地位，而法院一般会无视这种影响。

美国最高法院已经裁定，州只能要求在本州出现的卖方交纳州销售税，而平均来看销售税是州的最大税源[15]。这项限制使卖方很容易通过一定的安排达到避税的目的，因为卖方可以故意从很远的地点把商品出售到一个州，既减轻了税收负担（法定的纳税人是卖方还是消费者要看州的具体规定）又避免了遵守规定的责任。州和地方销售税税率合并来看能达到 11%，因此对不在当地出现的卖家来说很有优势。结果是，互联网和邮寄交易的快速增长导致州丧失大笔销售税收入，2006 年该金额大约是 192 亿美元[16,17]。

州对公司所得征税也越来越难，至少部分原因是全球化的不断加深[18]。对公司所得征税的州为跨州企业分派税基，法院判决也建立了州企业所得税征收的环境[19]。例如，1977 年美国最高法院建立了一个框架来决定何时一个公司的所得可以由某州来征税。特别的，最高法院裁定州税收必须做到：①针对与州紧密相关的活动；②在各州间公平地分配；③非歧视；④与州公共服务的提供相联系[20]。2004 年一项联邦巡回法庭(federal circuit court)的判决引起了广泛关注，因为该判决将阻止州在第六次巡回中出台一些税收激励政策，特别是那些降低企业税收负担的刺激政策，企业在有税收刺激政策的州扩张可以享受税收负担的降低，而在没有税收刺激的州扩张享受不到税收负担的下降[21]。美国最高法院裁定，原告不能把案件提交给法庭，但是该问题可能会被法院系统重新考虑而再次被提出。

美国法院也要求州和地方政府为非居民提供同等的服务。这样，居民从一个州搬去另一个，在 30 天内就可以获得诸如教育、社会福利和为穷人提供的医疗服务等公共服务。但这好像制约了一些州和地方政府以更高标准提供某些公共服务的意愿。

当国会认为州或者地方政府的征税行为将扭曲州之间的贸易时，将通过国会立法抢先阻止州或者地方政府征收相应的税。在某些情况下，这种立法已经十分重要，税收管理者联合会(Federation of Tax Administrators)是由各州税收部门组成的联合组织，它已经证实了 28 个通过抢先采取措施阻止州和地方政府征税的例子[22]。例如，国会通过了 1998 年《互联网税收自由法》(Internet Tax Freedom Act)，并两次将该法案延期，最近一次延期至 2007 年。立法阻止州对互联网征收歧视性的税收，也阻止了州对接入互联网征收费用。简单来看，后者并不会为州带来可观的收入，但是企业如果把活动都打包在一起，整个活动被认为是接入互联网类别的活动，那么会给州带来更大的收入损失。而且，受限于 Quill 案例，即使最高法院对 Quill 案例解决纳税问题提出了警告，但是国会仍然没有采取行动要求远距离的卖方交纳州销售税。国会几十年前颁布的"暂时性"法律（《公共法》86～272 页）阻止州对与州的唯一联系是销售有形的个人财产的企业征收公司所得税。这项立法为免税提供了良好的条件，结果是产生了"不属于任何地方的所得"——任何州都不能征收企业所得税的所得。

目前，国会面前摆着一些关于解决同样问题的立法。例如，立法提议：①允许州对在本州内企业征收企业所得税；②《互联网税收自由法》为永久性立法；③当州已经简化了卖方的销售税时，允许州对身在远方的卖方征收销售税。国会在明年或者后年看起来都不愿意颁布任何这样的立法，因为贸易社团内部和州与地方政府、贸易社团之间的政治观点存在分歧。

强硬的宪法制约有效防止了州歧视州之间的贸易，有助于形成不受约束的经济联盟，这对整个国家都是极其有益的。劳动、资本和贸易在国家内部和国家外部自由流动，至少从州和地方政府的角度来看是如此。鼓励资源的自由流动有助于发展联系紧密的经济联盟，而州和地方政府在流动频繁的环境下筹集税收收入却面临巨大的挑战。国家将继续努力克服开放经济对税收结构的影响，尽量使其影响最小化。同样，国家仍然不得不决定州在非常开放或者说流动性很强的经济情况下筹集收入的最优办法。

政府间财政关系

联邦和州政府对各自的税基和税率都有独立的控制权，当然是在上文所述的限制条件下。各州给地方政府的自由度有很大差别，美国没有关于要求各级政府协调税基和税率的规定，实际上，每个州政府以及中央政府在税基上都不尽相同。州内的地方政府一般采用相似或者相同的税基，但是有些情况下还是存在很大的差异。例如，科罗拉多(Colorado)允许其下属地方政府规定自己的地方销售税税基。在其他一些州，如弗吉尼亚(Virginia)，由州政府规定地方销售税的税率和税基，因而地方销售税更像一个拨款计划。

联邦、州和地方税收结构经常是纠缠在一起的，即使它们的法律和宪法是独立的。大多数州需要个人和公司根据联邦应纳税活动的定义来自行计算他们应交纳的所得税。例如，37 个州开始采用联邦的定义来计算州个人所得税的税基，27 个州采用了联邦调整的总收入(税收豁免和抵扣前的所得)，10 个州采用了联邦应纳税所得额。虽然联邦法律允许州把州所得税背在联邦所得税上，但是还没有州选择这样做。州不动产和遗产税也与联邦不动产税有联系，尽管后者在很多年前就已经被终止了。

联邦、州和地方在个人和公司所得税之间的关系同样延伸至管理层面。每个州都有自己的税收管理部门，但是特别依赖联邦的审计和数据库来帮助征集税收。

税基之间机制上的联系意味着一级政府的税收政策决议经常会对其他级别的

政府产生影响。很少有证据表明这些垂直的外部性在做政策决定时得到了充分的考虑。联邦政府在近几年已经出台了大量的税收政策，改变了税基(经常是缩小税基)并降低了税率。加速折旧和对制造商的生产信贷是近期关于公司所得税税基的两项重要变化。然而，一些中央官员(包括美国前任财长 Larry Summers)曾经说过，在制定联邦政策时他们不会考虑政策对州和地方政府的影响。

在一些情况下，为了不损失收入，州会选择不遵守联邦政策的变化。在其他情况下，州采用某时点的联邦立法来确定税基，同时州立法必须保证州税与新的联邦立法相一致。但是，抚平当前联邦规定对州的影响将会增加州的成本。例如，19 个州选择不遵守 2004 年国会通过的《美国工作岗位创造法》组成部分之一的生产信贷，结果是企业必须按照各州的不同规定以及州和联邦政府的不同规定来计算企业的公司所得税负担[23]。随着经济的开放、更广泛的国际和州之间的贸易活动的增加，各州在税收规定上的不同而给纳税人所带来的负担将继续增加。

政府间纵向的竞争也是存在的，一级政府对另一级政府的决策的反映全凭经验。基本的概念是被迫接受一级政府的一种税收将减少其他政府的税基[24]。受影响的地方政府可能根据税收弹性的不同，通过增加税率或者降低税率来弥补收入的损失。关于这些关系的各种可能性的研究已经得出了结论。一些证据表明，州在联邦增加税收时会倾向于增加汽油和烟草税的税率[25]，理由是州认为可以通过增加税率来弥补税基下降的损失。另外，关于美国个人所得税的研究显示，州在联邦增加(个人)所得税税率时会倾向于增加州个人所得税和州销售税的税率[26]。但是，关于联邦税收变动对州的影响进而会对企业带来何种影响的研究还特别少。

州之间和地方政府间的平行关系也很重要，无论从收入在政府间的分配还是从政府在税基上的竞争来看都是如此。州在税收收入结构上有较大自由度，这会增加遵从规定的成本。一个例子是重要的州税种(如州个人所得税、企业所得税和销售税)的收入在某些情况下(当纳税人或者经济活动超过州的边界时)是跨州取得的。税源是工资的州个人所得税在收入获得地交纳[27]①，非劳动所得在居住地交纳州个人所得税。销售税在商品和服务的使用地征税，即按目的地原则征税，通常是假定在商品的购买地征税[28]。公司所得税根据公式分配，尽管各州的公式差别很大。

这些一般的方法要比实际中应用的更为统一，实践中州对每个税种的细节的规定有所差异。结果是，对跨州经营的企业和个人来说，遵从不同税收要求的成本就增加了。实际上，就 Quill 案例，美国最高法院的判决基于这样的理念，即远方的卖方需要按州和地方政府的各自规定在一些州和地方政府纳税，承担的税

---

① 即遵循属地原则。——译者注

收负担高于在单一州经营的当地企业。而对于依从不同规定而纳税所需的成本方面，几乎还没有可靠的数据。

州也在征税方面开展税收合作。一些州与其他州签署了合约，分享如税收遵从方面的信息。多边的州税收委员会(the Multi-State Tax Commission)就是一个这样的组织，同时也对一些跨州纳税人进行税收审计。

在税收合作的特别行动中，超过 40 个州在过去的 6 年中协同行动，建立了《流线型销售和使用税协议》(Streamlined Sales and Use Tax Agreement，SSU-TA)[29]。2005 年 10 月 1 日，19 个州作为初始成员签署了该协议。SSUTA 试图简化销售税，并使销售税按照目的地原则征税，这样州能更好地对远程的交易征收销售税。SSUTA 是州之间开展合作的一个很好的例子，但是这种类型的合作难度很大，即便是通过相近的结果证明是很好的税收政策时也是如此，对SSUTA 来说也是这样。

政府间拨款

几乎所有国家的中央政府更多的是为支出和服务提供资金，而不是直接提供服务。来自联邦政府的政府间转移支付一般沿袭联邦制的历史模式。联邦拨款在美国初期阶段数量很少，但是在 20 世纪 30 年代大萧条期间资本性联邦拨款迅速增长，其占联邦支出比重的增长更是特别迅速。第二次世界大战中期，联邦拨款下降了，但后来继续持续性增长，无论是联邦拨款占 GDP 的比重还是占联邦支出的比重都是如此，这样的增长持续到 20 世纪 70 年代[30]。拨款占 GDP 和联邦支出的比重，在上文提到过的 20 世纪 90 年代初平衡的联邦制初期有所下降，而拨款在过去的 15 年中依次增长，2003 年拨款占 GDP 和联邦收入的比重达到历史性新高，分别是 3.6% 和 17.9%。

联邦对州和地方政府的拨款计划超过 600 项。拨款采用不同的形式提供，包括项目(project)、专项(categorical grants)和分类(block)转移支付。一些拨款需要配套资金，其他一些通过公式确定。从美国的历史来看或者与其他国家比较而言，除了一些特殊的领域，联邦对中央以下政府的政府间转移支付占整个体系的比例仍然相对较小[31]。如下文所述，近年来拨款的增加主要集中在很窄的领域，特别是医疗服务领域。尽管 1972~1986 年有一个有限的收入分享计划，但是并不存在统一的税收分享。联邦政府间拨款体系的首要目的是对不同人群提供均等化服务，而不是保证中央以下政府提供均等的服务，因此，绝大多数的联邦拨款用于低收入人群。

近年来，联邦拨款的构成已经发生了根本性的变化。联邦对州和地方政府的拨款中对个人再分配的部分增加了，而其他类型的拨款下降了。实际上，从 20

世纪60年代末以来，对州和地方的资本性及其他目的的拨款占GDP的比重已经达到最低（大约为1.2%），同时对个人的拨款增加到了GDP的11.4%。医疗服务成本以及医疗救助计划的快速增长是对个人转移支付增加的重要推动力量。

转移支付的数量每年由国会决议决定。但是一些计划，如医疗救助和贫困家庭临时救助，已经设计成按需要支出的模式（精心建立了法定的支出条件），而且基本的结构很少发生变化。2003年联邦拨款总量为3 873亿美元，大约占州和地方收入总量的22%。其中州政府得到这些转移支付的88.5%，但是其中的一些拨款要继续转给地方政府。拨款的两个主要类别（医疗和收入保障）占拨款的比重超过2/3，这两类主要是转移支付给州政府，之后州政府进一步将其转移给个人。这些资金之所以被认为是以拨款名义进行的转移支付，是因为州和地方政府负责相应计划的管理。医疗拨款计划中的医疗救助拨款有1 608亿美元，收入保障主要由家庭援助、住房和儿童营养构成。均等化制度通过特别的拨款结构被植入这些计划中[32]，直接影响了州提供其他计划的能力。尽管美国各地的纳税能力差别很大，但是也没有大力推行各州间的均等化计划[33]。

另外一些大的拨款类别，如交通和教育，更是支持州公共服务提供的重要资金，但是这些计划一般不包括强硬的均等化要求。不同于"按需要支出"的计划，这类拨款的数额经常是通过年度预算程序由政府相关机构来决定。拨款计划在国家层面经常是自主性支出（discretionary）①。州之间的公路体系由联邦和州拨款分别提供资金。联邦政府通常提供90%的建设成本，州提供剩下的10%的建设成本。联邦政府和州政府的资金来源都是汽油税，对汽油按加仑征税。

正如医疗救助计划已经证实的那样，州已经寻求通过多种方法提高联邦拨款的杠杆化率。首先，一些州声称很大范围的支出都属于医疗救助计划，都符合联邦配套拨款的要求。其次，州寻求通过不同的创新方式来提供州的配套资金。例如，田纳西在20世纪90年代初设立了一个对医院的医疗服务征收的"服务税"，将服务税收入用于为州应负担的医疗救助计划的相应部分提供资金。医院支付服务税之后，又通过医疗救助收入拿回资金，这样州得到了联邦的配套资金而自己没有付出。联邦政府并不允许这种方案，因为州实际上并没有提供其应配套的资金，但是其他一些州在随后的几年也寻求采用相似的资金来源提供州配套资金。

在确定联邦个人所得税负担时，州和地方所得税、销售税（纳税人可以扣除他们的所得税或者销售税，但是销售税的扣除只有2004和2005纳税年度才可用）和物业税是可扣除的费用。对联邦和州以及地方政府间的联系有各种不同的理解，其中的一种理解是认为扣除是对州和地方政府的一种拨款，尽管扣除看起

---

① 美国预算支出分类方法之一就是把支出分为自主性支出和强制性支出，强制性支出是按照法律要求确定的支出，自主性支出是政府按照支出优先顺序确定的支出。——译者注

来更接近税式支出。扣除降低了交纳州和地方税的成本，但是也仅仅为联邦纳税人平均所得节省了这些税收收入总负担的大约 5%[34]。一些政治保守人士反对抵扣，认为抵扣补贴了政府，从而刺激了政府支出的扩大。在任何情况下，给予州和地方政府的任何好处几乎都不是为了实现某一个或者某些特定的目标。

州对地方政府的拨款

州常常为地方政府提供拨款和税收分享。州政府对地方政府的拨款几乎与联邦拨款的量相当，在 2003 年为 3 706 亿美元[35]。但是，州拨款中的一部分可能来自联邦拨款，联邦和州拨款一共占地方政府收入的 40.6%。另外，在一些州，税收收入分享并没有计算在拨款中，这要看会计规则的具体安排。例如，在田纳西，州税收收入的约 7% 通过广泛的机制由地方政府分享。地方政府可以分享到州大多数税的一定比例，分享方式是以地点为基础的税收收入分配或者某种公式，其中最重要的是汽油税和州销售税收入的分享。

几乎每个州首要的转移支付计划都是为小学和中学教育提供资金。各州的拨款结构有所不同，但是基本的设计很相似。很多州设立拨款就是要保证地方政府有充分的资金提供合适的教育服务。一定程度的均等化要求通常被植入拨款中，同时，为实现某些目标的激励措施也在其中，如班级人数符合期望会得到激励。均等化的实现经常是从地方政府筹集收入的能力和社区支出的需要方面考量。

州宪法通常明确规定由州提供教育服务，尽管通常来说地方政府才是教育服务的提供者。这些规定已经在大约一半的州引发诉讼，争议在于州没有确保各地方政府提供均等的教育服务。诉讼在一些州已经得到了支持，尽管在一些案件中法院认为州宪法并没有要求州内提供均等的和合适的教育服务。例如，在得克萨斯和田纳西，州已经在不同的关于均等化的案件中败诉。

宏观经济管理

美国（联邦）政府机构对货币政策有强大的控制权，对财政政策有极大的影响力，尽管州和地方政府也承担一些财政政策行动。联邦、州和地方政府的财政政策之间没有协调的机制。

美联储（Federal Reserve，FED）在美国管理货币政策。美联储是由总统任命并经美国参议院批准的 7 个成员组成的一个独立的董事会管理。董事会成员任期 9 年（董事长任期 4 年，可以续任一次），下一任期可以继续被任命。美联储公开市场委员会监视货币政策的方向。该委员会由 7 个理事会成员和 12 家地区联邦储备银行中的 5 个行长组成。美联储把控制价格作为其首要目标，但是对其他目标如经济增长和汇率等可以自主考虑决定。保持稳定增长一般在政策目标中排在第二重要的位置。州没有权力印刷货币或者参与货币政策。

中央行政和立法部门决定大多数的财政政策。中央政府对联邦预算的构成、支出水平、税收水平和债务水平有绝对的控制权。中央政府赤字在 2005 年达4 152亿美元,相当于 GDP 的 3.3%。

州也控制着州预算的构成、支出水平、税收水平以及上文提到的其他方面。49 个州在宪法或者法律上都规定州的经常性预算必须平衡,这当然会限制州政府采用财政政策的能力。但是,州有很多办法规避这项平衡预算的规定,州经济发展政策远超传统的期望,对经济活动的潜在影响增大了[36]。如上文所述,联邦政府没有平衡预算的要求,近些年来联邦赤字规模很大。

州和地方政府借款主要是用于资本投融资,但是它们也为日常运营经费借款(即使有平衡预算的规定),如加利福尼亚近年来借款已达 150 亿美元。大多数情况下,州和地方政府的借款没有清晰地对宏观经济施加影响的意图。州和地方政府的长期债务在 2003 年达 1.81 万亿美元,比上一年增加了 7.5%[37]。从 20 世纪90 年代开始,债务以每年 5.8% 的复利增长,是地方政府而不是州政府持有绝大多数的州和地方债务(61.5%)。所有州和地方政府债务的绝大多数(97.8%)为长期债务,长期债务中的 38.1% 由"政府完全信用"担保;剩下的 61.9% 没有政府担保,但是通常有专门的收入来偿还债务。债务绝大多数是资本投融资,其中的23.8% 是公共债务,收入用于为私人部门的活动融资。债务的很大一部分用于建学校。

联邦政府为州和地方政府债务提供补贴,因为这些债券的利息收入免交联邦个人所得税。对这些利息征税的提议不时被提出,依据是对联邦财政部来说免税的成本大于收益。布什总统的税收改革小组没有建议取消该税收扣除[38]。

就宏观经济管理来说,州和地方政府更倾向于用税法而不是财政政策来实现其与私营经济或经济部门相关的经济发展战略。州和地方政府为了涵养税源,会对销售税、物业税、公司所得税和个人所得税给予一定的减让。在一些情况下,这种优惠通常只有满足特别条件的企业才能获得,特别的条件经常是与企业的大小、所处的行业或者经营地点等相关。其他一些情况下,也会专门给予个别的企业一些优惠。政府也提供激励性的支出措施,如培训、基础设施建设、免费的土地或者场地开发,州和地方政府提供的涵养汽车企业税源的激励措施最引人注目。

每级政府通常都会预留资源调节宏观经济周期性不景气的影响。过去几十年间,中央政府有两次在州面临财政压力时施以援手。一是在 20 世纪 80 年代经济严重下行过程中,为一些州的失业保险体系提供贷款。绝大多数的州按州宪法或法律的规定不能有跨财政年度的赤字,一系列贷款就成了解救处于严重财政困境的失业保险计划的办法。二是国会在 2003～2004 年向州政府提供了 200 亿美元以缓和很多州在 2001～2003 年受到的收入严重下滑的打击[39]。另外，州政府也有以备不时之需的资金或者预算稳定基金来帮助抹平经济形势转变对财政收支的影响。这类资金一般来说数量相对很小，占支出的比重不到 5%[40]。地方政府很少设立以备不时之需的资金，但是它们的年末余额在一定程度上也起类似的作用。

结　　论

美国的联邦制随着不同的经济、政治和国际形势而发展和进步，美国的联邦制未来可能仍然会继续变化。现在来看，主要的变化是中央政府的作用与美国前 2/3 段的历史相比要大得多。可以这样说，各级政府一般公共服务的提供职责以及各自主要的税源类别在过去的 30 到 40 年里没有发生根本性变化，其中很多方面，没有发生根本性变化的年头要更长[41]。实际上，变化更在细微处，表现在联邦政府不断增加的对州和地方政府筹集收入能力的限制，联邦政府不断增加的强制要求州和地方政府提供公共服务方式的命令。预测未来总是有风险的，但是最可能的结果是中央政府的作用仍然保持强势，而且作用可能会更大，而不是相反。

世界和美国经济灵活性程度不断提高是州和地方政府所面临的最大威胁和最严峻问题。特别的，经济灵活性大带来的压力（如监督应纳税经济活动的难度更大、避税更容易，以及税收竞争加剧）严重限制了州和地方政府通过一些传统的税源筹集收入的能力。由于美国宪法的规定把很多控制权留在了国会的手中，因此筹集收入成为州和地方政府面临的尤其困难的难题。国会在保证州政府征集有效的税收收入上是有所保留的，特别是因为国会可以从缩小州和地方政府税权上获益，却不用承受国会的限制性做法带来的收入减少的伤害。这意味着，国会并不是非常关注州和地方财政体系的可持续性，其关心的重点在于国家政治问题和中央收入体系。

注释

1　其他对美国详细讨论的章节，详见"联邦全球对话"系列，包括：Ellis Katz, "United States of America," in *Distribution of Powers and Responsibilities in Federal Countries*, ed. Akhtar Majeed, Ronald L. Watts, and Douglas M. Brown, 295－321（Montreal and Kingston：McGill-Queen's University Press, 2006）；and G. Alan Tarr, "United States of America,"in *Constitutional Origins, Structure, and Change in Federal Countries*, ed. John Kincaid and G. Alan Taee, 381408（Montreal and Kingston：McGill－Queen's University Press, 2005）

2   本部分相关论述详见 John Shannon, "Middle Class Votes Bring a New Balance to U. S. Fed-eralism, the Urban Institute,"The Future of the Public Sector, Policy Note no. 10(February 1997)

3   同上

4   早前的一项法院决议明确表达了美国国会有一套数量众多的超越行政当局提供全国性公共服务的权力(*McCulloch v. Maryland*[1819])。这个观念也限制了州向中央政府征税的能力

5   参见 Theresa Gallo, "History and Evaluation of the Unfunded Mandates Reform Act,"*National Tax Journal* 57(2004): 559—70

6   参见 Iris Lav and Andrew Brecher, "Passing Down the Deficit: Federal Policies Contribute to the Severity of the State Fiscal Crisis," Center for Budget and Policy Priorities, 18 August 2004

7   联邦支出数据可以从白宫的预算管理办公室获得,但是把这些数据与统计局的数据进行对比是一项令人气馁的工作。译者注:联邦支出和州与地方政府支出数据由不同部门进行统计,数据不能直接对比,也无法进行比较

8   联邦雇员的比例可能在一定程度上被少报了,因为联邦数据是指全职的雇员数,而州和地方政府数据是相当于全职的雇员的数量。因此,非全职的联邦雇员可能没有被统计

9   这项修订可能是使联邦政府作用相对于州政府得到提高的机制保障,因为修订大幅增强了联邦政府筹集收入的能力

10 In *McCulloch v. Maryland*, 17 US 316(1819) the Supreme Court established the doctrine of intergovernmental tax immunity

11 选择性销售税是指通常对油、烟草和酒精产品征收的消费税(excises)。译者注:消费税是指政府对国内某种商品的制造、出售或者使用所征收的税种

12 新罕布什尔和田纳西来自利息和红利的所得税收入占其税收收入的比重也很低

13 参见 Annual Report, New Jersey Department of Taxation, 2003

14 美国宪法赋予国会管理州之间贸易的权力,但是没有明确规定在没有国会指令的情况下州能做什么。休眠贸易条款是指宪法限制州对州之间的贸易活动征税。它被称做"休眠"是因为这个限制是在宪法中暗含的而不是宪法清楚规定的

15 *Quill v. North Dakota*, 112 US 298 (1992)

16 所有对销售征税的州也相应征收使用税(use taxes,或者可以称消费税),如果卖方没有交纳销售税就需要由买方来交纳使用税。民众特别不愿意交纳使用税,比较而言商家更支持使用税,但是不愿交纳使用税的仍然超过 25%

17 参见 Donald Bruce and William F. Fox, "State and Local Tax Revenue Losses from E-Commerce: Estimates as of July 2004,"*State Tax Note* 33(2004): 511—18

18 参见 William F. Fox and LeAnn Luna, "State Corporate Tax Revenue Trends: Causes and Possible Solutions,"*National Tax Journal* 55(2002): 491—508

19 *Complete Auto Transit Inc. V. Brady* 430 US 274(1977)

20 参见 Hellerstein and Hellerstein, *State Taxation*

21 *Cuno v. Daimler-Chrysler, Inc.*, 386 F. 3d 738(6th cir. 2004)

22 Federation of Tax Administrators，June 2003

23 详见 http：//www. taxadmin. org/fta/rate/B-2505. html

24 其他关系也可能存在，如领先/跟从反映，或者示范效应

25 参见 Timothy Besley and Harvey Rosen, "States Responses to Federal Tax Setting Evidence from Gasoline and Cigarettes," *Journal of Public Economics* 73(1998)：383—98

26 参见 Timothy Besley and Albert Sole-Olle, "Vertical Income Tax Externalities and Fiscal Interdependence：Evidence from the US," *Regional Science and Urban Economics* 31 (2001)：247—72

27 这是通过居住地州对纳税人在工作州获得的应纳税所得给予税收扣除来实现的

28 一些州按传统是根据服务的产地对服务征税

29 SSUTA 的制定主要是州对最高法院对 Quill 案例裁决以及考虑到跨界购物的快速增长的一项应对措施

30 详见 http：//www. whitehouse. gov/omb/budget/fy2006/hist. html

31 不同国家之间的比较，参见 Richard M. Bird and Franckis Vallancourt, "Fiscal Decentralization in Developing Countries：An Overview," in *Fiscal Decentralization in Developing Countries*, ed. Richard M. Bird and Francouis Vaillancourt, 1 — 48 (Cambridge：Cambridge University Press, 1998)

32 例如，医疗就是一个需要匹配的项目，各州的医疗水平与各州的人均收入直接相关

33 参见 Daphne A. Kenyon and John Kincaid, "Fiscal Federalism in the United States：The Reluctance to Equalize Jurisdictions," in *Finanzverfassung im Spannungsfeld zwischen Zentrslstaat und Gliedstaaten*, ed. Werner W. Pommerehne and Geoge Ress，34—56(Baden-Baden：Nomos Veglagsgesellschaft, 1996)

34 计算受益人群的收入与税收的相关性与直接采用某一种标准相比，不同就在于前者仅让特定清单中列出的人受益

35 参见 the US Bureau of the Census at http：//www. census. gov/govs/estimate/03sloous. html

36 参见 William F. Fox and Matthew Murray, "Intergovernmental Aspects of Groth and Stabilization Policy," in *Intergovernmental Fiscal Relations：Perspectives and Prospects*, ed. Ron Fisher，241—288，(Boston：Kluwer Press, 1997)

37 参见 US Bureau of the Census, Census of Governments

38 参见 http：//www. taxreformpanel. gov/final-report/

39 参见 William F. Fox, "Three Characteristics of Tax Structures have Contributed to the Current State Fiscal Crises," *State Tax Notes* 29(2003)375—83

40 参见 Corina Eckl, "States Broaden the Scope of Rainy Day Funds," National Conference of State Legislatures, 21 February 2006

41 也许最大的变化就在于州政府更多依赖于个人所得税和营业税的增长，而不太受到特定销售税是否下降的影响

财政"联邦制"的比较研究

安瓦·沙（Anwar Shah）[1]

在联邦制下，财政"联邦制"与不同层级政府的公共财政相关。不同的联邦国家选择迥异——特别是财政权力在不同政府层级间是如何划分的，以及相关的财政分配是怎样的。此外，财政分配的某些方面，如政府间财政的转移支付，都是联邦国家进行选择的结果，这些方面都能够定期审查(如加拿大的五年日落条款)并按照国际和国内环境的改变进行定期修改。这些分配也可能由于法院颁布的宪法条款和法律法规而发生改变(如澳大利亚和美国)，或者由于政府层级的不同而发生变化，这种变化几乎在所有联邦国家内都存在。近年来，由于信息革命和全球化经济带来的巨大变化，这些选择也产生了一些潜在且重要的额外限制。本章回顾了12个有代表性的国家践行财政"联邦制"的案例，并总结了这些实践的经验和教训。

本章的第一部分对所选联邦国家的财政"联邦制"结构进行了综述。第二部分对财政分权进行了比较分析，论述了财政支出和监管责任的分配，重点论述了财政收入增长责任问题，包括资本投融资。第三部分论述了宏观经济管理和经济调节的相关问题。第四部分论述了政府间财政转移支付，尤其关注减少区域财政差异的转移支付。最后一部分对这些实践经验和教训进行了总结。

1 选定联邦国家的显著特点

在考虑了人口统计学、经济发展水平、联邦制程式化模型的同质性以及财政"联邦制"结构等因素基础上，本书论述的12个联邦国家(其中，西班牙和南非是单一制国家，但正在逐步向联邦制过渡)分别代表了不同类型。在我们的样本中，瑞士是最小且第二富裕的联邦国家，人口只有800万，而人均GDP却达到了37 465美元(2002年)。印度是最大且最穷的联邦制国家，人口突破了

11亿，而人均GDP仅有666美元（2004年）（表1）。这些样本联邦国家也代表了不同的联邦制类型。澳大利亚、印度和俄罗斯更加接近于相互影响型二元联邦制，在这些国家的联邦体系下，联邦政府起着很强的作用。在这种模式下，联邦和州政府的责任是完全分离和独立的，并且在不同层级的政府之间有着很强的官僚色彩，以联邦政府为首。在印度，联邦政府对共享规则具有额外和至高无上的权力，甚至能改变州的边界。西班牙和马来西亚是非对称的相互影响型二元联邦制。在西班牙，纳瓦拉和巴斯克村受到的管制很少；在马来西亚，沙巴和沙捞越有很高的自治地位，比本国国内其他州拥有更加平等的权力。加拿大、瑞士和美国的联邦制都属于协商模式的二元联邦制。在这种协商模式的二元联邦制下，州拥有高度自治权，地方政府只是州政府的简单延伸，与联邦政府基本没有任何直接关系。德国和南非的联邦制属于相互独立（公平）型合作联邦制，但是在这些国家中，联邦政府在政策和标准的立法权上拥有独一无二的权力，州和地方政府只是作为一个执行机构。尼日利亚的三级政府是一个强联邦政府。相反，巴西的三级相互独立的政府属于合作型联邦模型。巴西、印度、尼日利亚和南非在宪政上是承认地方政府的，而在其他联邦国家中，地方政府仅被视为州/省政府的延伸。

表1　样本国家财政体制比较

指标	澳大利亚	巴西	加拿大	德国	印度	马来西亚	尼日利亚	俄罗斯	西班牙	南非	瑞士	美国
2004年总人口/百万人	20	184	32	82	1 090	24	130	144	40	47	8	296
面积/平方千米	7 687	8 512	9 985	357	3 288	330	924	17 075	505	1 223	41	9 631
2004年人均GDP/美元	32	4	35	33	0.7	5	0.5	4	24	5	37（2002年）	42
联邦制特征	二元，相互影响	合作，独立	二元，合作	合作，相互依存	二元，合作	二元，非对称相互影响	合作，相互依存	二元，相互影响	二元，非对称相互影响	合作，相互依存	二元，合作	二元，合作
财政"联邦制"特征	2级分权	3级分权	2级分权	2级分权	3级分权	2级分权	3级分权	2级分权	2级分权	3级分权	2级分权	2级分权
地方政府的宪政地位	没有	有	没有	没有	有	没有	有	没有	没有	有	有	没有
州政府对地方政府的控制	强	弱	强	强	强	强	强	强	强	强	强	从相当强变化至相当弱
地方政府的责任范围	有限	广泛	广泛	有限	有限	有限	有限	有限	有限	有限	广泛	广泛

续表

指标	澳大利亚	巴西	加拿大	德国	印度	马来西亚	尼日利亚	俄罗斯	西班牙	南非	瑞士	美国
联邦/州际平等程度	强;收入和补贴差距大幅缩小	均等	强;收入差距大幅缩小	强;收入和部分补贴差距大幅缩小	均等	均等	均等	均等	均等	均等	均等	弱
是否有条件性转移支付	没有	有	有	没有	没有	没有	没有	没有	没有	没有	没有	有
州税收程度	弱	强	强	强	一般	弱	弱	一般	一般	弱	强	强
地方财政自治权	一般	一般	强	一般	弱	弱	弱	一般	一般	一般	强	强
均等化准则	家长式能力和需要	隐性,零碎	家长式财政能力	兄弟式财政能力	隐性,零碎	家长式能力和需要	隐性,零碎	家长式财政能力	隐性	家长式能力和需要	混合式财政能力	隐性,零碎
均等化标准	隐性	隐性	显性	显性	隐性	隐性	隐性	显性	隐性	隐性	隐性	无
州税基是否具有一致性	是	不是	不是	是	不是	是	是	是	是	是	不是	不是
州税率是否均匀	是	是	不是	是	不是	不是	是	不是	是	是	不是	不是
州-地方净收入与职责是否匹配	是	是	是	是	不是	是	是	不是	是	是	是	是

尽管联邦国家的政府都是联邦的模式,但是联邦政府对州政府的影响程度不同。在澳大利亚、德国、印度、马来西亚、尼日利亚、俄罗斯、西班牙和南非,这种影响非常强;在巴西、加拿大、瑞士和美国,这种影响很弱。在后一组联邦国家中,联邦政府对州政府的影响是非常有限的,并且州政府具有广泛的权力来决定本州的税基和税率(表2和表3)。在中央集权的联邦国家,联邦政府通过条件性财政补贴对区域和地方政府的优先权产生很大的影响。但在澳大利亚,一个中央集权的联邦国家,宪法规定联邦政府要遵守区域性的政策差异。

表2 省/州政府财政分权

国家	州/省政府的责任范围	省政府对国家政策的影响	联邦政府对省政策的影响	联邦-州财政收入是否大部分为省级支出	联邦-州政府间转移支付重要/不重要	联邦-州政府间转移支付主要强调的是有条件补贴/无条件补贴/共享税/共享收入	财政能力均衡	均衡需要补贴	从地方银行借贷的能力或从高层级政府借贷的能力	发行地方债的能力	从外国银行借贷的能力	发行国外债券的能力	总体向州/省政府的分权
澳大利亚	广泛	弱	强	没有	重要	无条件和有条件补贴	有	有	有	有	有	有	高
巴西	广泛	一般	一般	有	重要	收入共享和有条件补贴	没有	有	没有	有	没有	有	高
加拿大	广泛	强	弱	有	重要	均等化和有条件补贴	有	没有	有	有	有	有	高

续表

国家	州/省政府的责任范围	省政府对国家政策的影响	联邦政府对省政策的影响	省/州财政收入是否大部分为省级支出	联邦—州政府间转移支付重要/不重要	联邦—州政府间转移支付主要强调的是有条件补贴/无条件补贴/共享税/共享收入	财政能力均衡	均衡需要补贴	从地方银行借贷的能力或从高层级政府借贷的能力	发行地方债的能力	从外国银行借贷的能力	发行国外债券的能力	总体向州/省政府的分权
德国	广泛	强	强	有	重要	均等化和有条件补贴	有	没有	有	有	有	有	中
印度	广泛	一般	强	有	重要	收入共享和有条件补贴	没有	有	有	有	没有	没有	中
马来西亚	有限	弱	强	没有	重要	收入共享	没有	有	有	有	没有	没有	低
尼日利亚	广泛	强	强	没有	重要	收入共享和有条件补贴	有	有	有	有	没有	没有	中
俄罗斯	广泛	强	强	没有	重要	均等化和有条件补贴	有	有	有	有	有	没有	中
西班牙	广泛	强	强	有	重要	收入共享和有条件补贴	没有	有	有	有	有	有	中
南非	广泛	强	强	没有	重要	无条件和有条件补贴	没有	有	有	有	没有	没有	低
瑞士	广泛	弱	弱	有	重要	均等化和有条件补贴	有	有	有	有	有	有	高
美国	广泛	一般	一般	有	不重要	有条件补贴	没有	没有	有	有	有	有	高

表3　地方政府的财政分权

国家	地方政府是否州/省政府的延伸	地方政府的责任范围	地方政府对州/省政策的影响力	地方政府对联邦政策的影响力	地方财政能力是否均等	地方补贴是否需要均等	是否有从地方银行借贷的能力	是否有发行地方债的能力	财政向地方政府的分权
澳大利亚	是	有限	弱	弱	是	是	是	否	低
巴西	否	广泛	弱	弱	否	是	否	是	高
加拿大	是	广泛	弱	弱	是	是	是	是	高
德国	是	广泛	弱	弱	是	是	是	是	高
印度	是	有限	弱	弱	否	是	否	是	低
马来西亚	是	有限	弱	弱	否	是	否	否	低
尼日利亚	否	广泛	弱	弱	否	是	是	是	中
俄罗斯	是	广泛	弱	弱	是	是	是	是	中
西班牙	是	广泛	弱	弱	是	是	是	是	中
南非	否	广泛	弱	一般	否	是	是	是	高
瑞士	是	广泛	一般	一般	是	是	是	是	高
美国	是	广泛	弱	弱	否	是	是	是	高

联邦国家也因为州/省政府对国家政策的影响而不同。在许多国家,联邦政府和州政府之间都有清晰的界限("执行"联邦或"州际"联邦),这两级政府通过官员和部长会议相互影响,如澳大利亚、巴西、加拿大、印度、马来西亚、尼日利亚、西班牙和瑞士。在德国和南非,州政府可以直接对国家机构发声;换言之,在这两个国家中,州政府由国会的众议院代表——分别是德国联邦参议院和南非的省级议会("州际"联邦)。这些国家中,在所有功能中处于首位的国家立法的预期和州政府对这些立法的投入是十分必要的。然而,在德国,这些安排限制了联邦政府和州政府的自治权,容易导致"面碗"效应引发的犹豫陷阱,如费尔德和冯·哈根所述(详见德国章节)。在俄罗斯,议会联邦委员会(众议院)按照宪法的设想,应当代表各个区域具有管理和建议法律的功能。宪法现在已经修改为要由州长提名执行成员,并且由议会成员提名每个区域的议会联邦委员会代表,从而来削弱地方对中央的影响。这唤醒了州长选举的重要变更——不再是直接选举,而是由俄罗斯总理进行提名,或通过区域法规进行委派。在巴西、印度、马来西亚和美国,区域和地方在国家立法中占据第二重要的位置。国家的行政人员可能不会支持这种功能,从而在某种程度上拒绝工作。在巴西,由于所有州在参议院都具有同等地位,东北部的州面积非常小,这与其对联邦体制产生的影响不成比例。在加拿大,众议院成员是由总统提名的,因此,技术专家被聘为众议院或参议院的成员,常常可以作为他们在政府、政治或业务服务方面成就的褒奖。

在一些联邦国家,宪法条款要求所有法律都承认最高权力属于人民。例如,加拿大所有立法机构都必须服从于《加拿大人权宪章》。在瑞士,联邦制的实践是通过法律而不是通过联邦国家(如主要的立法变化需要通过全民公决批准)。在马来西亚,《委托人宪章》给予居民权力来监督政府必须达到特定公共服务的标准。

然而,区域收入不平等在样本国家中非常明显。不平等区域的面积在南非最大,而在美国最小。

2　财权划分

支出分配和监管权力

样本国家宪法对支付权能的划分以及监管责任的划分通常都依靠补贴规则。印度、马来西亚和南非是例外,受到历史性法律的影响,宪法规定了联邦政府至高无上的地位,在印度,这种体制通过中央委派来统一全国公共服务而得到巩固。在大多数联邦国家的实践中,各州历史因素、文化因素、宪政因素和司法解释往往多样化,结果就是大多数联邦国家,除加拿大以外,都允许联邦政府行使比宪法规定的更为广泛的权力。开始，联邦政府的作用受到国家范围内公共服务"和平、有序和好政府"的限制。联邦政府的作用后来由于战争和宪法的司法解释等原因而逐步放开，如澳大利亚和美国；由于抵御入侵而放开，如印度和俄罗斯；由于反恐和促进种族平等而放开，如美国；由于管理全国资源和保护环境而放开，如巴西、尼日利亚和美国；由于债务管理和财政纪律而放开，如巴西；由于保护多数土著而放开，如马来西亚；或者更加广泛地因为联邦政府为了达到确保统一经济联盟这一国家目标而运用管制或者支付权能，这一点在大多数国家中都存在。利用联邦管制权力通常会导致无资助或资助不足命令（unfunded or underfunded mandates）的出现，如果利用有条件资助也会导致州和地方财政紧张。

在瑞士和加拿大，中间层级政府的全局作用是最强的；在美国、巴西和澳大利亚，这种作用次强；在其他联邦国家中，这种作用很弱，在南非，这种作用最弱。然而，在样本国家社会和基础设施服务的提供方面，这种作用仍然非常强，除了马来西亚和南非，这两个国家的公共服务都是中央集权的。在加拿大，省政府在移民政策、证券市场和劳动力市场保护方面有重要作用，这种作用可能会潜在地造成国内贸易市场的无效。

在瑞士、美国、巴西和加拿大，地方政府的职责是非常广泛的；在西班牙、印度、俄罗斯和马来西亚，地方政府的职责受到限制；在澳大利亚，地方政府的职责受到严格限制（表1）。在西班牙，基础教育和基本医疗是州政府的职责。在俄罗斯，一些地方服务，如公共交通、公路和消防，都是区域政府的职责，地方治安保护和地方税收征管是联邦政府的职责。在澳大利亚，地方政府在提供公共服务方面发挥的作用很弱，职责范围主要在面向物业的服务，如垃圾回收、街道维护和保洁。

总之，除了西班牙、巴西、澳大利亚和马来西亚之外，在其他样本国家中，州和地方政府支出在综合公共支出中占50％或者更多，如瑞士和加拿大州和地方政府支出占综合公共支出的60％（表1）。

共享条款通常都是模糊和冲突的源头。在加拿大，省政府已经开始在公共服务方面通过加入联邦政府的社会联盟框架协议来尝试限制联邦支付权能。在德国，联邦政府和州政府权力的重叠是一个问题，2006年颁布实施的《联邦制改革法案》在特定领域规定必须征求下议院（众议院）的同意，因而限制了联邦法律，并且给予州政府在实施过程中偏离联邦法律的弹性空间。在瑞士，共享条款造成的模糊通过制定政府间协议和契约的方法得到避免。在美国、俄罗斯和南非，无资助或资助不足仍然是州（省/区域）政府特别关注的问题。

税权的配置

税收权力（税基、税率的决定和税收征管）在马来西亚、南非和澳大利亚是高度中央集权的(财政收入中 75％及以上归中央所有)；在巴西、印度、俄罗斯和美国，税收权力是中央集权的(财政收入中 60％～75％归中央所有)；在瑞士，税收权力是高度分权的(仅 37％的财政收入归中央所有)；在加拿大和尼日利亚，税收权力是分权的(40％～50％的财政收入归中央所有)。其他国家处于中间范围。在俄罗斯，税收管理集权是因为州(区域)和地方政府税收征管能力很弱。

在瑞士、加拿大、美国、巴西和尼日利亚，州政府的税收权力很大，而在南非、澳大利亚、西班牙和马来西亚，州政府的税收权力很有限(表2)。财政支出的自治权，正如州政府财政支出所占比例决定的那样，在马来西亚、尼日利亚、瑞士、德国、加拿大和美国很高，而在印度和西班牙很低(详见这两国州政府支出所占比例)(表3)。州政府税收自治权(有责任自己决定税基、税率)在澳大利亚、加拿大、瑞士、美国、尼日利亚、印度和巴西很高，而在德国、西班牙、马来西亚和俄罗斯很有限。在后一组国家中，州政府可能能够得到一些设置税率的权力，但是税基都是由联邦政府来决定的。此外，俄罗斯的区域政府没有财政收入自治权。在美国和印度，税收电子政务和移动通信等因素对州政府财政产生很大的限制。

在澳大利亚、加拿大、德国、马来西亚、俄罗斯、西班牙和瑞士，所得税和销售税制度都是统一的；而在巴西、印度和美国，收入和销售税制度都不是统一的。缺乏统一性的税收制度会导致公司和个人管理跨州业务成本的提高。在美国，联邦宪法制定了跨州商业条款，弥补了跨州商业税收的不足；此外，州政府进行税收内部和外部交易是被明令禁止的。印度则相反，商品跨州交易的税收是州政府收入的重要来源。在巴西，销售税在联邦政府、州政府和地方政府之间是不协调的。巴西国家财长理事会尝试协调州增值税，但是效果不大。在巴西，州增值税系统产生的财政激励会导致州之间的财政战争。加拿大通过联邦激励机制来达到所得税的协调，从而实现共同税基。通过相似的激励机制，销售税只能达到部分协调。加拿大同时进行了重要创新，通过建立由联邦政府、省政府和私人部分共同监管的独立机构，来实现税收管理制度化。在其他国家，税收协调都是通过税基集权决定和(或)税收集权征管来实现的。

样本国家中，除了尼日利亚，都遵循借贷黄金原则(如仅进行资本支出借贷)，联邦政府主要按照资本市场定律来约束州和地方借贷行为。在尼日利亚，州和地方政府进行任何借贷之前都必须得到联邦政府批准。在马来西亚，地方借贷需要州政府监管，当然，借贷是不被鼓励的；而由私人部门参与基础设施建设是受到鼓励的。在巴西，外部借贷要求必须得到联邦参议院的同意，并且所有借贷都必须符合联邦法律规定。一些联邦国家通过资本项目等特殊安排来支持州和地方借贷。在澳大利亚，澳大利亚贷款理事会通过资本市场可获得的公共财政数据推动了这种借贷。在加拿大，按照商业规则运行的省属企业支持地方借贷。在美国,州债券银行(私企)负责收集地方借贷要求,并汇总需求、发行债券。同样是在美国,州和地方政府的借贷利息可以抵扣联邦所得税负债。在瑞士,瑞士地方委员会的合作中心为地方政府提供资本融资。

由于州和地方政府税收自治权导致的竞争触底在样本国家中尚没有先例。大多数国家并没有出现严重的税收竞争,即使是出现了税收竞争的巴西和瑞士,以及受到限制的印度、加拿大和美国,这些国家的税收竞争都没有导致税率降低和州与地方政府公共服务质量的下降。

总之,样本国家的税收权力都比财政"联邦制"规则规定的更加具有集权性,造成这种结果的因素有很多。同样,自上而下的转移支出更可能的是考虑政治性而不是考虑功能,并且州和地方政客对税收权力的设想并不感兴趣,相反对接受与地方纳税人毫无关系的联邦政府的财政转移支付更加感兴趣。

纵向财政缺口

税收权力的集权和支出责任的分权,以及州和地方政府的收入无法满足支出需要是导致纵向财政缺口出现的两个原因(表4)。州和地方政府的纵向财政缺口和收入自治权在一些联邦国家中备受重视,这些联邦国家的税收权力集中度高于联邦支出和联邦财政转移支付达到国家目标所需要的程度,并且在这种情况下,联邦政府就会使用有条件的转移支付来影响州和地方政府的政策。巨大缺口甚至会导致民主责任缺陷,因为州和地方政府很愿意随便花钱,而不必考虑纳税人为此必须付出的额外支出。澳大利亚、德国、印度、马来西亚、尼日利亚、俄罗斯、西班牙和南非的州政府已经意识到这一问题。在尼日利亚,收入来源的联邦分配备受关注。德国更加注重拓宽看待分配问题的视野,并主张对联邦、州和地方政府之间的权力划分进行反思。德国已经就财政"联邦制"的新视角达成了共识。

表4　纵向财政缺口

国家	政府层级	收入分享		支出分担	财政缺口	
		转移前	转移后		转移前	转移后
澳大利亚	联邦	0.76	0.56	0.61	0.15	−0.06
(2003~2004年)	省/州	0.18	0.37	0.34	−0.16	0.04
	地方	0.06	0.07	0.05	0.01	0.02
巴西	联邦	0.68	0.55	0.60	0.08	−0.05
(2003年)	省/州	0.25	0.27	0.26	0.00	0.01
	地方	0.06	0.18	0.14	−0.08	0.04

续表

国家	政府层级	收入分享		支出分担	财政缺口	
		转移前	转移后		转移前	转移后
加拿大	联邦	0.46	0.42	0.36	0.10	0.06
(2005年)	省/州	0.44	0.48	0.52	−0.08	−0.04
	地方	0.10	0.10	0.12	−0.02	−0.02
德国	联邦	0.52	0.40	0.41	0.11	−0.01
(2002年)	省/州	0.34	0.37	0.37	−0.03	−0.01
	地方	0.14	0.23	0.22	−0.08	0.02
印度	联邦	0.61	0.42	0.45	0.17	−0.03
(2002年)	省/州	0.36	0.53	0.50	−0.15	0.03
	地方	0.03	0.05	0.05	−0.02	0.00
马来西亚	联邦	0.91	0.85	0.90	0.01	−0.05
(2003年)	省/州	0.06	0.09	0.07	−0.01	0.02
	地方	0.03	0.06	0.03	0.00	0.03
尼日利亚	联邦	0.48	0.43	0.46	0.02	−0.03
(2004年)	省/州	0.36	0.40	0.38	−0.02	0.02
	地方	0.16	0.17	0.16	0.00	0.01
俄罗斯	联邦	0.63	0.55	0.47	0.15	0.07
(2004年)	省/州	0.26	0.28	0.29	−0.03	0.00
	地方	0.12	0.17	0.24	−0.12	−0.07
西班牙	联邦	0.53	0.27	0.51	0.02	−0.24
(2002年)	省/州	0.29	0.49	0.31	−0.03	0.17
	地方	0.18	0.24	0.18	0.01	0.07
南非	联邦	0.82	0.36	0.49	0.33	−0.13
(2002年)	省/州	0.01	0.46	0.36	−0.34	0.10
	地方	0.16	0.18	0.15	0.01	0.03
瑞士	联邦	0.37	0.30	0.31	0.06	−0.01
(2002年)	省/州	0.38	0.42	0.42	−0.03	0.00
	地方	0.24	0.28	0.27	−0.03	0.01
美国	联邦	0.55	0.44	0.46	0.09	−0.02
(2004年)	省/州	0.25	0.29	0.24	0.01	0.05
	地方	0.20	0.27	0.30	−0.10	−0.03

资料来源：本书各章；国际货币基金组织《政府财政数据年报》

3　财政"联邦制"和宏观经济管理

联邦财政体制为抵御集权开发和分权机会行为带来的威胁提供保障,决策的制定始终应当以人民为先。事实上,联邦制意味着地理组成部分"聚集在一起"或者"团结在一起",从而更好地发挥多数民族和少数民族的优势。但是联邦财政体系的目的是与"聚集在一起"或者"团结在一起"相适应,这可能会造成一些宏观稳定方面的风险。样本国家在此方面主要存在两个问题:一是财政纪律,二是政府间竞争。

联邦制"自给自足"下的审慎理财原则和财政纪律

考虑到州和地方政府与联邦政府重要自治权相关的联邦救助,州和地方政府财政纪律的缺乏在联邦国家备受关注。在成熟的联邦国家,保持财政纪律的财政政策通过联邦制行政和立法,以及设立正式财政规范来实现。这些条款规定了预算约束控制的形式、债务限制、税收或支出控制,公民为新税种和初次支出投票。大多数成熟的联邦制国家同时规定中央银行"不给予救助"。明确的救助保障或者不明确的救助保障、银行部门优惠贷款等,都有可能刺激地方政府印刷钞票,从而导致通货膨胀。财政调整项目的近期实践表明,虽然财政法律规定对于成功地进行财政调整既不必要也不充分,但它们确实能够帮助实现政治协同,从而达到更好的财政产出,尤其是那些典型政治机构分离或者联合政权的国家。例如,这些条款能够对比例代表制(巴西)、多党联合制(印度)、司法和行政分离制(美国和巴西)国家保持政治协同来进行改革很有帮助。这些国家的财政条款能够帮助限制笼络政策(pork-barrel policies),从而提高财政纪律,如本书中巴西、印度、西班牙、俄罗斯和南非实践所述。

巴西由 2001~2007 年财政条款带来的成功是非常典型的。然而,即使在财政条款下,德国在部分州也并没有达到财政纪律要求,因为联邦宪法法院已经允诺了财政救助,从而导致州不存在硬性预算约束。巴西统一法院近期(2006 年 11月)出台的不允许申请救助的决定扭转了这些政策。在美国,联邦保留州部分收入的体制确保了财政纪律,但是却并没有通过财政条款防止联邦政府的笼络政策。在没有任何财政法律条款的情况下,澳大利亚和加拿大达成了同样的结果。而在德国,虽然存在财政法律条款,但是仍然未能保证财政纪律的实现。瑞士在限制财政纪律方面的实践极具教育性,建立了能够激励各州保持财政纪律的两个主要手段:第一,财政公投允许居民为任何政府项目投票;第二,一些州的法律条款规定财政盈余的一部分组成基金以备不时之需(在美国,这种基金叫做"雨天基金"——应急基金)。

政府间竞争

州和地方政府之间的竞争普遍存在于大多数联邦体系中。它通过游说雇员来实现：集中联邦或私人部门的项目，包括军事基础项目；鼓励国内外直接投资；提供激励和补贴来吸引资本和劳动力；为企业坐落便利而提供公共基础设施；提供不同的地方公共服务清单；提供获得证件和注册的一站式窗口；为引入新资本和技术人员提供各式各样的开放式服务。州和地方政府在内部同样存在竞争，通过内部交易和关税壁垒来保护地方产业和企业。它们也尝试向外省的非本省居民输送税收负担，并且争取获得更高的联邦财政转移支付份额。

在联邦国家中，保持政府间竞争和分权的决策制定对地方政府体察民情、顺应民意至关重要。瑞士和美国的实践表明了这种竞争积极的一面。"以邻为壑"政策效应可能会潜在地破坏分权制定政策的成果，如前文中提及的西班牙近期出现的"竞争触底"、巴西和瑞士出现的"财政战争"。在澳大利亚、加拿大和瑞士，由于州与州之间对富人居民的竞争，州继承税已经被淘汰。在瑞士，这种竞争还深入影响着累进税制。瑞士许多州联合起来反对这种竞争，但是被公投否决。为了限制这种竞争带来的负面效应，一个友善的方法就是通过建立要素自由流动的经济联盟，来确保统一公共服务最低标准，贸易无壁垒，良好的政策信息和技术通道，保障联邦国家内部区域之间的流动性和凝聚力。这与"是竞争还是合作"无关，但应当确保所有竞争方和合作方做到诚实可信。

4　政府间财政转移支付

在所有样本国家中，联邦政府聚集了更多财政收入，超出了满足其支出/监管责任的需要。这种财政盈余确保联邦政府利用其支付权能通过政府间转移支付来达到国家目标。这种转移支付一方面保障国家目标的实现，另一方面保障了决策制定的分权体制。联邦政府财政转移支付在西班牙和南非占比达到 2/3，在加拿大、瑞典和尼日利亚占比达到支出的 20%（表 4）。这种转移支付的设计对联邦体系有效率、公平和负责地运转至关重要。样本国家的政府间转移支付有三个重要目标：①弥补纵向财政缺口；②填补联邦国家内部财政鸿沟；③通过建立国家社会和基础设施服务的统一标准来巩固统一的经济联盟。下文讨论了这些问题在样本国家怎样通过财政转移支付得到实现。

弥补纵向财政缺口

至少在概念层面，纵向财政缺口在加拿大、美国和瑞士并不存在，因为州政府具有足够的财政权力来弥补缺口。在加拿大，联邦政府曾利用税收减免和税基激励共同作用来弥补财政缺口。但对于集权式税收管理以及限制州和地方税收权力的样本国家而言，纵向财政缺口问题依然严重。弥补这些缺口包括多种均衡办法的总收入分享，是巴西、印度、马来西亚和尼日利亚采用的手段。讽刺的是，在印度，各州之间收入分享的基础使用的是 1971 年的人口数据；在巴西，州和市政系数冻结在 1988 年。德国使用的是税基分享和分税制；澳大利亚、俄罗斯和西班牙使用的是财政均等化补贴（历史性补贴）。我们选取的大多数样本国家，财政转移支付都导致联邦政府由盈余转为亏损。

填补联邦国家内部财政鸿沟

联邦国家内部的财政鸿沟代表了联邦国家内部存在的经济鸿沟。除美国以外，这种鸿沟在其他所有样本国家中都是一个重要问题。在加拿大，财政鸿沟随着省级自然资源的所有权和油价、天然气价格飙升而加剧。为了确保各州能够达到在合理的税收竞争水平提供合理的、有竞争力和高水平的公共服务这一目标，财政均等化项目往往要负责跨越财政鸿沟。这些项目被期待于加快产品和要素流动，并帮助巩固统一的经济联盟。

在样本国家中，澳大利亚、加拿大、德国、马来西亚、俄罗斯、西班牙和瑞士都尝试通过财政均等化项目填补地域财政差距。美国没有这类联邦项目，因为要素流动已经在很大程度上填补了财政和经济差距，尽管各州之间存在的差距仍然是值得注意的问题。由此，州教育基金是最典型需要利用均等化原则的。在加拿大，这一项目是由宪法规定的，相关条款为"将联邦黏合在一起的黏合剂"。在这些样本国家中，此类项目通常都是联邦政府资助的，除了德国和瑞士。在德国，富裕的州自己建立均等化资金池，贫穷的州从这一资金池中获得帮助。在瑞士，2008 年颁布实施的最新的均等化项目是建立来自联邦政府和富裕州的共同资金池。在俄罗斯，区域政府运用混合手段来运行均等化项目帮助实现地区的均等化。

所有采用均等化项目的样本国家都很关注财政能力均等化。此外，澳大利亚有一个综合手段来进行财政需要均等化。西班牙均衡财政需要是基于历史性支出，俄罗斯和马来西亚则是基于历史性支出中的选择性指标来保持财政均衡。加拿大和德国的财政均等化项目利用显性的财政能力均等化标准，这一标准决定着总资金池和州之间资金的分配。以这种合理的手段来保持均等化是十分必要的，因为它提高了均等化支付分配过程的透明度和目标性。其他所有项目都是建立混合资金池并利用分配标准来决定跨州的分配。

在联邦国家中，均等化项目的公平与效率是持续辩论的源头。在澳大利亚，这种复杂性来自支出需要的补贴，这将使现有标准大打折扣。在加拿大，省级自然资源是省级财政悬殊的主要源头，均等化新项目中的如何对待自然资源收入的问题仍有争论。在德国，大大超过标准的申请导致原本富裕的管辖区变得贫穷。德国的州等富裕地区，在过去就曾经向宪法法院提交过限制它们对均等化资金池贡献的申请。在西班牙，自治区（特区权地区）和其他区域对均等化的待遇和目的现在仍是争论的焦点。在巴西、印度、马来西亚、尼日利亚、俄罗斯和南非，大量争论都来自现有项目的公平和效率。在尼日利亚，对联邦退休负债账户的随意使用和收入共享标准，尤其是对起源州13％的共享，是争论的源头（尤其是尼日尔三角洲地区）。

均等化转移支付设计和实践的体制路径

样本国家利用不同的手段来进行均等化转移支付的体制安排。这些不同的体制安排尽量让每个村镇都适用。在西班牙、瑞士、马来西亚、俄罗斯和南非，财政部或国库有责任对总资金池做出决定，并在州之间进行分配。在巴西，总资金池由宪法决定，并且由联邦参议员决定州和地方政府的分配。在澳大利亚、印度和尼日利亚（半独立），独立授予委员会按照既定标准进行转移支付的，总资金池由法律预先确定。在加拿大，政府间座谈会做出首要决定，这些决定随后通过联邦议会来合法化并法制化，并通过国家财政部实施。在德国，联邦合约决定着分配，这一合约由联邦政府进行立法，并由国家财政部实施。

当然，在先验的基础上，没有哪个体制安排优于其他，实践已经表明，独立授予委员会是很典型的在设计转移支付上更具复杂性的选择，也会引来更多的口水和争论。然而，将这些决定都丢给联邦政府，又会使政府间转移支付变得十分脆弱，容易受到率性政权的影响。政府间论坛提供了第二优选，因为它能够让所有相关方都能够参与到转移支付的决策制定当中。

设立国家最低标准落实产量导向的财政转移支付

对区域—地方服务设立国家最低标准帮助保持效率（建立内部统一市场）和公平（无论在何地域，对待所有居民都一视同仁）。这些标准能够通过条件不匹配的资助来获得，这些条件反映了国家以产量为导向的效率和公平的考虑，如果没有达到任何一条，那么都可能会受到经济责罚。这些条件不是施加在补贴资金的特定使用上，而是施加在可获得的服务质量、服务方式和服务水平标准之上。这种产量导向的补贴不会影响州和地方政府成本效率的激励，但是它们确实会鼓励公共服务的方式、质量和水平达到国家设定的标准。合适的设计条件不匹配产量导向政府间转移支付能够起到激励创新和竞争的作用，以提高公共服务供给和结果导向的政府责任的实现。投入导向的补贴不能营造这种负责任的环境。尽管产量导向（绩效导向）的补贴对补贴主体目标的实现最为有效，并且对管理者而言也比传统的输入导向条件性政府间转移支付要简单，它们却很少在样本国家中得到应用。值得注意的例外是巴西、加拿大和南非的教育和医疗融资，以及美国的高速公路融资，它们这样做的原因与政客和官僚受到的激励相关。这种补贴给予了公民权利，但是却削弱了机会主义体制和笼络政策。这种激励加强了政治精英和官僚精英责任向公民的转移，同时削弱了其施加影响和建立官僚帝国的能力，专注于钱的价值而摒弃腐败、无效率和浪费。毫不令人吃惊，这种类型的补贴是受到潜在失败者反对的。

在大多数样本国家，有一些显著的例外，联邦条件性补贴都是采用投入导向性为条件。这种条件削弱了州和地方政府的自治权，并且会导致冲突。在澳大利亚、德国、西班牙和俄罗斯，更加广泛地使用这种补贴已经引起了州和地方政府的重视。纵向财政缺口——根据转移支付前收入分享和支出分享的不同而不同——在南非各省以及澳大利亚和印度各州政府都非常严重，但是依靠政府转移支付得到了填补。

在巴西和加拿大，以及在一定程度上有所限制的南非，教育和医疗转移支付更加关注产出和过程等条件。在美国，联邦财政对州和地方政府的转移支付，包括属于重点例外的高速公路补贴，在过去一段时间都是投入导向的条件性补贴项目，尽管自20世纪90年代以后，已经开始强调转移支付的联邦补贴要向绩效导向转变。

5　经验教训与总结

这些不同的联邦制实践可总结出以下经验教训：

·联邦制成功运行的关键是明确责任并且定期进行联合审查。正如鲁德耶德·占卜林所说，有160种方式来设计联邦层级且每一种都是正确的，重要的是宪法和法律体系以及运行体制必须有在新契约下建立社会共识的机制，这种机制要考虑到环境的变化，并且能够适时进行不定期调整来保证契约的落实。

·不对称联邦制所产生的对称和统一的原则能够产生和谐和可持续的结果。

·应当按照功能来融资，依次加强对纳税人民意的顺应和落实。

·财政条款与"守夜人"政府间委员会相一致，为财政纪律和财政政策协同提供了一个有用的框架。

·为了确保财政纪律，所有政府都必须达到它们决策中的财政结果。

·通过畅通无阻的产品和要素流动以及国家对公共服务和基础设施的最低标

准的制定，来巩固统一的经济联盟，是长期维护政治经济稳定和区域团结的最好保障。

·管理政府间冲突的体制安排对理顺联邦体系的运行至关重要。

·恰当的政府间转移支付设计能够加强结果导向性责任，并且加强公共产品竞争、财政公平、州和地方政府职责、地区平等。天降甘露式转移支付或者双边谈判式转移支付都可能引起转移支付依赖，导致财政不发达地区经济的死亡。所有转移支付都必须开设定期审查。

·基于不同层级政府功能的社会规范和公示以及对它们权力的限制，对分权决策制定体制的成功至关重要。如果没有这些规范和公示，直接中央控制就不会起作用，政府间博弈将导致宪法功能失调。直接民主的规定能够对政府进行限制。

·委托人宪章包括了特定的服务标准，以及反馈和申诉机制，能够帮助加强政府对居民的责任。

总之，本书中研究的联邦国家在联邦制下都表现出适应和达到潜在挑战的卓越能力。当然，这些国家面临的挑战可能是较小的，它们寻求的解决方案和调整方案可能是独特的且带有地方特性的。这代表和印证了顺应民意、落实民生、接受问责的政府管理对平衡和卓越永无止境追求的联邦精神。然而，达到包容性治理的新高度，要走的路还很长。

注释

1　作者对约翰·金凯德给予的帮助深表感谢

林肯土地政策研究院简介

　　林肯土地政策研究院是一家私募运作型基金会，宗旨是在美国和世界范围内提高土地政策及土地税收领域的决策质量和公众认知度。研究院的目标是通过理论结合实践来完善土地政策，为不同学术背景的人提供一个无党派的论坛，以此来影响公共政策。对土地的关注来源于研究院成立之初的目标——探寻土地政策与社会经济发展之间的联系，最早由政治经济学家、作家亨利·乔治提出并做分析。

　　研究院主要分三个工作部门：估价和税收，规划和城市形态以及国际研究。其中，国际研究包括拉丁美洲和中国的项目。我们希望通过教育、研究、试点项目，以及出版物、网站、媒体传播来影响决策。我们聚集了学者、实践工作者、政府官员和政策顾问，一同为公民营造了一个学院式的研习环境。研究院本身不持任何特别观点，仅愿作为催化剂，以便激发关于土地利用和税收问题的讨论分析，影响当下并助力未来的决策。林肯土地政策研究院是一个倡导机会平等的机构。

LINCOLN INSTITUTE
OF LAND POLICY

地址：113 Brattle Street，Cambridge，MA 02138-3400 USA
电话：1-617-661-3016 x 127；1-800-526-3873
传真：1-617-661-7235；1-800-526-3944
邮箱：help@lincolninst.edu
网址：www.lincolninst.edu